渡邊邦雄 著

墓制にみる古代社会の変容

同成社

序

　いよいよ刊行の日がやって来た。反実仮想ではなく、目の前の膨大な原稿や裏付け資料の類が印刷の途に着き、こうして結実した本書は、我が事のごとく仕上がることが待ち望まれた嬉しい研究書である。無論、学界が裨益することを全霊で保証する。

　著者は最も忙しい大阪市の高等学校に勤務する。日本史や世界史、ある時には倫理を教える一教諭であるが、日常は遺跡の発掘調査や市民講座に出ていくわけでもなく、新しい資料と接する考古学環境はほぼない。さまざまな問題を抱える学級経営や職員会議、生徒指導、さらに激務になったに違いない部活動の指導、今日の学校は夜遅くまでさまざまなことが起こり、多くの雑用に追われている。若い時に志した考古学の研究など、振り返れなくなるぐらい余裕のない人生を歩んでいる。知る限り、近畿各地で開催されている研究会や現地説明会などで、私が渡邊氏と出会うことはほとんどなかった。

　しかし、渡邊氏は唯一出席する研究会として奈良県御所市の藤田和尊氏が主催する通称「ナベの会」では、多くの研究内容に触れつつ、積極的に自らも果敢に研究発表を行い、同年配や若い世代からも議論や批判で練磨され、家族のような研究仲間をきっちり育んでいた。氏の研究姿勢は一貫したものであり、独自の学風が備わった人と言ってもよい。古墳時代後期から飛鳥時代、そして奈良時代、平安時代と長期間にわたる地味な墓制の基層研究であり、その終局の目標は社会の変化、時代の推移を見極め、その変動に自分なりの個性ある画期を見つけ出していることであろう。そこでは、日本史の常道も破壊される。歴史的コンテクストの背景というか、下地は徹底した資料の集成と分析に尽きる。それには数多くの発掘調査報告書や概報の類を紐解かなければならない。学校環境にはないものばかりであるから、資料図書の博捜ぶりはさまざまな文化財や考古学の専門機関に及んだことであろう。研究対象の群集墳や古代墓制に関わる論文は、学史的な文献はもちろんのこと、些末な近々の雑誌論文の増産も克明に読み通し、今考えられていることが一体どちらを向いているのかもきっちり把握し、その渉猟力、読破力は一言では表現できない。もとより墓制研究は虚実皮膜な多面体であり、時々の社会がキメラ的に存在せしめたものである。その深層部の解き明かしは容易なものではない。それを首尾一貫ものにして、世に問うたのが本書である。

　さて、このあたりで氏との出会い、邂逅といったことに筆を及ぼすことを許されたい。氏は神戸大学教育学部の出身であり、その志し通り、大学院への進学や行政、研究機関の道を選ばず教育者となった。それだけでは私と会う機会など毛頭なかったであろう。氏は幼少の時から好きであった発掘への夢をクラブ活動により実現した。大学では18歳の一回生になるや考古学研究会に即座に入部し、部活動に励んだ。と言っても、部室に籠っていては考古学環境などほとんどないので、部員数名といち早く近隣自治体が実施している行政調査に参加した。当時26歳になっていた私は、芦屋市教育委員会の文化財専門職に採用されて5年近くになろうとしていた。六甲山地南麓部では宅地開発が次々と起こり、城山古墳群や八十塚古墳群の事前発掘に追われ、近傍の大学からは考古学や歴史学を専攻する大学生がその手助けにきていた。世に言う調査補助員である。氏はその一介

の学生であった。同時代を芦屋で過ごした学生連中は数多い。本書を読むほどの人なら、当時学部学生であった人達の名も知っているにちがいない。大阪大学の禰宜田佳男・福永伸哉、関西大学の藤田和尊・西岡誠司・合田茂伸、立命館大学の武井利道・西口圭介、甲南大学の山上雅弘、奈良大学の西村歩、そして、神戸大学の児玉貴代子・前田敬彦・藤井一光・福田孝夫の各氏、他に甲南大学や武庫川女子大学、奈良大学から女子学生が熱心に参加していた。後の調査では、大阪大学大学院生の西本昌弘氏も加わった。将来、文化財や考古学関係、大学の職種に就いた人が多かった。渡邊氏の周りには、考古学好きの学生仲間で溢れかえっていたのである。それが良かったのか。氏は1本任された墳丘解明に向けてのトレンチを他の学生同様に掘りきり、横穴式石室の内部を私の方針にもよく合わせ、発掘し、墳丘や石室の実測図を書くことに精力を費やしてくれた。他の学生に比し、体力のなさを知ったが、4回生になる頃は見違えるほどに元気な青年に成長していた。4年間よく頑張ったけれども、考古学や文化財の世界に進むことはないと思ったのは、私の勝手な想像であった。渡邊氏は教職に無事就いてからでも、水面下で深く潜ったままの考古学を着実に粘り強く続けていた。書くたびに抜刷を届けに来てくれた氏との交流は実に40年に成らんとしている。行政には、発掘参加学生が育つ環境も意図もない。しかし、彼はその行政発掘で紛れもなく目指すべき研究テーマの門戸を叩く糸口を掴んでくれていたのである。

　本書が到達した第6章の展開には、膨大な実証を踏まえた人でないと遭遇もしない魅惑溢れる論理と考え方が伏流水から脱して表出している。そこでは日本古代史・中世史と考古学との境界も点線と化しており、まさに二刀使いで切り込んだ感がある。広漠たる日本墓制史の研究にとって、古代や中世といった汎用される歴史概念を今一度再検討するに際し、後期古墳から書き起こした本書の果たす役割は途轍もなく大きい。

　当面考古学は人工知能によるシンギュラリティなどが到来しないと、一人楽観している。それは蓄積された莫大なデータさえもが、絶えず四象限で考えて位置付けられるマトリックス思考の母材であるためであり、氏のような透徹した人の実践力がまだまだ不可欠だからである。本書の内容が歴史に範を則る最適解が求められているか否かの判断は、読者諸賢の批判を俟つしかないが、学校現場で奮闘する一教員がやり遂げたこの快挙を私自身も学問の滋養とし、常々アイロニカルな立場に置かれていた氏がそこから脱する最大の機縁となるべきことを願ってやまない。本書が世に出ることが本人の学知のフリーズにならぬよう、向後も精進を続けて欲しいと切に念じている。

　末筆で恐縮だが、本書の数倍となる母胎論文提出に際し、文学博士号の学位取得審査・諮問や細部に及ぶ指導と助言に大変ご尽力下さった米田文孝・西本昌弘・秋山浩三の諸先生にも心よりお礼申し上げる。

2018年厳冬去った弥生月　関西大学大学院学舎にて

森岡秀人

目　次

序

序　章　「律令国家」をめぐる研究史の概要 …………………………………………… 1

第 1 章　問題の所在──8・9 世紀の古墳儀礼と墓制── ………………………… 7

  1. 研究史　8
  2. 8・9 世紀における古墳再利用の実態　9
  3. 8・9 世紀における祭祀と儀礼の実態　13
  4. 古墳再利用の類型とその意義　18
  5. 古墳再利用の消長と社会的背景　25
  6. 河内における氏墓と古墳の再利用　31

第 2 章　「律令国家」形成期の墓制 ……………………………………………………… 37

 第 1 節　横口式石槨の変遷と高松塚古墳の年代論　37
  1. 横口式石槨の類型と変遷　37
  2. 高松塚古墳の築造時期　41

 第 2 節　畿内における古墳の終焉状況　47
  1. 畿内とその周縁地域の墓制の概要　47
  2. 古墳の終焉状況からうかがえる令制国単位の地域性　54
  3. 畿内における地域性の意義　56

第 3 章　「律令国家」期の墓制のスタンダード ……………………………………… 63

 第 1 節　火葬墓の動向　63
  1. 研究史　63
  2. 畿内各地域の火葬墓の様相　65
  3. 火葬墓を構成する諸要素の変遷　67
  4. 火葬墓における副葬品の様相　70
  5. 火葬墓における遺物出土状況　72
  6. 火葬墓の変遷　76
  7. 8・9 世紀の火葬墓の意義　77

第2節　土葬墓の動向　79

1. 木棺墓の変遷　79
2. 木棺墓以外の土葬墓　80
3. 木棺墓出土遺物の特色　81
4. 木棺墓における遺物出土状況　88
5. 木棺墓の地域色　91

第3節　古墳再利用の動向　94

1. 墳墓としての再利用の実態　94
2. 古墳再利用の意義　97
3. 「律令国家」期の墓制における古墳再利用の占める位置　100
4. 「律令国家」期に墓制が果たした意義　106

第4章　墓制からみた「律令国家」の終焉　113

第1節　古代の集団墓 ──畿内における8・9世紀の古墓群──　113

1. 古代の集団墓の事例　113
2. 古墓群の特性　123
3. 各古墓群の構成原理　126
4. 集団墓の類型　127
5. 各集団墓の類型の意義　128
6. 集団墓の被葬者像　133

第2節　葬制の変化──土葬と火葬──　135

1. 火葬墓と土葬墓が混在する古墓群の事例　135
2. 「律令国家」期の墓制における火葬墓と土葬墓の意義　143
3. 墓制からみた9世紀の霊魂観・他界観　149

第3節　「律令国家」的墓制の終焉　150

1. 三ツ塚古墓群からみた9世紀中葉～後半の墓制の画期　151
2. 9世紀中葉前後の副葬品の状況　152
3. 天皇喪葬と「律令国家」期の墓制　153

第5章　「律令国家」期の墓制の変遷　161

第1節　主要史料からみた墓制の変遷　161

1. 研究史　161
2. 7世紀中葉から10世紀初頭頃までの墳墓に関する主要史料　164
3. 史料からみた墓制の動向　174
4. 考古資料からみた墓制の動向　179

第2節　8・9世紀の墓制の変遷　182

　　　　1. 「律令国家」期の墓制の成立　182
　　　　2. 「律令国家」期の墓制の展開　184
　　　　3. 「律令国家」期の墓制の意義　186
　　　　4. 「律令国家」期の墓制の変容過程　188
　　　　5. 歴史の転換点としての「9世紀中葉」　194
　　　　6. 墓制からみた時代の転換期　197

第6章　墓制からみた「律令国家」と「王朝国家」　201

　　第1節　「律令国家」とは何か　201

　　　　1. 墓制にみる「律令国家」成立の意味　201
　　　　2. 墓制からみた8・9世紀の国家像　205
　　　　3. 比較制度分析からみた「律令国家」　206

　　第2節　王朝国家と中世の幕開き　208

　　　　1. 王朝国家とは　208
　　　　2. 中世をめぐる諸説　210
　　　　3. 過渡期としての中世の位置づけ　212

結　語　217

引用文献　219

付　表　239

あとがき　285

墓制にみる古代社会の変容

序章 「律令国家」をめぐる研究史の概要

　本書の目的は墓制という考古資料を用いて、8・9世紀の政治構造を検討し、「律令国家」の歴史的意義を解明すること、そして、「王朝国家」体制との相違点を明確にし、時代区分論に関する提言を行うことである。扱う資料は、奈良・大阪・京都・兵庫の4府県を中心とする地域の8・9世紀の墳墓である。

　8・9世紀という時期は「律令国家」の時代と位置付けられているが、10世紀以降になると都市内には墓を作らせないという律令制の基本理念を破って右京三条三坊をはじめ平安京右京において造墓が始まることは象徴的であり、中世的な在り方の先駆の可能性も指摘されている(1)。また、服藤早苗は10世紀初頭に近親祖先の墳墓が祭祀されるべき場所という観念が生まれるとの考えを示したが（服藤1991）、10世紀以降は祖先祭祀としての古墳再利用が終焉し、即物的な再利用へ変化するなど、他界観・葬送儀礼観に大きな変化が認められるのである。これらの点を第1章以降の各章で明らかにしたいと思う。

　さて、大宝元年（701）、大宝律令の発布に伴い、日本は新たな歴史の道を歩み始めた。このような中央集権国家の成立は、畿内を中心とする地域の特権階級勢力が推し進めたことであり、その頂点には天皇が君臨していた。

　これまで、律令国家や天皇の在り方に関する研究は盛んであったが、文献史家をはじめとする先学諸氏による膨大な「律令」研究の歩みの中において文化史的な視点からの研究があまり重視されてこなかったことは否めないであろう。

　その背景として考えられるのは、マルクスによって弁証法的な歴史観が提唱されるに伴い、文化は政治を規定する要素にはなり得ないとされ、その歴史的意義が必要以上に貶められてきたからではないだろうか。すなわち、経済を社会の下部構造と見なし、儀礼などの宗教的な上部構造は下部構造によって規定されるというものである（設楽2008：p.4）。

　近年、構造主義的な歴史観が注目を集めつつある中で、「儀礼」という行為が人間の行動を決定付ける上で大きな役割を果たしていたことが強調されるようになり、文化人類学的、民俗学的な研究成果を踏まえた歴史叙述が散見されるようになってきた(2)。

　本書で取り上げる葬送儀礼はいうまでもなく文化的な儀礼行為である。文化人類学の成果を援用すれば、リミナリティを伴う儀礼行為は単なる文化的な行動には限定されないし、社会は政治的な意味合いをもっていたはずである(3)。

　本書で検討するのは、まさに当時の葬送儀礼や墓制が社会において果たしたであろう政治的な意義を究明することにある。葬儀とは集団的、社会的に死者を追悼する儀式・儀礼であり、集団的な記憶を再構成し形成する文化装置である（嶋根2005）。ゲーム理論に従うと儀式のような文化的な

行為を理解するには、共通知識の生成を考慮する必要があるという見地にたてば（チウェ 2003：p.102）、一定の地域内で一定の規範に基づいた葬送儀礼が執行されている場合、その背景にはこのような共通知識を生成する何らかの権威の存在を想定せざるを得ないのではないだろうか。筆者は本書において、このような視点から歴史叙述を始めたい。

葬送儀礼や墓制の在り方が社会・文化史にとどまらず、政治的に大きな意味をもつと考え、墳墓そのものを検討対象として歴史像を再現する試みは、いわゆる古墳時代の研究では前提条件として用いられることが多く、膨大な研究成果が積み重ねられてきた。しかし、文武4年（700）3月10日に僧道昭が粟原において荼毘に付されると、それ以降古墳の造営は急速に鳴りを潜めていき、その結果、後代の研究者の多くは墳墓の造営行為自体に政治性・社会性はほとんど反映されなくなると考えるようになったようだ。8世紀以降の墓制の研究も墳墓そのものが研究対象となり、骨蔵器の型式分類や墓誌の研究が長年にわたって研究史の主流となったのである。

これまでの火葬墓を中心とする古代墳墓の研究は、8〜10世紀の墳墓を一括りにして検証するなど、古墳時代のような時期ごとの分析はほとんど行われてこなかった。また、出土遺物に基づいて土葬と火葬という葬制の違いに着目したような研究も皆無に近い。しかし、奈良〜平安時代前期という200年あまりの歳月の中で、社会の在り方が変われば、他界観やそれに伴う葬送儀礼の在り方も何らかの影響を受けたはずであり、変化していったことは容易に想像できよう。つまり、社会の変化が当該時期の墓制の在り方にある程度反映されていたはずだというのが本書の立場である。

それが認められるのであれば、8・9世紀の古代墳墓の分析を通して得られた成果をもとに、奈良・平安期の政治や社会の在り方についても些少ではあるが、私見を述べることは許されよう。コジェーヴの言葉を借りれば、「実際に生起した出来事は物語行為を通じて人間的時間の中に組み込まれることによって、歴史的出来事としての意味をもちうる」（野家 2005：p.9）、つまり、歴史は物語られなければならないのである。

奈良時代から平安時代前期にかけての時期の政治の在り方は「律令国家」や律令制度という言葉で表現されることが一般的である。大津透の言葉を借りれば、律令制とは官僚制・文書行政と戸籍計帳・班田収授法・租庸調が代名詞である（大津 2013a：p.28）。律令制に関する研究は、旧唐律令との比較をはじめ、官人制、税制、軍制など様々な分野から深化が進められているが、特に、近年北宋天聖令の写本が発見されたことから日唐律令比較が盛んに行われている。もちろん、律令制の研究はそれ自体が膨大な研究史を有しており、先学諸氏の業績をとりまとめるだけで一書をなすことはいうまでもない。しかし、それらの作業は筆者の手に余ることであり、紙幅の関係もあるので、ここでは本書の内容に関わるテーマのみを取り上げ、研究史上の整理と今後の課題・問題点についてまとめておきたい。

「律令国家」とは何かについて再び大津の言葉に耳を傾けてみよう。「隋唐の国制を全面的に継受して成立した日本の古代国家を律令国家と呼び、その国制を律令制と呼ぶことは、一般化している。それは七世紀後半から八世紀の国家のなかで律令がきわめて大きな役割を果たしたからである」（大津 2013a：p.45）。

このような捉え方は多くの論者に共通し、日本の古代国家における律令の比重は唐に比べて著しく高く、より固定的な規範として考えられていたことから、「日本の古代国家は、まさに律令国家として成立した」という（大隅 2011b：p.248）。

「律令国家」の歴史的性格をめぐる議論の中で、「律令国家」像は大きく二つの類型に区分することができる。いわゆる天皇権力の絶対化による専制国家論と、貴族制的要素を重視する畿内政権論である（仁藤 1991）。

　専制国家論は、石母田正が「天皇大権」を具体的に示し、「専制権力論」として提起したことに画期性が認められる（石母田 1971）。また、石母田は我が国の律令国家像を「東洋的専制国家」の類型に属する「日本型」と指摘した（荒木 2013b より引用：p.286）。その後の研究の進展に伴い、7世紀後半の国家成立期を重視し、前代との断絶性が強調され、社会の実態に制約されて、律令の継受と改変がなされたと考えられている（仁藤 2002：p.83）。

　一方、畿内政権論は関晃が昭和27年（1952）に提唱して以来（関 1952）、早川庄八（早川 1986）や吉田孝（吉田 1983b）などによって継承された。「律令国家」は伝統的な畿内豪族層が五位以上の官人となり、天皇のもとに太政官を中心に集結して、地方の畿外豪族を支配しているのが本質で、それ以前の大和政権の在り方を継承している（大津 2013a）というものである。

　近年では大津透によって、畿内と畿外では律令制下の諸負担や人民支配の性格が異なっており、畿外では在地首長に依存する形で人民支配が行われているが、畿内では在地首長によらず国家が民衆を直接把握していたという主張がなされた（大津 1993）。

　大津の主張に対しては、律令負担体系の面における畿内と畿外の相違はさほど顕著なものではなかったという西本昌弘の指摘をはじめ、多くの論者によって緻密な反証がなされており、「石母田正氏の在地首長制を畿外にのみ適応するという修正案」（西本 1997：p.104）はそのままでは受け入れにくいとするのが実情であろう。

　仁藤敦史は近年の論争を「専制国家論そのものの当否ではなく、専制国家論の内実をめぐる議論に変化」した（仁藤 1991：pp.7・8）と評価しており、吉川真司は、日本における律令制下の貴族などの太政官制（合議制）は君主権の一部と見なすべきであり、二者択一式で性格を論議すべきではないと主張した（吉川真 1988）。

　以上のような「律令国家」像について、律令制下の天皇は「国家の権力の一つの権力の形態としての専制君主であり、国家の機構たる太政官の規制を受けながら、太政官の上に君臨する独自の専制権力であった」（大町 1991：p.241）とする大町健の意見に筆者は従いたい。日本の律令制が模範とした中国においては、天命思想から派生した中華思想と王土王民思想を基礎として政治体制がかたちづくられ、専制君主制という形態をとることになるが、その中国において律令法とは専制君主制を維持し、これを強化するための法であった。当然のことながら律令を継受した日本においても政治形態は専制君主制をとり、天命思想が内部に生き続けた（早川 1987）。また、律令以前からの独自な氏族的基礎の上に有力官僚が立脚していたとしても、天皇制を補強・維持するための官僚の地位を越えることはできなかったことから（佐藤 1977：p.376）、畿内貴族勢力を過大評価すべきではない。

　もちろん、律令制度そのものの歴史的変遷についても検討が進められ、各段階の意義付けが図られている。例えば大隅清陽は8世紀中葉から9世紀中葉の時期を、律令に加えて礼制を中心とする中国国制が積極的に継受された日本律令国家の新たな段階（大隅 2011a：p.84）と考えたが、法典完備を重視して日本の律令制の完成期を格式が整えられた平安時代前半とする意見（榎本 2011：p.6）や日本的な礼の成立を9世紀中葉に求める説もある（大津 1997）。

ここまで「律令国家」という言葉を特に定義することなく使用してきたが、ここで、「我々がふつう律令国家と呼んでいる古代国家もまた、『愚管抄』的言説に媒介された中世国家と同様、『日本書紀』的言説に媒介された一種の『想像の共同体』であった」（小路田 2002：p.222）という小路田泰直の言葉に注目したい。小路田の言葉が的を射ているのであれば、当時の日本の国制を「律令国家」という言葉のみで表すことの是非も問われなければならないし、従来の「律令国家」像とはまったく違った国家像を描き出すことも可能ではないだろうか。そういう意味では吉田一彦の一連の論考は従来の国家像を見直す上で大きな示唆を与えてくれるものである。

　吉田は、奈良時代には律が実施されず、律の規定とは異なる刑罰が科せられており（吉田― 2006：p.221）、天皇制が開始されたので律令が作られた（吉田― 2006：p.227）、国家による「個別人身支配」は地域の有力者を通じての間接的支配であった（吉田― 2006：p.225）などと述べている。古代社会と律令の関係を律令の実施状況や『日本霊異記』に描かれた多様な社会の在り方、実際の庶民の生活を題材に検討し、古代国家にとって律令は部分的なものに過ぎず、国家を根底で規定するものではないことを主張した（吉田― 2008：p.28）。吉田の結論自体は天皇制度の成立、天皇制国家の成立という視角を重視すべきというものであるが（吉田― 2006：p.39）、その当否も含めて、検討すべき論点を含んでいるといえよう。

　さて、墓制という考古資料に基づいて検討を進める場合、検討対象となった墳墓の築造年代をどういう手続きによって比定するかという問題がある。一般的に用いられる築造年代比定の根拠は墳墓に伴う出土遺物、特に須恵器や土師器などの土器編年に基づくものであろう。火葬墓の場合はこれ以外にも骨蔵器の材質や型式編年、出土銭貨の鋳造年代なども参考資料となる。しかし、火葬墓をはじめとする古代墳墓の場合、明確な意味での副葬品を伴わないことも多く、一片の土器だけで築造年代の根拠とするには余りにも心許ないことも事実である。

　また、土器編年自体も先学諸氏による様々な論考が提出されており、その年代観にはまだまだ検討の余地が残されている。本来ならば筆者自身の土器編年に対する姿勢を明らかにした上で、このような作業に臨むべきであるが、残念ながら現在の筆者にはそのような余力はない。よって、本書で取り上げた古代墳墓の築造年代は原則として報告書等引用文献記載の年代観をもとにした。ただ、一部の資料では筆者の年代観に従い報告書記載の年代を改めたものもある。なお、当該時期の土器編年については註（8）にとりまとめた文献を参照した。

　そして、本書では葬制と墓制という言葉を以下のように使い分けた。葬制とは土葬や火葬などの遺体処理に関わる儀礼、墓制は墳墓の構造や副葬品の内容など、墓を造る方法・制度というものである。例えば、古墳の葬制は土葬であるが、墓制としては大規模な墳丘を有する高塚墳墓であり、墳形・墳丘規模・副葬品などの在り方が階層性と顕著に結びついていたといえよう。

註
（1）　五十川 1996 参照。なお、小児は人として認められていなかったので、京内埋葬の禁令には触れず、右京七条四坊甕棺墓（付表4-2）のように9世紀以前にも京内に埋葬されることもあったらしい（山田邦 1994：p.596）
（2）　ジョナサン・フリードマンによれば、マルクスの経済稿を構造主義思想の成果に基づいて解明する試みがなされているという（フリードマン 1980）。

（3）　儀礼行為を対象とした文化人類学の成果は膨大な研究史を有しており、枚挙の暇もないが、儀礼装置と「儀礼的実践」が社会と国家の存続と再生産のための不可欠の条件であることを論証した今村仁司と今村真介の著書（今村仁・今村真 2007：p.244）は国家と儀礼の関係を考える上で有益である。
（4）　このような傾向の中で、1980 年に発表された黒崎直の論考は土葬・火葬両者の墳墓を集成し、文献史料と対比させながら、8・9 世紀の墳墓の動向を時期別に検討した古代墳墓研究史上、画期的な内容を有するものであった（黒崎 1980）。
（5）　例えば、史学会第 105 回大会では「律令制研究の新段階」と題するシンポジウムが開催され、北宋天聖令をもとに唐令の復元が行われ、日唐比較に基づいて、その史料的性格や、日本の律令制の特色・形成過程などについて、様々な視点から議論が深められ書籍化もなされた（大津編 2008）。
（6）　律令制、特に畿内政権論や古代天皇制に関する研究史は、石上 1996、伊藤循 2008、大津 2011、大津 2013b、仁藤 1991、仁藤 2002、吉村・吉岡編 1991 などに簡潔にまとめられており、先学諸氏の業績を引用する場合、上記引用文献の記述を直接引用した際は、引用箇所の表記を当該文献の編著者名とした場合もあるのでご了承いただきたい。
（7）　日本における礼の導入過程やその後の展開については大隅 2011b を参照のこと。
（8）　土器編年を考える際に参照した文献は、大川・鈴木・工楽編 1997、小森・上村 1996、中村浩 1981・1990、西 1978、三好美 1995、山田編 1994 であるが、西 1978 をはじめとする土器編年に関する西の作業は後に西 1988 にまとめられている。7 世紀の須恵器各型式の実年代についても近年議論が盛んであるが（佐藤隆 2015、森川 2015 参照）、本書で使用する 7 世紀の須恵器については筆者が別稿で示した年代観（渡邊 1999a：pp.1-3）に基づくことをご了承いただきたい。なお、筆者の年代観の概要は以下の通りである。飛鳥Ⅰ型式期：590〜635 年、飛鳥Ⅱ型式期：635〜665 年、飛鳥Ⅲ型式期：665〜675 年、飛鳥Ⅳ型式期：675〜694 年、飛鳥Ⅴ型式期（平城Ⅰ型式期と同じ）：694〜710 年。

第1章　問題の所在——8・9世紀の古墳儀礼と墓制——

　横穴式石室の調査において、石室内や開口部周辺から後世の遺物が出土することがよくある。これらの事例の多くは古墳再利用と呼ばれ、石部正志の研究（石部1961）を嚆矢とし、先学による様々な検討がなされているが、本章で取り上げようとする古墳時代終焉直後の8・9世紀の古墳再利用ならびに継続使用についても既に間壁葭子によって詳細な検証が行われている（間壁1982a・b）。

　筆者は以前、石室開口部周辺で検出された遺物の組成をもとに石室内への埋葬儀礼終了後に実修された「墓前祭祀」の実態について検討したことがある（渡邊1996・1998）。これらの事例のほとんどは埋葬儀礼終了時点と時期的には大差ないものであり、古墳被葬者に対する絶縁儀礼と意義付けたが、奈良時代を中心とする古墳時代終了直後の遺物が混在する例もままみられた。このような事例に対して筆者は古墳儀礼の立場から多くの先学が述べたような再利用だけではなく、古墳被葬者を自分たちの祖先と見なす氏族による古墳継続儀礼の可能性も考慮すべきであると述べた（渡邊1998）。しかし、単なる見通しにとどまり、その具体的な様相については一切触れることはできなかった。そこで、本章では前稿で果たすことのできなかった古墳時代終焉以降の古墳に対する儀礼の実態を同時期の陵墓祭祀や墳墓儀礼、さらに律令祭祀の在り方を手がかりにして検討したい。その上で、本書で取り上げるべき課題についても明らかにしたい。

　なお、今回の検証に際しては陵墓の所在範囲と各種祭祀の実態が比較的明らかであることから奈良・京都・大阪・兵庫の4府県、いわゆる律令制下の畿内とその周辺に考察の対象を限定したことをあらかじめ断っておきたい。(1)ただ、当該時期は既に五畿七道の制度が完成した時期以降のことなので、各地域の呼称については基本的に律令地方制度に従って旧国名（令制国）としたい。

　本章のもととなった前稿（渡邊1999a・b）では、タイトルに「古墳祭祀」という用語を用いており、墓前祭祀という用語も一般的である。しかし、小林敏男の指摘（小林敏1994）に従えば、当時の人々が古墳被葬者を「神」と考えていた可能性は低く、古墳に対する葬送儀礼を「祭祀」という言葉で表すことは適切ではない。よって、本書では古墳祭祀ではなく、古墳儀礼という言葉に統一したい。ただ、民俗学の世界でも、儀礼・儀式などの言葉の意味や定義は十分に検討が深められているわけではないらしい。例えば、平山和彦は、その著書において呪術や儀式などの概念整理を行う中で、儀式と儀礼の本質は同義であり、祭祀の本質にも連なる事柄と考えている（平山1992：p.17）。

1. 研究史

　本章で取り上げる8・9世紀という時期は地域によっては未だ古墳時代と何ら変わらない墓制が継続している。例えば、間壁の検討（間壁1982b）によれば、8世紀に入ってもなお古墳を築造したり、追葬活動を行う事例は、畿内では極めて少ないが、地方にいけば多くみられ、これらの現象は在地の伝統的な豪族層が中央で身分を得たことの表現と意義付けた。

　しかし、同時期に発表された別稿で「かつての古墳被葬者たちの間に、もし何らかの関係があった場合、それは追葬（あるいは追利用）なのか、再利用なのか、判断は困難」であると述べた（間壁1982a：p.54）ように、古墳時代終焉まもない時期の古墳再利用の事例を厳密に継続使用と弁別することは非常な困難を伴う作業となろう。間壁は同書の中で8・9世紀の古墳再利用は継続使用とは異なり奈良・京都・大阪を中心に行われ、大形古墳の墳丘を利用した事例が大阪に集中し、ほとんど墳墓、特に火葬墓としての利用が圧倒的であることを松岳山古墳から出土した船氏墓誌等を例証としながら考察した。さらに横穴式石室を利用する例は奈良・京都に多く、時期的には8世紀末以降9～10世紀初頭の再利用が中心で、埋葬としての利用が多いこと、また、利用される石室は大形石室が中心となり、これら石室再利用は当時の墳墓祭祀にあっては鄭重な埋葬であるという。そして、いずれの地域でも古墳再利用が行われたのは古墳を再度「埋葬の場」として使用することで古い墓地を祖先の墓とし、その氏の系譜を主張することになお一定の意味があったと意義付けた。その思想的背景として、弘仁5年（814）頃に『新撰姓氏録』が作成されたことから、8世紀末から9世紀初頭に畿内縁辺で自己の祖先を明らかにする必要性が広く存在し、古墳再利用は自己の氏姓を主張する一つの手段であったと締め括ったのである。

　また、山田邦和らの研究（辰巳・山田・鋤柄1985）では、京都府下の50例に及ぶ再利用の事例を5期、すなわちⅠ期（8世紀）・Ⅱ期（9～11世紀）・Ⅲ期（12～14世紀）・Ⅳ期（15・16世紀）・Ⅴ期（17・18世紀）に分類した。本章とも関連するⅠ期は「当該石室の被葬者なり、群集墳を築造した集団が明らかで、その集団の『祖先』として維持・管理がなされていた時代」と規定し、再利用に用いられた遺物は須恵器杯のセットが大半であることから、7世紀の古墳副葬品と大差がなく、追葬の可能性が高いことを指摘した。そして、この時期の石室は火葬骨を納める場として再利用したり、新たに築造されたもので古墳時代的色彩を残すと考えた。続くⅡ期は再利用に際して須恵器椀、土師器椀・皿、灰釉陶器、緑釉陶器、黒色土器、銭貨等多種類の遺物が使用されるなど多様化が進んだが、出土遺物の中で特に瓶子の出土に注目し、石室を納骨の場とする葬送儀礼の際に、北山城で広く使用された器種と位置付けた。また、石室に骨蔵器や木櫃に入れた人骨を納める再利用は当該古墳の被葬者の後裔などが納骨されたと意義付けたのである。

　このように古墳時代終焉後も同族による儀礼が数百年にわたって行われたとする考えは珠城山1号墳で検出された9世紀前半代の祭祀痕跡から伊達宗泰も推定しているが（伊達1986）、逆に古墳が神社や寺院の境内に位置することが多いので、特定の氏族に結びつけるのではなく、「後世の人々が地元にある古墳・古墳群の被葬者（たち）を自分たちの先祖と考え、その祖霊（祖先神）が座す所として種々の祀りを行い、社を設けるようになった」とする考え（吉村1988：p.22）もある。

古墳再利用に関する研究史を一瞥すれば、8・9世紀の古墳再利用は墳墓としての利用が優勢であること、古墳継続使用は畿内でほとんどみられないこと、当時は古墳被葬者に対する意識が明確であり、同族意識の下で再利用が実施されたことなどに要約できるが、一方で『続日本紀』「和銅二年十月」の条にある「勅造平城京司若彼墳隴見発掘者随即埋歛勿使露棄」という記事にあるように既に被葬者が不明で、荒らされるままという当時の墳墓の有り様も看取され、上記したような被葬者の後裔云々という想定は極めて例外的な事例となろう。

もちろん、全国で十数万基は優に築造された横穴式石室において8・9世紀の明確な再利用の痕跡が認められる事例はごく少数であり、その存在自体が例外的なものである。従来の学説では墳墓としての再利用を強調しても同時期の古墓の有り様との対比や古墓全体の中での古墳再利用の位置付けなどの検討が十分とはいえなかった。この点を踏まえ、本章では8・9世紀の古墳再利用の実態を同時期の古墓にみられる副葬品の組成と対比することでその類型化と意義付けを行い、各地域における古墳時代終焉の具体相を検討したいと思う。なお、今回は横穴式石室を中心とする古墳再利用を対象としたが、再利用の類型化に際して重要な事例は横穴式石室墳以外の古墳も適宜取り上げた。

2. 8・9世紀における古墳再利用の実態

近畿4府県の古墳の中で、8・9世紀の遺物が出土した事例を付表1と付表5に集成した。古墳再利用の事例を2表に分けた理由は、墳墓としての再利用とそれ以外の再利用を別々に検討したいからである。163例に及ぶ古墳再利用の実例は若干の多寡はあるが、4府県でほぼ万遍なく認めることができ（図1）、後述する古墓の偏在性と大きな相違を見せることは重要である。ただ、その中でもそれぞれの地域を代表する大規模な群集墳、例えば山城であれば大枝山古墳群、摂津では長尾山の古墳群、河内の山畑、高安、平尾山、寛弘寺、一須賀の各古墳群、大和石上・豊田、寺口千塚古墳群などで石室再利用が皆無あるいはほとんどみられないことや後述する奈良県龍王山古墳群の特殊な事例は注目すべき現象であり、その理由については各節の検討を通して解明していきたい。

では、引き続いて当該時期の古墳再利用の状況を具体的に検討してみよう。再利用される古墳の特色を間壁は「その地域では目立つ位置にある規模の大きな後期古墳」と指摘した（間壁1982b：p.76）が、付表5をみると墳丘規模ならびに石室規模は大型に属する事例が多く、さらに8世紀に継続使用される「畿内における数少ない例がこのように石棺使用地と重なる点は、やはり看過できない」と述べているように（間壁1982a：p.44）、山城や大和においてその傾向が顕著である。特に山城の嵯峨野周辺で際立っているが、当該地域の再利用は「ほぼ葛野郡一帯に限られ、出土品が多く共通していること、また、その追葬あるいは追納の時期が平安時代初期に限定されること」から「嵯峨野の横穴式石室の再利用の背景には政治的・社会的な動向が窺える」とし、私見と断った上で、秦氏が「彼等の居住地周辺での埋葬を禁止された時、彼等の墓地として選ぶところとして、彼等の祖先の共同墓地的性格を持つ嵯峨野一帯の古墳が当然浮かんできたと思われる」という注目すべき見解（林・西・和田1971：pp.150・151）もある。

なお、一言で古墳再利用と称しても前後200年に及ぶ再利用の実態は千差万別であり、再利用の

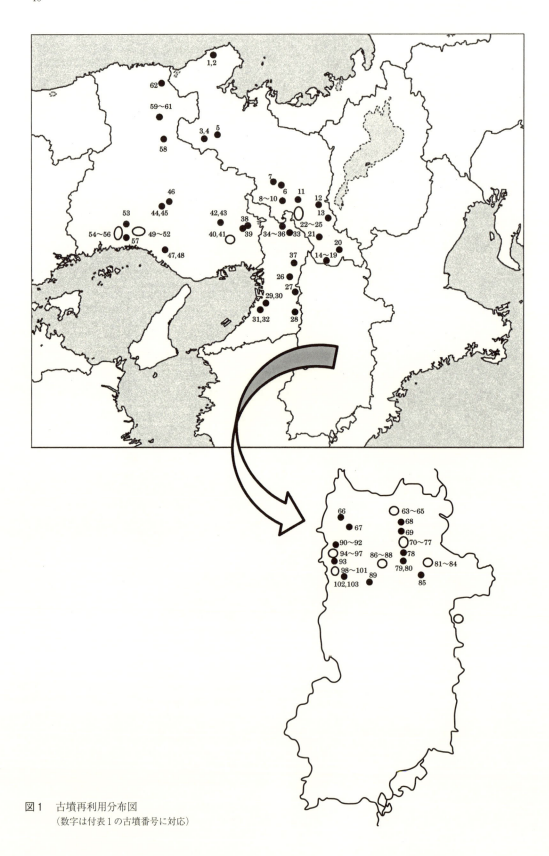

図1　古墳再利用分布図
　　（数字は付表1の古墳番号に対応）

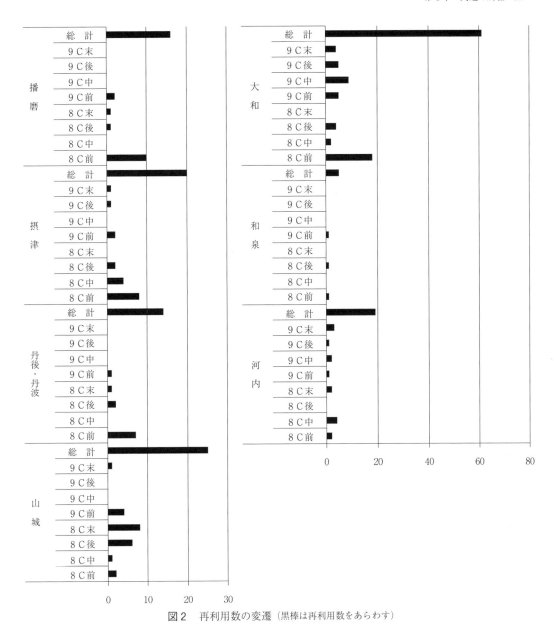

図2　再利用数の変遷（黒棒は再利用数をあらわす）

行われた時期別変遷は図2に示したように摂津・河内では8世紀前半に最大のピークがあり、次いで9世紀前半頃に2つ目のピークがある。これに対して山城では8世紀前半・後半、9世紀前半という3つのピークが存在するが、8世紀末葉の事例は厳密には9世紀初頭の事例と区別が難しいことを勘案すれば最大のピークが8世紀末葉から9世紀初頭頃になり、長岡・平安遷都と時期的に符合することは興味深い。出土遺物の組成も多種多様であるが、8世紀代は山田らの指摘通り、須恵器杯が中心を占め、それ以外の器種も豊富である（山田編 1994）。しかし、9世紀に入ると激減し、変わって土師器杯や皿、さらに黒色土器が顕著になる。また、8世紀末葉以降9世紀代にかけて特徴的な遺物として須恵器瓶子を挙げることができる。8世紀に多く認められた須恵器壺が9世紀にはほとんど検出されないことも考慮すると、8世紀代の再利用遺物は古墳時代の儀礼的要素を

表1 古墳再利用遺物出土状況一覧

出土位置	古 墳 名
玄室内床面	高山12、千原、音戸山5、大覚寺3、広沢＊、旭山E-2＊、尼塚5、走田9、太平寺天冠山東1、雁多尾畑6-13、高井田E、田辺3、求メ塚、箕谷3、箕谷5、和爾小倉谷3、珠城山＊、コロコロ山、忍坂1、丹切34、丹切43＊、寺口忍海E-12、寺口忍海H-30
玄室内	滝岡田、小金岐3、大覚寺2、隼上り2＊、井ノ内稲荷塚、野間中A-1、塚穴1＊、堂山1、太平寺3、田辺7、玉手山東B-4＊、桧尾塚原2＊、三田、寛弘寺2、雲雀山東B18、奈良山12、高川2＊、ヤクチ2、袋尻浅谷3＊、春日山3、小泉狐塚、龍王山B-8＊、龍王山E-13＊、フジヤマ1＊、室の谷1、平林、石光山31＊、大岩4
羨道部床面	垣内3、落合、珠城山＊、能峠1、能峠3、室の谷2
羨道部	下山96＊、広沢＊、福西4、愛宕塚、高川1、ヤクチ4、龍子長山1、仏塚＊、石上北A5、龍王山E-12＊、龍王山E-18、フジヤマ1＊、寺口忍海H-29、巨勢山323
石室開口部	小金岐71、御堂ヶ池13、円山6、塚穴1＊、下代3＊、箕谷2、梨本1、仏塚＊、首子8、石光山19、石光山42、ハカナベ
前庭部 (含墓道内)	下山70、隼上り2＊、桧尾塚原2＊、下代2、下代3＊、袋尻浅谷3＊、龍王山E-12＊、龍王山E-18、龍王山E-20、島ノ山1、石光山31＊
周濠内	後野円山2、下山1、下山96＊、音戸山3、大覚寺1、上人ヶ平5、上人ヶ平6、上人ヶ平14、上人ヶ平15、上人ヶ平16、上人ヶ平20、考古墳、今里車塚、塚脇D-1、田辺4、下代3＊、田須谷1、一須賀P3、西脇A-26、東乗鞍、神木坂2、市尾墓山
墳　丘	御堂ヶ池21、旭山E-2＊、物集女車塚、心合寺山、桧尾塚原4、板持3、中山荘園、中井2、龍子向イ山1、箕谷4、神木坂1、丹切38、鴨池、新沢212、新沢319、石光山47
攪乱・混在	塚脇10、塚脇12、西脇D-90、西脇D-104、二見谷1、龍王山B-8＊、龍王山B-9、龍王山E-5、龍王山E-13＊、中山2、首子4、寺口忍海H-17、岡峯

註)「古墳名＊」は複数箇所での出土を示す。

多分に含んだものであるが、8世紀末葉以降大きく様変わりすることがわかった。

　次に、これらの出土遺物の様相を令制国ごとにやや詳しく述べてみたい。山城・丹後では8世紀代を通して杯・蓋を中心に壺など多器種にわたる須恵器が認められるが、8世紀末葉に土師器杯・皿の出土量が急増し、9世紀前半以降は瓶子を除いて須恵器はほとんどみられない。黒色土器、灰釉・緑釉陶器などの出土も増大するが、9世紀代を通して富寿神宝、貞観永宝など古銭の出土が顕著である。これに対して河内は8世紀代の須恵器杯・蓋を中心とする出土土器の傾向は同じであるが、8世紀前半から土師器が出土し、8・9世紀を通して和同開珎等の銭貨が出土している点は山城と若干の相違を見せる。しかし、9世紀前半以降は土師器が中心で、黒色土器が目立つようになるのは山城同様である。摂津・播磨は9世紀代に土師器の出土がほとんど認められないという際立った相違があり、8世紀代に鉄鎌(4)・鏡など他地域ではみられない出土品もある。最後に大和の様相であるが、8・9世紀代を通して出土品にバラエティがみられる点が特色といえよう。9世紀代は土師器杯・皿中心で、須恵器がほぼ瓶子に限られることは山城の事例と類似し、それ以外に黒色土器や各種施釉陶器も認められる。山城・河内と同様、9世紀代に富寿神宝をはじめとする銭貨が出土し、他地域にみられない傾向として8世紀代に土馬や銅板・鉄板などいわゆる律令祭祀に用いられた特殊遺物が出土すること、9世紀代を通して短刀・刀子などの武器類や水晶製、ガラス製の玉類が出土する点を挙げることができる。なお、山城で顕著に認められた鉄釘の出土状況は大和でも同様で、棺金具の出土例とともに再利用の用途を類推する上において示唆的な出土遺物である。(5)

　再利用時の遺物出土状況については、表1にまとめた通り、石室玄室内床面から出土した事例が最も多く、寛弘寺2号墳（付表5-28）のように再利用に際して第2次床面が形成された事例もあるなど、床面以外の出土事例も合わせると出土位置は石室玄室内が中心を占めることになる。ま

た、石室前庭部や周濠内を含めた墳丘からの出土事例も多く、相次ぐ発掘調査の成果により古墳再利用の事例が増加したことから、墳丘利用は大阪中心で、石室利用は京都・奈良中心という間壁の先見的な見通し（間壁 1982a：p.65）は必ずしもあてはまらないこととなった。さらに表中でも記号（＊印）で示したように複数箇所から遺物が出土した事例もあり、高川2号墳（付表5-38）のように8世紀代を通して2時期以上の古墳再利用が復元できるものもある。

以上の様相を手がかりにして、本章では古墳再利用の具体相を以下の類型に分けて考えていくことにしたい。

A：古墳継続使用、追葬と判断できるもので、火葬墓としての継続使用はA1と表記した。また、8世紀以降新たに築造された古墳はA'とした。

B：墳墓としての再利用で、火葬墓はB1、木棺墓はB2、土器棺墓B3と細別したが、墳墓の種類が不明な場合は単にBと表記した。

C：律令祭祀に伴う事例で、水源・水霊祭祀に関わるものはCa、地鎮祭祀に関する場合をCb、その他ならびに詳細が不明な事例は単にCとした。

D：墳墓儀礼以外の物理的な目的で古墳を利用した事例である。

E：祖霊祭祀・追善供養に伴う事例であるが、古墳被葬者を同族の直接の、あるいは意識上の祖先とは見なさない、単なる信仰の対象として儀礼を実修した場合も含めた。

F：明確な目的意識のない単なる遺物の混入や不用品の投棄に基づく事例である。

再利用の類型ごとの意義付けを明確にするため、以下の節では墳墓儀礼や陵墓祭祀、地鎮をはじめとする都城における様々な律令祭祀の具体相を出土品の遺物組成などを手がかりにして検討することから始めてみたい。

3. 8・9世紀における祭祀と儀礼の実態

（1）墳墓に対する儀礼

当該時期の墳墓については黒崎直による丁寧な考察があり（黒崎 1980）、その集成作業などを通して、かなり具体的な様相が明らかとなった。火葬墓は8世紀中頃〜後半に集中して築造されており、9世紀には減少する。これは木棺墓が8世紀後半以降9世紀前半にかけて増大することと表裏一体の関係にある。そして、該期の墳墓が8世紀前半以降末葉にかけての火葬の開始と火葬墓の盛行（第Ⅰ段階）、9世紀中葉までの土葬への回帰（第Ⅱ段階）、9世紀後半以降の薄葬を基調とする土・火葬の混在（第Ⅲ段階）と変遷することを指摘し、これらの変化は天皇喪葬の変換が契機であると結論付けた。これに対して奈良県下の事例を中心に検証した佐々木好直は、火葬のみで遺物のほとんどない8世紀をⅠ期、木棺などの土葬が中心で遺物を有する9世紀前半をⅡ期、木棺主体で火葬墓が非常に少なくなる9世紀後半から10世紀前半をⅢ期と規定した（佐々木好 1995a）。

さて、今回の検証に際して、集成した墳墓の動向を図9にまとめたが、両氏の指摘とは異なり各地域とも8・9世紀を通して火葬が葬制の中心であり、かろうじて9世紀代の山城のみ木棺墓の優勢が確認できた。ただ、河内の1例を除き、8世紀後半以降9世紀にかけて木棺墓が盛んに築造されるという事象は首肯することができる。また、土器や銭貨以外の副葬品が寡少な火葬墓に対して木棺墓の副葬品の豊富さは際立っており、特に山城・河内においては太刀・刀子などの武器類や石

帯の出土が目を引く存在である。ただ、山城・播磨の火葬墓ではほとんど銭貨のみの出土であるが、河内・大和では土器以外にも刀子などの武器類やガラス製・水晶製の玉類の出土が顕著であり、火葬墓にも地域色が認められることがわかる。また、9世紀の大和の事例では火葬墓からも石帯の出土が認められる。8世紀初頭の奈良県中山1号墳の周辺で検出された土器棺（火葬墓）出土の石鏃はかつて筆者が墓前儀礼の一環として位置付けた、古墳時代後期の群集墳中の横穴式石室から散発的に検出される石鏃と同様の意義（渡邊 1995）を想定でき興味深い。

　古墓全体を通して副葬遺物の組成を検討すると、8世紀代の火葬墓では須恵器の出土が顕著であるが、器種としては壺や甕が中心となり、古墳再利用の事例で主体であった杯・蓋はほとんどみられない。また、8・9世紀を通して土師器、中でも杯・皿が顕著に認められ、銭貨の出土も一般的である。これに対して木棺墓・土壙墓では銭貨の出土例は少なく、9世紀代の木棺墓から鏡の出土が顕著なことや須恵器瓶子の出土事例が多いことなどが特色と見なすことができる。さらに木棺墓・土壙墓の副葬品として一般的な黒色土器が火葬墓では一切認められないことや4例を除き骨蔵器としての利用もないことから、理由はともかく現象面として火葬墓には黒色土器を使用しないという傾向が認められ、今後これら副葬品の組成を詳細に検討すれば、被葬者像を究明する上で何らかの手がかりとなるかもしれない。
(6)

　さて、8・9世紀の古墓は一部を除いて群集することなく、単独で造営された事例が多いことから、工事等の不時発見に伴うことが多く、現在の遺跡分布が必ずしも当時の実態を示しているとは限らないが、今回の検討によれば火葬墓の検出事例は京都35例（山城27、丹後6、丹波2例）、兵庫29例（播磨19、摂津4、淡路2、但馬4例）に対し、大阪288例以上（河内138以上、和泉122、摂津28例）、大和196例以上と地域偏差が大きく、木棺墓・土壙墓も同様の傾向を示すことがわかった。もちろん、今回取り上げた事例は墳墓とするにはやや疑問のある資料も含まれており、各資料が墳墓かどうかの検討を行った上で分布論を述べる必要があるが、大まかな傾向として該期の古墓が大和・河内を中心に存在し、山城・摂津・播磨では稀有のものであるという地域的な偏りは認めてもよいと思われ、古墳再利用例の普遍性とは際立った相違を見せる。岡野慶隆の指摘にもあるように（岡野 1979）、奈良時代の氏墓には『養老喪葬令』に基づく「三位以上条」という規制があり、造墓できたのは限られた氏族の中から国家が認定した場合のみで、ほぼ五位以上に限られたことから、畿内中枢部においては有力氏族の勢力基盤と墳墓の分布が重なることは明白であり、古墓を造営せず、古墳を再利用した要因を考える上で重要な視点となろう。
(7)(8)

　なお、火葬墓の検討に際しては黒崎の指摘にもあるように、墳墓の立地、火化地と葬地との関連、墓の構造と骨蔵器の型式など多方面からのアプローチが必要であり、小林義孝によって提唱された「火葬灰埋納土壙」（小林義 1992）なども視野に入れ、本来の火葬墓とそれに伴う関連施設との分別も必要な作業である。しかし、本章では副葬品の遺物組成をもとに古墳再利用を意義付けていきたいと考えており、火葬灰埋納土壙等から出土した遺物は葬地としての火葬墓ではなくとも葬送儀礼に用いられた副葬品としての性格は変わらないと判断した。そこで、本章では上記の作業はすべて省略し、遺物組成からみた総体としての火葬墓の位置付けを図りたいと思う。

　また、墳墓における祭祀・儀礼を考える上で、陵墓祭祀が多大な影響を与えていることはいうまでもない。奈良・平安時代の陵墓祭祀は文献史学家による多くの成果があるが、詳しくは第5章で検討するので、ここでは本章の内容と関わり合う部分について簡単に触れておきたい。

田中聡によれば（田中聡 1995）、陵墓祭祀は元旦四方拝、荷前使、国忌の3種類であり、荷前は過去の全「陵墓」に均しく班幣する常幣と特定「陵墓」のみに奉幣する別貢幣に分かれるという。そして、8世紀半ば以降、「陵墓」祭祀の中心が別貢幣に変化すること、9世紀半ばの仁明〜文徳朝には「薄葬」遺命や郊祀の復活という古代陵墓の第二の転換期が認められるという。
　新井喜久夫は常幣の成立は大化前代に遡り、初穀を先皇陵に分割献上したとする（新井 1966）が、服藤早苗は国忌に対応する先皇陵と不比等墓への奉幣使が派遣されたことから8世紀中頃に別貢幣が成立し、さらに祖先祭祀の画期として「延暦十年の改革」（791年）に着目した（服藤 1987）。本来、8世紀に成立する祖先祭祀は遠い神話的始祖のみを神として祀るものであった（阿部 1984）が、この「延暦十年の改革」では天智天皇を祖とする直系祖先陵墓祭祀を行うことで自己の正統性を表現した桓武天皇が中国の天子七廟制（宗廟）を取り入れ、国忌や別貢幣対象陵墓を自己の直系祖先のみに限定し、別貢幣に外戚墓も追加するなど、現実の近い祖先だけを祀る国家的祭祀が成立したという。さらに、これら一連の出来事は皇祖神としての伊勢神宮の整備と軌を一にするもので、9世紀初頭には神社や寺への祈願と並んで祖先山陵が昇格し、神と同等な地位を獲得するなど、祖先が現実社会にも威力を示す存在として観念されるようになった。さらに嵯峨天皇による宮廷儀礼の唐風化、儒教的な礼秩序の導入とともに元旦儀礼の強化を通して、皇室の一家内の秩序が国家の公的秩序に優先するという私的秩序による反律令的観念が実践されたという。
　祖霊全体を集団の守護霊とする祖先崇拝が7世紀後半から徐々に変質し、8世紀後半までに祖霊の人格化が生じ、祖先を個別に祀るようになったとする熊谷公男の意見（熊谷 1988）もある。大石雅章は9世紀中頃に国忌・荷前奉幣をとどめる天皇遺詔が相次ぎ、858年に没した文徳天皇の追善菩提の祭祀に僧が参加するなど山陵で仏教的祭祀が実施されるようになり、荷前祭祀の衰退が仏事儀式の増加と一連の現象である可能性を述べた（大石 1990）。先述の田中は8世紀後半から9世紀前半にかけて壮大華麗な仏教儀礼が実修されたとするが、大石は「仏に奉ずる葬送」と記載された聖武太上天皇（756没）の儀礼を除くと陵墓への仏教的要素は9世紀半ばを待たねばならなかったという。
　以上、文献史学の成果をまとめると、皇祖霊全体を王権の守護霊とする荷前常幣が7世紀後半に創始されるが、祖霊の人格化が進んだ8世紀中頃には別貢幣が成立し、さらに延暦十年の改革により現実の近い祖先だけを祀る祖先祭祀が生じ、9世紀半ばに仏教的祭祀の実施に伴い荷前祭祀が衰退するという変遷を示すことができよう。
　8世紀後半以降の画期については、「律令国家」の陵墓制度から平安時代の陵墓制度への転換という観点から「御墓」制の成立と祖先顕彰の理念の強化を経て、9世紀に外祖父母墓制が成立するという北康宏の説もある（北 1996）。9世紀後半頃に古墳再利用が大きく変化することから、仏教儀礼の導入に伴う荷前制の衰退が葬送儀礼に影響を与えたと考え、本書では大石説をとったが、遺物組成の上からは8世紀末葉に大きな変化があり、田中のいう8世紀後半から9世紀前半にかけて仏教儀礼が葬送儀礼に影響を与えた結果と考えることもできる。特に瓶子の多用は仏教儀礼的要因とみることも可能であるが、ここでは陵墓祭祀の画期に伴う祖先祭祀の変質に起因するものととらえておきたい。このような陵墓祭祀の変遷が当時の人々の墓制や葬送儀礼にいかなる影響を与えたのかを検証し、当時の人々が抱いていた他界観の変遷を具体的に浮かび上がらせることが本書の課題の一つといえよう。

(2) 都城における祭祀

　ここでは都城における祭祀をはじめとするいわゆる律令祭祀の在り方を簡単に検証し、古墳再利用の位置付けを考える上での一助としたい。都城における祭祀、あるいは律令祭祀と一言で称してもその内容には様々な種類があり、本節では大祓など都城における祭祀、水霊・水源祭祀、地鎮・鎮台祭祀、厳密には地鎮に含まれるが古墳の破壊に伴う祭祀に分けて検討していこう。

　奈良時代を中心とする8・9世紀の地鎮めの供養を集成した森郁夫（森 1984）によれば仏教、陰陽道、神祇による様々な供養が寺院等の造営工事の諸過程において実施されており、『仏説陀羅尼集経』を典拠に七宝・五穀を中心とする様々な埋納品を用いた7日間に及ぶ供養の様子が復元されている。興福寺や元興寺をはじめとする主要寺院の地鎮めでは金延板や水晶・琥珀製等の玉類、銭貨、装飾太刀等の宝物が多量に用いられたが、奈良朝政府の仏教政策に基づくこれらの国家的大事業以外に一般民衆による地鎮めの内容も森の作成した集成表から読み取ることができる。

　もちろん、地鎮め儀礼自体を検討するのであれば、このような寺院造営に伴う事例や『日本書紀』・『続日本紀』の記載にある藤原京、平城京等の宮都造営に先立つ地鎮めの儀式等も視野に入れる必要があるが、本章の目的は古墳再利用の意義付けであり、寺院造営等に伴う国家的事業の地鎮めの儀式内容は個々の古墳再利用例との比較対象にならないことから、ここでは掘立柱建物の建築に伴うような私的な地鎮めを検討しよう。

　いずれの事例も土師器皿と銭貨の組み合わせが主流を占め、七宝に関わる金箔や玉類が検出されることもある。古墳の破壊に伴う地鎮めは恭仁宮造営に伴う古墳削平（考古墳）が有名で、「恭仁京の造成、古墳の破壊、須恵器の埋置がほぼ同一時期としてとらえられる可能性」（中谷 1976：p.40）があることから、「恭仁京の造営に際して古墳が破壊され、それに関連して須恵器が埋置された」と考えられている（中谷 1976：p.45）。

　『続日本紀』「和銅二年条」の記載をみる限り、その他の宮都造営に際しても何らかの祭祀・儀礼が行われたことが推測される。しかし、宝亀11年（780）に寺院建立に伴う古墳からの採石禁止の詔が出されたように、当時の人々の間には墳墓を聖域として保護するという考えが浸透していなかった。石舞台古墳の例を挙げるまでもなく、近年、古墳時代の中で既に前代の古墳を破壊した後に新たに古墳を造営している類例もいくつか知られるようになったが、各宮都造営に伴い削平された古墳の類例と同様、当時の具体的な地鎮めの様相は残念ながら明らかではない。

　さて、日本の古代都城において実修された祭祀については既に多くの業績があるが、道路側溝、運河、水路、井戸・柱穴等各所において多量の祭祀遺物が出土しており、柱穴に伴う祭祀は上記の地鎮めに関わる儀礼の可能性が高く、井戸・水源に伴う例はいわゆる水霊信仰、井泉祭祀と位置付けることができる。これらの事例のうち、平城京の路上を祭場とする祭祀を対象とした金子裕之の論考（金子 1985a）によれば、外界と接する危険な境であった道において実修されたのは、8世紀初頭に成立した『大宝令』「神祇式」に規定される国家的祭祀、大祓の儀式であり、律令的祭祀の中でも最重要と位置付けられている。これらの祭祀は長岡京期を経て平安京の七瀬祓へと発展していくが、その起源は天武5年（676）八月詔「四方為大解除」にあり、人形・馬形等の各種木製模造品と人面土器、ミニチュア土器、土馬をはじめとする土製品、金属性祭祀遺物、銭貨など様々な祭祀遺物を用いて祭事が修されたらしく、儀礼終了後は使用された遺物を溝や河川等に流したという。同様の祭祀儀礼は諸国でも実施されたようで、例えば、兵庫県出石郡袴狭遺跡（8〜9世紀初

表2　都城における律令祭祀遺物の出現頻度（単位：遺構数）

	遺構数	土　馬	木製品	ミニチュア土器	墨書人面土器	銭　貨
平　城　京	129	71 55.0%	75 58.1%	8 6.2%	20 15.5%	14 10.9%
長　岡　京	210	122 58.1%	70 33.3%	61 29.0%	53 25.2%	33 15.7%
平　安　京 （9 C代）	38	33 86.8%	16 42.1%	6 15.8%	6 15.8%	4 10.5%

註）祭祀関係の全遺構数に対して、それぞれの律令祭祀遺物が検出された遺構数の割合を示した。よって、遺物の数量は考慮していない。

頭）からは大量の人形・馬形・斎串等が出土している。これらの遺跡における遺物の出土状況や具体的な祭事の内容は先学の研究成果に譲るが、これら祭祀遺物の共伴関係の在り方をみれば律令祭祀の実修を推定することが可能となろう。

　以上の観点から、平城京、長岡京、平安京の各都城において検出された祭祀遺跡を先学諸氏の成果をもとに集成し、律令祭祀遺物の共伴関係をまとめたのが表2である。註（12）で挙げた先学諸氏の集成表を活用したが、表中の引用文献等をあたっても実態が不明な資料については取り上げなかった。土師器を中心とする杯・皿等の土器も取り上げていないが、各遺物の出現頻度をみれば土馬を中心に斎串、人形などの木製模造品、ミニチュア土器など律令祭祀を特徴づける遺物の存在を指摘でき、古墳再利用の事例を律令祭祀の観点からとらえる際の指標となろう。

　最後に、水辺の祭祀についても簡単に触れておきたい。罪を祓うという面では前述した大祓も水辺の祭祀に含まれるが、それ以外の日常生活における祭として井泉祭祀を挙げることができる。金子裕之によれば鑿井時の祭では斎串を立て、設置後は銭貨を供える形態をとったらしく、湧水に関わる儀礼には斎串、土馬、陽物、銭貨、馬の歯等が用いられたが、土馬や馬歯を投入するのは雨乞いのためという説もある（金子 1996）。

　古来より水源地において水霊信仰に基づく祭祀儀礼が実修されたのは丹生川上神社や飛鳥川上坐宇須多伎比賣命神社等の存在からも明らかであるが（和田萃 1996）、近年発掘調査された奈良県阪原阪戸遺跡では古墳時代中期から奈良時代まで継続して水源を中心とする祭祀が行われたことが確認されており、大溝・石組枡、配石などの遺構が検出されたが、奈良時代には斎串・転用硯・墨書土器・木簡などの遺物が使用されたという（木下 1997）。

　また、井戸をめぐる祭祀については駒見和夫が詳細に検討を加えている（駒見 1992）。井戸やその周辺が祭場となり、井水の枯渇防止や汚染に対する鎮めを目的とする祭祀や、埋井に際しての井鎮祭祀が行われたが、後者では火に関わる行為があった。出土遺物には祭具としての斎串・箸状木製品、モモ・ヒョウタン等の種子、祭祀行為に関わる焼けた礫、日常使用されている道具として完形土器・木製容器片・木製品などを掲げ、杯の出土事例が『延喜式』記載の井神祭祀の汲水料と一致することに注目した。そして、井戸をめぐる一連の祭祀が弥生〜古墳時代の農耕社会的祭祀形態から7世紀後半以降、平安時代前期にかけて律令的祭祀形態に変化すると述べた。

4. 古墳再利用の類型とその意義

　本節では、8・9世紀に実修された各種祭祀儀礼における出土遺物の組成を手がかりに、古墳再利用における遺物出土状況なども勘案しながら、各古墳の事例を第2項で触れた類型ごとに分類し、その意義付けを図ってみたい。

【A】古墳継続使用、追葬
　畿内における古墳時代の終焉は天武・持統朝という「律令国家」の完成時期に求めることが妥当であり、一部の皇族・高級官僚を除いて古墳はもはや造られなくなり、終末期群集墳の築造も7世紀第4四半期には完全に終息を迎えることになる。もちろん、地方に行けば8世紀代はいうに及ばず、場合によっては9世紀代に至っても依然、古墳を造営し続ける集団が存在することは間壁葭子をはじめとする多くの先学諸氏によって論議されてきた。しかし、今回の検証により、畿内においても8世紀に入ってなお古墳を使用し続けた集団の存在が明白となった。そして、畿内におけるこれらの類例のほとんどが8世紀前半に集中していることは見逃すことのできない事実である。
　本節は主に出土遺物の組成に基づいて各事例の意味を検討したいと思うが、これまで述べてきたように、古墳再利用時の出土遺物と同時期の古墓出土遺物の組成の間には明らかな相違が認められる。もちろん、個々の事例を類型ごとに意義付ける場合、それぞれの資料を俎上に乗せて検証する必要があり、総体としての遺物組成を比較することにはいささかの懸念があるかもしれない。しかし、火葬墓からは黒色土器が出土しないという事象を指し示すまでもなく、全体としての傾向も十分に意味のある指標と考えられるので、それらを手がかりに個々の事例を検討していきたい。
　日本における火葬墓の導入は仏教思想の影響だけではなく、新羅文武王の火葬をはじめとする新羅墓制の影響（網干1979、渡部1992）も念頭に置いて考える必要があるが、「律令国家」による造墓規制を伴う新たな国家的墓制の創出は墳墓儀礼の内容にまで大きな変革をもたらしたことは想像に難くない。その証左として、火葬墓の出土遺物の組成は壺や甕を中心とする須恵器と土師器杯・皿、銭貨であり、須恵器杯・蓋はほとんどみられない。後者の遺物が後期～終末期古墳に一般的な副葬品であることはいうまでもないが、これらの遺物が出土することは奈良時代に入ってもなお、一部地域で実修された葬送儀礼に古墳時代的要素が含まれていたことの証となろう。例えばTK209型式併行期（以下"併行"期は省略）に始まり8世紀前半頃までほぼ継続して造営された丹後大田鼻横穴群から検出された須恵器の組成が杯を中心としてほとんど変化しないこと（岡田ほか1987）がその1例である。
　墳墓儀礼の変革の要因に仏教思想が大きな位置を占めるかどうかは不明だが、持統朝以降は天皇陵において火葬墓が採用されるなど文字通り古墳が終焉し、養老喪葬令にみられるような墳墓に関する規定が大宝律令にみられること、さらに持統5年（691）の陵戸制の創始（新野1981）により、国家による陵墓の維持・管理が制度化されたこと（藤堂1998）など8世紀以降の墳墓儀礼につながる様々な政策が創り出されたと考えられる。
　8世紀前半を中心とする時期の古墳再利用を意義付ける場合、古墳継続使用（追葬）Aと墳墓としての再利用Bや祖霊祭祀・追善供養に伴う事例Eとの弁別が必要な作業となるが、本章では

AとBの弁別方法として以下の点を重視した。すなわち、類型Aの古墳では古墳被葬者の後裔が継続して使用し続けたことになるので、追葬や追善供養などにより、ある程度断続的な土器の使用が認められること、つまり、古墳再利用の時期が古墳時代の最終埋葬からあまり時期差を有さないことである。また、出土遺物の組成が火葬墓等と古墳時代的な葬送儀礼では大きく異なることから、須恵器杯・蓋を中心とする遺物の存在を重視した。つまり、Aとした事例は7世紀代の最終埋葬から土器型式で2型式以上の断絶期間を置かないことと、出土遺物が須恵器杯・蓋を主体とすることを判断基準とした。しかし、わずかな出土遺物をもってAと

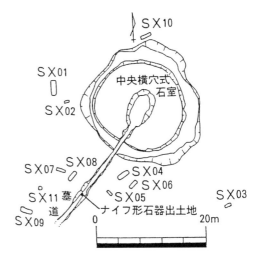

図3　中山1号墳周辺の土壙墓（清水1989より引用）

Bを判別するのは難しく、和泉下代2・3号墳のように判断基準の確定的な証左に欠ける事例も多い。

　これと同様、Eの祖霊祭祀・追善供養との弁別も実は非常に難しくどちらとも判別できない事例が多々あった。奈良時代前半は両者とも古墳時代的様相をもった儀礼が執行されたと考えられることから、出土遺物の組成に大きな相違点を見出すことは困難である。しかし、寺口忍海E-12号墳のように人骨が検出されるなど埋葬施設としての再利用が確認できれば判別は可能であるし、古墳時代の墓前儀礼の検討作業に拠ればいわゆる追善供養的な儀礼は石室の開口部を中心とする前庭部空間で執り行われた可能性が高い（渡邊 1996）ことから、本章では遺物の出土状況を一つの指標とし、原則として石室玄室内出土事例をA、開口部～前庭部出土事例をEと判別した。もちろん、埋葬に際して、墓前儀礼のような儀礼が埋葬儀礼とほぼ同時に執行されることも推測されるが、遺物が複数箇所で検出され、時期的にもほとんど差が認められないような事例があてはまるのであろう。さらに、先にも触れたように当該時期の古墳の分布にはかなり地域的な偏差があり、再利用された古墳の周辺地域における墓制との関係なども判別材料となろう。

　では、具体的な事例をいくつか検討してみよう。

　8世紀以降も継続的に古墳が使用され続けたと考えられる典型的な事例として大和和爾小倉谷3号墳を挙げることができる。7世紀後半に築造された当墳では8世紀初頭まで継続的に追葬行為が行われており、第2次床面形成後の葬送行為と評価されている。また、河内垣内3号墳の場合は7世紀前半の築造であるが、7世紀後半まで追葬が行われており、8世紀代の事例は須恵器杯以外にも壺や土師器皿が出土したことから火葬墓として利用された可能性も考えられよう。

　さて、近年の相次ぐ発掘調査例の増加に伴い、各地における終末期群集墳の終焉状況がかなり鮮明になってきた。つまり、無袖式石室を中心とする古墳群が小石室を経て、木棺直葬墳や土壙墓をもって終息するというものであるが、今回集成した中にも大和コロコロ山古墳周辺や中山1・2号墳の周辺で検出された土壙墓・土器棺墓群は興味深い事例となった（図3）。報告書でも「7世紀中葉から末葉、8世紀へと追葬されたことは古墳築造期の被葬者につながる人々が新しく古墳を築

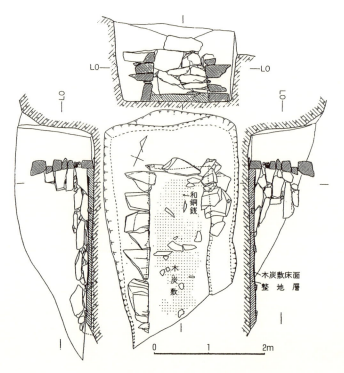

図4 尼塚5号墳の横穴式石室（髙橋1969より引用）

造せずに追葬もしくは土壙墓に埋葬されていく点、他の群集墳の在り方と異なって」（清水真1989：p.25）おり、「阿倍氏につながる豪族たちの中で倉梯麻呂前後の宗本家と異なる支族の一員として活躍した人々の奥津城」という評価がされている（清水真1989：p.32）。また、時代は若干遡るが、大和寺口忍海 H-34 号墳の場合を検討したい。これは TK43 型式期の築造であるが、かなりの年代差を置いて7世紀中葉から後半にかけて追葬されており、「飛鳥・藤原地域で使用されている土器を入手できる集団でありながら新たに古墳を造ることができなかった」と評価された（吉村・千賀 1988：p.312）。つまり、ここからは墓制に対する国家的規制の強化に伴い畿内中枢部で新たな墳墓を造営するには単なる経済力だけではどうしようもない階層規制が働いており、やむを得ず従前の横穴式石室を再利用するしかないという逼迫した情勢を見出すことができるのではないだろうか。

その一方で、大和を一歩離れると、山城尼塚5号墳のように明らかに奈良時代に入ってからも前代の古墳とほとんど変わりない無袖式石室が築造されており、新たに再編された国家的身分秩序の下で墳墓造営が可能とされる地位を獲得したが、葬送儀礼に関して保守的な思想を有し、新しい葬送儀礼に基づく火葬墓は採用せず、前時代的な墳墓を築造したと考えることができよう（図4）。古墳時代の遺物がまったく出土せず、8世紀前半の須恵器杯蓋などが出土した河内堂山4号墳や但馬箕谷5号墳も尼塚5号墳と同様、奈良時代以降の築造と位置付ける方が理解しやすい。このような古墳の終焉状況の具体相については第2章第2節で取り上げたい。

【B】墳墓としての再利用

ここでいう墳墓としての再利用とは、たとえ自らを古墳被葬者の後裔と考える人々によるものであっても、古墳時代的な葬送儀礼とは別個の、新たな律令時代の墓制に基づく墳墓として造営・利用されたもので、前代の葬送イデオロギーを体現する須恵器杯・蓋をほとんど使用せず、瓶子や壺、それに土師器杯・皿などを葬送具として利用するものを指す。Aと比べると古墳の最終埋葬からある程度時間が経過してからの再利用が多く、8世紀後半以降の事例がほとんどであり、特に火葬墓としての再利用B1は8世紀後半から9世紀前半に集中する。1例として、7世紀初頭に築

造された大和フジヤマ古墳（付表5-45）では、片付けの後、黒色土器を骨蔵器として葬送を行うが、骨片、灰が少量のため、火葬骨の分骨埋葬と考えられている（泉森1976：p.39）。報告者のいうように分骨埋葬であれば特別の目的のために敢えて石室再利用を行ったことは間違いなく、火葬墓としては稀有の黒色土器を使用する墓制をとったことも何らかの意味をもつ行為なのかもしれない。

木棺墓B2は地域的な偏差が大きく、山城・大和では多見するが、河内・摂津・播磨にはほとんどみられない。しかも、山城の場合はほぼ9世紀前半代に限定され、嵯峨野周辺に集中するが、火葬骨と木炭の検出された広沢古墳（付表5-13）をはじめとするB1もほぼ同様の傾向を示す。

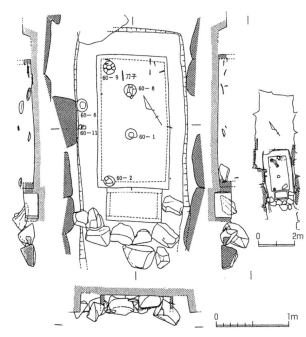

図5　能峠1号墳の再利用木棺（楠元編1986より引用）

再利用に際して採用したこれら葬制の違いがいかなる理由によるものかは興味深いが、当時の墓制総体の中で位置付ける必要があり、第3章の内容を踏まえ、第4章で検討したい。

また、大和での典型例として宇陀市における9世紀後半から10世紀初頭という限られた期間に造営された一群の資料を挙げることができよう。いずれの事例も須恵器瓶子や黒色土器椀類、刀子、玉類など同時期の木棺墓と同様の豊富な副葬品を有しており、能峠1号墳（付表5-47）では玄室の南側4分の1と羨道部を利用して木棺墓を造営する際（図5）、古墳時代の床面から30cmほど整地を行うが、石棺の蓋石は覆い隠さず、木棺の位置もずらすなど先葬者の存在を十分に意識している状況が確認できた。高田垣内室の谷2号墳（付表5-50）の場合でも古墳時代の石棺の存在する玄室を憚って羨道部分に木棺を納置して石室を再利用していた。

前者では整地層下で石棺に土を入れる際、4点の土器（黒色土器椀3、土師器杯1点）を用いて先葬者に供養的行為を行い、後者も先葬者に対する追善供養を目的として黒色土器皿、土師器皿を木棺小口外にすべて裏伏せで置くなど、葬送思想上の共通点が多く、「系譜的に連なる祖先との合葬行為を意識」あるいは「何ら脈絡もない石室を選んだとは考えられず、少なくとも門閥を同じくすると意識していた」と評価（楠元編1986：p.84）されている。しかし、「250年という年代幅を考慮すれば血縁的系譜は別問題」という指摘（楠元編1986：p.84）もあるように、地域によって若干の偏差はあるが、墳墓としての再利用がほぼ特定の時期に集中することから、その思想的または社会的背景が問題となってこよう。

同様のことは既に触れた山城嵯峨野一帯の古墳再利用に対してもいえることであるが、河内愛宕塚古墳（付表5-17）では「古墳の後裔が祖先の墓所を含めた土地所有権を主張」するため石室を再利用したと考えられている（安井編1994：p.72）し、前方後円墳の墳丘部分に骨蔵器を埋納し

た心合寺山古墳（付表5-16）では「奈良時代に入っても墓地として利用、古墳被葬者の後裔にあたる有力人物か」とされる一方で「秦氏の有力者の墓の可能性」も示唆されている（原田1976）。特に後者の場合は古墳の墓域を利用しているとはいえ、当時の一般的な火葬墓と比べても墓制としての在り方に遜色なく、横穴式石室内のように人目に触れない場所ではなく、白日の下で埋葬している点を考慮すれば、造墓が許されたかなり上位の社会的身分を有する被葬者が想定されよう。養老喪葬令に基づく造墓規制などに伴い六位以下がやむを得ず古墳再利用を行ったのであれば、古墳再利用の事例は当時の一般的な墳墓よりランクが下がることになり、墳墓の内容にも優劣がみられるはずであるが、間壁が指摘したように、横穴式石室を再利用した墳墓は鄭重な埋葬である場合が多く、再利用を意図した主体者の立場や目的によっても差異が生じよう。古墳再利用の事例を当時の墓制総体の中で位置付ける場合、地域、時期、再利用の目的等々、様々な観点からの検証が必要である。このような墳墓としての古墳再利用の事例については、第3章第3節で再論したい。

【C】律令祭祀に伴う事例

　律令祭祀としての位置付けが明白な事例は宮都造営時の古墳破壊に伴うもので、山城の4例を挙げることができる。考古墳の場合は恭仁京造営に伴い周濠を埋める際に須恵器壺が1点だけ据えられたような状態で出土しており、井ノ内稲荷塚古墳・走田9号墳では長岡京造営に関連した石材採取行為に伴う鎮魂儀礼と想定されている。特に井ノ内稲荷塚古墳の場合は墨書人面専用土器を使用する祭祀行為が後円部墳頂上で行われたらしい。なお、同古墳からは製塩土器片も共伴しており、長岡京内の製塩土器を伴う祭祀を検討した大林元は、製塩土器を用いた祭祀は国家（律令政府）が関与したのではなく民間信仰的な祭祀が行われた可能性を説いた（大林2005）。さらに、古墳周濠から長岡京時代の墨書人面土器や墨書された須恵器杯、木製人形、土馬などが出土した今里車塚古墳の場合は、人面が専門の画工の手によるものと考えられており、周濠で実施された祭祀は民間信仰的なものではなく、大きな行事として祭祀が行われた、あるいは、この古墳の周濠を埋めるにあたってこの古墳の幽魂を慰撫するための儀礼であったと考えられている（高橋美編1980：p.110）。

　次に、律令祭祀に特徴的な遺物が出土した事例として龍王山古墳群E地区の3古墳を取り上げたい。いずれも人形と考えられる鉄板や銅板、土馬などが出土しており、いわゆる水霊信仰に関わるものである。「水源の神である龍王を祭る龍王宮が山中にあり、古墳群はちょうど龍王宮へ向かう登山道沿いにあたることから墓前祭祀というより水霊信仰に係わるもの」と考えられており（河上・松本1993：p.203）、同時に出土した土師器などは先に触れた井神祭祀の汲水料と位置付けることも可能であろう。

　このような水霊信仰に関わる事例は中山2号墳においても、石室が破壊された後に作られた石の積み上げ場から首が飛ばされた土馬が1体出土しており、実際の雨乞いに使用されたものらしい（清水真1989：p.117）。この他にも土馬の検出された事例はいくつかあるが、前方後円墳の鴨池古墳では古墳の墳丘裾部、新沢千塚古墳群212号墳の場合は墳丘くびれ部から古墳時代の須恵器杯身内に入れられた状態で、同319号墳では墳頂下からそれぞれ出土しており、いずれの事例も都城における祭祀のように木製品や銭貨を伴わず、土馬の単独出土であることから「水神」にまつわる祭祀と考えるのが妥当であろう。[20]

　丹切38号墳では墳丘盛土を切り込んだ土壙内から土師器皿が出土し、平城京内で検出された地

鎮遺構と類似することから、土地に対する地鎮の1例と見なすことができる。
　最後に、春日山1〜3号墳を取り上げよう。これらの古墳はいずれも小石室を有する奈良公園内飛火野所在の古墓群として知られていたが、石室使用石材が自然石であり、石室天井石も不明で、鉄釘の出土があまりみられないことや石室内から土馬や土塔が出土したこと等を根拠に、古墳ではなく、春日大社における「祭典後の祭具の埋納の場所としての祭祀遺跡」であるとの見解が出された（中村春 1981）。もちろん、飛火野一帯からは奈良〜平安時代の火葬墓や木棺墓も発見されており、地鎮的な意味をもつと考えられる土馬が各所で出土することから、飛火野から鹿苑一帯の丘陵台地上は古墳時代から奈良・平安時代までの墓地として利用されたと推定される地域である（松永 1990）。しかし、60箇所以上存在する奈良公園周辺の土盛り遺構のすべてをどちらかに限定するのではなく、古墳あるいは祭祀遺構の両者渾然一体となった有り様を想定すべきであろう。

【D】古墳の転用例
　古墳を単なる物理的な目的で転用したものであり、祭祀等は行わない事例である。8・9世紀に属する明確な事例は山城上人ヶ平古墳群だけで、いずれも5世紀前半から6世紀前半にかけての低墳丘方形墓であり、横穴式石室を伴うものではない。上人ヶ平古墳群の場合は瓦生産に関連した施設に伴う再利用が中心で、5・20号墳の場合は周濠が再掘削されるなど奈良時代に改修、拡張されている。5号墳は7・8号墳とともに墳丘は削平せず、周濠を利用した雨水の確保あるいは粘土こねの場としての利用が想定されており、20号墳は建物群のまわりをめぐる溝に集まった汚水を流し込む排水施設的役割を担うものである。また、6・14・15・16号墳では人為的な造成に伴う整地層が広がっており、建物建設に際して周濠内に瓦等を敷き詰め堅固な地盤に改良されていた。
　周濠再利用時の改変作業において墳丘上に埴輪がめぐらされていた5号墳では「あえて埴輪列を破壊しないという奈良時代における古墳観の一端を読み取ることもできる」（石井・伊賀ほか 1991：p.51）と考えられているように、祭祀行為を伴わないものの、古墳に対するそれなりの配慮があったことはうかがえる。上人ヶ平古墳群の場合は低墳丘墓ゆえ視覚的に墳墓としてのイメージが湧きにくいこともあり、明確な祭祀行為を伴わないまま奈良時代に造成されたと思われるが、横穴式石室の場合は墳墓としてのイメージが強烈なため、古墳時代とそれほど時を隔てない時代の人々にとっては何らかの祭祀を行うことなしに古墳を転用することは想像できないことであったのだろう。中世では石室を住居内に取り込み倉庫などに転用するような事例もあるが、8・9世紀に限れば上人ヶ平古墳群のような事例は例外であり、今後もこの類型に属する再利用例はあまり増加しないと思われる。

【E】祖霊祭祀・追善供養
　埋葬目的以外で古墳に対して何らかの祭祀・儀礼を執行する事例で、古墳時代終焉以降も継続的に墓前儀礼が執行された場合と、ある程度の断絶期間を置いた後に系譜関係を主張する目的で追善供養を行った事例の両者が想定されるが、この他にも信仰上の理由から古墳を聖域と見なして祭祀を修したような場合も含めた。後者の場合は周囲に神社や寺院が立地する場合も多いが、例えば、摂津高川1号墳の場合は藍本から丹波へ抜ける山道沿いという交通の要所に立地することから儀礼が行われたと考えられている（岡崎編 1991：p.41）。

なお、古墳が寺・神社の境内やその近隣に所在する場合が多く、古墳や古墳群の名称に稲荷神をはじめ神・仏、神社、寺院の名称が含まれる例もあり、「実際の被葬者（たち）が不明確なまま」、「その古墳・古墳群に自分たちの祖先が葬むられており、祖霊の座す場所として祀り、信仰の対象としてきた」と吉村博通は指摘する（吉村 1988：p.24）が、それらの事例も本章でいう祖霊祭祀に含めることができよう。
　さて、奈良時代以降も継続的に古墳に対する儀礼が執行されたことで有名な事例として、本章の対象地域からは外れるが、鳥取県梶山古墳を挙げておきたい（津川 1994）。変形八角形墳の梶山古墳は埋め込みを伴う特殊な方形壇を有することでも知られるが、墳丘裾を取り巻く列石を積み直したり、規模を大きく拡張し修復するなど、8世紀末から9世紀前半まで墓前儀礼が継続されたことが確認された。梶山古墳のように明確な継続儀礼の兆候を示す例は非常に珍しいが、第2節で触れたように大和珠城山1号墳は墳墓というより墓前儀礼的な利用と考えられている。大和高取町のイノヲク古墳群では3号墳の南裾部分に10世紀代の木棺墓が構築されていたが、2・3号墳の周辺から古墳時代以降、飛鳥・奈良時代の土器も検出されており「この箇所が祭祀の場として存続し、平安時代に木棺墓が納められるまでの間をつなぐ資料となる」（松永 1989：p.28）と考えられたように、長期間に及ぶ墓域管理が行われた可能性がある。
　各古墳の事例を検討する際、古墳継続使用との判別指標として遺物の出土状況、具体的には石室開口部～前庭部出土事例を主にEと考えたが、それ以外にも墳丘裾部や周濠出土事例も原則として本類型に含めて考えることにした。このような出土状況では単なる混入の可能性もあり、周濠内出土例は律令祭祀大祓の儀式を想定することもできるが、後述するように当時の人々が目的もなくむやみやたらと墳墓に近付くことはあり得ないので混入の可能性は考えにくく、須恵器杯を中心とする出土遺物の組成も考慮した上で判断したのである。周濠内や墳丘裾部から遺物が出土した事例の中には墳墓としての再利用も多いが、骨蔵器の出土した例や土馬など律令祭祀に伴う遺物が出土した事例を除き、須恵器杯を中心とする器種が出土した事例はEと判断した。古墳時代の墓前儀礼では石室開口部付近の儀礼と墳丘儀礼はほぼ同様の儀礼で、本類型は古墳時代的な要素を含んだ儀礼であることからも儀礼の本質にはほとんど差異はなかったと考えられる。
　本類型に属するものとして、石室前庭部から須恵器杯などが出土した下山70号墳や古墳周濠内から出土した下山1号墳、塚脇D-1号墳、神木坂1号墳、さらに墳丘裾部から出土した中井2号墳、神木坂2号墳を挙げることができる。また、石室閉塞石内から遺物が検出された仏塚古墳は呪術的儀礼を行ったと考えられ、土馬の出土した東乗鞍古墳では古墳に対する祭祀として馬形の献上が奈良時代まで行われたと評価された（亀田 1982）。
　続いて、2箇所から遺物が検出された事例を検討しよう。高川2号墳は8世紀初頭と後半2時期の遺物が検出され、ともに石室内からの出土である。8世紀後半の事例には人骨を伴い火葬墓としての再利用は明白であり、8世紀初頭の事例を報告書では供献形態と位置付ける（岡崎編 1991：p.60）が、須恵器杯身の上に杯蓋2つを裏返して重ねるという出土形態はまさに墓前儀礼を彷彿とさせる行為である。その他の事例はいずれも同時期の遺物が2箇所に分かれて出土するもので、旭山E-2号墳の場合は玄室床面直上から須恵器杯・壺、土師器甕などが、墳丘裾部からは須恵器杯蓋が出土した。隼上り2号墳では須恵器杯が石室内と前庭部から出土し、袋尻浅谷3号墳は石室内から須恵器杯と土師器杯、前庭部から須恵器蓋杯が出土した。これらの事例を出土状況や遺物組成

から判断すれば祖霊祭祀など墓前儀礼を伴う埋葬儀礼と位置付けることができるが、時期的には8世紀前半に集中しており、出土遺物も須恵器杯が中心であることから、A＋E、すなわち古墳継続使用に伴う祖霊儀礼と想定されるであろう。

【F】日常生活に伴う遺物の混入や不用品の投棄に基づく事例

　流入や投棄という事例は儀礼行為とは関係ないもので、偶発的な要因で文字通り古墳周辺に遺物が紛れ込むものであるが、8・9世紀という時期に限ってみればこの類例に属する資料は少ない。遺物が混入するには古墳周辺に人々の生活の痕跡があることが前提となるが、古墳に対して墳墓という意識が明白な時代では一般人は無意味に古墳には近付かないのではないだろうか。高取正男は奈良時代末から平安時代初頭にかけての社会では死穢を忌む気運が高まったと指摘する（高取1979）が、そうであれば当時の火葬墓や木棺墓も含め、人々はむやみやたらと墓域には近付かないだろうし、やや時代の下る資料ではあるが、『栄華物語』の「ただ標ばかりの石の卒都婆一本ばかり立てれば、又参り寄る人なし」という記述をみても、死者はいったん葬ってしまうと後は顧みないという当時の葬送観がよくわかるのである。田中久夫によれば、藤原氏の墓地であった木幡山には石卒塔婆が建立されているにもかかわらず参詣されることはなく、墓参の風習はまだ確立されていなかったようで、藤原道長によって始められた木幡山の整備も墓地に対するものではなく、浄妙寺を木幡山の近くに建立することであったという（田中久 1975：p.109）。

　では、以上のような時代背景を踏まえた上で、この類例に属する数少ない事例を個別に検討してみよう。物集女車塚古墳では前方後円形を呈する墳丘の各所において須恵器をはじめ、皇朝銭や瓦が出土しており、時期的には奈良時代から長岡京時代を経て、平安前期にかけての様々な時代の遺物が含まれていた。古墳の立地が長岡京の北方すぐであることから、京内の人間が来訪、あるいは古墳の方角や距離、形状等の特性を意識し、何らかの目的で利用していた可能性も示唆されている。さらに、長岡京廃都後も継続的な人の訪れが予想され、軒平瓦の存在から瓦葺き建物が存在していた可能性も示された（秋山ほか 1988：pp.250-252）。

　梨本1号墳は羨道部付近の円礫下から和同開珎が1点出土したが、石室内が自然流路と化した状態で地山面が削られており、文字通りの流れ込みによるものである。なお、当古墳の周辺からは奈良時代の溝が検出されており、土器や土馬、瓦片などが出土したが、平群谷を望む好立地を考えると何らかの施設が存在していたことは間違いない。[24]

　龍王山B-8号墳、9号墳の場合は、前者は石室内に落ち込んだ土砂中の表土層、後者は石室外の周辺土砂内からの出土であるが、既に触れたように龍王山一帯は水源の神である龍王を祭る龍王宮が山中にあり、信仰上の理由に基づく人々の来訪を想定することができるので、土器等の遺物が混入したのであろう。

　以上のようにFに属する事例はいずれも当時の人々が古墳に近付くための特別な事情が看取されるのであり、例外的な事例と見なすことができる。

5. 古墳再利用の消長と社会的背景

　前節までの各節にわたって、古墳再利用の類型化とその意義について述べた。それらを踏まえ、

	7世紀	8世紀					9世紀					10世紀	
	末	初	前	中	後	末	初	前	中	後	末	初	前
A	━━━━━━━━━━━━━━━												
A′	━━━━━━━━━												
B1			━━		━━		━━━━━━━━━━━━━━━━━━━━━━━▶						
B2							━━━━━━━━━━━━━━━━━━━━						
B													━
C									━━━━━━				
Ca	━━━━━━				━━		━━━━━━						
Cb				━━									
D					━━								
E	━━━━━━━━━━━━━━━━━━						━━━━━━━━━━						
F		━━━━━━━					━━━━━━						

図6 古墳再利用の各類型の消長

　本節では類型ごとの消長と再利用が行われた社会的背景について、文献史学における成果を援用しながら触れてみたいと思う。
　では、はじめに古墳再利用の類型ごとの消長を簡単に眺めてみよう。
　図6によればA・A′は8世紀初頭から前半の時期に限られ、畿内およびその周辺地域ではやはり古墳時代的な墓制は律令時代の墓制に急速に取って代わられることがわかる。これを裏付けるように火葬墓など墳墓としての再利用Bが早くも8世紀前半代に始まり、10世紀代に至るまで古墳再利用の中心的な類型となることは間壁が述べた通りである（間壁 1982a）。ただ、火葬墓としての利用はほぼ全時代にわたってみられるが、8世紀前半の事例は古墳の墳丘を利用して骨蔵器を埋納した事例に限られ、石室内の埋葬は8世紀後半から9世紀前半の時期に一つのピークが認められる。また、木棺墓は9世紀前半以降に限られ、山城では9世紀前半にほぼ限定できるが、河内や大和ではむしろ9世紀後半から10世紀初頭頃に再利用の中心があり、古墳再利用の歴史的位置付けを図る上で重要な相違である。
　Cの律令祭祀に基づく事例は宮都造営時の破壊行為や水霊信仰に伴うもので特定時期に限定されず、各個別の事例は必要に応じて適宜修されたが、現状では律令政府の中心地である山城・大和地域に限って認められている。ただ、国家的事業に伴う地鎮め以外に各地方でも様々な律令祭祀が行われたはずなので、今後、この類例に属する再利用例は増加すると思われ、大和丹切38号墳などはその1例であろう。
　次にDの祭祀以外の転用例であるが、横穴式石室では認められず、8・9世紀という、地方においては依然、古墳時代が継続しているような、石室に対する墳墓としてのイメージが生々しい時代では儀礼を伴わない再利用はまず考えられないことであった。
　さて、Eの祖霊祭祀・追善供養的な再利用が行われた時期は8世紀前半と8世紀後半から9世紀前半という2つのピークが認められ、ほぼAとBの類型の消長と対応関係にあるが、この類型の修された社会的背景がA・Bと同様であることを示すようだ。
　最後に、混入など偶発的な理由で遺物が検出されるFの事例は本質的にはいつの時代でも有り得ることで、特定時期に集中するような性格ではないが、人々が墳墓に近付くことを躊躇するような社会情勢下ではあまり認められないはずである。8・9世紀という時代は、例えば平城京内や平安京内において河原等が葬地の一部であり、そこでは埋葬というより遺棄に近い状態であったらし

いが、長屋王に関する『日本霊異記』の記事をみれば、呪術的な意味から身分の高い人は遺棄ではなく埋葬し、死者の気を封鎖することが必要であったとされるように、おそらく古墳など視覚的にも明らかな墳墓には当時の一般的な社会感覚では近付くべきものではないと考えられたとしても不思議ではない。つまり、先に触れたDと同様、古墳時代終焉直後という社会状況によりFの事例もほとんど認めることはできないのである。

古墳再利用の類型ごとの消長は以上であるが、A・B・Eの各類型の消長から古墳再利用には8世紀前半、8世紀後半から9世紀前半、さらに9世紀後半から10世紀初頭という3つの画期があることがわかった。では、それぞれの画期が生み出された社会的背景とはいかなるものであったのだろうか。

（1） 8世紀前半の画期

この時期は火葬墓としての再利用も認められるが、中心をなす事例は古墳継続使用としての追葬的利用であり、祖霊祭祀・追善供養的な事例も多い。これらの現象は畿内における古墳終焉の一形態ととらえることが可能で、「律令国家」が導入した階層の枠組みに組み込まれた社会的に上位の氏族は火葬墓という新たな墓制・葬制を採用したが、養老喪葬令によれば造墓できたのは五位以上の氏族に限られており、これらの規制により造墓できない階層の者が古墳を継続使用あるいは再利用したと思われる。つまり、畿内といえども古墳終焉の状況は必ずしも一律ではないのである。

播磨ではこの時期の古墓はほとんどみられないが古墳再利用例は多い。また、現在の京都府内の古墓の分布はほぼ旧山城国の範囲内に限られるが、再利用は丹後・丹波をはじめ府下全域に及んでいる。中央から離れれば離れるほど、保守性という性格を有する葬送思想ゆえに8世紀に入っても古墳時代的な要素を含んだ儀礼が継続されたり、造墓規制上の制約から律令時代の墓制とは別個のものとしてやむを得ず旧来の儀礼を取り入れた可能性もあろう。もちろん、この時期の再利用例の多くは古墳の被葬者が誰であるかを承知の上で行われたと考えられるが、単なる古墳終焉に伴う過渡期的様相であるならば、このような事例がもっと多くても不思議ではない。しかし、実際に再利用がなされたのはほんの一握りの古墳に過ぎない。では、これら再利用はいかなる社会情勢に起因するものなのであろうか。

「律令国家」による諸政策の中でも公地公民に基づく土地の公有化は重要な柱の一つであるが、慶雲3年（706）3月14日詔に記された、周二三十歩に限り「氏々祖墓」に伴う土地の私有を認めるという例外規定を念頭に置くならば、先学も指摘したように土地所有権を主張することを目的に古墳を再利用した可能性が高い。北によれば養老喪葬令の三位以上条は「墓域を営むことによる土地の私有独占が増加するのを制限しようという目的があった」（北 1996：p.15）とされるが、造墓することがすなわち土地の所有を意味するという当時の情勢がうかがえる。また、間壁は墓地所有権の主張に関連して、墓地買地券を一つの根拠として述べているが（間壁 1982a：pp.77-79）、古墳再利用においては類似品を含めて一切出土しておらず、本章では検討しなかった。

7世紀末葉以降、急速に進む「律令」に基づく社会体制の変革に対応するため、諸豪族たちは様々な対応策をとったと推測されるが、土地公有化に対抗する手段として古墳再利用を実行したと思われる。特に、社会的身分秩序で下位に位置付けられ、造墓が認められない氏族にとっては墓域の確保は至上命題であり、前代の古墳被葬者が明白な場合はなおさら、古墳を再利用することで、

墓域の継続を主張したのであろう。持統5年（691）詔にある「祖等墓記」の提出を造墓規制のための作業ととらえた岡野の説（岡野 1979：p.8）があるが、北も「その当時の代表的な氏十八の祖墓を営墓許可のために登録する書類を提出させたことを示す」（北 1996：pp.15・16）と考えており、これらに含まれない中下級氏族が古墳再利用で造墓を図ったのである。

　このことをことさらに強調するため、古墳再利用に際して盛大な追善供養を実施した可能性もあるし、たまたまこの時期に埋葬対象者が存在せず、古墳に追葬できない場合は祖霊祭祀のみを執り行い、先祖代々の墓域であることを主張したと考えられる。また、大和コロコロ山古墳や中山古墳群の周辺で検出された墳墓群の場合は、本来ならば造墓が認められなかった人々が古墳の墓域を利用することでかろうじて営むことのできた墳墓と位置付けることが可能である。

　これに対して、継続使用ではなく、火葬墓など「律令国家」の設定した墓制に組み込まれた墳墓として古墳を再利用する事例はどうであろうか。例えば大和の古墓分布は要路周辺など5箇所の集中地点が認められるように、「律令国家」によって墓域が設定されていたが、河内心合寺山古墳例（付表5-16）のように古墳の墳丘を利用した場合は古墳被葬者との系譜関係を主張することで、「律令国家」の規制にとらわれず、氏族独自の墓域をもつことを認めさせたのではないだろうか。時期は不詳ながら同じように古墳墳丘を再利用した丹後後野円山2号墳（付表5-2）の場合、古墳群中最大規模を有する1号墳ではなく2号墳を利用しており、再利用を行った氏族は古墳群が存在する一帯を墓域として主張する際、少しでも広い範囲の墓域を設定するため、古墳群の存在する舌状台地の一番端に立地する2号墳を利用したと考えることもできる。

　畿内における古墳の継続使用ならびに墳丘を利用した再利用はいずれも墓域としての土地所有権の主張が主たる目的であったと考えられ、特に継続使用の場合は国家的な身分秩序のもとで造墓が認められなかった階層に属する氏族の打開策と位置付けられよう。

（2）8世紀後半から9世紀前半の画期

　間壁葭子は8世紀末から9世紀初頭に畿内縁辺で自己の祖先を明らかにする必要が存在し、自己の氏姓を主張する手段として古墳再利用が行われたと意義付けた（間壁 1982a）。火葬墓あるいは木棺墓などの墳墓としての利用がこの時期に集中し、さらにいくつかの古墳では祖霊祭祀も実施されたことから、「直接の血縁関係はなくても古墳を利用したと云うことで自己の出自を主張」（間壁 1982b：p.77）したと考えられるが、このような再利用が行われた社会的な背景として、桓武天皇の「延暦十年の改革」に伴う祖先祭祀の画期を挙げることができよう。

　この改革では、天皇の地位の正統性を主張することを目的に現実の近い祖先だけを祀る国家的祭祀が成立したと考えられているが、皇統の転換に伴う系譜関係の確認のために陵墓祭祀が利用されたから、各氏族も自己の出自を再確認する必要に迫られ、系譜関係を主張するために古墳を墳墓として再利用し、追善供養を行った可能性がある。系譜関係に関しては「家は血縁・血統と必ずしも同じではない」（竹田 1978：p.139）という竹田聴洲の意見（竹田 1978）に耳を傾ける必要がある。すなわち、「家は血縁・非血縁を超えてそれ自身存続しうる」ものであり、「家の本質は血縁ではなくして系譜関係とみるべきである」（竹田 1978：p.139）ことから、古墳再利用に際しても、再利用する側が祖先伝承などをもとに系譜関係を主張しようという意志さえあれば、直接の血縁関係がなくともさしたる障害にはならなかったと考えられる。

さらに、古墳再利用で使用される遺物の組成が8世紀末葉以降土師器杯・皿が中心となるなど、大きく様変わりすることから、古墳再利用に伴う葬送儀礼の内容にも大きな変化のあったことがうかがえる。また、「埋葬地を死者の永遠に眠るところと見、永遠の祭祀を期待した」（田中久1975：p.84）という元明太上天皇の遺命（721）を例外とすれば、墳墓に関しては葬送儀礼のみを重視し、墓所はほとんど意識しないという当時の人々の葬送意識は根強いものであり、荷前制と空也以降の浄土教の影響によって遺体に関する観念が変化し、墓詣での風習が登場したのが11世紀を待たねばならなかったこと（田中 1975）を勘案すれば、わざわざ、数百年以上も前の古墳を自らの祖先と見なして供養し、再利用するためには明確な目的意識がなければならない。

　8・9世紀にかけての陵墓祭祀の変質が火葬墓や木棺墓という当時の墳墓儀礼に大きな影響を与えたことは黒崎が明らかにしており（黒崎 1980）、同様に各氏族がこぞって古墳再利用に励んだ理由もやはり陵墓祭祀の変質に求めることができる。例えば、丸山竜平は大津市瀬田若松神社境内古墳の調査において、8世紀末葉頃に排水施設や墳丘の修築、石室内で焚火と供献が行われたことから、土師四腹中三枝族の改姓に伴う祖先への祀りととらえ、8世紀末頃を土師氏一族にとって最も意気揚揚として祖先を顧みる時期であったと意義付けた。これは、外祖母が土師氏出身である桓武天皇の登場で改姓を許されたという延暦9年の史実に基づく考察であるが（丸山ほか 1976：pp.21・22）、祖先が現実社会にも威力を示す存在として観念されるようになった祖先祭祀の発展とも軌を一にする現象である。

　また、山城嵯峨野における古墳再利用が9世紀前半代に集中するという事象についても、桓武天皇の母が渡来系氏族の出身であり、この時期に渡来系議政官が増えてくる（吉田ほか 1995：pp.21・22）という史実と対応させることも可能であろう。さらに、奈良時代以来の公地公民制という「律令国家」の根幹は既に班田制の崩壊に代表されるように衰退の一途をたどっており、『日本後紀』延暦18年（799）の和気氏・菅野氏の墓域侵害に関する記事にみるごとく、公的秩序の崩壊は目を覆うような有様であり、各氏族は改めて祖先の墓域を主張する必要にも迫られていたに違いない。

　北は『続日本後紀』「承和十年四月二十一日条」にある神功皇后陵と成務天皇陵の位置を誤っていたという記事を例に挙げ、「このころには陵ですらそうしたありさまであった」ことから、「八世紀半から九世紀前半の氏族原理の変容に伴い私的管理に任されていた律令制的氏族墓が衰退、荒廃した」と述べた（北 1996：p.34）。確かに「公的守衛の対象外であった氏族墓」は、前代の古墳のような視覚的に明確な表象を伴わないことから、多くの氏族にとっては既に過去のものであった。それゆえ、当時の「祖先顕彰の意識の高揚」（北 1996：p.43）や祖先祭祀の大きな変革によって近親祖先に対する儀礼を行おうとしても対象とすべき祖先墓を見出すことができず、自らの本貫地付近に存在する遠い昔の在地の有力者の墓、すなわち古墳時代の横穴式石室を儀礼対象として取り入れた、つまり、石室の再利用を行ったことも十分に考えられる。貞観13年（871）閏8月に出された太政官符（「類聚三代格」巻十六）では、無許可で自然発生的に占有された当時の葬地が否定されており（森浩 1973：p.56）、葬地に対する何らかの規制が働いていたことから、平安後期以降にみられる単なる即物的な古墳再利用は未だ行われていなかったのであろう。

　なお、当該時期の墓制に関する史料と実際の墓制の動きについては第5章を参照してほしい。

（3）9世紀後半から10世紀初頭の画期

　この時期の類例は大和国、現宇陀市域において木棺墓を埋葬する事例が中心であり、薄葬を基調とする当時の墓制にあって、刀子や玉類をはじめとする豊富な副葬品を有することが異色である。山城や播磨ではこの時期の再利用がほとんど認められず、河内では火葬墓・木棺墓ともにみられるが、大和の例と比べると副葬品はあまり豊富とは言い難い。

　なお、古墳再利用に火葬墓・木棺墓の両者の葬制が存することの意義については同時代の古墓全体の検討を行う必要があり、第3章で論述したい。

　さて、陵墓祭祀の上で、9世紀中頃には国忌・荷前奉幣をとどめる天皇遺命が続き、山陵で仏教的儀礼が実施されるなど、古代陵墓制度における転換期であり、神事的儀式としての荷前が衰退した。このような荷前制の衰退はもはや古墳を再利用することで自らの出自を主張するという行為が意味をなさなくなったことを決定付け、Eの追善供養は9世紀前半代で衰退し、9世紀中頃以降は墳墓としての再利用例も減少していったと考えられる。

　そうであれば先の大和の事例は特殊であり、新たに台頭した新興氏族の存在などが想定できるが、宇陀市域における新興氏族の存在を具体的な史料中に見出すことはできるのであろうか。

　律令時代の榛原、すなわち宇陀市は古代きっての名族安倍朝臣氏の出身地として有名であるが、宮廷官人として中央政界に進出するに従い、多くの氏々は都へと住居を移し、宇陀市域に占住した安倍氏はまさに忘却され衰退凋落した存在であったという（堀池 1993：pp.462・463）。能峠3号墳で再利用された平安時代前期の木棺墓からは水滴に使用された墨付きの須恵器平瓶が出土しており、報告書では「被葬者は生前、字を書いていたと推察され」、「地方官人であった蓋然性が高い」（楠元編 1986：p.121）というが、宮廷との関係でいえばその候補として、古代の名豪であり、延長6年（928）に内覧として出仕した県使首氏の一族を挙げることができよう。それ以外にも平安時代初期には大伴大連金村の後裔と考えられていた仲宿禰氏の一族があり、承和2年（835）に改姓されたことが10世紀の文書にみえるという。また、嘉祥元年（848）、外従五位下に叙せられた吉野連氏の分岐氏族も占住していたが、貞観2年（860）に狩猟の地として宇陀郡一円が源融に下賜されたという記事もあり、源氏の所領を通して在地荘官に源氏を名乗る者が派生したという（堀池 1993）。

　時あたかも、律令制システムの転換期であり、9世紀末葉には受領が登場する。また、9世紀後半に始まった藤原摂関政治の発展に伴い、「天皇家と藤原太政大臣家とが相互補完的なものであるという思想が押し出されてくる」（北 1996：p.43）ようになり、藤原氏の先祖墓の再興が進められたと考えられているが、天安2年（858）に十陵四墓制が登場することや藤原時平によって延喜2年（902）に律令制再建策が打ち出されるなど、9世紀後半から10世紀初頭頃に行われた古墳再利用の社会背景を考える上で見逃すことのできない重要な史実を見出すことができる。

　少なくともこれら一連の動きが中央における藤原氏の政策に呼応したものであれば、「地方官人」という被葬者像の推定も踏まえ、当該時期の文献に名前を残すような有力氏族を古墳再利用の主体者と位置付けることが可能であろう。筆者は第3章第3節で述べるように源融こそがふさわしいと考えている。

　さらに延長5年（927）の『延喜式』によって「名実ともに律令国家の陵墓制度は終焉」した（北 1996：p.41）という北の意見を踏まえると、古墳再利用の第3の画期もこれと歩調を合わせた

ものであるといえよう。また、9世紀後半以降の再利用の画期を考える上で周辺地域の古墳の動向も見逃すことはできない重要な視点である。宇陀市域においては八稜鏡の出土した神木坂 SK03（10世紀前半の木棺墓）、丹切 38号墳土壙墓（9世紀後〜末葉）、野山支群1号土壙墓（10世紀前半）が知られるに過ぎず、同時期の古墳がほとんど検出されていない中で古墳再利用例が際立つのである。

これに対し、河内柏原市域では高井田墳墓群が9世紀後半に築造のピークを迎え（9基）、玉手山古墳群も9世紀代の築造が中心であるなど、周辺地域で墳墓が盛んに造営される時期に、敢えて田辺古墳群を再利用しており、宇陀市の状況とは明らかな相違を見せる。当然再利用に至った具体的な背景も相違するはずであるが、詳細は今後の検討課題である。なお、律令時代の墓制のもとでは階層によって明確に区分された造墓規制が9世紀以降の律令官人制の再編に伴い、「五位以上」は単なる身分表現に過ぎなくなり、「五位以上集団」が解体していく過程（吉川 1989：pp.24・25）に伴い、各地において在地主導の墳墓の造営が行われた可能性もあろう。

6. 河内における氏墓と古墳の再利用

本章では大和・山城・河内・摂津・播磨など畿内とその周辺地域を対象にして、8・9世紀における横穴式石室の再利用例を類型化し、その意義を述べた。

追葬など古墳継続使用をA、墳墓としての再利用をB、律令祭祀に伴う事例をC、祭祀以外の転用例をD、祖霊祭祀・追善供養をE、混入等をFとし、それぞれの再利用の消長と社会的背景についても簡単に触れることができた。特に、古墳の終焉とも関わるAについては「律令国家」による身分秩序の下で新たに造墓が許されなくなった階層の氏族が墓域の土地所有権を主張していったものであり、Eの追善供養も同様であると判断した。また、Bについては桓武天皇による「延暦十年の改革」などに伴う祖先祭祀の画期や祖先顕彰理念の強調に合わせて9世紀に完成した外祖父母墓制に基づき、8世紀後半〜9世紀前半にかけて、各氏族が自己の系譜を主張する手段として古墳を再利用したと考えたが、9世紀中頃以降の陵墓祭祀に仏教的祭祀が導入されたことに伴い、衰退していった。しかし、河内・大和の一部地域においては9世紀後半から10世紀初頭にかけて木棺墓を主体部とする再利用が活発になり、折しも天安2年（858）の十陵四墓制の成立により「天皇系譜の一系性から自立した形での個別化した近親祖先に対する祭祀が表に現われてくることになる」時期と重なることは興味深い。この一連の動きは「令制氏族墓の衰退という状況に対して藤原氏の先祖の墓を再興しよう」という藤原良房の政策であり、「天皇家と藤原氏との相互補完制」、すなわち藤原摂関時代の政治原理にかなうものであった（北 1996：p.45）。

奈良・平安時代を通して、原則的に豪族はその出身地の墳墓に埋葬され、女子も出生の氏族の墳墓地に葬送されるというが、同一氏族の氏墓の変遷という観点から柏原市域の古墓を検討した花田勝広によれば、河内の氏墓は以下の類型に分けることができるという（花田 1988）。すなわち、7世紀から8世紀にかけて本貫地内に単一氏族の墓域が形成されるものを第一類型（田辺型）、6世紀代の大型群集墳の墓域内に造墓される非本貫地内埋葬を第二類型（雁多尾畑型）、8世紀代の火葬墓群出現以降に墓域が形成され、本貫地に接して複数の共同墓域が営まれる第三類型（寺山型）、さらに8世紀代に本貫地以外の場所に単一氏族よる小墓域が形成される第四類型（松岳山型）であ

り、前代の墓域が改変あるいは結合することによって生じると考えられた。

　第四類型（松岳山型）は前代の古墳の墓域を利用した造墓活動であり、まさに本章で検証した古墳再利用に該当するが、第三類型（寺山型）は造墓が許可された上級氏族の共同墓域として再編されたもので、この類型に含まれない氏族が古墳再利用を通して「律令国家」の造墓規制に対抗したのであろう。もちろん、前代からの墓域を継続した田辺古墳群の事例（第一類型）はわざわざ古墳を再利用して土地の所有権を主張する必要はなかった。これ以外にも、山本奥古墳群や平尾山古墳群雁多尾畑第49支群など7世紀代の群集墳内で検出された「焼土坑」を火葬墓に関連する遺構と考えた森本徹は「墓制の面でみるかぎり特別に扱われて」いることから、被葬者が「8世紀に入り、先進的な火葬墓をまず受け入れた集団であった」（森本 1992：p.35）ことを指摘した（森本 1991・1992）。しかし、田辺古墳群をはじめ一部の氏族のみが何故墓域の継続を行い得たかという問題については未だに十分な回答を用意することはできない。心合寺山古墳などと同様、各氏族の自律的な意志に基づく墓域確保の結果と見なすこともできるし、渡来系氏族との関わりなども考慮に入れておく必要があろう。

　この田辺史氏の有力家族の墓域と考えられる古墳群・墳墓群は7世紀前半以降、8世紀中葉まで造墓され続けるが、9世紀末葉に再び墓地として再利用され、それ以降も遺構の重複が認められないことから、後世にわたって墓域としての存在が意識されていた可能性が指摘されており（花田 1987：p.50）、大和宇陀市域の古墳再利用と同様、この時期に新たに台頭した新興氏族がかつての有力氏族との系譜関係を主張するために再利用が行われたと思われる。

　旧安宿郡に属する田辺古墳群は田辺史氏の氏墓という説が定説であり（花田 1987）、隣接する田辺史氏の氏寺と考えられる田辺廃寺が室町時代まで存続したことから、古墳再利用を田辺史氏に関係する行為ととらえることもできる。田辺墳墓群の属する資母郷に竜田道があり、平城京に至る交通の要衝であったという事実も重要である。しかし、具体的な史料は9世紀後半以降の安宿郡に関して『三代実録　巻卅二』に「元慶元年（877）河内国安宿郡人百済宿禰有雄本貫を京都に移す」（沢井 1975：p.94）という記述が知られるに過ぎず、具体的な位置付けは今後の課題である。

　最後に第二類型（雁多尾畑型）に関して簡単に触れてみよう。大規模群集墳の墓域内に古墓を営む事例は寛弘寺古墳群をはじめいくつか知られるが、これらの事例はいずれも在地性の強い地方豪族に対して「律令国家」が造墓を認める際、前代の群集墳という墓域を利用して他律的に配した可能性があろう。これに対して、第2項でも触れたように古墳再利用はいくつかの例外を除き、畿内の大規模群集墳では認められないという注目すべき事実がある。その例外の中で、播磨西脇古墳群の場合は8世紀以降も墳墓が営まれた可能性があることから単なる混入の可能性があり、奈良県龍王山古墳群の場合は山中に存在する龍王宮に対する水霊信仰に伴う事例と考えられた。

　何故、大規模群集墳では再利用が行われないのであろうか。

　本章で意義付けたように8世紀前半の事例は国家的身分秩序の下で造墓できない階層の氏族が墓域の土地所有権を主張するために再利用し、8世紀後半から9世紀前半の事例は各氏族が出自を主張する手段として古墳を利用したものである。しかし、高安古墳群や平尾山古墳群のような同一氏族の枠を超えて、他律的に配された共同墓地的な性格を有する大規模古墳群の場合は各古墳を築造した有力家族等の本貫地とは別の、勢力基盤とは遥か切り離された遠隔地に墓域として再編されたものであり、各古墳の存在する墓域周辺の土地所有権を主張してもあまり意味はない。また、この

ような大規模群集墳において出自や墓域を主張しようとすれば、何百基にも及ぶ古墳のすべてを祖先墓と主張するわけにはいかないことから、任意に自らの祖先墓を選別する必要があるが、見た目にもほとんど同規模の横穴式石室墳が多数を占める中で、これこそが祖先墓だという合理的な根拠を見出すことは困難であったと考えられる。

つまり、古墳が再利用されるのは、目前に勢力基盤や本貫地の広がる各地の在地性の強い小規模な群集墳において、有力氏族・豪族が墓域の所有権を主張するために執行される場合といえよう。このことを踏まえると各地における群集墳の性格付けを考える際、再利用の有無が在地勢力との有機的関連の有無を判断する一つの基準となる可能性もあろう。

さて、本章では古墳再利用の総体的な位置付けを図ることに主眼を置いたため、個別事例の検討が不十分であり、再利用の意義付けについても、ほとんど無批判に文献史学の成果や当時の史料を取り入れ、安易に結びつけて評価した点については、多くの異論もあろう。また、地域によって出土遺物の様相が微妙に違うことからそれらを踏まえた上で各地域における古墳再利用の意味付けを明確にする必要がある。さらに、再利用に際しての火葬墓や木棺墓という葬制の違いの意味や古墳再利用例の古墳墓全体の中での位置付けについても触れることができなかった。特に、後者については同時期の墳墓の集成を行った上で検討しなければならない。残された課題については第2章以下で詳述したい。

註
（1） 今回の資料収集に際しては、原則として報告書等引用文献記載の年代観をもとに、8・9世紀、一部10世紀初頭までの資料を対象としたが、一部の資料では筆者の年代観に従い、報告書記載の年代観を改めたものもある。
（2） 付表1に集成した以外にも兵庫県福崎町東大谷古墳（兵庫県教育委員会 1969：p.42）や大阪府羽曳野市高塚古墳（大阪府教育委員会 1997：p.115）など、横穴式石室を再利用した火葬墓と考えられる資料があるが、実態が不明であることから、今回の考察対象からは省いた。
（3） 群集墳と奈良時代の墓域が重複しないことについては、既に森浩一が「深草山型埋葬地」と名付けた8・9世紀の埋葬地において、墓域内に前代の群集墳がみられないことを述べている（森浩 1973）。
（4） 古墳再利用の際に鏡を副葬した事例として兵庫県金谷1号墳（付表1-39）を挙げることができる。この古墳からは奈良時代の瑞雲双鸞八花鏡が出土しており、「祖先の古墳を利用して埋葬した時に納められたもの」（片山 1994：pp.30・31）と考えられている。この他にも横穴式石室内から鏡が出土した事例として大阪府柏原市本堂北の小古墳群出土と伝えられる瑞花蝶鳥文鏡があるが（山本昭 1969）、小林義孝の聞き取り調査によって平安初期の木棺墓であることが判明しており（小林義 1990：pp.15・16）、今回の集成には含めなかった。
（5） このような出土遺物の相違が何を意味するのかについては今回検討することができず、今後の課題となった。しかし、現象面としての畿内とその周辺地域における地域色は第2章でも述べるように令制国単位で古墳の終焉状況についても認めることができ、宮都の所在やそれに伴う中心—周縁関係など様々な要因が考えられる。本書のように出土品の組成から古墳再利用の意義を考える場合、火葬墓や木棺墓など当時の葬制では階層ごとに葬送儀礼の内容が異なる可能性もあり、一括して取り扱うことにはいささか問題もあるが、このような階層ごとの葬制の意義については次章以下の検討で明らかにしていきたい。
（6） 今回の検討作業に伴い、同時期の火葬墓・木棺墓・土壙墓という墳墓の種類ごとに副葬品の組成がいかに異なり、さらにそれが時期によってどのように変遷するかを令制国単位である程度明らかにすることができ、具体的な様相については第3章で検討を加えておいた。

(7) 古墓の集成は黒崎（黒崎 1980）や安村俊史（安村 1997a）、地村邦夫（地村 1995）の各集成表をもとに若干の資料を追加したが、各氏の表中に記載されていても実態が不明な資料は取り上げなかった。

(8) 小林義孝は従来火葬墓として扱われていた資料の中に、「遺骨を納めた納骨施設の周辺に、拾骨ののちに残った遺骨の断片や灰・炭などを埋納した土壙」（小林義 1995：p.88）、すなわち「火葬灰埋納土壙」が含まれることを指摘し、火葬墓の墓域を画す機能をもつと考えた（小林義 1992）。

(9) 『続日本紀』宝亀十一年十二月四日の条。

(10) 日野宏は木棺直葬墳から横穴式石室墳への過渡的状況として、大和外鎌山北麓古墳群や石光山古墳群、赤坂古墳群などで、前代の木棺直葬墳を破壊して横穴式石室墳を築造する事例を示されたが、石光山古墳群における古墳時代の改葬は「古墳破壊の際に掘り出された人骨を再埋納した」ものである可能性を指摘し、これら古墳の破壊行為は限られた墓域内で造墓を続けるための同一造営集団によるものと考えた（日野 1997）。

(11) 兵庫県内の律令期の祭祀遺跡については渡辺昇が集成と検討を行っている（渡辺 1992）。

(12) 都城における律令祭祀の検討は、以下の文献を引用した。平城京：金子 1985b、長岡京：上村 1997、平安京：金子 1985b、久世 1988。なお、律令祭祀全般に関しては岡田の著作（岡田精 1970・1991）を参照した。

(13) この他にも篠原豊一は平城京内で検出された井戸遺構を集成し、井戸の構造や出土した祭祀遺物を検討したが（篠原 1990）、井戸における祭祀遺物を井戸掘形、井戸枠濾過施設、井戸枠内と出土地点ごとにその概要をまとめた。

(14) 畿内における古墳の終焉状況に関しては多くの業績があるが、今回は河上邦彦（河上 1995）、白石太一郎（白石 1982）、和田晴吾（和田 1992）の説をそれぞれ参照した。

(15) 8・9世紀以降も関東や東北地方などにおいて古墳が築造され続けることは間壁の論考（間壁 1982b）以外にも、古墳終焉の地域性の研究に主眼を置いた森本徹の一連の成果（森本徹 1995a・b）や、東国における古墳の終末を体系的に位置付けた国立歴史民俗博物館による研究報告（国立歴史民俗博物館編 1992）などがある。

(16) 旭山 E-2 号墳、隼上り 2 号墳、袋尻浅谷 3 号墳などの例がある。

(17) 終末期群集墳に関しては近年、重要な報告が相次ぎ、それに伴う研究も活発であるが（木下 1985・1993、楠元 1987、服部伊 1988、森本 1995a・b、安村 1991）、埋蔵文化財研究会において「古墳群集墳の終焉と火葬墓の出現」というテーマのもとに地域ごとの整理も行われている（服部伊 1997、森本 1997、安村 1997b）。

(18) 岡野慶隆は、養老喪葬令三位以上条と同様の条文は少なくとも浄御原令の段階で成立していたと考えている（岡野 1979：pp.5-9）。

(19) ここでいう「律令国家」的な墓制とは養老喪葬令に規定された階層規制を伴う造墓活動のことである。

(20) 付表１に掲げた以外にも古墳から土馬が出土した事例として以下の例を挙げることができる。

　京都：内山田 1 号墳（大槻 1982）、同 2 号墳（高橋美 1985）、塚本古墳（木村泰 1984）、以久田野 17 号墳（平良 1974）。

　奈良：富雄木嶋古墳（土井實 1955）、富雄丸山古墳（土井實 1955）、トヨオカ 2 号墳（東・西藤 1983）、瓦塚 1 号墳（関川編 1976）。

　なお、土馬一般に関しては泉森の論文（泉森 1975）を参照した。

(21) 「なら・シルクロード博覧会」会場予定地の事前調査で骨蔵器や骨片、炭の入った土壙、木棺墓などが検出された（松永 1990）。

(22) 7・8 号墳からは再利用に伴う遺物が出土していないので付表１には掲載しなかった。

(23) 筆者の経験では兵庫県芦屋市城山 15 号墳の調査において、横穴式石室が中世の礎石建物の構築面と接続して建物の一部に取り入れられた事例を挙げることができる（森岡 1985）。

(24) 奈良時代の溝の西側に擁壁が設けられていた可能性があり、西側平坦部に建物等の存在が想定される

(25) 付表1ならびに註(20)で挙げた土馬出土地もこれら律令祭祀に伴う遺物の分布状況と同様の傾向を示すことはいうまでもない。

(26) 森浩一は『続日本後紀』の記録によって、平安京において河原地形が無秩序で大規模な葬地と化していたことを指摘し、「佐比河原型葬地」と名付けたが（森浩 1973：p.54）、金子裕之も平城京において京城南の稗田から西方一帯の河川敷が百姓葬送地であった可能性に触れ、葬地に関する概念が平安京へつながる可能性を述べた（金子 1984：pp.73・74）。

(27) 怨霊思想は桓武天皇の時代から顕著になる。身分の高い人々には死者の「気」の活動を封鎖するため、大きな墳墓が必要であると考えられており、埋葬されれば墳墓に対する祭祀はみられなかった。そのため、威力ある霊はこのような封鎖すらも超えて、「疫病の流行、旱天等という方法でその存在を主張し、慰撫を要求」したという（田中久 1975：pp.88-90）。

(28) 生まれ故郷の備中国英賀郡を離れ、華やかな都暮らしの後、故郷に葬られたある平安女性の遍歴をものいわぬ沈黙資料である考古資料を用い、雄弁かつ具体的に述べた秋山浩三の論考（秋山 1995）は注目すべき見解である。

第2章　「律令国家」形成期の墓制

第1節　横口式石槨の変遷と高松塚古墳の年代論

1. 横口式石槨の類型と変遷

　古墳時代終末期を特徴づける墓制の一つ、横口式石槨は和田晴吾が提唱した「持ちはこぶ棺」（和田晴 1995）の採用に伴う新たな葬送儀礼の導入を示す証左であり、多くの先達により様々な型式分類と編年が示されている。型式分類についてはあらゆる視点からの分類案が出され尽くした観がある一方、ほとんどの横口式石槨は築造時期を示す遺物が出土していないこともあり、個々の古墳の編年的位置付けは文字通り百家争鳴の様相を呈しているのが現状である。わが国における横口式石槨の祖形として名高いお亀石古墳もその編年的位置付けは必ずしも明確でなかったが、近年富田林市教育委員会の発掘調査により、一辺21mの方墳であることや築造時期が7世紀第1四半期（飛鳥Ⅰ型式期）に遡る可能性が示された（栗田編 2003）。

　さらに、大阪府教育委員会が調査したシシヨツカ古墳の発掘調査成果は終末期古墳を考える上で多くの示唆に富むものであった（枡本・森川 2009）。シシヨツカ古墳は34m×26mの3段築成の方墳で、奈良県ハカナベ古墳などに類例のみられる貼り石を施す周濠をめぐらしていた。築造時期は TK43 または 209 型式期に比定され、銀象嵌の大刀柄頭、馬具、挂甲、鉄鏃などの副葬品は後期古墳的様相を示すが、注目すべきはその内部構造である。岩屋山式石室のプロトタイプと見なすことも可能な切石造りの横穴式石室を主体部とするが、横口式石槨様の奥室を備えたものであった。

　以上の新たな考古学上の発掘調査例に基づく知見をもとに、横口式石槨の型式分類と変遷について、以下素描しておきたい。

　西暦600年前後に百済系・高句麗系工人の技術を駆使して切石造りの石室と横口式石槨の導入が蘇我氏主導の下に図られ、プロトタイプとしてシシヨツカ古墳が築造された。このうち、切石造りの石室構築技術は岩屋山式石室として公葬のスタンダードに採用されるが、横口式石槨はすぐには普及せず、蘇我氏など特定氏族との関わりの中で一部の被葬者によって取り入れられたに過ぎない。これはひとえに横口式石槨が追葬を前提とせず、搬入される棺形態も和田が示したように「持ちはこぶ棺」という新たな形態を必要としたからに他ならず、横口式石槨は飛鳥Ⅱ型式期前後の墓制の画期で葬送イデオロギーが変質して以降、ようやく本格的に普及することとなった。

　本章では横口式石槨を図7のように分類したが、山本彰が提唱した3分類、石槨が奥室的な要素

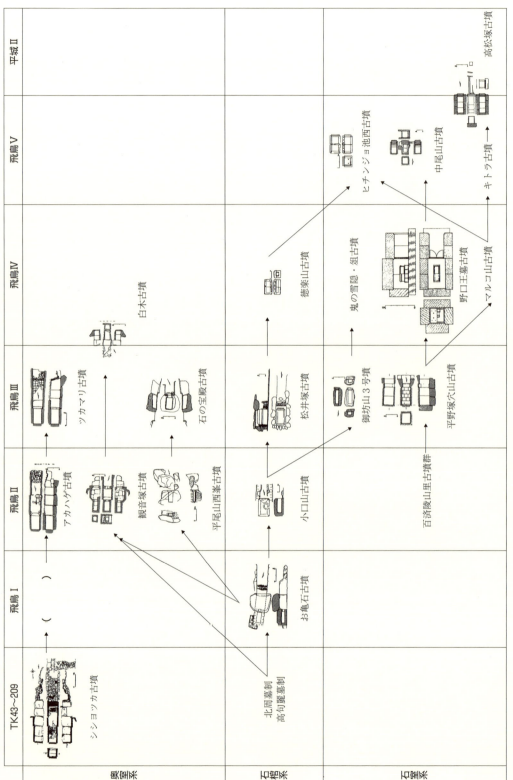

図7 横口式石槨の変遷 (1:1300)

をもつもの（A系列）、石棺が変化したもの（B系列）、横穴式石室の系譜を引くもの（C系列）という分類案（山本彰 1998）をもとに若干の細分を行った。横口式石槨は平面形態によって4つに分類されることが多い。棺を納める石槨の前に前室と羨道が付くもの、石槨の前に羨道が付くもの、石槨のまわりに室状の施設が伴うもの、石槨のみで構成され、前方に素掘りの墓道が伴うものという分類である。このような分類は横口式石槨の機能を考える上で重視すべきであるが、横口式石槨は上記した3系列でそれぞれ祖形となる墳墓の形態が異なっており、系譜が異なると筆者は考えているので、系譜関係を中心とした横口式石槨の分類について記述を進めていきたい。

本章では奥室系を3つ、石棺系を1つ、石室系を3つに細分した。

奥室系とは埋葬空間である奥室部に棺を利用して埋葬したと考えられる一群で、実際にシシヨツカ古墳やアカハゲ古墳からは漆塗り籠棺片が出土している。最初に登場するのがシシヨツカ古墳である。シシヨツカタイプとして設定した一群は奥室部分に棺を埋納するが、他の横口式石槨と比べると奥室面積が大きい。飛鳥Ⅱ型式期以降の横口式石槨は石槨部分に底石を設置し、奥室と玄室（前室）の床面に段差が生じて奥室部分が高くなるが、シシヨツカタイプの古墳は底石の有無にかかわらず両者のレベルはほぼ同じである。埋葬空間は石槨というより石室のイメージに近い。現状でこのタイプに属するのはシシヨツカ古墳、アカハゲ古墳、ツカマリ古墳の3例だけで、いずれも平石古墳群内で継続的に造営された古墳である。つまり、わが国における横口式石槨の初現であるシシヨツカ古墳が極めて特殊な事情のもとに築造された古墳であることを物語っている。

飛鳥Ⅱ型式期に横口式石槨は一気に大和・河内地域に普及し、様々なタイプの古墳が造営された。観音塚タイプは奥室部分の石材が1石ではなく、丁寧な加工を施して組み合わせたものである。奥室部分の面積からすれば、棺を用いず直葬した可能性があるが、奥室部の床面には床石が設置されており、前室床面より高い位置にある。観音塚タイプは典型的な横口式石槨といえる一群であり、前室の有無で築造時期の新古が別れ、前室を有するタイプから前室のないタイプへと変遷する。

また、群集墳内に築造されるのはほぼこのタイプであり、時期的には飛鳥Ⅱ型式期に集中する。奥室などの築造方法に顕著な違いがみられることから、シシヨツカ古墳の影響というより、後述するお亀石古墳や中国北周または高句麗墓制の影響を受けて成立した墓制とすべきであろう。

残る一つが平尾山タイプである。観音塚タイプの奥室が組み合わせ式であるのに対し、奥室部分が1石の石材を刳り抜き、底石の上に被せるタイプである。当時、飛鳥を中心とする地域で様々な石造品が製作され、石材加工の技術が一気に進んだことを背景にして造営された古墳と考えられる。観音塚タイプより後出する一群であるが、時期的には飛鳥Ⅱ型式期内に収まると思われる。[3]

次に、石棺系であるが、石槨部分が石棺としての機能、形態を有する一群で、埋葬に際して棺を用いず直葬することが原則である。横口式石槨の祖形として名高いお亀石古墳が端緒となったタイプで、石槨部分に横口式の石棺を使用するが、石棺には刳り抜き式と組み合わせ式の両者が存在する。この点は奥室系の横口式石槨と同じで、細分することも可能である。石棺周囲には囲繞施設があり、お亀石古墳では瓦が石棺のまわりを取り巻き、松井塚古墳では小型の石材を積み上げ、横穴式石室状の施設が設けていた。つまり、石槨部分はあくまでも棺としての機能を重視した古墳である。お亀石古墳を祖形とするものの、お亀石古墳は奥室系横口式石槨にも影響を与えた可能性があることから小口山タイプと名付けた。[4] 後出タイプは観音塚タイプと同様、羨道部が消失し、石棺を

直葬するようになる。群集墳中には認められず、単独墳に採用されることも特徴である。

　最後は石室系である。平面プランは横穴式石室そのもので、成立当初の古墳では石槨部分が羨道もしくは前室部分よりも大きい。飛鳥Ⅲ型式期に百済陵山里古墳群の石室構築技術の影響下に成立した一群である（猪熊 1995：p.221）。平野塚穴山タイプが端緒となり、凝灰岩を組み合わせた大型石槨を有し、羨道も付設された。古墳床面には棺台が設けられ、埋葬時に棺が使用されたことがわかるが、実際に平野塚穴山古墳などからは夾紵棺が出土している。石室系横口式石槨は飛鳥Ⅳ型式期になると、新たにマルコ山タイプが創出された。凝灰岩組み合わせ式の石槨墳で、羨道がないことから石棺直葬タイプともいえ、石棺系との判別に注意を要するが、このタイプの石槨には素掘りの墓道が伴い、また、棺台が設けられており、埋葬に際して棺が使用されたことが判断基準となろう。

　次に御坊山タイプを挙げておく。刳り抜き式の石槨内に棺を埋納したもので、囲繞施設はない。形態的にはマルコ山タイプと同様、石棺直葬タイプであるが、典型例として挙げた御坊山3号墳の石槨内から漆塗り陶棺が出土しており、棺を使用したことがわかる。つまり、形態的には石棺系と同じでありながら、石槨部分は棺ではなく、あくまでも石室と同様の意識で埋葬に用いられた。

　奥室系の横口式石槨墳はシシヨツカ古墳以降、連綿と造営されるが、飛鳥Ⅱ型式期に観音塚タイプが創出され、群集墳などに採用された。また、石材加工技術の向上に伴い、石槨部分を刳り抜くタイプも登場するが、飛鳥Ⅲ～Ⅳ型式期の規制で築造を停止する。一方、飛鳥Ⅰ型式期にお亀石古墳が造営され、本格的な横口式石槨が造営されるが、このタイプの石槨墳はあくまでも石槨部分を棺と意識して埋葬することが特色である。石槨の周囲に横穴式石室が形骸化した囲繞施設を有するが、飛鳥Ⅳ型式期には石棺を直葬するようになる。これは石室系の古墳でも同様であり、飛鳥Ⅳ～Ⅴ型式期の古墳薄葬化と造墓規制に伴い、古墳の在り方が大きく変化するのであろう。埋葬施設の簡素化と連動して、平面形態は石槨直葬タイプになるが、当時は古墳の造営そのものが社会的に一部の上位階級に限定されていたことから、古墳の形態としての意識は棺ではなく、あくまでも石室を志向しており、横口式石槨はほぼ石室系に収斂することになる。

　横口式石槨という用語に関して、関本優美子は新たに「横口系埋葬施設」という名称を与え、「石槨型」「石棺型」「石室型」と分類した（関本 2006）。「石槨型」は「棺」を囲繞するもの、「石棺型」は囲繞施設をもたないもの、「石室型」は追葬可能な大型なタイプである。関本の概念を適用すれば、筆者の分類の中で、奥室系の観音塚タイプと平尾山タイプは石棺系とすべきである。しかし、観音塚タイプでは必ずしも棺が直葬されたかどうかの判別は不可能であり、規模は違うものの形態的に類似するシシヨツカタイプでは明らかに棺が使われていることから、筆者はこれらの古墳に「石棺」としての機能は想定しない。むしろ、石槨部分に直葬するのは筆者のいう石棺系（小口山タイプ）であるが、これらの古墳に対しても、関本のいう「石槨型」という用語はとらない。奥室系の古墳が棺を有するのであれば、いわゆる横口式石槨のほとんどは何らかの囲繞施設を伴うことになり、一部のタイプの古墳に対してのみ「石槨」という用語を用いるべきではないと考えるからである。なお、関本は河内の古墳のみを対象として考察されたため、大和に分布する凝灰岩を使用した石槨墳、すなわち筆者の分類では石室系に属する古墳は考察の対象とされていない。類似する用語であっても、筆者の用語とは概念が大きく異なることはいうまでもない。

　最後にそれぞれの時期に横口式石槨が導入された背景について簡単に触れたい。TK43型式期頃

のシシヨツカ古墳は渡来系氏族などが造営したという特殊事情が想定できる。これはシシヨツカ古墳にみられる石室構築石材の切石技術や横口式石槨の奥室構造などが国内で自生したものではなく、大陸伝来の技術であると想定されている（安村 2006）からに他ならない。お亀石古墳など飛鳥Ⅰ型式期の横口式石槨の築造も同様であろう。飛鳥Ⅱ型式期になると、観音塚タイプを典型例として群集墳などにも横口式石槨が採用されるが、これらは大化薄葬令などの墓制の動向を反映したものであり、これらの石槨墳に葬られたのは下級官人などであろう。

さて、飛鳥Ⅲ型式期の段階に百済亡命貴族たちによって陵山里古墳タイプの石室構築技術が招来され（猪熊 1995：p.221）、平野塚穴山タイプが誕生する。折しも、畿内の墓制は大化薄葬令以降、葬送儀礼重視の方向へ変質しており（北 1997）、羨道を必要としない石室構造が望まれたことも同タイプ採用の要因であろう。この石室系石槨は平面プラン以外に棺台をもつことが分類の目安であり、牽午子塚古墳のような巨石刳り抜きタイプも導入されるが、築造に非常な困難を伴うことから、次代の大王墓には平野塚穴山タイプが採用され、飛鳥Ⅳ期に野口王墓古墳が築造されたのである。その後、この石室系は中尾山古墳のように火葬骨納入のための最終的な改変を受けて、文字通り古墳としての命脈を断つことになる。

一方、石棺系の小口山タイプは羽曳野丘陵に点在する一連の古墳が有名である。いずれも観音塚タイプの石室に後出し、『日本後紀』延暦18年3月の記録に名高い「葛井・船・津」3氏の墓域との関連が取り沙汰される古墳である。上田睦による西琳寺式軒丸瓦の検討結果によれば、7世紀第4四半期には南河内において、渡来系氏族の主が西文氏を中心とする氏族連合から、辰孫王系氏族を中心とした氏族連合に交替すると考えられているが（上田 1998：p.1125）、葛井・船・津の同族三氏はこの辰孫王系氏族に他ならない。つまり、渡来系氏族の中心が西文氏から辰孫王系へ変化する時期の前後に横口式石槨もその型式を変化させたことが推定されるのである。

なお、石棺系の横口式石槨は刳り抜き式や2石タイプ、箱式石棺タイプなど様々なバリエーションが認められるが、葬送儀礼の変質に伴い石室構造が羨道部の消失という一点に収斂する過程で生み出された現象であろう。同様の形態を有する古墳に凝灰岩組み合わせタイプ（マルコ山タイプ）がある。高松塚古墳は漆喰を内部に塗り固め、壁画を施すが、これらの石槨は同時期の平野塚穴山タイプと比べるとワンランク下の石槨形態と位置付けざるを得ない。すなわち、野口王墓古墳や中尾山古墳のような天皇陵と目されている古墳や草壁皇子の墓に比定される束明神古墳がいずれも横穴式石室と類似した平面形態を有することや規模が大きいことなどが根拠として挙げられる。ただ、マルコ山タイプは石槨を直葬するとはいえ、槨内に棺台を有しており、横穴式石室と同じ葬送思想のもとに築造された古墳であることはいうまでもない。小口山タイプの石槨が小口山古墳（北野耕 1994、河内 2007）や田須谷1号墳のように磚や礫などで石槨部分を囲繞し横穴式石室内の石棺と同じ性格を示すのと対照的である。マルコ山タイプは辰孫王系の小口山タイプとは出自を異にし、平野塚穴山タイプの石室系の下位墓制として飛鳥Ⅳ型式期に新たに創出された墓制といえよう。

2. 高松塚古墳の築造時期

高松塚古墳は明日香村平田に所在し、1972年の調査で石槨内から極彩色の壁画が発見され、一

躍有名になった古墳である。直径 23 m、高さ 5 m の二段築成の円墳で、凝灰岩切石を組み合わせた横口式石槨が主体部である。切石の上に漆喰を塗り、男子群像や女子群像、四神、星宿図などが描かれていた。横口式石槨は南北長 265.5 cm、東西幅 103.4 cm、高さ約 113.5 cm で、天井部の内面は平らに加工されていた。出土遺物は漆塗り木棺片、棺金具、銅釘、大刀金具、海獣葡萄鏡、ガラス製・琥珀製玉類などがある。また、墳丘版築の最下層から飛鳥Ⅴ型式期の須恵器蓋片が出土した。

石槨は壁画を保存するために密閉され、壁画保護のための施設も作られたが、2004 年以降に雨水の浸入やカビの発生により壁画が退色・変色していることが判明し、2006 年に墳丘の発掘調査と石槨の解体修理が行われた（松村編 2006）。移設された壁画は保存修理が行われ、修理が完成した後は元通りに復元される予定であるが、発見当初の極彩色の壁画の姿は望むべくもない。

高松塚古墳は発見当初より被葬者論争が盛んで、古墳の立地、規模、出土遺物、壁画など様々な視点から検証が行われ、多くの候補者名が登場した(5)。これまでに提唱された被葬者像は大きく分けると皇族クラス、高級官僚、渡来系王族の 3 者である。初めに提唱されたのは天武天皇皇子説で、直木孝次郎などによる忍壁皇子説が有力であった（直木 1972）。忍壁皇子は慶雲 2 年（705）に没したが、享年 47、48 歳と推定されている。高松塚古墳から出土した海獣葡萄鏡の同笵鏡が西安市東郊独孤思貞墓から出土し、神功 2 年（698）の墓誌を伴っていたことから、王仲殊は高松塚古墳にこの鏡がもたらされたのは慶雲元年（704）の第 7 回遣唐使帰国時と推定した（王 1981・1982・1983・1992）。もちろん、遣唐使を通さず、渡来人などを経て日本にもたらされた可能性もあるが、海獣葡萄鏡が朝鮮半島から見つかっていないことを根拠に、王仲殊は鋳造まもないこの鏡を遣唐使が直接持ち帰った可能性が高いと考えた。この考えに従えば、高松塚古墳の被葬者は 704 年以降の死没者に限られることになる。また、島五郎による人骨の鑑定結果では、被葬者の年齢は熟年者あるいはそれ以上と推定されており（島 1972）、忍壁皇子説に有利な材料といえよう。

一方、岡本健一は石槨東壁の男子群像にさしかけられた蓋の色に着目した。701 年制定の儀制令の規定では皇太子の蓋は紫色、一位は深緑、三位以上が紺で、高松塚古墳の蓋は深緑である。壁画が変色しておらず、この蓋が被葬者にさしかけられたのであれば、被葬者は一位を授けられた人物となる。しかし、701 年以降平城遷都までの間に一位を授けられた人物はおらず、717 年に 78 歳で死没した石上麻呂が、死後従一位を授けられたことに注目して、石上麻呂説を提唱した（岡本健 2004・2008）。彼は平城遷都後も藤原京留守司に任命され、藤原京とも縁が深いことから、平城遷都後にもかかわらず、その死後、文武陵と目されている中尾山古墳の隣接地に葬られたという。

また、千田稔は高松塚古墳の被葬者を百済王禅広と推定した（千田 1999）。当時の天皇・皇子の墓は原則として八角形であり、円墳の高松塚古墳は天皇家には結びつかない。しかし、埋葬施設の内部には星宿や四神などで宇宙観を表現しており、故国を失った百済王のために、祖国の伝統に従った墓を造営した可能性を指摘した。

本節の目的は高松塚古墳の被葬者論の是非を問うものではない。ましてや、被葬者論ありきの築造年代論は本末転倒といわざるを得ない。しかし、墓制を手がかりにして律令制度の成立過程を論じる上で、高松塚古墳の意義や築造年代については避けて通ることのできない重要な課題である。以上の研究史を踏まえ、高松塚古墳の築造年代に関する私見を披露しておきたい。

高松塚古墳の築造時期と被葬者を推定する上で、筆者が重要と考える項目を表 3 にまとめた。

まず、渡来系文物との関係であるが、海獣葡萄鏡が 8 世紀初頭以降にもたらされた可能性が高いことは既に述べた。また、高松塚古墳壁画の主題や画面構成は高句麗壁画古墳との関連が指摘されているが、空間構成や彩色法、運筆などは唐代絵画との密接な結びつきが考えられている。いずれにしろ、壁画を作成するに際して手本となるような粉本が存在し、それが唐からもたらされたのであれば、海獣葡萄鏡と同様、築造時期は 704 年の第 7 回遣唐使以降の可能性が高い。

　次に、須恵器蓋坏は飛鳥Ⅴ型式期に比定しうるもので、現状の須恵器編年によれば藤原京期以降の古墳ということができる。出土遺物の中に平城京以降の土器が一切含まれていないことから、築造時期を平城遷都以降に置くことはできないという意見もあるが（森岡 1995：pp.105・106）、出土状況からすればこの土器は高松塚古墳築造の上限を示すものであって、下限を示すものではない。

　壁画に示された人物画像の服装をもとに、当時の衣服令から築造年代を絞り込む作業も先学諸氏によって行われた。衣服令をはじめとする服装規定に関わる主な項目は表 3 に示した通りであるが、例えば、男子群像の漆紗冠の着用は 682 年 6 月 6 日以降、白袴の着用は 682 年 3 月以降 686 年 7 月までと 690 年 4 月以降 701 年まで、さらに 705 年 12 月以降に限られる。このような作業により、人物画像の服装を手がかりに古墳の築造年代を絞り込む作業が進められたが、表 3 をみていただければわかるように、壁画に描かれた人物画像の服装が当時の服装規定にすべて合致するのは 686 年以前しかない。有坂隆道の説に従うと、684 年閏 4 月 5 日から 686 年 7 月 2 日までの間ということになる（有坂 1999：p.231）。しかし、当時は 30 年以上に及ぶ中国大陸との交渉途絶期にあたっており、高松塚古墳の築造年代をこの時期に置くことは先に示した海獣葡萄鏡や壁画の粉本の入手方法と照らし合わせると困難といえるだろう。また、墳丘版築最下層から出土した須恵器の型式が飛鳥Ⅴ型式期に該当することは、現状の須恵器型式編年の年代観を尊重する限り、藤原京遷都以降の築造ということになり、686 年以前という築造時期は容認しにくい。

　なお、高松塚古墳の築造年代については、壁画の主題や構図、描画技法なども考慮する必要があるが、衣服令の規定なども考慮して築造年代を検討し、和銅 8 年（715）に画師姓を改め賜わった倭画師忍勝クラスの画師を想定した有賀祥隆の論説（有賀 2007）は参考になった。

　高松塚古墳と内部構造が酷似する古墳、いわば兄弟古墳ともいうべきものが他に 3 例存在することにも留意する必要がある。キトラ古墳、マルコ山古墳、石のカラト古墳である。マルコ山古墳のみ六角形状の墳形を呈しており、規模も他の 3 古墳と比べ一回り大きい。キトラ古墳からは高松塚古墳と同じように壁画が検出され、四神図と十二支の獣面人身像が描かれていた。特に天井部には本格的な天文図が描かれており、現存最古の天文図として注目を浴びたことは記憶に新しい。

　これら 4 古墳はいずれも凝灰岩切石を組み合わせた横口式石槨を主体部としているが、石槨天井部の形に注目した相原嘉之は、平天井の高松塚古墳を除く 3 古墳の天井石には台形状の彫り込みがあることから、その彫り込みの傾斜角度をもとにキトラ古墳→石のカラト古墳→マルコ山古墳→高松塚古墳という築造順序を導き出した（相原 2005a）。石のカラト古墳は平城京北側の奈良山丘陵に位置する上円下方墳で、墳丘裾から平城Ⅱ型式期の土器が出土した。また、周辺に目立った古墳がないにもかかわらず、突如として築造されており、平城京の墓域内に造営された可能性があることなどから平城遷都後の古墳と考えるのが一般的であり、筆者もそのように判断している。しかし、前述の相原は平城Ⅱ型式期の土器は墳丘の崩れた時期を示すに過ぎないと考え、飛鳥時代の築

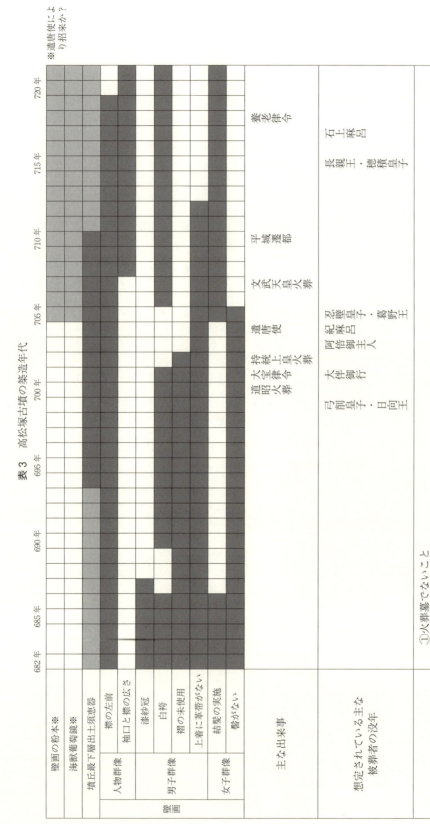

表3 高松塚古墳の築造年代

造とした（相原 2005b：p.35）。確かに、相原のいうように石槨の天井部分の彫り込みはキトラ古墳を頂点に石のカラト古墳、マルコ山古墳と小さくなるが、ごく限られた短期間に相次いで築造されたこれら古墳の天井部構造が整合的に型式変化する以外にも、それぞれの古墳を築造する際の個別事情により、このような形状の差異となった可能性を指摘したい。具体的にはキトラ古墳で天井部分に星宿図などを描く際、天井の掘り込みがあることで困難を伴ったことから続く高松塚古墳では壁画製作上の工夫により平天井を採用した。しかし、石のカラト古墳では壁画が描かれなかったので、家形石棺の系譜を引く掘り込みを復活させたというものだ。筆者はマルコ山古墳→キトラ古墳→高松塚古墳→石のカラト古墳という一般的に考えられている築造順序を支持したい。

　では、高松塚古墳の築造年代や被葬者像について検証するには、どのような方法があるのだろうか。

　まず、現状の須恵器型式編年を容認する限り、高松塚古墳の築造年代が藤原京遷都以前に遡ることはない。出土した海獣葡萄鏡の年代観や壁画の粉本が存在した可能性を考慮すれば704年の遣唐使以降が有力となる。では、下限はいつか。

　高松塚古墳の位置付けを考える上で見逃すことのできない要素に、土葬、つまり、古墳時代と同じ遺体処理が施されていることが挙げられる。700年の僧道昭火葬以降、律令政府は新たな墓制・葬制の創出を意図し、702年に持統太上天皇が、そして、707年には文武天皇が荼毘に付された。

　この時期の火葬導入は皇位継承に伴う緊急事態を前提としたモガリ儀礼の短縮化が目的であったと考えるが、中国墓制の葬送儀礼の基本理念であった薄葬も大きな影響を与えた。当該時期は唐との直接的な外交関係が途絶しており、新羅が外交秩序の中心であったことから、火葬の導入は網干善教が指摘したように新羅墓制の影響と考えられ、稲田奈津子が指摘した中国の最新儀礼、礼制の影響（稲田 2015）を重視すべきではない。また、森本徹は「火葬墓の出現は極めて政治的な現象であり、それは国際社会における立場を維持するために必要な必要不可欠な」墓制の変革であったと論じており（森本徹 2007）、有益な視点も多い。ただ、森本は古墳の終焉過程と火葬墓出現の同時併存を否定するが、実際には平城Ⅱ型式器まで両者は併存しており、国家的強力によって墓制が激変したわけではないことに留意する必要がある。

　なお、中国では唐から明代まで土葬が中心であったが、火葬が厳禁されていた唐代も仏教僧侶ならびに蕃客は例外的に火葬が認められており、唐末五代にかけて火葬が流行し、火葬禁止の詔が出されたほどであった（宮崎 1995）。小田裕樹は墓構造の差異や火葬採用の経緯、玄奘の存在に注目し、火葬の導入は新羅の直接的な影響は低く、最新の中国仏教界の動向に対する敏感な反応、唐の先進文化の一つとして火葬が受容されるなど、「支配者層が律令国家の理念にふさわしい葬法という位置づけで火葬を受容した可能性」（小田 2011：p.75）を考えたが、古代日本で土葬と火葬という葬法が混在することも東アジア世界の情勢と一致する現象ととらえることができるかもしれない。

　律令政府にとっての新たな葬制を火葬と考えると、この時期の皇族は火葬に付された可能性が高い。すると、持統太上天皇の没年以降の皇子たち、例えば忍壁皇子は705年、葛野王は706年の没年なので高松塚古墳の被葬者としては考えにくい。また、高松塚古墳を天武皇子の墳墓と見なすと、彼らは高松塚古墳と同型式の古墳に葬られたと考えるのが合理的であるが、同型式の古墳はわずか4基しか知られておらず、10人以上存在した皇子たちの墳墓をどこに求めるかという新たな

課題も生じてこよう。

　高松塚古墳が飛鳥に位置することも皇族墓ではない根拠となる。被葬者に長皇子や穂積皇子をあてる説があるが、両者はともに715年に没しており、平城遷都以降の皇族の帰葬は律令政府による墓制の創出という社会情勢に基づけば容認しにくい。同じ壁画古墳であるキトラ古墳との関係にも留意する必要がある。つまり、この2古墳にのみ壁画が描かれた特殊事情を想定する必要があるが、皇族の場合はどのような被葬者を想定しても、この二者のみに該当する特殊事情は認めにくい。

　一方、両者の古墳被葬者を高級官僚とした場合は事情が異なってくる。筆者は白石太一郎などの説に基づき、キトラ古墳と高松塚古墳の被葬者をそれぞれ阿倍御主人、石上麻呂と考えているが、高松塚古墳については東壁の男子群像の蓋が一位の色に該当する深緑であり、死後ではあるが、同時期に一位（従一位）を授与されたのは物部氏の流れを汲む石上麻呂しか見当たらないことを重視したい。キトラ古墳についても高松塚古墳との関係から同じような高級官僚を想定した場合、古墳周辺一帯が「阿部山」という地名であることを手がかりにすれば、右大臣従二位阿倍朝臣御主人を被葬者とする蓋然性が高く（直木 1990・1999）、両者の古墳には阿倍・物部という伝統的な豪族の氏上が葬られたと考えられる。石のカラト古墳については、葬地の伝承とは異なるが、当時、政界の第一線で活躍した藤原不比等を考慮に入れる必要もあろう。マルコ山古墳のみは規模が大きいことや六角形という墳形に着目すれば先の3古墳と少し趣を異にする被葬者を想定する必要が生じるが、筆者は川島皇子を被葬者とする説（前園 1999）を支持したい。川島皇子は天智天皇の第2皇子であり、吉野の盟約にも参加するなど天武・持統朝で重用され、691年に没した。「火葬」導入以前の墓制は筆者のいう平野塚穴山タイプが天皇家のスタンダードであるが、マルコ山古墳はそれよりもワンランク劣るタイプの石槨構造である。束明神古墳の被葬者が天武皇子の草壁である可能性が高いことを前提にすれば、天武系の皇子には平野塚穴山タイプが用意されたと考えられる。しかし、重用されているとはいえ、天智系の川島皇子には同じ石室系ではあるが、外見上は石棺系と酷似しており、棺台の設置によりかろうじて石室系と見なせるような下位タイプとしてマルコ山タイプが創出されたのではないだろうか。ただ、マルコ山古墳が単なる高級官僚墓とは違うことを外見上明示するため、墳丘規模は一回り大きく、さらに六角形墳という他にあまり例をみない特殊な多角形墳が造営されたのであろう。これ以降、マルコ山タイプの古墳は高級官僚を葬るための墓制となり、墳丘規模も縮小し、墳形は円墳となったと考えられる。

　さて、高松塚古墳から出土した銀荘唐様大刀の山形金具が正倉院に伝世している金銀鈿荘唐大刀の外装具と同じ形であること（網干 1995：pp.158・159）は築造年代を奈良時代まで下げる根拠の一つとなろう。出土大刀が銀装であることや出土した木棺が漆塗り木棺であることも被葬者の地位を推し量る上で参考とすべきであろう。

　また、壁画を有していたことについても過大評価はすべきでない。来村多加史の説を参照すれば、当時の古墳立地は風水思想に基づく場合が多く、天武・持統陵と目される野口王墓古墳が最有力の立地条件を示すのに対し、高松塚古墳やキトラ古墳の立地条件はそれよりかなり劣るという。来村は堪輿術の理想（風水思想）を根拠として、飛鳥のそれぞれの陵墓がもつ景観的領域の大きさが被葬者の人物像を反映していると考えており、野口王墓古墳、中尾山古墳、束明神古墳の順で領域の大きさがランクされ、マルコ山古墳の領域は束明神古墳に匹敵するという。それにひきかえ、

高松塚古墳とキトラ古墳の領域はその4分の1にも満たない（来村 2004：pp.155-158）。つまり、これらの古墳ではその立地の不備を補うために壁画、特に四神図が描かれたと考えれば、両者の古墳にのみ壁画が描かれた理由も理解できよう。星宿図など華やかな壁画の存在に惑わされて、被葬者をより上位の階級に想定しがちであるが、以上、述べたように様々な可能性を考慮すれば、両者の古墳は皇子などの皇族に次ぐ身分、すなわち高級官僚の墓にこそふさわしいのではないだろうか。つまり、筆者は高松塚古墳の築造時期を石上麻呂の没年717年とそう遠くない時期と想定したい。

　もちろん、以上の想定は先に本末転倒とした被葬者像の前提ありきの状況証拠の積み重ねに過ぎず、純粋な考古学的手法に基づくものではない。しかし、これまでの研究史を踏まえると、高松塚古墳の築造年代ならびに被葬者像を検討するには考古学以外に文献や絵画など様々な分野の研究成果を踏まえた上で総合的に判断するしかないのが現状である。

　本節では白石説などを参考にしてキトラ古墳＝阿倍御主人、高松塚古墳＝石上麻呂説に立って論を進めたが、天武・持統という強力な専制君主が相次いで崩御したことから、火葬がスタンダードとされた時期にも最上級氏族は火葬を伴わない高塚墳墓の造営が可能となったのであろう[12]。しかし、皇族ではないゆえ、その墳墓はワンランク下のタイプの横口式石槨にとどまり、古墳立地も風水思想に基づけば十分ではないからこそ壁画が描かれたのである[13]。平城遷都頃までに壬申功臣たちは相次いで亡くなったが、遠山美都男によれば壬申功臣とは律令的な民衆支配に先行する旧い支配あるいは人間関係にもとづいて大海人皇子に奉仕した人々であり（遠山 1996：p.274）、その旧い体制の象徴として彼らの多くは高塚古墳を築造したと考えられる。そして、彼ら亡き後、律令官人層は全面的に火葬墓に葬られることとなった。文字通り高松塚古墳は畿内における古墳の終焉を飾る光芒と見なすことができるのである。

第2節　畿内における古墳の終焉状況

1．畿内とその周縁地域の墓制の概要

　畿内とその周縁地域では、飛鳥Ⅲ型式期に墓制に対する大幅な規制が実施され、有力単独墳では横穴式石室の造営が停止し、一部の古墳で横口式石槨が主体部に採用されると同時に群集墳の築造も停止するという現象を引き起こした。例外的に造墓が継続する群集墳においても内部構造が小石室や木棺墓などに変質するなど、終末期古墳を考える上で大きな画期の一つと位置付けられた。

　続く飛鳥Ⅳ型式期は横口式石槨が中心となって墓制が展開し、一部の氏族の間には火葬墓などの新来の葬制も導入されることになる。墓制における中央集権化が貫徹され、畿内ではほとんどの群集墳が築造を停止することとなった。

　そして、飛鳥Ⅴ型式期の段階で畿内とその周縁地域において「律令国家」期の墓制のスタンダードである火葬墓が成立し、厳格な造墓規制が達成されたと考えられる。

　律令制度という国家の枠組みの成立と歩調を合わせ、葬送儀礼に対しても畿内の中央政権による様々な規制が加わり、新たな墓制が完成していったが、以前、終末期群集墳の造営最終段階に採用

されることの多い小石室の在り方を検討した結果、令制国を単位とする範囲でみれば微妙な地域差が認められることもわかった（渡邊 2012）。大和では古墳の単葬墓化、個人墓化に合わせて石室規模が縮小し、小石室A（石室長150～230cm）が造営されたが、7世紀中葉前後の墓制の画期に合わせて導入された複次葬、すなわち改葬を伴う新たな葬制に対応して小石室B（石室長150cm未満）が採用された。このような小石室の動向は河内地域でも認められるが、大和では飛鳥Ⅳ～Ⅴ型式期に古墳の造営そのものが厳しく規制され、ほとんどの群集墳で築造が停止されるのに対して、河内では木棺墓が導入されるという相違点が確認できた。摂津は大和とほぼ同時期に複次葬を採用し、葬制の面では大和と同調するが、石棺タイプの小石室Bが採用される点に大和との違いがある。

一方、播磨などの畿内周縁部では飛鳥Ⅳ～Ⅴ型式期にも古墳造営者層の拡大などに伴い、小型の横穴式石室という意識から小石室を築造しており、畿内周縁部では当該時期に至っても、墓制に限れば古墳時代とさほど大きな違いは認められない。

小石室という墓制・葬制の変遷に着目すれば、7世紀中葉以降、律令制的身分秩序が構築される過程で、大和、河内、摂津と山城、播磨などの周縁地域という令制国に相当する単位で墓制の地域性がうかがえるのである。つまり、畿内と一括りにされる範囲内でも造墓規制や葬制の違いがみられ、「畿内」という範囲が決して一枚岩ではなかったことが予想されるのである。

もちろん、畿内地域に地域色が認められることはこれまでにも検討されている。例えば、佐原真によれば、畿内の原型が形成されたと考えられる弥生時代の大和川流域と淀川流域では弥生土器の様相が大きく異なるという（佐原 1970：p.32）。古墳出現期の古墳の動向も顕著な違いがあることから、白石は「初期ヤマト政権の中核となった『ヤマト』の原領域は、奈良盆地東南部だけではなく、大和川中・下流の葛城や南河内をも含むもの」（白石 1999：p.86）と述べた。つまり、ヤマト政権はその成立当初から、大和・河内政権として発足したと考えることも可能である。

そこで、本節では畿内とその周縁部の墓制の動向をまとめ、墓制からうかがえる地域性とその意義を検証したい。なお、令制国につながる国分けが行われたのは天武12年（683）であるが、大化2年の命令に従って大化5年（649）の天下立評と国分けが全国的に施行されたと推測されており（鎌田 1977）、ある程度令制国の輪郭はできつつあったと考えられる。よって、令制国単位で論述を進めていきたい。

（1）大和

飛鳥Ⅲ型式期をもって龍王山古墳群をはじめ、有力な群集墳は築造を停止し、この時期以降も築造されるのは三ツ塚古墳群など一部の群集墳に限られる。三ツ塚古墳群では横穴式石室に替わって小石室、木棺墓が造営された。

単独墳も造営自体が限定されるようになり、牽牛子塚古墳や平野塚穴山古墳など、王族や高級貴族・豪族墓に比定される古墳が中心となるが、これらの古墳の主体部には横口式石槨が採用された。なお、主体部として採用された横口式石槨は百済陵山里古墳群の造墓技術の直接的な影響を受けて成立したと考えられる石室系の平野塚穴山タイプに分類されるものである。

このような傾向は飛鳥Ⅳ型式期にも受け継がれ、天武天皇陵に比定される野口王墓古墳を頂点として八角形→六角形→方形→円形という厳格な墳形規制も存在した。横口式石槨に関しては、凝灰

岩組み合わせ式の石室系の他に、下位タイプの石槨として新たにマルコ山タイプが創設された。このタイプの石槨はこれ以降、キトラ古墳、高松塚古墳と継続的に造営されるが、葬制としては最後まで土葬をとり続けた。この点が中尾山古墳のように最終的に火葬骨を埋納し、葬制としての火葬に対応できるように石槨構造を改変していった平野塚穴山タイプの古墳との相違点である。

　群集墳は三ツ塚古墳群で造墓活動が確認されるに過ぎないが、この時期の三ツ塚古墳群でも横穴式石室は造営されず、小石室と木櫃改葬墓が主体となる。このことから判断すれば、飛鳥Ⅳ型式期には群集墳でも改葬を前提とした複次葬が葬制として採用されたことがわかる。また、不明な点も多いが、五条野内垣内遺跡や久米ジカミ子古墓群では火葬骨を土壙内に直葬したと思われる火葬墓群が造営された可能性もある。しかし、これらが火葬墓であるとしても8世紀以降の仏教儀礼に基づいた「律令国家」の墓制としての火葬墓とのヒアタスは大きく、渡来系氏族との関わりなど、仏教儀礼とは無関係に導入された葬制と考えられることから、墓制としての両者の差異は大きい。

　このように、飛鳥Ⅳ型式期からⅤ型式期にかけての時期は有力単独墓を除くと群集墳の造営はほとんど確認できず、大和における群集墳の造営は飛鳥Ⅳ型式期の時間幅の中で完全に終焉する。しかし、群集墳被葬者層との系譜関係は不明であるが、群集する墳墓として同時期には顕著な墳丘を有さない無墳丘墓が数例確認されている。古墳再利用の類例として取り上げたコロコロ山古墳周辺や中山1・2号墳の周辺で検出された木棺墓や土壙墓群である。従来の群集墳を造営したような集団はこの時期には強い造墓規制を受け、墳丘を有する古墳の築造は認められず、従前の古墳の墓域を利用する古墳再利用という形でかろうじて墳墓の造営を行うことができたと考えられる。

　飛鳥Ⅴ型式期は壁画古墳として有名なキトラ古墳が代表例である。中尾山古墳や兵家古墳のように火葬骨埋納のために工夫された小型の横口式石槨（平野塚穴山タイプ）を用いた高塚古墳と火葬墓を組み合わせた従来の墓制と新来の葬制の折衷スタイルの墳墓も造営された。これは「律令国家」の新たな墓制のスタンダードとして導入された火葬という葬制にいち早く対応するために従来の墓制である古墳を工夫改良したものといえる。ただ、これらは天皇陵や一部高級貴族などの特権階級に限定された特別の墳墓スタイルであり、この時期以降は従来の古墳に替わり、顕著な墳丘を伴わない火葬墓が相次いで造営されるようになる。そして、大規模な墳丘を有する高塚墳としての古墳は続く平城Ⅱ型式期の高松塚古墳や石のカラト古墳の造営をもって完全に終焉することとなる。

　なお、『日本書紀』斉明天皇4年（658）5月条の皇孫建王の死に際して詠まれた歌や『万葉集』に登場する火葬の煙を表した雲などの存在から、記録に残る火葬の初現、すなわち僧道昭の文武4年（700）より以前にわが国において火葬が行われていたと考えられていたが（斎藤 1978）、近年飛鳥Ⅳ型式期に遡る火葬の実例が増加しつつある。特に橿原市五条野内垣内遺跡で検出された火葬墓は藤原京期の皇子宮の可能性が高い大型建物に先行することが確認されており、藤原京遷都に先んじて造墓された火葬墓として注目を集めた。

　「火葬」とはモガリ（よみがえり）を否定する行為であり、火葬という葬制導入当初の律令政府はその主旨を徹底するため、当時の高級官僚たちにも、死後、荼毘に付すことを一定強要したという（小林義 1998a：pp.46・47）。墓誌などで確認できる8世紀初頭の火葬例はいずれも四位から五位程度の上級官僚が被葬者であるが、持統朝以降、先帝の霊を仏教で救済することが恒例となっており（若井 1998：p.70）、火葬後の遺骨を納める骨蔵器は仏教的要素にかなうことが望まれた（安

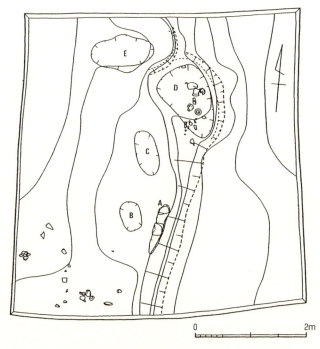

図8　飛鳥Ⅳ型式器の火葬墓：久米ジカミ子古墓
（藤井1982より引用）

井 1987：p.283）。事実、飛鳥Ⅴ型式期の火葬墓は木櫃や須恵器製または金銅製の薬壺など専用容器を用いるものばかりである。これに対して、飛鳥Ⅳ型式期の火葬墓は土壙内に直葬する事例が中心を占める（図8）。つまり、この時期の火葬墓には仏教儀礼との積極的な関わりをうかがい知ることはできない。むしろ網干が指摘したように新羅墓制の影響（網干1979）を重視すべきであろう。「仏教による葬送である火葬によって処理された遺骨を納めたもの」（小林義1995：p.80）が「火葬」墓であるとすれば、これらの墳墓を「火葬」墓と位置付けることはできず、仏教的儀礼にかなった墳墓としての「火葬」はまさに『日本書紀』に記載されたように、僧道昭の火葬が「天下の火葬」の始まりであった（小林義1995）。

　なお、道昭以前の火葬墓は、北山峰生によれば大和で7例（五条野内垣内、久米ジカミ子、堂塚、森カシ谷、三ツ塚、西北窪、小谷）確認できるが、森カシ谷遺跡と三ツ塚古墳群で検出された遺構は火葬墓というより改葬墓の可能性が高く、西北窪遺跡は火葬の行われた痕跡がうかがえる事例に過ぎないと判断された。そして、7世紀代の火葬墓として唯一確実な事例は小谷遺跡で検出された墳墓とされたが、出土した須恵器杯はTK209型式期に比定し得るものである。また、7世紀代の火葬墓の特色として群集墳の墓域内部に出現することを重視し、7世紀における群集墳の形成と併存する火葬墓の存在に注目した結果、日本における火葬墓出現期の、主たる担い手は終末期群集墳の造営集団であると結論付けた（北山2009）。群集墳レベルで先行導入された「火葬墓」を国家が追随することで新たな古代墳墓の展開をみるという考えであるが、7世紀の火葬墓は火葬骨を直葬するタイプがほとんどで、上記したように専用容器を骨蔵器として使用する8世紀の火葬墓とのヒアタスは大きいといわざるを得ない。少なくとも、律令政府によって志向された「火葬墓」は単なる葬制ではなく、一定の儀礼のもとに実施された、土葬に替わる新たな葬制であり、これら7世紀代の火葬とは一線を画すべきである。なお、北山説に対しては筆者と同様の考え、つまり7世紀と8世紀の火葬墓は別の契機をもって現れたという考えが小林によっても示されている（小林2009）。

　また、河内地域における火葬墓導入当初の様相を検討した安村俊史は7世紀代の火葬墓と推定される事例は2例のみであり、そのどちらもが不確実な事例と判断した（安村2009）。寛弘寺遺跡土器棺墓2004と玉手山43号墓であるが、筆者は前者を火葬墓というより土器棺墓と判断しており、

後者についても8世紀代の火葬墓と考えている。

（2）河内

　飛鳥Ⅲ型式期の古墳は近つ飛鳥周辺に点在する横口式石槨墳が中心となって展開するが、石槨の型式は石棺系の小口山タイプであり、大和の石槨が石室系を中心とすることと相違する。小口山タイプの横口式石槨はお亀石古墳の系譜を引くもので、当該地域を中心にして、飛鳥Ⅴ型式期のヒチンジョ池西古墳まで造営される地域性の強い墓制である。

　続くⅣ型式期にかけても小口山タイプの横口式石槨を有する古墳が近つ飛鳥地域や羽曳野市周辺に点在するが、寛弘寺古墳群では土器棺墓が造営される一方、火葬墓として造営された可能性のある墳墓も見受けられる。また、柏原市域では田辺古墳群や平尾山古墳群雁多尾畑第49支群のように、それまでの横穴式石室墳に替わり、小石室や木棺墓が主体部となるものの、群集墳としての古墳の造営行為は継続しており、平尾山古墳群雁多尾畑第49支群では木炭槨墓も造営された。

　飛鳥Ⅴ型式期は群集墳の造営自体は大和と同様停止するが、古墳としてはヒチンジョ池西古墳（小口山タイプ）が造営され、墓尾古墳群隣接地でも土器棺墓が造営されている。

　また、当該地域では大和と同じく新たに採用された火葬という葬制を積極的に取り入れており、多くの火葬墓が造営されたが、平城Ⅱ型式期に入ると先ほど取り上げた田辺古墳群や平尾山古墳群雁多尾畑第49支群などで群集墳の墓域内や隣接地に火葬墓が造営されている。

　飛鳥Ⅴ型式期の断絶期をはさむものの、7世紀代の終末期群集墳から8世紀前半の火葬墓へと墓域が継続するようにみえる事例は大和三ツ塚古墳群を除くと、河内地域で顕著な傾向にあり、現在の柏原市域を中心とした生駒山地西麓から金剛・葛城山地山麓地域の特色とすることができよう。

（3）山城

　山城地域は大きく分けると桂川流域の北山城、木津川流域の南山城、鴨川流域の東山城に大別できるが、北山城は朝鮮半島から渡来した秦氏ゆかりの土地で現在の嵯峨野周辺には5世紀後半以降有力墳が相次いで造営され、飛鳥Ⅰ型式期を中心とする時期には音戸山古墳群をはじめとする終末期群集墳が数多く造営されるが、ほとんどの群集墳が飛鳥Ⅱ型式期に造営を終える。

　東山城地域でも醍醐古墳群をはじめとする終末期群集墳が7世紀前半頃を中心に造営されるが、唯一飛鳥Ⅲ型式期まで造営されるのが旭山古墳群である。そして、7世紀後半に山科に天智天皇陵が造営されることで当該地域における古墳の造営は停止する。南山城地域は横穴墓や陶棺など個性的な墳墓が造営されるが、京田辺市堀切古墳群10号横穴墓からは須恵器や土師器などとともに、銙帯金具が出土しており、八幡市美濃山狐谷横穴墓群や松井横穴墓群とともに8世紀代にも追葬の形で横穴墓が使用され続けることが確認されている。しかし、7世紀中葉以降に造営された古墳は現在のところ確認されていない。

　このように他地域に先駆けて、飛鳥Ⅲ型式期には古墳造営数が大幅に減少することから、当該地域に対して大幅な造墓規制が行われた可能性があり、飛鳥Ⅳ型式期以降は顕著な古墳はほとんど造営されていない。同時期には墓誌が検出されて著名な小野毛人墓（箱式石棺様の石室墓）などが知られるに過ぎず、他は八幡丘陵などに造営された横穴墓に追葬の形で葬られるばかりである。こうした動向の中で、尼塚5号墳の在り方は注目される。石室形態から7世紀中葉前後の無袖式石室と

考えられるが、石室床面から副葬品と目される和同開珎が検出されており、8世紀前半の築造と考えられている。石室形態から判断すれば7世紀中葉前後の築造時期が想定できるにもかかわらず、出土遺物が8世紀代に限定できる事例はこれ以外にも第1章で触れたように但馬箕谷5号墳や河内堂山4号墳などがある。大和では同時期まで高塚古墳の造営が続いているので、何らかの特別な条件の下で高塚古墳の造営が認められた被葬者を想定すべきだろう。しかし、山城地域では8世紀中葉以降になると宇治宿禰墓をはじめとする火葬墓が盛んに造営されており、造墓がほとんど確認できなかった7世紀代後半の墓制の動向とは大きく様変わりすることは興味深い。

（4）摂津

　摂津地域も山城地域と同様、飛鳥Ⅲ型式期以降目立った墳墓は造営されていない。飛鳥Ⅲ型式期の阿武山古墳が著名であるが、飛鳥Ⅳ型式期は栗栖山南古墳群に造営された横穴式石室が知られるばかりで、飛鳥Ⅴ型式期に小石室や木棺墓が造営されたと考えられている。その後、平城Ⅱ型式期頃に火葬墓が造営されるのは河内田辺古墳群などの様相と類似している。しかし、田辺古墳群などでは飛鳥Ⅴ型式期の造墓は確認されておらず、栗栖山南古墳群の小石室などが飛鳥Ⅴ型式期の造営であれば、終末期群集墳から火葬墓へ墓域が間断なく継続する畿内では唯一の事例となる。飛鳥Ⅲ型式期から造墓を開始していることも踏まえると、栗栖山南古墳群は極めて特異な性格を有する古墳群と位置付けることができる。

　また、同時期には北米谷古墓をはじめとする火葬墓が造営されている状況は大和と似たような在り方を示している。

　直木孝次郎によれば、摂津という地名は大宝4年（704）に定まったもので、それ以前は津国と呼ばれていたらしい（直木 2008）。『日本書紀』天武6年（677）10月に丹比公麻呂が摂津職大夫になったという史料があることから、摂津という名称自体は704年以前から使用されていたと思われるが、天武朝になって都が近江大津から倭に戻り、新羅との国交が回復したことから、もともと河内と呼ばれていた地域にあった難波津と住吉津、および「務古」と呼ばれた地域の務古水門と大輪田泊を合わせて津国としたという（直木 2008）。摂津は大宝令制の下では摂津職が支配する特別行政区であった。対外交渉の窓口として難波津が設けられるなど、律令政府にとって特別な地域であったことはいうまでもない。しかし、墓制の動向からは栗栖山南古墳群を除くと、特別行政区として優遇された様子はうかがえず、他地域と比べても際立った特色は認められない。

　その後、延暦4年（785）の三国川の開削により、長岡京に向かうための新たなルートが設けられ、難波を経由する必要がなくなったことから、難波の重要性は急速に低下した。延暦12年（793）に摂津職が廃止され、国制へと移行するが、墓制からみた場合、同じ摂津地域であっても、北摂と称される現在の兵庫県三田市域は非常に個性的な様相を呈することにも留意しなければならない。例えば、三田市奈カリ与古墳は凝灰岩質砂岩の板石を組んだ「箱式石棺様石室」と呼ばれる横口式石槨であり、同市奈良山12号墳も箱型の特異な形態の横口式石槨で横口式石棺墓と呼ばれているが、石槨規模から判断すれば成人の伸展葬は不可能である（高島 2010：p.24）。律令体制の形成期に、中央政府との関わりという観点から墓制の考察を進めるのであれば、六甲山系を隔てた現在の三田市域を中心とする地域はいわゆる摂津とは別の地域として把握する方がふさわしいといえよう。

それに対して現在の兵庫県南部地域にほぼ該当する西摂地域は、瀬戸内を利用した海上交通の拠点という意味では難波津周辺、現在の大阪市域の重要性と何らひけをとるものではない。先述の直木によれば、「津国、ついで摂津国の時代には務古水門の名はすたれ、津国の重要な港として朝廷の管理下にはいるとともに、大輪田泊と呼ばれた」と考えられており（直木 2008：p.413）、国家的・公的な港として運営されたことから、その後背地も含め、中央政府が重視したことは間違いあるまい。弥生時代に多くの墳墓が造営された現在の大阪市域では古墳時代以降の造墓数は激減し、終末期古墳の築造は確認されていない。難波長柄豊碕宮が造営されると、少なくとも京域内に墳墓が造営されることはなくなったはずであり、当該地域の墓域はどこか別の場所に求める必要がある。そういう意味では、終末期群集墳の典型例として学史上著名な長尾山に展開する古墳群の被葬者に難波宮で活躍した官人層を比定する考え（森本 2000）は妥当である。

　中山荘園古墳のような多角形墳が造営された背景も摂津という地域の特性と結びつければ理解しやすい。ただ、現在の芦屋市を中心とする地域の墓制には須恵器などの出土遺物から判断すれば播磨、山陽地域の影響が認められ（森岡編 1983）、近年再調査された旭塚古墳の石室や墳丘構造も畿内中枢部のそれとは微妙な違いが認められること（森岡・坂田編 2009）は墓制における中央志向と同時に瀬戸内を介した地域との交流・交易も重視した可能性があることに留意する必要がある。

（5）播磨

　播磨は『延喜式』をみてもわかるように十二郡を有する大国で、墓制の様子を令制国単位で一括して述べることは困難である。石田善人の研究によれば、大化2年（646）に畿内の四至を決定し、畿内の西限が「赤石の櫛渕」と規定されたにもかかわらず当時の人々の意識の上では現在の明石までが畿内であると考えていたとされており、播磨の中でも明石郡の特殊性が強調されている（松下勝 1984）。播磨の他地域では7世紀中葉以降も多くの古墳が造営されているのに対して、明石郡内では飛鳥Ⅱ型式期以降の古墳がほとんど確認されていないことや8世紀前半には他地域に先駆けて火葬墓が造営されていることは石田の説を裏付けるものといえるだろう。

　しかし、明石郡以外の播磨地域では飛鳥Ⅲ型式期以降も村東山古墳や石櫃戸古墳など有力単独墳が相次いで造営されている。また、西脇古墳群や状覚山古墳群などの群集墳は飛鳥Ⅳ～Ⅴ型式期になっても造営され続けており、主体部も伸展葬を前提とした小型の横穴式石室や小石室が築造されている。大和などでは飛鳥Ⅱ型式期以降、群集墳内の墓域に造営された小石室は改葬を前提とした複次葬という葬制を採用した墓制と考えられること（渡邊 2012）と対照的である。特に、播磨では飛鳥Ⅲ型式期以降の群集墳に小石室が採用されながら、小型とはいえ、飛鳥Ⅴ型式期になるとすべての古墳で小石室ではなく、横穴式石室が採用されていることは、大和などの畿内中枢部とは大きく異なり、古墳時代以来の思惟を保持し続けた集団の存在を暗示する現象である。

　西脇古墳群（高橋・西口ほか 1995）では飛鳥Ⅳ型式期に至って墓域の再編が行われていることから、中央政権の支配権が及んだ可能性を拙稿で指摘したことがあるが（渡邊 2000a）、造営された古墳の在り方は地域の主体性に任せたとしか想定できないような状況にある。中央政権による個別人身支配という謳い文句とは裏腹に、実際に中央政権が群集墳を造営できるような在地の共同体支配者層に対して具体的な実効性を伴う政策を展開したとは考えにくい。このことは畿内では8世紀前半以降新たに葬制の主役となった火葬墓が相次いで造営されるのに対して、明石郡内を除くと

播磨では 8 世紀前半に築造された火葬墓が確認できないという事実からも裏付けられる。

（6）丹後と但馬

　播磨と同じく畿内周縁部に位置する丹後と但馬は播磨とは違った墓制の変遷をたどる。飛鳥Ⅲ型式期以降、古墳造営が極端に後退し、横穴式石室はほとんど造営されない。円山川流域にあって但馬を代表する首長墓である大藪古墳群の造営時期以降に築造された可能性があるのは、円山川を離れた現在の村岡地域に位置する長者ヶ平 2 号墳（中村典 1981）が認められるに過ぎない。ただ、近年新たに確認された上エ山古墳群 C 支群では飛鳥Ⅴ型式期の造営活動が確認されており、五反田 1 号墳（渡辺・長濱編 2012：p.96）でも同様であることからすれば、播磨と同様、飛鳥Ⅴ型式期に至るまで群集墳内では横穴式石室が造り続けられていたようであるが、播磨などと比較しても古墳造営数の絶対量が僅少であることは覆るまい。

　但馬・丹後両地域には飛鳥Ⅲ型式期以降、横穴式石室に替わり、墳丘を伴わない横穴墓が墓制の中心を占めるという共通点がある。横穴墓は飛鳥Ⅴ型式期まで造営され続け、特に丹後では左坂横穴墓群や大田鼻横穴群という大規模群集墳に相当するような大型横穴墓群が造営されていることが特色である。また、飛鳥Ⅲ型式期に小型の横穴墓が採用されるが、その背景は畿内中枢部で古墳の個人墓化が進行し、小石室などが積極的に採用される現象と軌を一にするものといえよう。

　さらに、丹後では飛鳥Ⅳ型式期に火葬骨を埋納する横穴墓が造営されており、平城Ⅱ型式期まで造営され続けた。左坂横穴墓群では、火葬骨を埋納する横穴墓に続き平城Ⅱ型式期には横穴墓群の墓域内で火葬墓が造営されており、河内柏原市域の群集墳と同じように群集墳の墓域が火葬墓へ継続される事例である。ただ、横穴式石室ではなく横穴墓であること、飛鳥Ⅴ型式期にも造墓が継続していること、飛鳥Ⅳ型式期から既に火葬という葬制を採用していることという相違点も認められる。このような終末期群集墳の墓域内に 8 世紀前半前後の火葬墓が造営される事例はいずれも火葬墓の造営が平城Ⅱ型式期を中心とする時期に限られており、それ以降墓域は継続しないという共通点がある。これらの群集墳では何らかの共通した葬送儀礼観の下で墳墓が造営された可能性があるが、丹後の横穴墓の在り方を考えれば、それは必ずしも中央政権の意図するものではなかったと考えられる。

2. 古墳の終焉状況からうかがえる令制国単位の地域性

　前項で概要を触れた令制国単位の墓制の変遷を表 4 にまとめてみた。表から、以下のような傾向が看取できよう。

　大和は須恵器型式期のすべての時期において、先験的に最新の墓制を導入しており、造営された墳墓数や造墓スタイルなどの種類も多い。これは、大和が当時の政権所在地であったことと密接な関係があり、「律令国家」形成期の墓制は大和を中心とした畿内中枢部の勢力によって先導されていたからに他ならない。また、墓制の多様性はそのまま墳墓造営者層の多様性を反映しており、ピラミッド構造を有する階段状の階層社会が構成されていたことに起因する現象と考えられる。後の位階制に相当する豪族・官僚層の身分秩序が造営された墳墓構造に反映されていたと考えることが妥当であろう。これは墳墓造営者数の違いにも表れており、河内では飛鳥Ⅴ型式期は墳墓の造営数

表4 各地域における古墳の終焉状況

	飛鳥Ⅲ	飛鳥Ⅳ	飛鳥Ⅴ	平城Ⅱ
大和	□☆◇■（●？⊃？）	☆◇◆●◎	◎☆◆▲■	◎☆
河内	□◇■☆	☆◇●■▲◎	◎（□？）▲☆	◎（□？◆？）
山城	□◇？⊃	△⊃	□⊃	？
摂津	□◇☆△	□	◇■？	◎◆
播磨	□◇△	□△◇	□	？
丹後	□⊃	⊃⊃（◎）	⊃⊃（◎）	⊃⊃（◎）
但馬	（□？）⊃	⊃◇	⊃	□？

〔凡例〕□横穴式石室　◇小石室　■木棺墓（木棺直葬含む）　☆横口式石槨　●木櫃墓・木炭槨
　　　　◆土壙墓　▲土器棺墓　△石棺　⊃横穴　◎火葬墓

が激減するのとは対照的に大和では多くの古墳や無墳丘墓が造営された。

　しかし、このことは同時に政権お膝元の大和内部にあっても、様々な階層に属する首長層の墳墓造営にかける志向を必ずしも完全に規制できたわけではないことも示している。事実、大和における高塚墳丘を伴う古墳の終焉は722年の元明遺詔を待たねばならなかったこと（上林 2004：p.70）が墳墓規制の難しさを如実に示していよう。

　河内地域の墓制も大和に匹敵する多様性を見せるが、飛鳥Ⅴ型式期に限り造墓数が激減することは大和以外の諸地域と同様の傾向を示す。しかし、平城Ⅱ型式期には大和と同様、仏教儀礼にかなった新たな葬制としての火葬墓が本格的に導入されている。つまり、大和と河内は墓制・葬制の上で似たような変遷過程を示すが、飛鳥Ⅴ型式期の様相に違いが認められるのである。大規模な墳丘を伴う墳墓は河内では飛鳥Ⅴ型式期で終焉を迎えることも同様である。冒頭で示した小石室の在り方を参照すれば、飛鳥Ⅳ型式期は複次葬を採用した大和に対して、河内柏原市域では旧来の伸展葬を伴う木棺墓が造営されるという違いも認められ、河内国内部でも氏族や地域によって中央政府との距離が一律ではなかったことを物語っている。

　山城には飛鳥Ⅲ型式期以降、目立った古墳は造営されておらず、横穴墓が中心となって墓制が展開されるという相違点があり、平城Ⅱ型式期の火葬墓も未確認である。八幡丘陵などでは墳丘を伴う墳墓に替わり、横穴墓や横穴墓を再利用した追葬という形式で8世紀代まで埋葬行為が確認されていることも顕著な地域性といえよう。ただ、8世紀中葉以降は火葬墓の造営が相次ぐようになり、有力氏族の台頭がうかがえる地域である。

　摂津地域も墳墓数の絶対量が僅少で、飛鳥Ⅴ型式期の様相は不明であるが、山城地域とは違い、平城Ⅱ型式期に火葬墓が造営されている。また、7世紀中葉前後に長尾山丘陵を中心に小規模な古墳が密集して造営された背景には前述したように、難波宮で活躍した官人層との関係を想定することができる。当該地域では6世紀代から横穴式石室を中心とする群集墳が造営されているが、7世紀代の終末期群集墳とそれ以前の群集墳とは墓域を違えており、被葬者層の出自が異なる可能性も指摘されている。しかし、これらの終末期群集墳も短期間で造墓活動を終息させており、7世紀中葉以降、都が大和に移ることに伴い、長尾山丘陵一帯の造墓活動も終息したと考えれば、当該地域の墓制の動向も理解できるのではないだろうか。

しかし、延暦12年（793）に摂津職が廃止されるまで、中央政府にとって摂津地域が重要であることは変わりなく、栗栖山南古墳群が造営され、畿内でもいち早く火葬墓が造営された。藤原鎌足の墳墓ではないかと話題を呼んだ阿武山古墳の存在から推定されるように、摂津国三島評（郡）は鎌足以降、藤原氏の所領であった。天坊幸彦の研究によれば、『日本後記』逸文の延暦11年（792）の条に、藤原北家房前、清河の累代の所領が島上郡（旧三島上郡）内に限って確認されるという（天坊 1947）。天坊の研究成果を踏まえ、森田克行はこれらの所領と『日本書紀』にみられる鎌足の別業記事を重ね合わせ、藤原北家へ所領が拡大、定着していった可能性を指摘し、さらに、富田台地の北部中央にある郡家今城遺跡と奈佐原丘陵南斜面地に営まれた岡本山古墓群にも注目された。郡家今城遺跡は嶋上郡衙跡や山陽道と結ばれ、条里制に則った整然とした建物配置がみられる奈良時代から平安時代前半にかけての集落であり、150棟以上の掘立柱建物や大形井戸などが検出された。出土遺物は木簡や墨書土器、製塩土器、土馬・斎串などの律令祭祀具、越州窯青磁碗、奈良三彩の杯、銭貨、硯、律令官人のベルトに使われた腰金具などがあり、中央貴族の荘園を彷彿とさせるという。また、岡本山古墓群からも腰金具や刀子が検出されており、森田の言葉を借りれば「さながら官人墓群の様相」であった（森田 2012：p.105）。このように、中央政府と密接な関係を有する地域であるからこそ、8世紀前半以降、大和を意識した墓制が展開することになるのであろう。

播磨は明石郡を除くと、7世紀中葉以降も古墳の造営が盛んで、北部・西部播磨を中心とする地域では、飛鳥Ⅳ～Ⅴ型式期まで横穴式石室が造営されるなど古墳時代とほぼ同じような墓制が継続した。墳墓造営者層の増加現象に伴い、石棺タイプなどの小石室も造営されており、畿内中枢部の動向とは対照的な在り方を示す。しかし、このような傾向も平城Ⅱ型式期の火葬墓が普及する時期になると一変する。現在までのところ、明石郡以外の播磨地域では当該時期の火葬墓はほとんど確認されておらず、墳墓造営という行為に対して何らかの規制が働いた可能性がある。

一方、墳丘を伴う墳墓の造営がいち早く規制されたのが但馬・丹後両地域であり、飛鳥Ⅳ型式期以降は横穴墓が墓制の中心となった。これは山城地域とも共通する現象であるが、丹後の場合は飛鳥Ⅳ型式期の横穴墓内に火葬骨を埋納する事例が散見されるという特色がある。さらに、追葬を伴わない非常に小型の横穴墓も造営されたが、これは大和などで複次葬を前提とする小石室が採用されたような中央墓制の動向と歩調を合わせる動きととらえることもできよう。また、平城Ⅱ型式期に火葬墓が造営される点も大和や河内などの畿内中枢部を意識した行為といえるかもしれない。

3．畿内における地域性の意義

従来の古墳時代の研究は、畿内とその周縁部の相違点に注目し、両者の差異を述べることが多かった。しかし、今回、古墳の終焉状況に着目することで、後に畿内国と一括して称されることになる地域内においても飛鳥Ⅲ型式期には階段状の格差を有する地域性の違いが存在したことが明確になったのではないだろうか。同時期と続く飛鳥Ⅳ型式期には大和・河内が上位グループをなし、山城・摂津の2地域がこれに続くという格差が確認でき、畿内周縁部も播磨と丹後・但馬に大別できた。特に、播磨地域の墓制の独自性から判断すれば当該時期にはそれなりの在地勢力が存在したことがうかがい知れる。飛鳥Ⅴ型式期は大和を頂点とし、次いで河内が位置付けられるようになる

が、他地域の在り方は変わらない。そして、平城Ⅱ型式期では大和を頂点として、河内・摂津がこれに次ぎ、丹後も横穴墓を墓制として採用するという地域性を有しつつも、火葬墓をいち早く導入するという先進性を持ち合わせていた。一方、山城と播磨では明確な墳墓がほとんど確認されておらず、両地域の重要性が著しく低下したことがうかがわれるが、但馬の実態は不詳である。

以上の様相をまとめると、古墳時代終末期から「律令国家」成立期にかけての時期は政権所在地の大和が先進的な墓制をとりつつ、畿内各地の墓制が展開されたといえる。そのような中で、大和と河内の両者は一見すると密接なつながりがあるようにみえるが、実は必ずしも両地域が歩調を合わせて進んでいったわけではないことが古墳などの造営状況からうかがえた。

また、同じ畿内と称しても山城や摂津地域は 7 世紀後半以降、目立った古墳が造営されておらず、当時は氏族の伝統的な本貫地に墓地が営まれるという原則からすれば、河内と比べると両地域には中央政権と密接なつながりを有する集団があまり存在しなかったことになる。ただ、摂津に関しては、飛鳥Ⅲ型式期と平城Ⅱ型式期の両時期に来栖山南古墳群や来栖山南火葬墓1432が造営されており、前者は乙巳の変以降、摂津が政治の中枢に躍り出たという史実に対応する可能性がある。また、後者の時期についても摂津職の設置などからわかるように、難波津をはじめとする交通の要衝としての摂津地域の重要性を鑑みた現象といえるかもしれない。

丹後は拙稿（渡邊 2004b）で述べたように、但馬とともに飛鳥Ⅲ型式期以前の、畿内を中心とする勢力の直接的な介入の結果、めぼしい古墳の造営は途絶し、墳丘を伴わない墓制である横穴墓が中心となって造墓活動が展開する。播磨などとは違い、在地における支配者層の勢力が大幅に後退したことが要因と考えられる。しかし、丹後地域は他地域に先駆けて火葬という葬制を導入し、火葬墓を造営した。このような墓制における先進性の背景にはやはり日本海を舞台とした対外交流という要因を考慮すべきであろう。和銅 6 年（713）に丹波国から丹後国が新設され、地方支配強化策の一環として当該地域が直接的に把握されるようになったが、神亀 4 年（727）の渤海使出羽国漂着以来の律令政府による日本海沿岸地域を介した対外政策と関連して、当該地域への支配体制のより一層の強化が進められた結果、先進的な葬制が導入されたと考えられる（森正 1996）。

文献史学の成果によれば、畿内という範囲が定められ、畿内制という制度が定められたのは孝徳朝のこととされている（吉川聡 1996：p.57）。大化改新詔では畿内の境界として東西南北の四地点を示しているが、いずれも畿内から畿外へ通じる交通上の要地が選ばれている。一方、律令制下の畿内制は四畿内（和泉国設置後は五畿内）という行政的区画によって規定されており、孝徳朝の畿内が評を基礎としたものに対し、後者の畿内は国郡制成立後に成立したものであり、天智朝頃に国に基づく畿内制へ移行したと考えられている（吉川聡 1996：p.59）。

「大化改新詔」にみる畿内の四至は難波京を中心に設定されたもので、「凡そ畿内は、東は名墾の横河より以来、南は紀伊の兄山より以来、西は赤石の横櫛より以来、北は近江の狭狭波の合坂山より以来を畿内国とする」とされている。それぞれの境界点の比定地のなかで、西の赤石の横櫛については摂津・播磨国境の境川にあてる説が一般的であるが、明石市大久保の海岸にあてる説や神戸市西区神出町の明石川、さらに加古川付近に想定する考えもあり確定していない（木下 1992：p.5）。孝徳期の畿内は四至で区切られた「点」による領域表示である（佐々木高 1986）のに対して、天智朝以降は令制国に基づく畿内へと変質するということを前提にすれば、木下良も指摘するように、畿内の四至の中で、「赤石の横櫛」比定地だけが後の摂津・播磨の国境の境川であるという通

説には違和感があり、「赤石の横櫛」を境川と比定する根拠は乏しいといわざるを得ない（木下良 1992）。

本節の対象とする7世紀という時期はまさに令制下の畿内制が成立する時期に合致しており、播磨の中でも赤石郡を中心とする地域が他の播磨地域と古墳の終焉状況が異なり、むしろ、畿内中枢部の様相と近似するという現象は当時の人々にとって、7世紀後半頃までは明石川流域までが畿内であるという認識があり、古墳造営の実態も畿内中枢部の動向と連動していたと考えれば、素直に理解できると思う。

同様の観点から、北摂、現在の三田市域の古墳の有り様も考えることができるだろう。奥田智子によれば、6世紀代の横穴式石室は西摂より三田市域の方が畿内との連動性が高いという（奥田智 2009）。これはおそらく丹波地域に続く陸上交通の要衝として当該地域が重要視されていたことに起因する現象と考えられ、吉本昌弘は足利健亮の研究を踏まえ、孝徳朝頃の有馬道は有馬から三田に通じて山陰道を形成していたと考えた（吉本 1979）。このような交通の要衝という立地はそれ以前も同様であったと考えられることから、畿内と連動した墓制が展開したのであろう。しかし、難波遷都が実現すると瀬戸内海を経由した海上交通の窓口として摂津・難波津の重要性が高まったことは想像に難くない。前述したように、宝塚市長尾山丘陵上に前代とは墓域を違えて、難波宮で活躍した官人たちの墓域が設定され、学史上有名な長尾山古墳群が形成されたと考えられる。

つまり、7世紀中葉以降は摂津職に象徴されるように、西摂地域が政治の中枢ともいえるような地位を確保し、古墳の造営も畿内中枢部との連動性が高まるが、逆に三田市域の地位は低下することになった。古墳の造営に関しても畿内中枢部の動向と乖離することになり、やがて、横口式石槨墓のような墓制が創出され、独自性が発揮されることになるのであろう。

詳しくは第3章第1節で述べるが、このような古墳の終焉状況に基づく地域性、当時の政権にとっての重要性の差異は平城宮Ⅱ型式期頃までの火葬墓の造営状況からもうかがうことができる。

8世紀前半までの火葬墓は大和・河内両国に分布の中心がある。大和は政権のお膝元であり、多くの墳墓が造営されたことはいうまでもない。また、河内についていえば、大阪府柏原市域に火葬墓が集中して造営されたことが知られるが、当地は大和川経由で大和盆地に向かう場合、まさに交通の要衝といえる立地条件にあり、当時の政権にとって重要な地域であった。

飛鳥Ⅳ～Ⅴ型式期に目立った墳墓が造営されなかった摂津に3例の火葬墓が造営された背景として、摂津職が置かれたことからもわかるように、海上交通の要であったことが大きく影響しているのであろう。一方、播磨でも3例の火葬墓が確認できるが、いずれも明石郡内に位置しており、それ以外の地域では8世紀前半の火葬墓と断定できる事例はない。飛鳥Ⅳ型式期まで古墳造営が活況を呈したことや、多くの地域で墳墓の造営が中断される飛鳥Ⅴ型式期にも古墳が造営されたことなど、当該地域の古墳造営に対する強い志向性を念頭に置けば、いかにも火葬墓の導入は貧弱といえ、播磨地域の有力集団は墓制に対して保守的であったということができるのかもしれない。

山城には同時期の火葬墓は確認されておらず、平城遷都直後の時期の山城地域の立場を反映している現象といえよう。また、日本海地域に属する但馬と丹後両地域ではTK209型式期以降横穴墓を採用しており、墓制に関して類似した在り方を示すが、造営された墳墓の絶対数では但馬はとても丹後に及ぶところではなく、丹後では横穴墓を中心にして飛鳥Ⅳ～Ⅴ型式期に多くの墳墓が造営された。また、他地域に先駆けていち早く「火葬」という葬制も導入されている。さらに、8世紀

前半頃の火葬墓は但馬には認められないにもかかわらず、丹後には4例存在しており、同じ日本海地域に属するとはいえ、神亀4年（727）の渤海使出羽国漂着以来の律令政府による日本海沿岸地域を介した対外政策と関連して、当該地域への支配体制のより一層の強化が進められたと予想される。和銅6年（713）に丹波国から丹後国が新設されたという事実は地方支配強化策の一環として当該地域が直接的に把握されるようになったことを示しており、日本海を経由した海上交通の要地として中央政府は丹後地域を重視したことがうかがえる。

　本節では、畿内とその周縁地域の古墳造営の状況、飛鳥Ⅲ型式期から平城宮Ⅱ型式期までの古墳・墳墓の造営状況について述べた。その結果、律令制下で四畿内（和泉国設置後は五畿内）という行政的区画によって規定された畿内においても、墳墓の造営状況に違いがみられ、政権中枢部の大和を頂点として、河内、摂津、その他の地域という階段状の格差を有することがわかった。

　序章でも述べたように、「律令国家」の基本的性格として、天皇を首長とする畿内諸豪族政権が地方人民を支配するという考えがある。そして、畿内は特別区として畿外とは異なった構造を有し、国司も郡司も置かれなかったという。いわゆる「畿内政権論」であるが、7世紀から8世紀前半までの各時期で、畿内各地の古墳造営状況に地域性や格差が認められることは、必ずしも畿内各地の勢力が対等な立場で政権運営に参画したわけではないことを暗示しているのではないだろうか。
(17)

　飛鳥Ⅳ型式期は大和と河内、飛鳥Ⅴ型式期から平城Ⅱ型式期は大和の優位性が突出しており、少なくとも古墳や火葬墓の造営状況からうかがい知ることのできる政権の実態は、「畿内政権」というより、「大和（・河内）政権」と呼ぶべき状況にあったことを示しているといえよう。

　次章以降で、8世紀以降の畿内とその周辺地域の墳墓造営状況を手がかりに、「律令国家」の性格や意義を検討していくが、検討に際して王権とは何かという問いかけに対する上野千鶴子の考えも考慮に入れる必要があろう。上野によれば、王権とは中心─周縁関係でとらえるものではなく、「〈周縁〉を否定して〈内部〉を〈中心〉のもとに均質化し、その〈中心〉だけが〈外部〉との通路になるというものである」（網野・上野・宮田 1988：p.95）。この考えに従うと墓制において一定の規範が決められた地域こそ「畿内」とすべきであり、その範囲は領域としてとらえるべきではないことになる。墓制に限れば、中央の墓制の動向と合致し、規範に従って造墓されている範囲こそ「畿内」と呼ぶべきことになろう。

註
（1）「第9回はびきの歴史シンポジウム　横口式石槨の謎」の内容をもとに作成された『河内飛鳥と終末期古墳　横口式石槨の謎』（羽曳野市教育委員会 1998）は資料集成をはじめ先学諸氏の論説が簡便にまとめられており、本節執筆に際しても活用させていただいた。
（2）　加藤謙吉は、もともと大伴氏の拠点であった河内石川地方へ、6世紀後半頃、大伴氏や東漢氏の支援を受けて蘇我氏が進出したと考えており（加藤謙 2002：pp.204・205）、加藤の説に従えば、シシヨツカ古墳はその記念碑的な古墳と位置付けることも可能であろう。そして、当該地域にはシシヨツカ古墳以後も、アカハゲ・塚廻古墳という在地首長墓が隣接する尾根ごとに3代（推定4代）にわたって造営されることから、これらの墳墓には蘇我倉家の一族が葬られていると想定できるだろう。
（3）　西光慎治も斉明朝は石造物に対する関心が高く、刳り抜き式横口式石槨が造られた時期と飛鳥の石造物

が制作された時期が重なることを指摘した（西光 2002：p.21）。
（4） 小口山タイプそのものはさらに細分することが可能で、時期により (a) 簡単な羨道のとりつくもの→(b) 羨道の消失→(c) 囲繞施設なし、という変遷を追うことができる。
（5） キトラ古墳と高松塚古墳の被葬者像は様々な角度から検証が行われ、白石（白石 2000）をはじめ多くの先学諸氏によって提唱されている。高松塚古墳発掘調査30周年を記念して連載された『奈良新聞』「高松塚光源」は高松塚古墳をめぐる研究の現況を知る上で簡便な読み物である。
（6） 文化庁ホームページ内「文化遺産オンライン」中の「文化遺産データベース」に掲載された高松塚古墳に関する説明文を参照した。
（7） 石のカラト古墳の葺石の転石の隙間から出土した平城Ⅱ型式期の須恵器は、古墳完成後に外周平坦面で溝の増設が確認されたことから、築造年代の判断材料とするには心許ないという。しかし、墳丘構築法や出土遺物の様相などを勘案した結果、平城宮遷都前後の短い時間幅の中に築造時期が求められている（高橋編 2005）。
（8） 4古墳の前後関係は、墳形や石槨の構造、出土遺物、立地など様々な条件を考慮して検討する必要がある。人物像の有無という壁画のモチーフからキトラ古墳→高松塚古墳という築造順序は概ね首肯され、石槨規模が大きく多角形という墳形からマルコ山古墳を最古の古墳と見なすことができる。すると石のカラト古墳と他の古墳の前後関係が問題となる。石のカラト古墳は周溝から見つかった須恵器型式や平城宮の北辺という立地から、奈良時代の造営と見なすことが一般的であった。このうち須恵器については註（7）で触れたように、必ずしも築造時期と結びつけるべきではないが、総合的な判断からやはり奈良時代前後の築造時期が想定されている。

以上をまとめると、マルコ山古墳→キトラ古墳→高松塚古墳→石のカラト古墳という築造順序が想定できるが、明確な考古学的根拠に基づくものではない。相原（相原 2005b）や白石（白石 2000）のように石槨天井部分のくり込みの深さをもとにしたキトラ古墳→石のカラト古墳→マルコ山古墳→高松塚古墳という編年も成り立つ余地はある。しかし、本文でも述べたように壁画の有無が石槨構造に影響を与えた可能性も考慮する必要があろう。このように、キトラ古墳→高松塚古墳という順序は肯定できるものの、石のカラト古墳と高松塚古墳の前後関係は不確定な要素が多い。おそらく、前二者と比べ、石のカラト古墳と高松塚古墳の築造時期はほとんど同じと見なすことが実態にかなっているのであろう。
（9） 奈良時代は天皇家の皇位継承をめぐり、天武天皇あるいは草壁皇子の血統を引き継ぐため、持統天皇以降、元明・元正という女帝の即位が続いたことが提唱されている。元明・元正という中継ぎの天皇の後を受けて、聖武という待望久しい男帝が誕生することになるが、そこに至る過程で天皇位の空白という緊急事態を回避するため、生前譲位が行われ、それと同時にモガリ期間の短縮を図るために火葬が導入されたと考えたい。なお、この間の皇位継承をめぐる諸事情については、水谷 2003 などを参照した。
（10） 2004年10月31日に開催された京都橘女子大学の主催による東アジア文化財シンポジウム「古墳壁画」において、門脇禎二は高松塚古墳の被葬者を官僚トップの知太政事に上りつめた穂積皇子（？〜715）、キトラ古墳の被葬者は長皇子（？〜715）とする新説を披瀝した。
（11） 『延喜式』巻第二十一「諸陵式」記載の陵墓所在地名によれば不比等の墓は多武峰にあることになっている（黒板編 1987）。
（12） 当時の皇族が火葬墓に葬られたとすると、平城宮北西に位置する石のカラト古墳の被葬者が問題となろう。立地条件等を考慮すると常識的には当墳は平城遷都以降の古墳と考えられるが、本節の論旨からすれば火葬墓でない以上、これを皇族の陵墓と位置付けることはできない。もちろん、上円下方墳という特殊な墳形を有し、全面に玉石を貼りめぐらせた見事な墳丘構造は被葬者がかなり高位の人物であることを示しているが、高松塚古墳などと同様の石棺直葬タイプの横口式石槨であることや墳形が多角形でないことから皇族の墓でないことは明らかである。特に、上円下方墳という墳形は当墳以外に確実な事例として沼津市清水柳北1号墳（鈴木・関野ほか 1990）が知られるに過ぎず、墳形の特殊性についてあまり重視すべきではない。憶測を重ねれば、石のカラト古墳を藤原氏との関連でとらえることもできるが、その評価

については今後の課題としておきたい。
(13) 河上邦彦は高松塚古墳やキトラ古墳に壁画が描かれた理由として、古墳の立地が風水思想からみて難点があり、それを補うために四神図を描いた、壁画は代用品ではなかったのかという意見を述べており（「高松塚古墳壁画発見から30年　明日香村まるごと博物館フォーラム―飛鳥の語り部」『読売新聞』平成14年8月21日付記事）、マルコ山古墳に壁画がなかった理由も同様の視点から説明できるのではないだろうか。
(14) 山城国は長岡京遷都までは山背と表記すべきであるが、煩雑さを避けるため、便宜上山城で表記を統一したことを断っておく。
(15) 無墳丘墓については別稿（渡邊 2008）で検討したので参照してほしい。
(16) 畿内型石室の検討でも、大和の優位は指摘されており、古墳時代の地域格差、階段状のピラミッド構造はそのまま「律令国家」の在り方に大きく影響したことはいうまでもないが、令制国単位の地域格差の有無や格差の時期的変遷などについてはあまり触れられることはなかった。
(17) 四至畿内制を検討した出田和久は長山泰孝の説（長山 1970）を参照して、畿内が本来もっていた国家の基盤としての性格が、「律令国家」の完成によって、律令制度の中に解消され、法的な特別地域としては規定されなかったとする（出田 2005）。

第3章 「律令国家」期の墓制のスタンダード

第1節　火葬墓の動向

1. 研究史

　佐保山にたなびく霞見る毎に妹を思ひて泣かぬ日はなし（万葉集巻第三　473番）
　これは、大伴家持が天平11年（739）に亡妾を思い出しながら詠んだ一連十三首の悲傷の歌の一つであるが、この歌によって当時佐保山が墓所の一つであったことがわかる。万葉人をして涙を誘った火葬の煙は、千数百年の歳月を経た後は考古学者の興味関心を惹くことになった。以後、古代墳墓に関する研究は火葬墓を中心に進められ、骨蔵器の形態分類や編年など多くの成果をあげていった。しかし、その研究史上の初期に森本六爾などの研究者によって、火葬墓のみならず土葬墓も含めた古代墳墓の総括的な研究が公表されたこともあり、その後の古代墳墓に対する研究は墓誌をはじめとする特定分野に重点を置いた個別深化の方向をたどり、森本の研究を凌駕する「古代墳墓論」はほとんどなかったといっても過言ではない。
　そのような中で、1980年に黒崎直の発表した論考は、畿内における8・9世紀の墳墓をきめ細かく集成した上で、文献史料を駆使し古代墳墓の動向の社会的背景にまで踏み込んだ画期的な内容をもつものであり、以後の墳墓研究に対する一つの指針を示したものであった（黒崎1980）。しかし、黒崎論文も既に発表後40年近くの歳月を経ており、激増の一途をたどる新たな考古資料との対比において一部実状と合わない点もないではない。例えば、黒崎は当該時期の墳墓の動向を8世紀末までの火葬墓盛行期（第Ⅰ段階）、9世紀中頃までの土葬への回帰（第Ⅱ段階）、それ以降の薄葬を基調とする土・火葬混在期（第Ⅲ段階）とまとめたが、図9をみても明らかなように、墳墓の絶対数に増減はあるものの、8世紀から10世紀初頭にかけてはいずれの時期も火葬墓が墓制の中心を占めており、唯一、8世紀末葉から9世紀前半にかけての山城地域周辺においてのみ木棺墓が火葬墓を凌駕するに過ぎないのである。
　黒崎論文以降も古代火葬墓に関する研究は枚挙の暇がないほど、数多くの先学諸氏によって様々な視点から議論が進められていることはいうまでもない。ここでは主に畿内を対象として取り上げた黒崎論文以降の主な研究史を振り返っておこう。
　火葬墓の研究史をひもとくと、骨蔵器の分類とその編年作業が中心となって進められたことがわかり、安井良三をはじめとする優れた研究成果が提示されている（安井1960）。また、黒崎論文でも火葬墓の造営年代を推し量る手がかりの一つとして、骨蔵器の形態変遷が提示されており、いわ

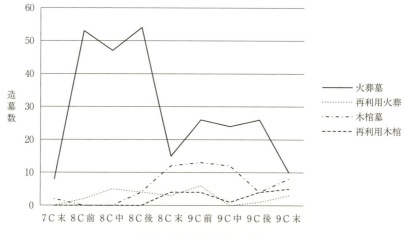

図9　葬法別造墓数の変遷

ゆる薬壺形骨蔵器の器総高に対する胴部最大径位置から口縁部上端までの高さの比率（胴高指数）と器総高に対する胴部最大径の比率（径高指数）という2つの指数は時代が新しくなるにつれ増加するという傾向にあることが指摘された。

　さて、大阪府文化財センターと大阪府立近つ飛鳥博物館が古代墳墓と墓誌の共同研究を行い、同博物館において以下のような展示も行われた。「古墳から奈良時代墳墓へ―古代律令国家の墓制―」という平成16年度春季特別展である。奈良時代を中心とする時期の墓碑や墓誌、骨蔵器などの展示を通して、古墳から奈良時代墳墓への墓制の変化をたどり、その社会的、思想的背景から律令国家の形成過程を考えていくという目的の特別展であり、研究内容は大阪府文化財センターによって、共同成果報告書にまとめられており、様々な観点から8・9世紀を中心とする時期の墳墓について検討が重ねられた（大阪府文化財センター編 2005）。

　火葬墓の先行研究の二大柱は骨蔵器と墓誌であるが、後者について上記の特別展と共同研究で新たな視点が開陳された。東野治之（東野 2004）と田中和弘（田中和 2004）は墓誌に関する論考を特別展の図録に掲載した。田中は日本国内から出土した墓誌を品質、形状、文様の有無、罫線の有無などの項目ごとに検討し、墓誌を長方形板類型、有蓋椀形類型、僧侶類型、直方体類型の4類型に大別、長方形板類型を細分した。日本古代の墓誌は中国の墓誌と形態などが大きく違っており、日本の律令墓制はあくまでも薄葬であり、中国の墓誌を簡素化したとする（田中和 2004：p.102）。また、8世紀中葉以降、（金）銅製墓誌から石製・塼製へ材質が変化した原因として東大寺大仏の造立が当時の銅製品に影響を及ぼした可能性を指摘した。なお、田中は上記特別展に合わせて刊行された共同成果報告書にも「日本古代の墓誌」と題する論考を掲載している（田中和 2005）。

　また、東野は昭和52年に飛鳥資料館で開催された特別展「日本古代の墓誌」の図録と同銘文篇を合わせて再編集した昭和54年刊行の『日本古代の墓誌』に「日本古代の墓誌」と題する概説を掲載した（奈良国立文化財研究所飛鳥資料館編 1979）。同書は、編集中に発見された太安万侶墓誌を加えた現存する古代の全墓誌16件を収録したもので、各個別の墓誌の解説や図版、墓誌関係の史料抄録も掲載し、参考文献も網羅した、当時の墓誌研究の集大成ともいえる研究成果である。

　火葬墓には副葬品が貧弱であるとよくいわれるが、小林義孝は火葬という葬法では納棺→荼毘→

拾骨→納骨という過程を踏んで葬送儀礼が行われ、同じ遺物であっても使われ方によって意味が変わることを銭貨や鉄板の出土状況の検討から明らかにした（小林義 1999a：p.2）。爾来、火葬墓における出土遺物については小林が中心となって精力的に分析を進めているが（小林義 1995・1997・1999a など）、残念ながら、現状ではその検証作業は個別深化の方向をたどり、未だ総体的な出土遺物論は構築されていない。なお、出現期の火葬墓の問題や古代墳墓における墓域の問題などの研究史については第 2 章第 2 節ならびに第 4 章第 1 節を参照していただきたい。

2. 畿内各地域の火葬墓の様相

　今回集成した火葬墓は京都 35 基（山城 27 基、丹後 6 基、丹波 2 基）、大阪 308 + α 基（河内 157 + α 基、和泉 123 基、摂津 28 基）、兵庫 29 基（摂津 4 基、播磨 19 基、淡路 2 基、但馬 4 基）、奈良（大和）198 + α 基に及ぶが（付表 2）、河内、大和の資料はいわゆる「火葬灰埋納土壙」(2)（小林義 1992）を含んだ数値であり、さらに実態不明の密集土壙墓状の火葬墓群（付表 2-206）や未報告の古墓群等の資料も含まれ、実際に検討できる火葬墓は半数あまりに過ぎない。以下の記述において、墳墓数が今挙げた数値と異なる場合は、実際に検討に耐え得る資料のみを対象としたことによる。

　しかし、火葬墓は河内、大和を中心とする地域へ偏在しており、特に京都・山城地域の事例の僅少さが目立つ。これは、山城において集団墓・古墓群が検出されていないことが主たる要因であるが、平安京においては鳥戸野・木幡・深草山をはじめとする墓地・葬地が有名であり（山田邦 1994：pp.593-595）、千年の永きにわたって政治・文化の中心として繁栄を続けた古都京都では墳墓も同じ葬地を継続的に使用した結果、8・9 世紀の古墓が確認できなくなったという可能性や平安遷都以来の相次ぐ宅地開発によって多くの墳墓群が失われてしまった可能性もあろう。

　平安京東方山麓の鳥辺野から南方一帯は、四條天皇月輪陵をはじめとする諸陵墓が位置し、一條天皇皇后定子の鳥戸野陵もその一角に所在する。同所には 15 基からなる古墳時代後期の鳥戸野古墳群という円墳群が分布しており、その北寄り、7 号墳から 11 号墳の間に計 16 基の低墳丘墓が検出された（図 10）。古墳の間を埋めるように造営されており、墳丘に伴う施設は確認されていない。3〜6 m 程度の楕円形もしくは円形を呈するが、古墳と比べると墳丘規模が極端に小さいことから、平安時代の墳墓とする確証があるわけではないと断りつつも、報告者は同じく平安時代の藤原氏の墓所である宇治陵内にも同様の低墳丘墓が認められることを踏まえ、この類の遺構を当該期の墳墓、墓所もしくは火葬塚と考えた（福尾・清喜 2003）。ただし、その場合でもこれらは 10〜11 世紀の墳墓群である。筆者自身は平安京周辺にはもともと 9 世紀代の集団墓・古墓群は営まれていなかったと考えており、その理由については第 4 章で述べたいと思う。

　では、引き続き、各地域の火葬墓の概要について触れておきたい。

　京都府では 8 世紀前半の類例は丹後地域の火葬墓と横穴墓だけで、山城地域に火葬墓が造営されるのは宇治宿禰墓や大枝古墓（沓掛古墓）など 8 世紀中葉以降を待たねばならない。ほとんどの火葬墓が無遺物であり、それ以外は銭貨・墓誌・土器が単独で検出された事例があるに過ぎない。

　摂津地域は岡本山古墓群を除けば、単独立地または 2〜3 基程度の墳墓群が中心を占める。無遺物は 32 例中 24 基であり、遺物が出土した場合も 1 種類のみである。ただ、他地域とは異なり、土

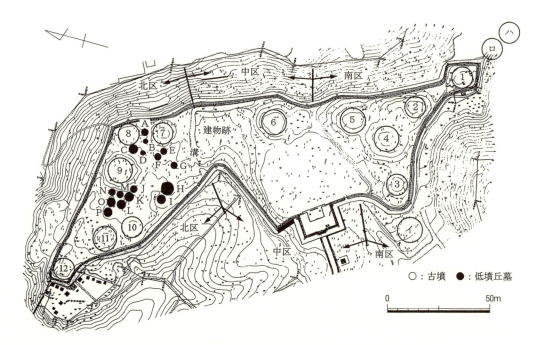

図10　鳥戸野陵の低墳丘墓（福尾・清喜2003より引用）

器の出土事例はわずか1例（岡本山古墓3号火葬墓）に過ぎず、それ以外の火葬墓からは鉄鏃などの武器や銭貨が出土している。

　河内・和泉は大和と並んで資料数が多く、石櫃や外容器を有する事例は小地域ごとに集中する。出土遺物では、刀子が出土した事例が複数みられ、土器の出土は緑釉1例（高井田12号墓）を除くと須恵器と土師器である。須恵器が出土した事例は太平寺安堂1号墓（瓶子）と高井田16号墓（不詳）、寛弘寺火葬墓2700（細頸壺）を除くと8世紀代の資料であり、壺や平瓶が多い。土師器は皿・杯が中心で甕も数例あるが、9世紀後半代には複数器種の出土事例が多くなる。銭貨は和同開珎を中心にして、複数枚の銭貨が出土した事例が多く、玉類はガラス玉が24個出土した高井田20号墓（8世紀後半）を除けば単独の出土が中心であり、ほとんどが9世紀後半以降に造営された墳墓からの出土である。鏡の出土は1例にとどまり、9世紀後半（玉手山古墓9、八稜鏡）の事例である。

　大和の火葬墓は7世紀後半から認められるが(3)、9世紀前半までの資料が多い。153例中96基が無遺物であるが、須恵器は杯が多く、古墳時代の葬送儀礼と連続性があるのかもしれない。終末期古墳の副葬品にみられる海獣葡萄鏡を副葬する火葬墓も3例（柚之内火葬墓・クレタカ山古墓・久留野火葬墓）ある。8世紀代の資料には二彩・三彩陶器の出土も知られる。銭貨は河内地域同様、和同開珎を中心に複数枚の出土例が多い。玉類は水晶玉2例（平城京SX1075、三ツ塚火葬墓47）と真珠1例（太安萬侶墓）である。石帯は5例、刀も2例あるが、墓誌や鉄板の出土は15例に及ぶ。大和では複数遺物が出土した火葬墓の主体部は木櫃が中心であり、9世紀代の2例（西山5号墓・白川8号墓）を除くと木櫃が主体部と推定された火葬墓からはすべて複数の遺物が出土している。

顕著な墳丘を有する火葬墓は大和では太安萬侶墓・杣之内火葬墓・美努岡万墓・小治田安萬侶墓などが知られるが、いずれも8世紀前半頃の築造であり、骨蔵器は木櫃に限られるという共通点が認められる。前代の高塚墳墓の築造理念が墓制に影響を与えた可能性があろう。

3. 火葬墓を構成する諸要素の変遷

当該時期の火葬墓の変遷については、骨蔵器の消長をはじめ外容器や外部施設の変遷など多くの研究成果があり、奈良時代と平安時代の火葬墓の質的変換を指摘する研究者も多い。しかし、各研究者の結論には微妙な相違が認められることも多く、今一度、論点を明確にするために、骨蔵器をはじめとする各種要素の消長を一覧表にまとめたのが表5である。本項では、この表に基づいて火葬墓を構成する諸要素の変遷について概観したい。

まず、骨蔵器についてみてみよう。須恵器製はいわゆる薬壺が各地域を通じて普遍的形態であり、8～9世紀前半の時期に造営された火葬墓の主体部に多くみられるのに対して、その他の須恵器製骨蔵器はあまり多くない。ただ、摂津・河内地域では壺を中心に比較的多くの資料が検出されている。特に、9世紀代の火葬墓の骨蔵器は土師器や施釉陶器と組み合わせて用いられることが多く、他地域との顕著な差異といえよう。一方、土師器製は壺や甕を中心に各地域で普遍的に認められるが、8世紀代の河内地域に顕著である。施釉陶器製の骨蔵器は9世紀代の火葬墓に限定されており、大和では9世紀前半と後半、山城は後半の事例がある。また、河内では9世紀前半から散見されるが、柏原市域を中心に9世紀後半の資料が複数検出されている（表6）。

骨蔵器の材質に着目すれば、金属製やガラス製など土器以外のものはほぼ8世紀代に限られ、8世紀前半の大和に多い。また、石櫃も8世紀代に限定され、後半に多いという特徴がある。石櫃に関しては小林・海邉両氏の手になる論考があり（小林・海邉 2000）、簡単に概要を触れておきたい。

畿内で石櫃を有する火葬墓を検討された両氏によれば、石櫃は3つに分類できるという。Ⅰ類は墳部に埋めて据えることが前提の類型であり、8世紀初頭に用いられた。Ⅱ類は「置く」石櫃であり、それ自体自立した容器として機能したものである。8世紀初頭から中頃に造営されるが、さらに二つに細分された。Ⅲ類は8世紀中葉以降9世紀に認められ、石櫃そのものが火葬墓の直接容器と化し、身の孔は平底である。

石櫃そのものは仏舎利塔を意識したものと考えられているが、さらに遅れて伝来した新羅の火葬墓の装置が追加導入され、石櫃に薬壺形土器という型式が生み出され、古代火葬墓の典型的な形態として定着したものと考えた。木櫃が確認されたのは大和と摂津・河内地域であり、8・9世紀を通して検出されている。このように骨蔵器の材質を手がかりに火葬墓の動向を眺めると、8世紀段階の大和の優位性と河内の劣性、9世紀後半段階での地域色の顕在化がうかがえよう。

骨蔵器の種類といっても、表5では単に須恵器の壺を一括したり、須恵器と土師器の組み合わせも器種を無視して一括するなど簡略化しすぎた嫌いもあるが、須恵器や土師器杯・皿を蓋として利用したり、土師器壺・甕などの日常品を骨蔵器に転用する事例は奈良時代から認められる現象であり、骨蔵器や外部構造の消長からは奈良時代と平安時代の質的変換を見出すことは難しい。ただ、表には示さなかったが、墳墓の立地状況は8・9世紀を通じて丘陵南斜面が中心であり、火葬墓出

表5 火葬墓の構成要素変遷表

		7C末	8C前	8C中	8C後	8C末	9C前	9C中	9C後	9C末	10C前
	墳墓数	9	51	50	58	17	29	25	32	2	4
外部	石組										
	墓標?										
	周溝										
内部	敷石										
	炭敷										
骨蔵器	須薬壺										
	須壺										
	その他須										
	須+土										
	土甕・壺										
	その他土										
	施釉陶器										
	黒色土器										
	木櫃										
	石櫃										
	金属・硝子										
外容器	木櫃										
	石櫃										
	金属容器										
	須恵器甕										
	瓦槨										

副葬品

		7C末	8C前	8C中	8C後	8C末	9C前	9C中	9C後	9C末	10C前
須恵器	瓶子										
	長頸壺										
	壺										
	杯										
	その他										
土師器	杯										
	皿										
	甕										
	壺										
	その他										
	黒色土器										
	施釉陶器										
	海獣葡萄鏡										
	八稜鏡										
	その他鏡										
	ガラス玉										
	水晶玉										
	石帯類										
	鉄滓										
	刀子										
	鉄刀										
	鉄鏃										
	漆製品										
銭貨	和同開珎										
	和同銀銭										
	万年通寶										
	神功開寶										
	隆平永寶										
	富寿神寶										
	承和昌寶										
	長年大寶										
	饒益神寶										
	寛平大寶										

出現率
76～100%
51～75%
26～50%
1～25%
0%

※出現率
（以下の通り）

出土墳墓数
―――――――
当該時期の墳墓数

表6　骨蔵器の変遷

	7末以前	8C初	8C前	8C中	8C後	8末9初	9C前	9C中	9C後	9末10初
山城				○★△●	○★▲			▲	□	○
丹波					▲		△			
丹後			※	△						
摂津			▲◎○★▽△	◆▲○	△◎▲	▲	○	○▲○	▲◎	□■
河内			○●□△▽▲★◆	△○●※▲◇	◇▲●○※	△	●※▽◎□ △○◆	△◎▼▲△	△◎▲○	▲※
和泉	△			○	○△			△		
播磨			○◎▲		◇○	◎△	○	▲		
但馬				○▽						
大和	※	▲★	●◆○▲△☆★	●▽★○▼▲ ◆	●△○◇	△◎▲■	□▲◆▽○	△▲■	◇◆▲■	□

［凡例］★金銅壺・金銅製　☆ガラス製　○須恵器薬壺　△須恵器壺　▽その他須恵器　◇石櫃　◆木櫃　□施釉陶器
■黒色土器　●土師器壺　▲土師器甕　▼その他土師器　◎須恵器＋土師器　※直葬

現期の8世紀前半では尾根上や西斜面など多様であるのに対し、9世紀前半以降になると南斜面もしくは西斜面が中心となって明らかな相違を見せる。さらに、骨蔵器の埋納状態は正位の埋置が中心で、大和ではほとんど例外なく正位であるのに対して、河内の場合は9世紀中葉頃から逆位が増加し、9世紀末葉には比率が逆転する。これらの現象は河内を中心とする地域色の現れと見なすこともできよう。9世紀になると底部を穿孔した土師器甕などを骨蔵器として利用する事例がみられるが、このような穿孔行為を石村喜英は信仰的意趣と実用的防湿という2つの観点からとらえた（石村 1968）。しかし、日用品を骨蔵器という特殊用途に用いるために穿孔したと考える方が理解しやすく、須恵器壺の口縁部を打ち欠いて使用する事例も同様の儀礼上の背景を有するものであろう。この口縁部の打ち欠きも墳墓かどうか不詳の1例を除くと、すべて9世紀代に限られ、平安期の墳墓造営に関する葬送儀礼の複雑化もしくは階層的拡大を示す現象と位置付けることができる。

このような9世紀代の火葬墓の変質について、穿孔骨蔵器に着目し、全国86事例を集成した吉澤悟の説を紹介しておこう（吉澤 2001）。8世紀段階の穿孔は比較的小さく排水機能に適したものが多いが、9世紀前半を境に孔が大きく多様な位置に穿孔されるものが多くなり、信仰的な意味合いの穿孔と考えられた。そして、この変化の背景を探るため、信仰的な遺物（鉄板・銭貨・呪砂など）と穿孔の共存関係を検討した結果、墓における仏教的な儀礼の影響が想定されるという。

これらの事実を考慮すれば、奈良時代と平安時代の墳墓の質的変換は首肯すべきであろう。ただ、表5を詳細にみれば、8世紀前半の火葬墓出現期において多様性に富んでいた諸要素が8世紀の中葉から後半にかけて規格化されていくこと、9世紀前半になると再び多様性を示すものの、9世紀中頃の断絶期を経た後は地域単位での均等化が進むという変遷を看取することができる。つまり、火葬墓の変遷を検討する際は、8世紀と9世紀という大きな時代の枠組みではなく、もう少し細かな時期幅を念頭に置いて考える方がよいのではないだろうか。

さて、8世紀前半における火葬墓の多様性は直前の墓制である終末期古墳が墳墓ごとに個性を有し、多様性に富んでいたことと無関係ではあるまい。例えば、中尾山古墳の場合は、主体部構造の特徴から横口式石槨内に骨蔵器を埋納していたと考えられており（相原 2005a）、葬制としては火

葬墓の一類型と見なすことができる。しかし、見かけ上は3段築成の墳丘と2重に貼りめぐされた石敷施設を有し、八角形状を呈する古墳に他ならない。8世紀中葉までに限って認められる周溝の存在や、木炭で木櫃を覆う火葬墓が終末期古墳にみられる木炭槨の変質したものである可能性（安村 1997b）などは、この考えを支持するものといえる。

しかし、火葬墓の成立は古墳時代の墓制（葬制）と断絶し、明確な政治的意図をもって始められたと筆者は考えている。このような視点に立てば、火葬墓を構成する諸要素の中に、古墳時代墓制の影響を認めることは合理的でない。ただ、火葬骨を埋納したとしか考えられない中尾山古墳のような高塚状墳丘を有する火葬墓が存在するように、律令政府の意図とそれを受け入れる側の人々の思惑は必ずしも一致しないのが現実の世界であろう。中尾山古墳の場合は文武天皇陵と目されているだけになおさらである。葬制において火葬というまったく新しい革新的な手法が採用されたものの、墓制、つまり墳墓の構築方法については被葬者側の主体性にある程度任されていた可能性もあるのかもしれない。

なお、8世紀中葉を境にいったん途絶した炭敷が9世紀前半以降に顕著になることは、同時期に盛行した木棺墓との関係を考慮すべきであろう。それと同時に8世紀初頭の段階では、未だに墳墓がモニュメントとして政治的・社会的に一定の意味を有しており、墓制における過渡期と位置付けられる。そして、明確な墳丘を有する墳墓の構築が完全に払拭され、葬制がほぼ火葬に統一される8世紀第2四半期以降に大きな画期を認めることができよう[5]。

4. 火葬墓における副葬品の様相

火葬墓に関する研究史をひもとくと、既に触れたように概説を除けば副葬品に関する体系的な検討がほとんどなされていないという事実に気付く。これは、火葬墓にはほとんど副葬品が伴わないことが主因であり、長い研究史の中で墓誌や銭貨など一部の遺物に限っての考察が試みられたに過ぎない。しかし、近年小林義孝は精力的に火葬墓における各種副葬品の検討を進めており、火葬墓から出土する遺物については「その出土状況と遺物自体の状況から、どの段階にどのように使用されたものか」、また、いかなる性格を有するものかを把握できる可能性を指摘した[6]。

このような火葬墓の副葬品の希薄さは7世紀代の終末期古墳とも共通する傾向で、その流れの際立ったものという位置付けもある（森本徹 1998：p.32）。確かに、副葬品の検討ができた火葬墓414基のうち、副葬品をもたないものは269基（65.0％）に及び、1種類のみ有するもの94基（22.7％）、2種類27基（6.5％）であり、3種類以上の副葬品を有するものはわずか24基（5.8％）に過ぎない。しかし、導入当初の火葬墓は金銅製骨蔵器を使用するなど、薄葬のイメージと対極の墓制と位置付けることもできる。古墳とは違い、墳墓そのものが明確な政治性を反映するものではなくなった可能性を考慮すれば、副葬品の多寡にあまりこだわる必要はないのかもしれない。

さて、副葬品の内容であるが、表7をみても明らかなように火葬墓に伴う副葬品は銭貨、中でも和同開珎が圧倒的な比率を占め、富寿神宝も多いが、それ以外は須恵器壺や土師器皿・杯が挙げられるに過ぎない。このうち、後者の組み合わせについては古墳再利用の組成とも共通するもので9世紀後半以降に顕著となるが、これらの組成は平安京の食膳具の組み合わせと類似しており、古代における食器の画期（宇野 1985）と歩調を合わせる現象であろう。また、装飾品はガラス玉と水

晶玉が中心であり、武器類には刀子・鉄鏃がある
が、後者は同時期の木棺墓の出土遺物の様相とも共
通している。「律令国家」が民衆の武装を禁止しな
いという史実を踏まえると（下向井 1992：p.22）、
これらの武器は日常品の一部を副葬した可能性があ
る。つまり、被葬者の性差を除けば古墳時代の副葬
品とは違い、武器の有無そのものには大きな意味は
ないと考えるべきであろう。

　副葬品の消長も表5にまとめたが、須恵器の副葬
が奈良時代を中心とすること、土師器は全期間を通
して認められるものの9世紀後半以降は皿・杯が中
心となること、銭貨に関しては和同開珎の出土が8
世紀に限定されるなどの傾向が見てとれる。中でも
和同開珎については、火葬墓から少なくとも221枚
の出土をみるが、木棺墓では1枚しか検出されてお
らず、富寿神宝も火葬墓の59枚に対して木棺墓4
枚であることから、銭貨の出土傾向には明らかな相
違が見出せよう。和同開珎の多寡については、木棺
墓の盛行期が9世紀以降であるという時期差に基づ
く可能性があるが、富寿神宝は9世紀前半が流通時

表7　墳墓別出土遺物一覧（土器を除く）

	火葬墓		木棺墓		再利用火葬墓		再利用木棺墓	
墳墓数	401		64		29		18	
石帯	6	0.01	6	0.09	0	0	0	0
海獣葡萄鏡	4	0.01	0	0	0	0	0	0
八稜鏡	2	0	3	0.05	0	0	0	0
その他鏡	2	0	8	0.13	1	0.03	0	0
刀子	5	0.01	7	0.11	1	0.03	3	0.17
鉄鏃	2	0	2	0.03	0	0	0	0
その他武器	4	0.01	4	0.06	0	0	0	0
ガラス玉	2	0	1	0.02	0	0	1	0.06
水晶玉	6	0.01	5	0.08	0	0	1	0.06
漆製品	0	0	9	0.14	0	0	0	0
和同開珎	21	0.05	0	0	1	0.03	0	0
和同銀銭	2	0	0	0	0	0	0	0
万年通宝	4	0.01	1	0.02	0	0	0	0
神功開宝	5	0.01	1	0.02	1	0.03	0	0
隆平永宝	0	0	2	0.03	3	0.1	0	0
富寿神宝	4	0.01	3	0.05	4	0.14	1	0.06
承和昌宝	0	0	1	0.02	0	0	2	0.11
長年大宝	0	0	0	0	1	0.03	0	0
饒益神宝	2	0	0	0	0	0	0	0
貞観永宝	0	0	0	0	1	0.03	0	0
寛平大宝	1	0	0	0	0	0	0	0
延喜通宝	1	0	0	0	0	0	0	0

註）左側の数字は遺物の確認された墳墓数、右側の数字は伴出率をそれぞれ示す。

期であるので、銭貨の副葬が火葬墓に特徴的な行為であることがわかる。
　また、木棺墓では普遍的な副葬品である黒色土器が8・9世紀の火葬墓の出土遺物の中に1点も
認められないことは特筆すべき現象であるが、従来顧みられなかったことであり、今後の調査の進
展によってもその傾向は大きく変わらないであろう。黒色土器は須恵器と比べて安価とされる一方
で密教との関連も説かれる土器であり、日常生活においては火器として機能したという（梅川
1997）。火葬と土葬では葬送儀礼を執行する際に用いられる葬具に差違が認められるが、それぞれ
の葬制の背後に認められる宗教的観点に基づいて第4章で筆者の考えを述べておいた。
　次に、副葬品の伴出状況であるが、対象とした火葬墓414基中、何らかの副葬品を有する墳墓は
145基に過ぎず、しかも1種類しか副葬品をもたないものが94基と64.8%を占める。骨蔵器の種
類による伴出状況は、地域による若干の相違はあるが、須恵器薬壺には副葬品を伴わないか伴って
も1種類のみが多いことや須恵器壺と石櫃にも副葬品がほとんど伴わず、土師器甕も河内の一部を
除いて副葬品が認められないという傾向を指摘することができる。これに対して木櫃を用いた火葬
墓は何らかの副葬品を有することが多く、先に触れた複数種類の副葬品を伴う事例がすべて木櫃に
限られる事実は火化の有無という相違はあるものの、木棺を利用した墓制との関連がうかがえよ
う。
　須恵器や土師器皿が出土する有り様は大和と河内で類似した様相を示すが、それ以外にも墓誌や
木櫃の存在、和同開珎を中心とする銭貨の複数出土の傾向など両地域の墓制には類似点が多い。し
かし、9世紀中葉以降、河内では緑釉陶器が副葬されるようになり、9世紀後半以降は複数枚の土

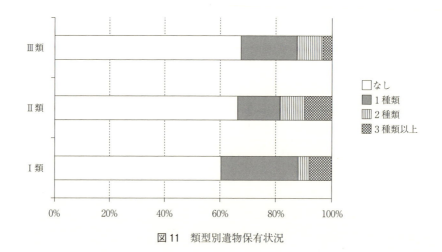

図 11 類型別遺物保有状況

師器皿や玉類を副葬するなど、同一地域内での儀礼の共有化が進む一方、大和では 9 世紀後半の火葬墓はほとんど知られておらず、両地域の差異が際立つことになる。

古墳墓の集成に際して単独立地（Ⅰ類）、数基程度の墳墓がある程度の距離を置いて散在するもの（Ⅱ類）、各墳墓が接するように群集するもの（Ⅲ類）、100 基以上の墳墓が特定墓域内に密集するもの（Ⅳ類）という 4 類型に分けたが、群集して存在する火葬墓については、被葬者の性別・年齢に偏りがないことから、家族墓ではないかという意見がある（村田・増子 1980）。そこで、比較的資料の豊富な大阪・奈良に限って、類型ごとの副葬品の状況をまとめたものが図 11 である。図 11 では遺物が不明なⅣ類は除いたが、Ⅰ～Ⅲ類について検討すると副葬品による限り類型間に顕著な差異を認めることはできず、群集する火葬墓とはいえ、これを家族墓と見なすことはできない。古墓群の意義は第 4 章第 1 節を参照してほしい。

5．火葬墓における遺物出土状況

火葬墓における副葬品は小林が明らかにしたように、同じ出土遺物であっても納棺→荼毘→拾骨→納骨という葬送儀礼の過程に応じた使用方法の意義を明確にする必要がある（小林義 1999a）。表 8 は具体的な出土状況の判明する資料に限り、その出土状況を一覧としてまとめたものである。表に示したように、火葬墓の場合、遺物の出土状況は①骨蔵器内、②骨蔵器と接する、③埋土内の三者に大別が可能である。先の儀礼の過程に則していえば、①は納棺（火化を伴う資料）、拾骨儀礼、②は地鎮、納骨儀礼、③は埋納儀礼、造墓終了時の儀礼に大別できよう。

参考までに、一つの墳墓において複数の儀礼に伴う遺物出土状況が確認された奈良県香芝市高山火葬墓の事例を例示しておこう。高山火葬墓は火葬墓が集中する地域として有名な二上山麓に位置する。南北約 105 cm × 東西約 115 cm の隅丸方形の掘り方の墓壙中央部に厚さ約 4 cm にわたって切炭状の木炭を敷き詰め、その上に南北約 54 cm × 東西 45.5 cm、高さ約 15 cm 前後の木製箱状容器を外容器として安置し、その中に骨蔵器を納める丁寧な構造の火葬墓である（図 12）。

火葬墓から骨蔵器 2 点と土器 5 点のほか、銭貨 31 点や鉄片 5 点、巡方・丸鞆等 2 点の鋳帯金具が出土した。さらに木櫃の中央部からも火葬骨が確認されており、2 人ないし 3 人の合葬墓と推定

表8　火葬墓における遺物出土状況

	①骨蔵器内	②骨蔵器と接する	③埋土内など
7C後			原山4（筒形土製品・鴟尾・ス杯蓋・窯壁片）
8C初			中山1（石鏃）
8C前	僧道薬（墓誌） 太安万侶（真珠） 辻子谷東・田辺8（和銭）	太安万侶（墓誌）：木櫃底 小治田（墓誌）：木櫃に立て掛ける 文禰麻呂（墓誌）：銅箱に入れる 北米谷（和銭を入れた平瓶）：石櫃前 高山（銭・鉄片）：木櫃内・木櫃底下 出屋敷2（ス）：木櫃内／（鉄板）：木櫃立掛け	小治田（鉄小札・鉄板・土甕・二彩壺・和銭） 高山（丸鞆巡方・土器） 出屋敷1（鉄板）：墓壙壁に立て掛ける 上池西方（ス杯蓋）：火葬場跡
8C中	今城2・甘樫丘（和銭） 東野（古銭）	宇治宿禰（墓誌）：石櫃と接する 押熊（土高杯）：骨蔵器を載せる 能登（鉄板・刀） 大坂城2（鏡）：木箱に入れる 雁多尾畑1（和銭・平瓶・土杯）	三ツ塚22（須恵器） 左坂（破砕した須恵器）
8C後	今城1・西山（和銭） 奈良山（古銭） 高井田20（ガラス玉）	穴虫（土甕）：石櫃周囲 五条山（土皿）：木箱の上	原山3（窯壁片）：土壙端部
8C？	大坂城4（水晶玉） 杣之内（銀製品）	杣之内（鏡） 助谷（和銭）：石櫃直下	杣之内（土師器・須恵器・瓦片） 立部1（ス壺） ※石曳（鉄板2枚）：50cm離れた土壙内 ※宮林（土甕）：周溝内
9C初			五津西久保山（石帯片）：炭中
9C前	平城京SX1075（水晶玉・銀）	三ツ塚4（土師器）：骨蔵器の下 荻原（鉄板） 寛弘寺7001（土皿） 寛弘寺7002（ス壺）	三ツ塚4（*土師器・須恵器*）
9C中	玉手山14（鏡） 北別府（土杯） 三ツ塚11（*土師器・須恵器*） 三ツ塚13A（*土師器*） 三ツ塚47（土師器）	三ツ塚1（馬形埴輪の足） 三ツ塚32（土師器）	三ツ塚47（土師器・水晶玉） 三ツ塚1（*土師器・須恵器*） 三ツ塚32（八花鏡） 三ツ塚16（土師器）
9C後	太平寺安堂1（ス瓶子・土皿・ガラス玉） 高井田3・11（水晶玉） 高井田7（土杯） 芝谷（鉄鏃） 三ツ塚35（鉄製鑷子） 三ツ塚10（土師器）		太平寺安堂1（ス瓶子・土杯・土皿） 高井田1・4・7（土杯） 三ツ塚35（土師器） 高井田27（土杯・須恵器）
9C末	高井田18（土杯） 甲田南2・4（土杯・皿） 甲田南1・3（土杯・皿・和銭）		
9C？	月の輪（古銭） 山崎城跡（水晶玉）		

［凡例］　ス：須恵器　　土：土師器　　和銭：和同開珎　　斜体：火化資料

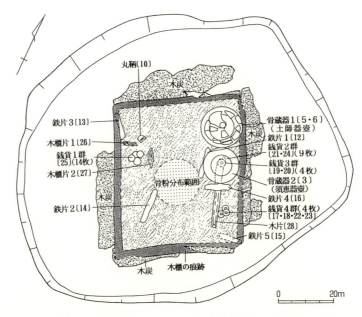

図 12　副葬品を複数有する火葬墓：高山火葬墓（下大迫 1994 より引用）

されている。遺物の出土位置は大別して、a. 木櫃内・直上、b. 木櫃底板直下、c. 木櫃上蓋直上・埋土内に分けられるが、銭貨と鉄片に関しては複数箇所の出土位置が確認されており、上述した小林の推定のように、埋納箇所や位置により様々な呪術的意味が付与されているものと考えられた。すなわち、aは銭貨1群14枚、銭貨2群9枚、銭貨4群4枚、鉄片3点、bは銭貨3群4枚、鉄片2点、木片1点、cからは巡方・丸鞆等2点の鋳帯金具と土器5点の出土が確認されたが、これらの遺物について、報告書では銭貨2群は唯一骨蔵器に密着することから、被葬者に対して何らかの意味合いをもち、同3・4群は結界・地鎮的意味合いをもつと想定し、鉄片についても1点は造墓に関わる地鎮的意味、2点は納骨儀礼に関わるものと意義付けたのである（下大迫 1994：p. 19）。

　次に、遺物の種類ごとの出土状況について、その概略を述べておきたい。墓誌や鉄板に関しては小林をはじめとする先学諸氏による先行研究があるのでそれらに譲るが（小林義 1997、奈良国立文化財研究所飛鳥資料館編 1979）、3例（僧道薬墓；骨蔵器内、小治田安萬侶墓：盛土内、出屋敷1号墓：墓壙北壁沿い）を除き、すべて②に限る。銭貨の出土状況も小林の詳細な検証事例があるが（小林義 1995）、大半の事例が①であり、地鎮的使用例も若干存在する。

　ここで、古代墳墓から出土した銭貨の意味を考えるために、『延喜式』の祭祀関係史料を検討した栄原永遠男の論説（栄原 2004）を紹介したい。『延喜式』に記された祭祀のための用品として銭貨があがっている例は非常に少なく、特に、銭貨の呪力を認めて散料、すなわち祭祀に利用した確実な事例は八十嶋祭と東宮八十祭の2例しか確認されなかったという。もともと栄原は、銭貨が葬送に関する祭祀・儀礼に用いられることから、死者の死後の安全と平安、墓地を鎮める呪力があると信じられていたため用いられた、すなわち銭貨には様々な呪力が期待されていたと考えていた

（栄原 1993：p.271）。日本律令国家は、銭貨を支配と権威の象徴と見なして、その流通を通じて国内的に威を示すことができたという（栄原 1993：p.223）。しかし、『延喜式』の検討結果を踏まえると、古代にあってはあまり銭貨の呪力を強調しすぎるべきではない。

　また、高橋照彦は、ケガレに対置される銭貨に、ケガレを浄化するような呪的効果が期待されていたのではないかと考え、同時に福や富の象徴でもあり、マジカルな力をもつという認識があったと考えた（高橋照 2004）。

　これら先学の研究成果を踏まえると、銭貨の呪的意味を否定するわけではないが、葬送儀礼で銭貨を用いた主目的は権威の象徴であったと考えたい。これは火葬墓から顕著に出土する銭貨が木棺墓などの土葬墓にはほとんど伴わないことから判断したものである。火葬墓における銭貨が呪的意味を有するなら、土葬墓においても同様の儀礼が行われたと考える方が合理的である。しかし、土葬墓に銭貨がほとんど伴わないのは、銭貨そのものの性格ではなく、土葬と火葬という葬制の違いに原因を求めるべきであろう。特に火葬墓で顕著な出土傾向を見せる和同開珎は蓄銭叙位令の対象として官人層に流通したものであり、その多くが中央政府とのつながりを明示する手段、つまり権威の象徴として葬送儀礼に用いられたのではないだろうか。

　この点に関しては、地方の豪族層にとって銭貨は位階との互換性を有する威信財として機能したという考え（中村 2004：p.24）を参考として掲げておきたい。威信財という用語そのものはより限定した使い方をすべきであり、この時期の銭貨に対してこの用語を用いるのは適切ではないと思うが、当時の銭貨が単なる交換手段、支払い手段以外の機能を有したことは間違いあるまい。

　もちろん、銭貨のような呪的な遺物の使用目的を限定するのではなく、高橋が述べたように様々な使い方があったと考える方が実態にかなっており、地鎮的な使用例も存在し、高山火葬墓のように同じ遺物であっても使用方法によって主たる目的が異なることもあった。

　玉類は火化を受けたものが多く、故人に装着した上で荼毘に付されたことが想定できるが、火化を受けていない資料も出土例はすべて①に限られ、玉類本来の装身具という性格からすれば当然といえよう。[(8)]一方、石帯は③ばかりで、個人に帰するものというより、官人身分の表象という意識を反映した在り方ということができる。個人の福や富の象徴である銭貨との使用目的の違いが、このような出土状況の在り方の違いとなったのではないだろうか。

　土器に関しては8世紀代では②が中心で、供膳儀礼として用いられるが、破砕した破片を③埋土内に埋めることも8世紀後半から始まる。一方、①の在り方は8世紀代には認められず、9世紀中葉以降に限られ、器種は土師器皿・杯が大半である。

　以上、火葬墓における遺物出土状況から判断する限り、8世紀代は地鎮的儀礼も執り行われるなど、丁寧な葬送儀礼が執行された様子がうかがえるが、9世紀中葉以降は②が認められなくなり、①か③に限られるようになる。

　火葬墓における遺物出土状況を造墓の経過に従って復元的に5つの段階ごとに示し、その様相を検討した北山峰生の論文によってもほぼ同じような結論が示されている（北山 2009）。北山は被葬者の遺体と共に棺内に納められたもの（一段階）、骨蔵器内（二段階）、墓壙掘削後、骨蔵器設置以前（三段階）、骨蔵器の周辺（四段階）、外槨施設の蓋上面や埋め戻しに相前後して置く（五段階）の5段階に出土状況を分別し検証した。その結果、二段階の遺物は墓誌や銭貨に限られ、死後の安穏を期待する呪的効果、一段階は装身具や腰帯具、土器といった佩用品や日常雑器を遺体に副わせ

たものと判断し、8世紀の火葬墓と9世紀のそれの遺物出土状況の差違から8世紀の火葬墓は焼骨の埋納にあたり、造墓の過程で複数の儀礼を実施しながら手厚く葬るのに対して、9世紀では遺体の納棺時点の儀礼行為に主眼が置かれていると考えた。

しかし、本節で検証したように、8世紀と9世紀という区別ではなく、9世紀中葉以前以後という区別の方がより実態に即したものとは考えられないだろうか。従来の火葬墓の研究では奈良時代と平安時代という大きな枠組みの年代規定に目を奪われて、両者の時代ごとの様相を比較検証するという手法が多く見受けられた。これに対し、北山は、可能な限り火葬墓の年代を絞り込んだ上で、8・9世紀をそれぞれ前・中・後期の3時期に区切って検討した。ただ、北山の論考は大和の資料のみを対象としており、筆者の結論とは微妙な差違が生じた可能性が高いと思われる。

6. 火葬墓の変遷

8・9世紀の火葬墓を構成する諸要素の分析から、8世紀中葉、9世紀前半、そして、9世紀中葉の断絶期を経た9世紀後半という3つの画期を認めることができた。

8世紀中葉は導入当初の火葬墓に散見された古墳時代的な遺制が払拭され、火葬墓の様式が完成する時期である。9世紀前半は木棺墓などの墳墓の盛行期の影響を受け、火葬墓も多様性を見せる時期であり、9世紀後半は出土遺物の内容と出土状況の変化から儀礼としての多様化と被葬者層の変質、つまり富裕層の台頭などの現象がうかがえよう。このうち、8世紀中葉の画期は、北部九州における火葬墓の動向を扱った狭川真一も地方における火葬墓の造営主体が郡司層であるという前提に基づき、その任用制度の実態から郡司職が同一氏族内で世襲されていた可能性を指摘し、国府・郡衙の成立、国分寺造営が火葬墓の隆盛期とほぼ一致する点に画期を認めた（狭川 1998）。

畿内においては、この時期以降に河内・大和の各地で火葬墓群が相次いで形成されるという特筆すべき現象がある。具体的には大和横枕古墓群、佐保山古墓群、摂津岡本山古墓群、河内高井田古墓群などであり、玉手山古墓群もこの時期に築造が開始された可能性がある。これらの墳墓群の被葬者をすべて郡司層とするには数の上からも問題があり、家族墓と見なすのはその立地や骨蔵器・副葬品などの状況から不適切といわざるを得ない。8世紀中葉の画期は、「律令国家」という新しい国家体制の樹立に伴い新たに創出された墓制である火葬墓が8世紀初頭という過渡期を経て徐々に制度として確立していく中で整備、規制されていくことに伴う現象であろう。では、火葬墓群の成立に関してはいかなる社会背景を想定すればよいのであろうか。詳細は第4章第1節で論じるが、8世紀中葉といえば、藤原仲麻呂・道鏡が相次いで政権を掌握した時期である。長山泰孝によれば、両政権時には自らに権力を集中させるため、旧来の貴族に替わり、中下級貴族や渡来系氏族、地方豪族を積極的に登用し、その結果、官僚機構から疎外された中央貴族は都市貴族として存続できず、地方に新天地を求めたという（長山 1981：pp.10・11・13）。従来、顧みられなかった階層の貴族・豪族たちが俄に脚光を浴びたこの歴史的史実こそ、当該時期における火葬墓群営の一因と見なすことはできないだろうか。

9世紀前半前後の画期については桓武天皇の登場に伴う一連の政治改革が背景にあることはいうまでもない。宗教的身分秩序の再構築を図った桓武天皇は律令政治再建政策の一環として新たな律令国家的仏教の体制を整えたが、このような宗教政策を含めた政治方針の転換が従来の火葬墓にか

わる土葬墓の盛行を生み出したのかもしれない。9世紀に入ると大和では墳墓の数が激減するが、奈良貴族と平安貴族との間には系譜的に明らかな断絶があることや「みやこ」と「いなか」の両者に本貫地を有していた奈良時代の律令官人（東野 1983）とは違い、延暦15年を初見として諸国所貫の人々の京都貫附が許されると平安京への官人集住が徹底され、在地との結びつきが希薄化したこと（仁藤 1994：p.19）などが要因として考えられよう。

では、9世紀中葉の墓制衰退と9世紀後半の変質にはどのような意味があるのだろうか。

田中聡は9世紀中頃を「薄葬」遺詔や郊祀復活など「陵墓」制度の第2の転換点と位置付けた（田中聡 1995：p.138）。具体的には嵯峨遺詔にみられるような徹底的な薄葬が志向されたのであり、『続日本後紀』によれば、承和7年（840）5月6日に出された淳和太上天皇の遺命は「今宜=碎╷骨為╷粉散=之山中─」とあり、散骨が命じられた。そして、『続日本後紀』5月13日条をみれば、淳和太上天皇は実際に大原野西山嶺上に御骨碎粉し、散骨されたらしい。

同時期は宮廷儀礼も形式化し、葬送儀礼も政治的危機を招来する危険性ゆえ短縮化される（荒木 1977：p.41）など、社会的にも変動の時期を迎えていた。特に842年の承和の変以降、嵯峨朝以来活躍した文人は政界を追われ、近臣の中からも政治的世界から離脱する者が現れるなど（玉井 1964：pp.22・23）、仁明朝から清和朝にかけての政治的変動は大きな転換点となり、天皇の存在も官人機構から遊離し、一部貴族による特権集団の中心としての存在へ矮小化したという（笹山 1976）。

冒頭で触れた黒崎論文によれば、8・9世紀の墳墓の動向は天皇喪葬の変換を契機とするが、このような天皇の立場の変質は当時の墓制にも大きな影響を与えたに相違ない。それが9世紀後半における墓制変質の要因であり、この時期になると天皇喪葬にとらわれないような火葬墓造営主体の階層的拡大が進んだのである。

『日本霊異記』をみれば火葬墓を造営したのは富裕層や姓をもった人物であることが知れるが、副葬品伴出状況の変化を手がかりにすれば、位階に基づく階級秩序が前提である「律令国家」の枠組みの中での墓制から経済力を有し裕福な階層なら造墓し得るという新たな墓制が始まったことを示しており、史料にみられる王臣家と結びついた富農層（笹山 1976、市 1999）などが被葬者層と考えられよう。彼らは延喜2年（902）の太政官符で国郡司の差課に従わないと記された河内における「雑色人」として把握された人々であり（高橋浩 1993：p.65）、この時期、河内国で古墓群が隆盛を迎えることと無関係ではあるまい。9世紀後半以降の火葬墓から日常雑器である土師器皿や杯の出土が散見されることや副葬品の種類が増加するなどの様相は、以上の想定を傍証するといえるのではないだろうか。さらに9世紀以降は「私的土地所有の方法の一つとして、墓域を設定していくことが具体的な意味を持っていた」（橋口 1985：p.47）ことから彼らは造墓に明け暮れたのであろう。

7. 8・9世紀の火葬墓の意義

天武・持統朝に急速に進められた「律令国家」としての体制づくりは墓制の上にも大きな変化をもたらし古墳の築造が急速に終息し、替わって新たな「律令国家」の墓制として火葬墓が導入されることになる。8世紀前半は墓制として過渡期であり、直前の墓制である終末期古墳の影響を受け

(12)
て、墳墓の在り方は多様性に富み、副葬品についても複数種類を有するなど、鄭重な火葬墓も多いが、墓制が徐々に制度として完成していく上での整備・規制に伴い、8世紀中頃には墳墓の規格化が進んだのである。特に、この時期に政権を掌握した藤原仲麻呂が儒教政策を積極的に取り入れ、墳墓祭祀＝祖先祭祀のピークを迎えたこと（田中久 1996：p.6）は大きな意味をもち、制度としての火葬墓が完成する。また、この時期以降、畿内各地に古墓群が相次いで造営されるが、仲麻呂・道鏡政権下では旧来の貴族に替わり、中下級貴族や渡来系氏族、地方豪族が積極的に登用されたことは古墓群造営の要因として注目すべきであろう。ただ、天皇家をはじめ上級貴族にとっての葬制は、聖武太上天皇の葬制を皮切りに、土葬が重視されるようになっており、階層ごとに志向する葬制が区別された可能性もある点は留意しておきたい。

　8世紀後半以降、土葬墓、特に木棺墓の占める位置がクローズアップされ、9世紀前半頃には木棺墓が墓制の中心を占めるようになった。木棺墓の厚葬さには目を見張るが、その影響を受けて火葬墓の在り方も多様性を示す。しかし、火葬墓の副葬品は減少の一途をたどり、木棺墓の動向とは明らかに差違が生じている。これは既に触れたような、桓武天皇の登場に伴う一連の政治改革が背景にあることはいうまでもない。律令政治再建政策の一環として宗教的身分秩序の再構築を図った桓武天皇の手により、奈良朝の仏教主導の鎮護国家とは異なり、平安時代初期には国家と仏教は対等の関係となり、さらに神祇の護国の効験の再確認がなされるなど、律令的国家仏教は新たな展開を見せ（本郷 1997：p.315）、これら宗教上の画期に合わせて墳墓儀礼も従来の仏教色を脱するため、火葬墓にかわる新たな墓制として木棺墓を中心とする土葬墓が導入されることになったのであろう。これは、木棺墓ではありふれた副葬品である黒色土器が9世紀中葉までの火葬墓にはほとんど認められないという現象に端的に表れているが、具体的な内容については次章で触れたい。

　なお、橋口定志によれば、8世紀末以降の文献史料に「墓地」という用語が現れるようになり、墓と土地との結びつきを示すこと、すなわち、私的土地所有の方法の一つとして墓域を設定していくことが具体的な意味をもつようになったとされる（橋口 1985）。その指摘に従えば大和・河内を中心に火葬墓がこの時期以降も盛んに造墓される理由も理解しやすい。

　さて、9世紀中頃になると墳墓は突如として簡素化し、墳墓数も大幅に減少するが、このような墓制の後退現象とはまさに薄葬化に他ならない。桓武天皇に続く嵯峨天皇の時代には仏教思想が変容し、嵯峨遺詔に代表されるように嵯峨天皇・空海を中心とする人物により造墓規制が進んだが（田中 1996：p.26）、同時に葬送儀礼も政治的危機を招来する危険性があることから短縮化される（荒木 1977：p.41）など、墳墓儀礼は大幅な後退を見せた。

　しかし、こうした造墓否定の傾向は嵯峨天皇を中心とする人々の間だけのことであり、仁明天皇の没した850年以後は藤原氏による新たな墳墓儀礼が推進された（田中 1996：p.26）。文献史家の検討によれば842年の承和の変以降、仁明朝から清和朝にかけての政治的変動は大きな転換期となり、天皇の存在が官人機構から遊離し、一部貴族による特権集団の中心としての存在へと矮小化した（笹山 1976：p.257）ことから、天皇喪葬とは無関係に火葬墓を造営する新たな階層が台頭したのである。9世紀後半には地域単位で墳墓の均質化が進み、土師器を中心とする副葬品の伴出例も増加するが、それらの墳墓に埋葬されたのは、当時の史料において雑色人＝刀禰と称された富豪層であり（高橋浩 1993：p.65）、豊富な財力を背景に河内を中心に有力集団墓と考えられる火葬墓群を造墓したと考えられる。ここにおいて、それまでの墓制が担っていた政治的・社会的役割は完全
(13)

第2節　土葬墓の動向

1. 木棺墓の変遷

　火葬墓をメルクマールとして完成した「律令国家」の墓制は8世紀後半以降、土葬墓を中心に展開した。「律令国家」の墓制の変遷を考える上で、これらの墳墓の動向を検証することは欠かせない作業である。本節では、土葬墓の中でも発掘調査において顕著な遺構を示すことの多い木棺墓の概要について触れてみたい。

　8～10世紀前半の木棺墓は管見によれば63例を集成することができた（付表3）。前掲図3をみれば明らかなように古墳時代の墓域の延長線上に位置づけられる8世紀初頭の2例（コロコロ山古墳周辺木棺墓2、中山2号墳周辺木棺墓9）を除けば、木棺墓は山城を中心に8世紀後半以降突如として築造され、9世紀前半前後にピークを迎える。その背景には当然、長岡・平安遷都という歴史事象を考慮すべきであり、現在のところ、8世紀後半の木棺墓は大和では確認されていない。

　この時期の木棺墓は散発的に存在し、それぞれの墳墓ごとの個性が強く、墓制として定型化していないが、沓掛古墓は桓武朝で完成する葬送儀礼厚葬化の先駆的様相を示すものである。沓掛古墓は竹林造成中に発見調査された木棺墓であるが、木棺を分厚い木炭で覆った木炭槨墓で、銅水瓶、銅小椀、漆方形小箱、丸玉5個などの副葬品が検出された。木棺は側板の端に溝を切り込んで小口板をはめ込む組み合わせ式のもので、埋葬頭位は北向きと考えられている。

　木棺墓と一口でいっても、主体部構造には様々な種類があり、それらの構造は表9のような変遷をたどる。木棺のみを納める木棺直葬墓、外側に木棺を保護する組み合わせ式の木槨を配置する木槨墓、木棺周囲を木炭で覆う木炭槨墓、木棺周囲に木槨を配置し、墓壙との隙間を木炭で埋める木炭木槨墓であるが、木炭木槨墓は、『続日本後紀』承和9年（842）7月15日の嵯峨太上天皇遺詔中に記された「重以棺槨、繞以松炭」という表現と一致することが注目されている。木棺墓の主体部構造は地域差がみられ、山城地域の木棺墓はすべて木炭槨墓または木槨墓に限られるのに対して、摂津・河内地域は木炭槨墓または木棺直葬墓、大和地域は木槨墓または木棺直葬墓に二分化される。

　次にそれぞれのタイプの木棺墓の変遷について述べよう。木棺直葬墓は全期間にわたって造営されているが、木炭敷、木槨、木炭槨、配石墓などのタイプは8世紀後半以降出現し、9世紀前半頃を中心に造営された。9世紀前半になると、前代の古墳周辺を墓域として利用した単独墓や平城京域に築造された単独墓の主体部として木棺直葬墓が多用され、他地域においても9世紀中葉以降の主体部は木棺直葬が中心となるが、ほとんどの事例が古墳周辺を墓域として利用するという特徴が認められる。10世紀以降に復活する木炭敷を除くと、木棺直葬以外の主体部が採用されるのは9世紀中葉～後半までの時期に限られ、当時の墓制における薄葬志向と無関係ではあるまい。

　木棺墓は全期間を通じて単独で造営されるものが基本であるが、9世紀初頭から中葉にかけての時期は例外的に3～10基程度の墳墓群が大和において造営される（東中谷古墓群、三ツ塚古墓群）。

いずれも群中に先行する時期の火葬墓を含むことから、当該時期の墓制の影響を受け、従来は火葬墓を造営していた人々が土葬墓に転換した結果と見なすことができよう。

畿内中枢部の8～10世紀初頭の木棺墓30例を集成・分析した加藤真二は、8世紀後半の出現期の木棺墓は律令官人層の墓であり、いずれも槨をもつことから、当初は槨と木棺は一体のものであったと想定した。8世紀末葉～9世紀中葉の段階で、木棺墓が増加すると同時に多様化し、官人的な副葬品をもたず、槨を設けないタイプの木棺墓が出現するが、このような墓制の変化の背景として、官人層とは別の経済的に富裕な階層の人々が新たに木棺墓を受容し始めたと考えた。さらに埋葬が簡素化するのと反比例して葬儀が重視されるようになり、9世紀後半以降は槨や官人的副葬品をもつタイプは激減し、多量の土器を副葬する事例が出現する。これは官人層が火葬墓に回帰した結果、木棺墓の造営主体が富裕層主体になったことに起因するという（加藤真 1997：pp. 206-210）。

2. 木棺墓以外の土葬墓

木棺墓以外の土葬墓として土器棺墓と土壙墓があるが、土器棺墓はわずか31例に過ぎない。副葬品をもつものは6基だけで（図13）、ほとんどの墳墓が遺物をもたないことから、当時の墓制において従属的な位置にあることはいうまでもない。確認された土器棺墓の多くが小人用であり、9世紀後半の事例が確認されていないことから、これら小人用の墳墓も同時期以降は群集火葬墓の墓

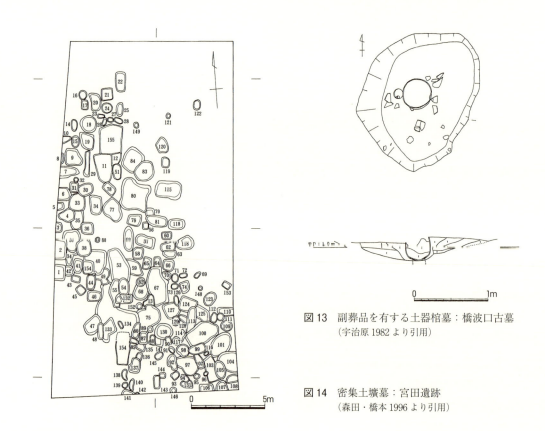

図13 副葬品を有する土器棺墓：橋波口古墳
（宇治原1982より引用）

図14 密集土壙墓：宮田遺跡
（森田・橋本1996より引用）

域内に火葬墓として葬られたのではないだろうか。また、土壙墓は8・9世紀を通して散見されるが、8世紀後半に築造のピークを迎え、9世紀中葉以降は減少する。

今回集成できた土壙墓は密集土壙墓（図14）を含めると670基以上に及ぶが（付表4）、密集土壙墓の評価に関しては必ずしも衆目の一致をみていない。京嶋覚は密集土壙の多くを粘土採掘坑とするが（京嶋 1995）、宮の前遺跡における土壙の脂肪酸分析の結果によればヒト遺体を直接埋葬したことが判明しており（合田 1994）、密集土壙墓の中にはその名の通り墳墓と見なしてよい事例も含まれることは間違いない。班田制の成立によって村落首長の階級的収奪は規制されるが、共同体は解体されないという指摘（伊藤循 1984：p.34）を踏まえると、古墳時代以来の階層社会の底辺に位置付けられた氏族社会における一般共同体成員の墳墓と位置付けることもできよう。土壙墓そのものは副葬品を何ももたないか、もっても1種類のみのものが多く、内訳も図15～17のように土師器皿と杯が主であるが、墳墓としての変遷は他の墓制と大差ない（表10）。ただ、9世紀中葉以降激減することは、土器棺墓と同様、同時期の群集火葬墓に取り込まれた可能性がある。[14]

3. 木棺墓出土遺物の特色

8世紀後半以降の木棺墓導入の政治的意義は、桓武天皇が中国の皇帝祭祀の一つ、宗廟祭祀を導入した史実に基づけば、当時の中国で土葬が一般的であったことから中国墓制の影響を考慮する必要があるし、木棺墓において顕著に使用された葬具としての黒色土器に目を向ければ密教の影響も考える必要があろう。[15] 木棺墓を構成する諸要素の変遷は表9に示したが、火葬墓にみられる薄葬傾向とは表裏をなす木棺墓の厚葬ぶりは際立っており、副葬品保有比率も何ももたないもの22％に対して、1種類のみ14％、2種類20％であり、複数種類を有するものが44％を占めている（図18）。その内訳は図15～17で示したが、須恵器瓶子と土師器皿、杯が顕著であり、それ以外の土器は少ない。中でも、古墳再利用にも多用される須恵器瓶子は注目されるが、須恵器瓶子は祖先祭祀専用土器として採用された可能性があり、酒などを墓前に捧げたものであろうか。

鉄板の出土が9世紀前半に限定され、鏡もほぼ同様の傾向を示す。鏡の出土は大和の1例（池上木棺墓）を除くと、木炭槨墓からの出土事例に限られる。刀子を含む武器類や玉類が出土するのもこの時期に限定され、石帯も同様である。石帯が出土した木棺墓はすべて木炭槨・木槨墓であり、石帯が律令官人と密接に関わる遺物であることを勘案すれば、木棺墓の主体部構造における木炭槨墓→木槨墓→木棺直葬墓という階層的身分秩序がうかがえよう。また、漆製品が目立ち、装飾品の玉類は水晶製が多く、火葬墓で散見されたガラス玉の出土事例は1例にとどまる。

土器は山城の事例は僅少であるが、河内では須恵器壺と土師器皿・杯、大和は須恵器瓶子と土師器皿・杯の組み合わせが典型例となる。

残念ながら、葬制の違いに基づく玉類の材質使い分けの理由を明らかにすることはできなかったが、おそらく被葬者の階層や社会的立場の違いに起因する現象と考えられよう。[16] 前代の古墳時代の様相を参照すれば、古墳の副葬品の中で、ガラス玉は8・9世紀の火葬墓から出土した事例と同じく丸玉が主な形態であるが、水晶玉について切子玉が中心である。一方、8・9世紀の墳墓から出土した水晶玉は数珠などに用いられた丸玉が登場することから、古墳時代の系譜を引くガラス玉に対して水晶玉は8世紀以降新たに採用された形態と考えるべきかもしれない。

表9　木棺墓の構成要素変遷表

凡例（出現率）:
- ■ 76〜100%
- ▨ 51〜75%
- ▤ 26〜50%
- ▫ 1〜25%
- （空白）0%

		7C末	8C前	8C中	8C後	8C末	9C前	9C中	9C後	9C末	10C前
	墳墓数	2	0	0	3	13	11	13	4	7	2
外部	石組							▫			
外部	墓標？										
外部	周溝										
内部	木棺直葬	■			▨	▫	▫	▨	▫	▫	▫
内部	木炭敷									▫	
内部	木槨墓										
内部	木炭槨墓									▤	
内部	木炭木槨墓										
内部	石槨・石組					▫		▫			

副葬品

		7C末	8C前	8C中	8C後	8C末	9C前	9C中	9C後	9C末	10C前
須恵器	瓶子					▫	▫	▫		▫	
須恵器	長頸壺						▫	▫			
須恵器	壺					▨				▫	
須恵器	杯										
須恵器	その他										
土師器	杯					▫	▫	▫			
土師器	皿						▫	▫		▨	
土師器	甕										
土師器	壺										
土師器	その他					▫	▫	▤	▫	▫	
	黒色土器										
	施釉陶器								▫	▤	
	海獣葡萄鏡										
	八稜鏡					▫	▫				
	その他鏡							▫			
	ガラス玉										
	水晶玉					▤					
	石帯類						▤	▫			
	鉄滓										
	刀子							▫		▫	
	鉄刀										
	鉄鏃										
	漆製品					▤	▤	▤	▫		
銭貨	和同開弥										
銭貨	和同銀銭										
銭貨	万年通寳					▫					
銭貨	神功開寳										
銭貨	隆平永寳						▫				
銭貨	富寿神寳							▫			
銭貨	承和昌寳							▫			
銭貨	長年大寳										
銭貨	饒益神寳										
銭貨	寛平大寳										

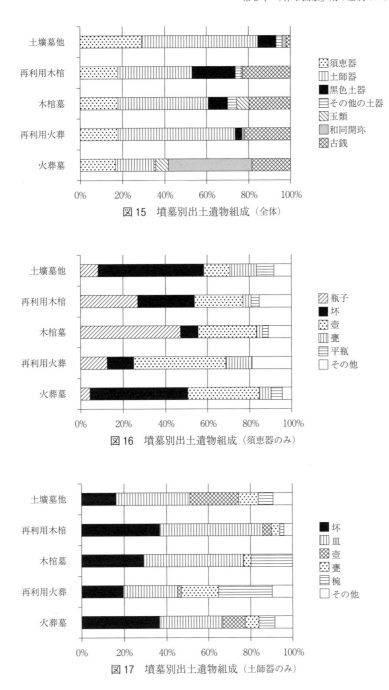

図15　墳墓別出土遺物組成（全体）

図16　墳墓別出土遺物組成（須恵器のみ）

図17　墳墓別出土遺物組成（土師器のみ）

　それ以外にも火葬墓との違いに銭貨を伴出する事例が少ないことがある。火葬墓における「皇朝十二銭」の出土事例を集成した小林義孝は「銭貨が火葬による葬送のすべての段階で使用されて」おり、榮原永遠男の整理した「死者のあの世における安全と平穏を保証する呪力」「死者の眠る土地を鎮める呪力」に対応すると指摘したが（小林義 1995：pp.90・91）、木棺墓における銭貨の副葬は「棺自体を限られた、鎮められた空間とするための儀礼によるもの」（小林義 1995：p.91）と意義付けた。古代墳墓における銭貨の意義については、前節で呪的意味だけではなく、権威の象徴

表10　土壙墓・土器棺墓の構成要素変遷表

		7C末	8C前	8C中	8C後	8C末	9C前	9C中	9C後	9C末	10C前
	墳墓数	29	9	5	4	9	1	3	3	1	1
外部	石組					░					
	墓標？	░									
	周溝										
内部	土壙墓	■	░	░	░	▨		▨	▤	■	■
	甕棺	░	▨	▤	░	░					
	土器棺		░	░	░				▤		
	木炭					▤					
	敷石										

副葬品

		7C末	8C前	8C中	8C後	8C末	9C前	9C中	9C後	9C末	10C前
須恵器	瓶子	░				░		▤			
	長頸壺		░								
	壺										
	杯	░				░					
	その他	░									
土師器	杯	░									
	皿	░	░	░				▤	■	■	
	甕										
	壺										
	その他	░									
	黒色土器							▤			■
	施釉土器										■
	海獣葡萄鏡										
	八稜鏡										
	その他鏡										
	ガラス玉										
	水晶玉										
	石帯類					░	■				
	鉄滓										
	刀子	░				░					
	鉄刀										
	鉄鏃										
	漆製品										
銭貨	和同開珎			░	░						
	和同銀銭										
	万年通寶			░	░						
	神功開寶			░	░						
	隆平永寶										
	富寿神寶										
	承和昌寶										
	長年大寶										
	饒益神寶										
	寛平大寶										

出現率
■ 76～100 %
▨ 51～75 %
▤ 26～50 %
░ 1～25 %
（空白）0 %

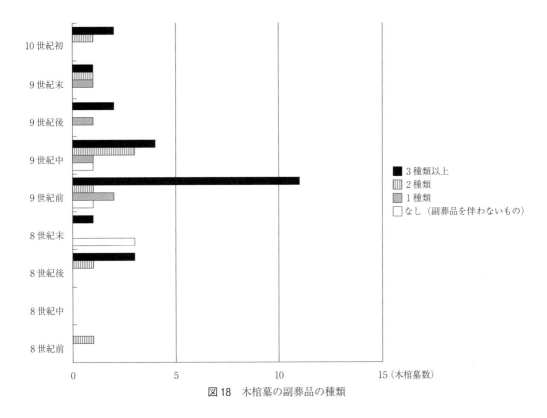

図18 木棺墓の副葬品の種類

という使用法を想定したが、木棺墓において銭貨が出土した事例は木棺直葬タイプが多いということも勘案すれば、それ以外のタイプの木棺墓はそもそも厚葬であることから、ことさら銭貨を必要としなかったと考えることもできよう。また、小林は『日本霊異記』下巻第二十二話の内容を手がかりに「火葬か土葬かは、死者やその属していた集団の信仰のみならず現在には伝わらない当時の習俗による選択も働いていた」と考えたが（小林義 1995：p.91）、銭貨をはじめとする火葬墓と木棺墓の副葬品内容の相違は葬送儀礼上の明確な区別に基づく可能性があり、小林氏のいうような火葬墓と土葬墓の区別が宗教的な意味だけではなく、当時の習俗による選択もあり得たのは「律令国家」的な社会規範が崩壊の兆しを見せる9世紀中葉以降のことであり、少なくとも9世紀前半代までは墓制上の区別があったと思われる。

　なお、付表3をみれば明らかであるように、厚葬が強調される木棺墓でも、実はまったく副葬品を有さないものがある。これらの木棺墓は木棺直葬墳であり（図19）、時期的に古墳時代墓制の残存形態と考えられる付表3-40・41を除くと、多くの事例が8世紀末から9世紀前半にかけての桓武朝に集中しており、本来ならば、土壙墓に葬られるような階層的立場にあった被葬者が木棺墓全盛という当時の墓制の影響を受け、簡単な木棺墓に葬られたと位置付けることができよう[17]。

　さて、8世紀末葉頃の木棺墓は従来から重厚な副葬品が注目され、「本来的葬法たる土葬への回帰」と位置付けられることもあったが（黒崎 1980：p.112）、当該時期の木棺墓が本来的葬法かどうかの評価について簡単に述べておこう。エルツの示した儀礼観に従えば、人の死は「死体が骸骨の状態になるのに必要な期間に相当する」期間、すなわち「あいだの期間」を経て、最終の儀式を執行する（エルツ 2001：p.47）。そして、死の観念と復活の観念が結びつき、排除に続いて新しい

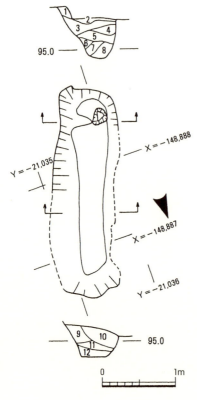

図19 木棺直葬タイプの木棺墓：一ノ谷古墓（見須1996より引用）

統合がなされるわけであるが、民族例によれば、その「あいだの期間」に執り行われる火葬は遺体を破壊し去るのではなく、反対に遺体を再生させて、新しい生活に入ることを可能にさせる行為である（エルツ 2001：p.65）。翻って、わが国古代の葬制をみると、古墳時代に最高の呪具であった天皇の遺骸（田中琢 1991：p.206）を焼失させるという象徴的手段を用いて「律令国家」の枠組みを完成させた律令政府は、その主旨を貫徹するため、一定程度の階層にまで火葬を強要し「律令国家」期の墓制を完成させたという（小林義 1998a：pp.46・47）。その後、律令体制が成熟期を迎えると、天皇喪葬に火葬を採用する必要がなくなり、聖武太上天皇の時代に土葬に"回帰"したと考えられる。しかし、火葬の導入により、「あいだの期間」、すなわち殯の期間が短縮したことから、葬送儀礼の重点も埋葬儀礼そのものに変化していった。つまり、この時期に復活したようにみえる土葬は、「本来的葬法」とは一定程度のヒアタスを経た上で登場した新たな墓制というべきであろう。聖武太上天皇の葬送儀礼は仏教儀礼を導入した画期的なものであるが、残念ながらその具体的な内容は詳らかではない。しかし、それ以前の薄葬思想に基づく火葬とは異なり、一転してその葬送儀礼は厚葬化をたどり、桓武朝で頂点を迎えることになる。

　これは主体部規模からもうかがうことができる（図20）。木棺・墓壙（＝面積）の大きさとも9世紀前半がピークで、時代が進むにつれ縮小する。各時期の平均を示すと木棺幅は8世紀代58.8cm、9世紀前半56.4cm、9世紀中葉〜後半49.6cm、9世紀末葉〜10世紀前半44.4cm、墓壙幅は8世紀代101cm、9世紀前半199cm、9世紀中葉95.6cm、9世紀後半106.3cm、9世紀末葉〜10世紀前半93.6cmである。

　第4章で後述するように、9世紀後半以降に葬送儀礼が変質する要因として、仏教的他界観・浄土観の普及が指摘できるが、それを検証するため、図21で木棺墓における埋葬頭位をまとめた。これをみても明らかなように、8世紀代〜9世紀前半は北位が中心であるのに対して、9世紀中葉以降は西向きの事例が増加し、頭位が大きく変化することがわかった。

　埋葬頭位は原則として引用文献の記載に従ったが、9世紀前半頃の埋葬頭位が北向きから北東方向を中心とする中で唯一の例外が平吉木棺墓である（図22）。当墓の埋葬頭位は南東方向と考えられているが、8〜10世紀を通じて南東方向に頭位がくる事例は皆無で、当該時期の墓制の傾向から大きく逸脱する。報告書によれば、平吉木棺墓の埋葬頭位は石帯や冠などの副葬品の出土位置から判断されたようである。もちろん、冠などの存在はこれを裏付ける可能性があるが、同時期の西野山木棺墓や長野木棺墓のように足元に副葬品を配置する事例もある。よって、平吉木棺墓の場合も

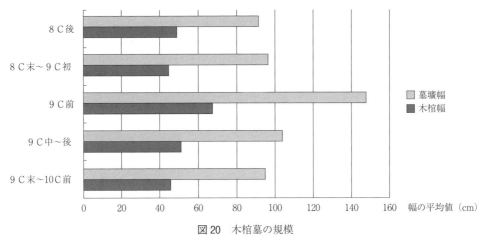

図20　木棺墓の規模

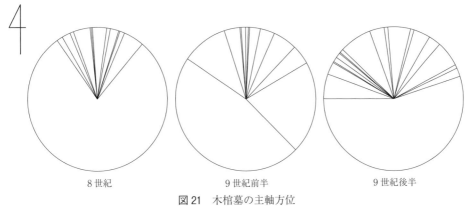

図21　木棺墓の主軸方位

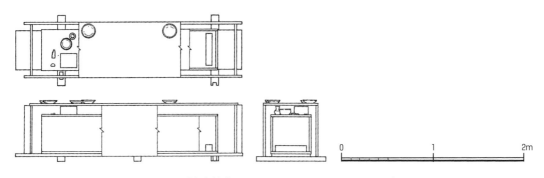

図22　平吉木棺墓（奈良国立文化財研究所1978より引用）

足元に配置した事例と考えれば、その埋葬頭位は当時の傾向と矛盾なく位置付けることができよう。

　もちろん、埋葬頭位に変化がみられることと仏教的他界観を直接結びつけることはできないが、木棺墓の立地条件の変化を考慮しても、儀礼上の大きな変化があったことだけは間違いない。特に、『三代実録』元慶4年（880）12月4日の清和太上天皇の薄葬遺詔の中に「命近侍僧等、誦金剛輪陀羅尼、正向西方、結跏趺座、手作結定印而崩」という記事があり、西面して埋葬されたこと

が知られることは重要である。この西面という造墓方法自体を、中国南朝時代の貴族社会で仏教に来世を託すという信仰と、それに基づく薄葬が盛んとなり、浄土信仰が浸透していく中で、606年に姚察が「西向きに正念して穏やかに死」んだという故事にならえば（三橋 1997：p.51）、早い時期から浄土信仰に基づき西向きに造墓するという事例があったことが確認でき、わが国への影響という面では、浄土信仰というより中国思想・墓制の影響という側面に注視する必要があるのかもしれない。

　なお、大正8年（1919）に発見された西野山木棺墓は東方に山科盆地を見渡せる山丘斜面に造営されており、吉川真司が坂上田村麻呂墓である可能性を指摘して話題を呼んだ。吉川に拠れば、田村麻呂墓説そのものは1973年に鳥居治夫が指摘したものである。吉川は『清水寺縁起』に掲載された太政官符を分析し、『日本後紀』の中で「山城国宇治郡地三町」に墓域を賜与された田村麻呂墓と論証した（吉川 2007）。西野山木棺墓は金装太刀や金銀平脱双鳳文鏡などの豪華な副葬品が注目を集め、鉄鏃などの武器の副葬から被葬者は8世紀末〜9世紀初頭に死去した公卿クラスの高級武官と想定されていた。このような想定は弘仁2年（811）に正三位大納言兼右近衛大将として薨去した坂上田村麻呂と何ら矛盾するものではなく、西野山木棺墓＝坂上田村麻呂墓説が提唱されたのである。なお、『清水寺縁起』によれば、田村麻呂は「城東に向かひて立ちて葬」られたという伝承をもつが、吉川は死後も東方・北方の勢力から平安京を守護する役割を担ったものと位置付けた。

4. 木棺墓における遺物出土状況

　木棺墓についても火葬墓と同様、遺物の出土状況を一覧表にまとめ、（1）棺内、（2）棺上、（3）棺外に大別し（表11）、棺内出土遺物については遺骸の部位別の出土状況一覧を作成した（表12）。
　（1）は納棺儀礼、（2）が埋納儀礼、（3）は地鎮、埋納儀礼、造墓終了時の儀礼に相当する。もちろん、具体的な意義は事例ごとに異なり、木槨の有無でも細分できる。奈良県御所市巨勢山室古墓を例にとれば、棺内出土の短刀・刀子・水晶玉は個人に帰する愛用品、遺骸の納棺に際して納めたものと考えられる。木槨上から出土した石帯・碁石などは棺を据え付けた際に、公的立場を表明する身分表象として棺上に置かれたものであろう。その後、木炭を用いて埋め戻す過程で須恵器瓶子や土師器杯を用いた埋納儀礼が執行されたのである。このような出土遺物の在り方は、レヴィ・ブリュルが文化人類学の民族例で示した在り方、葬送儀礼における慣習として「死者の要求するものは何でも与えて彼が新しい状態に於いて不幸にならぬようにすること、もし死者が重要な位置にいる人である場合にはその官位を支持するに必要な料を供すること」（レヴィ 1953：p.125）に見事に符合する。
　棺内遺物は土器が足元や両端に置かれることが多いのに対して、他の遺物は頭部周辺に置かれる傾向がみられる。棺上に置かれる遺物は土器が大半を占め、頭部周辺が通例であるが、中央や足元に置かれることもある。また、棺外では足元に置かれることが多い。遺物ごとにみた場合、例えば、瓶子は各時期を通じて、棺内・棺上・棺外と様々な使われ方が認められ、特定の品物が特定の使われ方をするというより、同じ遺物をそれぞれの儀礼に応じて使い分けることが通有のようであ

表11 木棺墓における遺物出土状況

	(1) 棺内	(2) 棺上	(3) 棺外・木槨内
8C後		土師の里9（久壷・土杯）：破砕	土師の里9（久壷・土杯）：頭部側小口部分
8C末～9C初	伽山（刀子・銀小帯）：着装 長岡京SX24501（扇）：頭部／（銭）：東西隅 西山（冠）：頭部 東中谷2（黒色）：頭部 巨勢山室（短刀・刀子・水晶） 馬谷？（土器・刀子・鏡）：石組みの内	東中谷2（破砕）：棺蓋上 巨勢山室（石帯・砺石）：榔上	西山（鉄板）：棺横の土壙内 東中谷2（鉄釉）：塞壙内 巨勢山室（久瓶子・土杯）：木炭内
9C前	大坂城1（水晶玉（鏡・玉・笄）：着装／（鏡・銭）：頭部 長野（鏡）（平瓶）：頭部 紅葉山（平瓶・土杯）：両端 土師の里1（土器・石帯）：頭部／（漆器）：足元 竃弘寺7001（鉄斧）：胸／（刀子）：腰／（久壷・瓶子）：頭部 平吉（角材） 平城京SX6428（水晶玉・久平瓶・漆器・銭）：頭部	平吉（久瓶子・黒色・石帯・冠・砥石・漆箱）：頭部（土杯）：榔上 平城京SX6428（土甕・土杯・漆器椀・銭）	長野（瓶子）：足元 西野山（黒色・石帯・大刀・刀子・鉄鎌・鏡・鉄板・硯・漆箱）：棺内 焱（大刀）：中央（鉄板）：頭部（鏡）：頭部／（鉄鎌）：四隅 池上（土皿）：棺安置前／（鏡）：棺に立て掛ける
9C中			
9C後	石光山11（黒色・土椀）：両端小口に並べる 石光山12（黒色・土皿・久壷）：中央付近	西山1（久瓶子・土皿・黒色・灰釉・漆箱）：足元 イノラク（土杯）：黒色・棒状鉄製品）：頭部 石光山14（土杯）：頭部付近？ 大坂城3（黒色）：掘り方内、頭部？	三ツ塚1（須恵器・土師器・鉄鎌）：頭部 三ツ塚6（土師器須恵器瓶子）：頭部／（土師器）：足下
9C末～10C初	立部（久壷・土杯・土皿）：頭部 鹿背山SX18（土師器）：頭部／（土師器）：中央／宮ノ平SX02（土皿）：足下	西山2（土皿・黒色・灰釉）：足元or頭部に集中 宮ノ平SX02（土皿）：足下	安祥寺下寺（土・鏡片・銭・乾漆製品）：銭は埋土内
10C前	平安京SX46（久瓶子）：両端／（黒色）：頭部 神木坂SK03（灰釉）：頭部	平安京SX46（土皿）：頭部	鹿の子（久瓶子・杯・椀）：塞壙内足元

[凡例] 久：須恵器 土：土師器 黒色：黒色土器 太字：古墳周辺に立地する木棺墓

表12 木棺墓棺内遺物の出土状況

	Ⅰ．頭部周辺	Ⅱ．中央付近	Ⅲ．足元	Ⅳ．その他
8Ｃ末～9Ｃ初	長岡京SX24501（扇） 西山（冠） 東中谷（黒色）	長岡京SX24501（銭）		
9Ｃ前	長野（鏡・玉・笄） 土師の里1（石帯） 平城京SX6428 （水晶玉・ス平瓶・漆箱・銭） 大坂城墓1（鏡・銭）	寛弘寺7,001 （鉄斧・刀子）	土師の里1（漆器） 寛弘寺7,001 （ス瓶子・ス壺） 平吉（角材）	紅茸山（土器：両端）
9Ｃ中	三ツ塚7（水晶玉） 三ツ塚11（ス瓶子・土椀） 三ツ塚12（土杯） 三ツ塚16（土甕）	三ツ塚16（黒皿・椀） 三ツ塚1（石帯・鎌・刀子） 三ツ塚6（銭）	三ツ塚11（黒皿・土椀） 三ツ塚16（土甕・黒皿椀） 三ツ塚6（銭） 三ツ塚5（ス瓶子・土杯）	
9Ｃ後		石光山12 （ス杯・黒色・土杯）		石光山11（土器）：両端
9Ｃ末～10Ｃ初	立部（ス壺・土杯・土皿） 鹿背山SX18（土甕・灰釉・水注）	鹿背山SX18（土皿）	鹿背山SX18（土甕）	
10Ｃ前	平安京SX46（化粧道具一式） 神木坂SK03（鏡・灰釉壺）		平安京SX46（黒色）	平安京SX46 （ス瓶子）：両端

註）スは須恵器、土は土師器、黒色は黒色土器をそれぞれ示す。

り、墳墓ごとの個性が顕著である。鏡にしても漆箱などに納め、実用品として棺内に納める例が大半だが、棺安置後、棺に立てかける例もあり、魔除け的な使用法といえよう。

　このように木棺墓では棺内に被葬者の愛用品を納め、埋納儀礼の過程で棺上、棺外に遺物を配置する儀礼が執り行われたが、9世紀後半代になると、むしろ棺上・棺外が一般的となる。ただ、10世紀に入ると再び棺内に遺物を納める傾向がみられる。なお、西野山古墓の出土状況は、棺外と位置付けたが、いずれも木炭内からの出土であり、木炭内を棺内と同じ認識で儀礼に臨んだ可能性も考えられる（図23）。同様に、平吉木棺墓の場合も二重構造の木槨墓であり、実質的に棺上遺物は棺内として扱われたと位置付けることができよう（図22）。ただ、当該時期の埋葬頭位の傾向から判断すれば、当木棺墓では冠などを足元に配置した可能性があることは前述した通りである。

　副葬品出土状況は、8世紀後半～9世紀中葉は棺内出土が中心で、頭部付近出土事例が多いが、9世紀前半以降は足元付近に副葬したり、棺上、棺外から出土する事例が増加する（渡邊 2004a：p.54）。出土位置が複数におよび副葬品の増加に対応する現象といえる。前述した巨勢山室古墓の例を示しておく。わが国最大級の群集墳として著名な巨勢山古墳群の一画から検出された9世紀初頭頃の木棺墓で、墳長44mの前方後円墳471号墳の前方部側面を大きくカットして構築されていた。一辺約5mの隅丸方形の墳丘を伴い、主体部は木炭木槨墓である。長さ3.4m、幅1.5mの大きな墓壙を穿ち、この中に木炭を敷き詰めた後、長さ2.2m、幅1.0mの木槨を設置、さらにその中に長さ2.0m、幅0.6mの木棺を納め、木槨を木炭で包んでいた。棺内には金銅装短刀、刀子、

水晶丸玉などを納め、木槨上には石帯や碁石とみられる白石6点、黒石2点などがあった。また、墓壙を埋めた木炭内から須恵器瓶子や土師器杯などが出土した。木槨には蝦錠が付いていたという。

次に、棺内の出土遺物であるが、出土部位は表12のように、Ⅰ.頭部周辺、Ⅱ.中央、Ⅲ.足元、Ⅳ.その他に大別できる。

Ⅰの頭部周辺から出土した遺物は冠、扇、鏡、玉類、化粧道具など個人に帰するもの、愛用品と目されるものが多い。特に、鏡に関しては、池上木棺墓のように木棺の外側に鏡を立てかけ、辟邪的な使用法をとる場合もあるが（図24）、多くの事例で木箱などに納められており、実用品としての使用

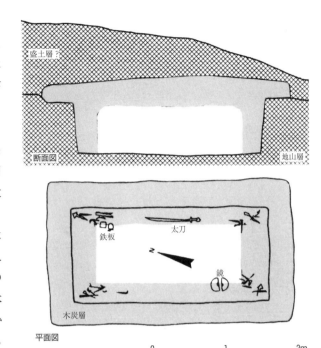

図23　西野山木棺墓（梅原1920より引用）

法を想定すべきであろう。これは、三ツ塚32号墓の骨蔵器内から火化した鏡が出土した事例と同様の儀礼に属するものである。これに対してⅡの中央付近からの出土品には大刀や鉄斧など武器に類するものがみられ、辟邪的なものとみなすことができる。一方、Ⅲの足元に置かれる遺物は瓶子をはじめとする土器や漆器が認められ、いわゆる供膳儀礼で使用した遺物と考えられよう。特に瓶子は棺外からの出土例が多く、供膳儀礼専用土器として用いられた可能性が高い。なお、これら以外にも土器を中心に棺の両端に置かれる遺物もあり、墓域保護や地鎮が目的であろう。

5.　木棺墓の地域色

8世紀末葉以降、木棺墓の厚葬化が際立つようになるが、山城以外の地域では単独立地の木棺墓はこの時期に限られ、いずれも豊富な副葬品を有している。河内・大和では単独立地以外に古墳周辺に築かれるものが多く、第1章で検討したように古墳再利用と関連するのであろう。逆に山城地域の古墳再利用はこの時期に限られ、用いられる主体部も木棺墓が中心であるが、河内・大和では木棺墓を用いた古墳再利用は認められず火葬墓が築かれるのであった（渡邊 2000b：p.3）。葬制としての火葬と土葬には何らかの区別があったことが想定できよう。

9世紀中葉の事例は大和の石光山古墳群古墓と三ツ塚古墓群が知られるに過ぎない。このような墓制の衰退現象は嵯峨朝の薄葬化や造墓否定の影響によるものである（渡邊 2000b：p.27）。9世紀後半に至ると山城安祥寺古墓（図25）を除くと、他の事例はすべて木棺直葬墓であり、須恵器瓶子または長頸壺＋土師器皿・杯＋黒色土器（椀・鉢）の組み合わせが出土遺物の典型的パターンとなる。摂津では大坂城古墓が知られ、残りはすべて大和の事例である。ただ、大和の木棺墓は上

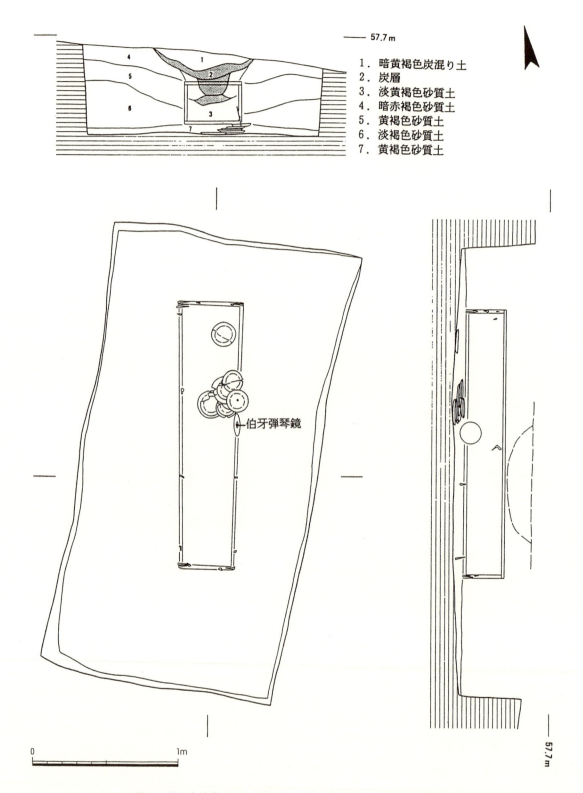

図24 池上木棺墓における鏡の出土状況（1/25）（入倉1991より引用）

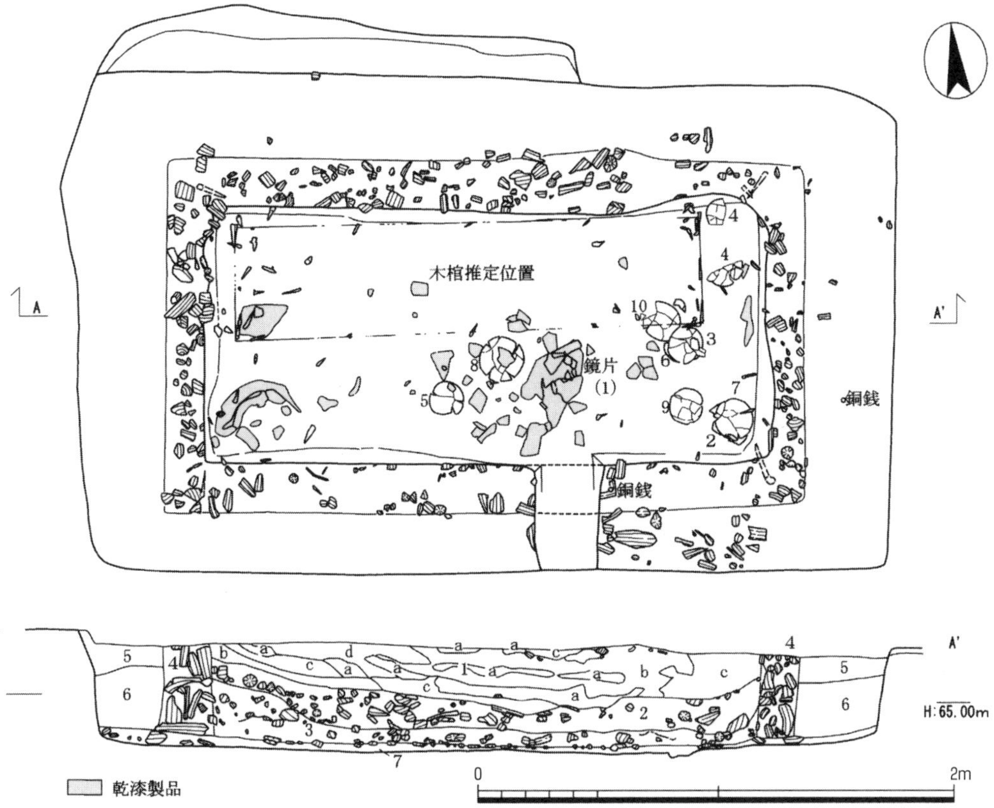

第3章 「律令国家」期の墓制のスタンダード　93

図25　安祥寺木棺墓（高・平方1996より引用）

1a　黄灰色砂泥層
　b　茶灰色砂泥層
　c　黄灰色砂泥層（茶灰色砂泥層ブロック状に混入）
　d　茶灰色砂泥層（黄灰色砂泥層ブロック状に混入）
2　黄褐色砂泥層
3　にぶい黄褐色砂泥層
4　灰・にぶい黄褐色砂泥～黒褐色砂泥層
5　暗褐色砂泥層
6　にぶい黄褐色砂泥～黒褐色砂泥混礫層
7　灰黄褐色砂泥～黒褐色砂泥層

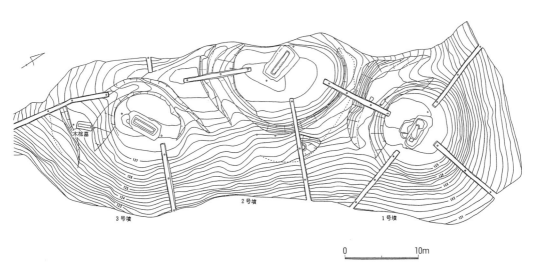

図26　古墳周辺に立地する大和の木棺墓の一例：イノヲク木棺墓（松永1989より引用）

述したようにすべてが古墳周辺に立地するか（図26）、古墳再利用ばかりで、山城のような単独立地の墳墓は認められない。9世紀末～10世紀初頭にかけてもほとんどが木棺直葬墓であり、土師器皿、黒色土器、漆製品など副葬品は豊富である。

　8世紀段階の火葬墓と同様、9世紀前半の木棺墓は政権所在地である山城の優位性が看取できるが、9世紀後半以降は大和が中心となり、山城地域にはほとんど確認されていない。残念ながら、当該時期の平安京域周辺の貴族墓制は考古学的方法を用いる限り不詳とするほかなく、文献資料などを手がかりに復元するしかない。ただ、山城安祥寺古墓のような単独立地の墳墓は大和には確認されておらず、古墳を足がかりとした同祖意識の下で木棺墓が造営され、河内では火葬墓が造営されることになる。つまり、墓制における地域色が顕在化するという評価を与えることができよう。

　以上をまとめると、8世紀後半以降、古墳時代の遺制である土葬墓とは系譜の異なる木棺墓が突如として造営され始め、9世紀前半には木棺墓の規模・構造、副葬品の様相などの面からみて厚葬化がピークを迎えた。9世紀中葉以降は墓制として後退し、埋葬頭位にも大きな変化が生じた。その背景には他界観の変化をはじめとする葬送儀礼の在り方が大きく変わったことが主たる要因であろう。このような傾向は10世紀前半にかけて継続・進展するが、9世紀後半以降に厚葬化する一群が出現することもわかった。しかし、これらの木棺墓に葬られた被葬者は出現期のそれとは大きく様変わりしていることはいうまでもない。

第3節　古墳再利用の動向

　『今昔物語集』巻第二十八、「近江国の篠原の墓穴に入る男の語、第四十四」によれば、雨に降られ墓穴で夜を明かそうと考えた男は「鬼の住みける墓穴を知らずして立ち入りて、今夜命を亡ひてむずる事」（阪倉・本田・川端 1981：p.288）を心に思い歎いた。平安時代末期のこの作品において横穴式石室と考えられる墓穴は「すでに鬼のすみかで」あり、「本来の古墳の意義は、まったく失われたものになって」（間壁 1982b：p.85）いたのである。

　8世紀末から9世紀にかけて、貴族の間で死穢を忌む風習が急速に高まり（高取 1979：p.123）、むやみやたらに人が古墳、特に横穴式石室に近付くことはなかった。しかし、この時期に畿内およびその周辺では様々な方法で古墳を再利用する事例も多く、第1章で古墳時代終焉直後の8・9世紀の古墳に対する儀礼の実態を検討するため、6類型に分別し、その意義を述べた。

　本節では再利用の中でも墳墓としての古墳再利用の事例を今一度検討し、8・9世紀の墓制史上における古墳再利用の意義を改めて検証したい。

1. 墳墓としての再利用の実態

　古墳再利用例は60例を集成することができたが（付表5）、それぞれの事例は火葬墓（B1）と木棺墓（B2）の二者に大別することが可能で、さらに前者は墳丘を利用したB1a、石室内を利用したB1b、詳細不明なB1cに細分することができる。後者は西山木棺墓（付表3-38・39）のような横穴式石室の前面に築造された事例もあるが、ほぼ石室内利用に限られる。なお、第3章第2

節で述べたように、該期の墓制としてはこれ以外にも土壙墓や土器棺墓がみられるが、寛弘寺32号墳（付表5-29）を除くと古墳再利用に土器棺墓や土壙墓は認められず、寛弘寺32号墳の場合も土器棺墓とはいうものの実は火葬墓であることから、古墳再利用において採用されたのは火葬墓か木棺墓のどちらかであった。これは律令制がそれなりに機能していた時代ならではの現象であり、後述する古墳再利用の意義を考える上でも重要である。

　続いて、付表5に基づき再利用の事例を検討しよう。B1aの墳丘利用は田辺4号墳（付表5-22）、三田古墳（付表5-31）を除くとほぼ8世紀代に限られ、河内・和泉地域が中心である。石室内利用B1bは8世紀前半から始まり、9世紀前半まで山城・河内地域を中心にみられるが、B2木棺墓は9世紀前半以降に限られ、山城の例が9世紀前半に集中するのに対して、河内では9世紀代を通して散発的に認められ、大和では9世紀後半以降に限られる。また、丹後や丹波は8世紀代から散発的にみられる。これは第1・2節でも触れたように、当時の律令時代の墓制の在り方を如実に反映したものであり、再利用の意義を考える上でも看過できない。

　河内では再利用例を8世紀前半から10世紀初頭まで万遍なく認めることができるが、火葬墓としての再利用が圧倒的であり、兵庫県下は5例（摂津2、播磨2、但馬1例）と類例が少ないが、時期的な偏りはない。大和の事例は3例（三ツ塚古墳群2例・大岩4号墳）を除き、すべて9世紀代に限られ、9世紀後半以降は木棺墓を使用した再利用が多くなる。このように、再利用といっても地域によってその変遷は多様であり、それぞれの地域における再利用の意義を明らかにしていきたい。

　「律令国家」期の墓制における副葬品の意義を検討するため、前掲した図15の副葬品組成と、須恵器と土師器についてまとめた図16・17のグラフをみると、古墳再利用例では須恵器瓶子と土師器杯・皿、刀子が典型的な副葬品の組成であり、玉類などの装飾品や和同開珎をはじめとする銭貨の副葬が少ないことがわかる。杉山洋が平安初期に性別による副葬品の組み合わせが顕在化し、男性には剣、女性は玉類が伴うとされたこと（杉山1999）を参照すれば、能峠3号墳（付表5-48）に女性が葬られた可能性がある以外、短刀が出土した石光山19号墳（付表5-56）をはじめ古墳再利用の被葬者の多くは男性であったと考えられる。しかも、能峠3号墳の場合も遺物が複数箇所から出土し、男女の合葬が想定できるので、基本的に古墳再利用の被葬者は男性に限られると考えられる。これは、同時期の古墓で女性の埋葬がままみられることと対照的であり、墳墓としての古墳再利用が9世紀を中心とする点も踏まえると、8世紀末から9世紀前半にかけて父系出自集団としての氏が成立したという説[19]と無関係ではあるまい。日本の古代社会が父系の出自集団を基礎とはしないが父系の系譜関係を骨格として形成されたという説（吉田孝1983a：p.147）を援用すれば、当時は系譜関係の主張に際して「男性」という性が重要視されたと考えることができる。

　副葬品を墳墓の種類別に検討すると、火葬墓では須恵器壺と土師器甕などが中心を占めるが、木棺墓は黒色土器が中心を占めるという顕著な差異を認めることができ、これはそのまま当時の墓制全体の傾向と見なしてよい。ただ、河内地域の木棺墓は黒色土器を副葬する割合が低いが、河内地方が黒色土器を受け入れない地域であったこと（近江俊1994：p.222）に起因する可能性が高い。

　古墳を再利用した墓制を構成する諸要素が時期的にどのように変遷するのかという点に絞って、簡単な模式図を作成した（表13・14）。これをみてもわかるように、古墳時代終焉直後から始まる古墳再利用は9世紀前半に全盛期を迎え多様化するが、9世紀の中葉頃に大きな断絶期があり、そ

表13 再利用火葬墓の構成要素変遷表

凡例（出現率）: ■ 76～100%　▤ 26～50%　░ 1～25%　（空欄）0%

分類	項目	7C末	8C前	8C中	8C後	8C末	9C前	9C中	9C後	9C末	10C前
墳墓数		1	1	4	4		7	2	1	2	
外部	石組										
外部	墓標?										
外部	周溝										
内部	敷石										
内部	炭敷										
骨蔵器	須薬壷			░	░		░				
骨蔵器	須壷				░		░				
骨蔵器	その他須	■									
骨蔵器	須+土		■	░							
骨蔵器	土甕・壷										
骨蔵器	その他土								▤		
骨蔵器	施釉陶器										
骨蔵器	黒色土器						░				
骨蔵器	木櫃										
骨蔵器	石櫃										
骨蔵器	金属・硝子										
外容器	木櫃										
外容器	石櫃										
外容器	金属容器										
外容器	須恵器甕										
外容器	瓦槨										
副葬品 須恵器	瓶子		■								
副葬品 須恵器	長頸壷										
副葬品 須恵器	壷			▤	▤		▤				
副葬品 須恵器	杯				▤						
副葬品 須恵器	その他									▤	
副葬品 土師器	杯		■				▤		■		
副葬品 土師器	皿		■	■					■		
副葬品 土師器	甕		■						■		
副葬品 土師器	壷						░				
副葬品 土師器	その他		■					■			
副葬品	黒色土器						▤				
副葬品	施釉陶器										
副葬品	海獣葡萄鏡										
副葬品	八稜鏡										
副葬品	その他鏡				░						
副葬品	ガラス玉										
副葬品	水晶玉										
副葬品	石帯類										
副葬品	鉄滓										
副葬品	刀子										
副葬品	鉄刀										
副葬品	鉄鏃										
副葬品	漆製品										
銭貨	和同開珎										
銭貨	和同銀銭										
銭貨	万年通寶										
銭貨	神功開寶										
銭貨	隆平永寶						▤				
銭貨	富寿神寶							▤			
銭貨	承和昌寶										
銭貨	長年大寶						░				
銭貨	饒益神寶										
銭貨	寛平大寶										

表14 再利用木棺墓の構成要素変遷表

		7C末	8C前	8C中	8C後	8C末	9C前	9C中	9C後	9C末	10C前
	墳墓数					4	4	1	4	5	
外部	石組										
	墓標?										
	周溝										
内部	木棺直葬										
	木槨										
	木槨墓										
	木炭木槨墓										
	石槨・石組										
	敷石										
副葬品											
須恵器	瓶子					■	▨				
	長頸壺										
	壺									▨	
	杯										
	その他					░					
土師器	杯								▤		
	皿						▨	■			
	甕										
	壺										
	その他						░	■			
	黒色土器					░		■		▨	
	施釉陶器						░	░			
	海獣葡萄鏡										
	八稜鏡										
	その他鏡										
	ガラス玉								░		
	水晶玉										
	石帯類										
	鉄滓										
	刀子								▨	▨	
	鉄刀										
	鉄鏃										
	漆製品										
銭貨	和同開珎										
	和同銀銭										
	万年通寶										
	神功開寶										
	隆平永寶										
	富寿神寶										
	承和昌寶						░	■			
	長年大寶										
	饒益神寶										
	寛平大寶										

出現率
■ 76〜100％
▨ 51〜75％
▤ 26〜50％
░ 1〜25％
□ 0％

れ以降は木棺墓を中心とした再利用が主流を占めるという変遷をたどることができる。

2. 古墳再利用の意義

(1) 副葬品からみた古墳の再利用

　ここでは、本章第1・2節で取り上げた当該時期の墓制の動向を参考に、墳墓としての古墳再利用の意義について述べるが、まず副葬品の内容について検討したい。

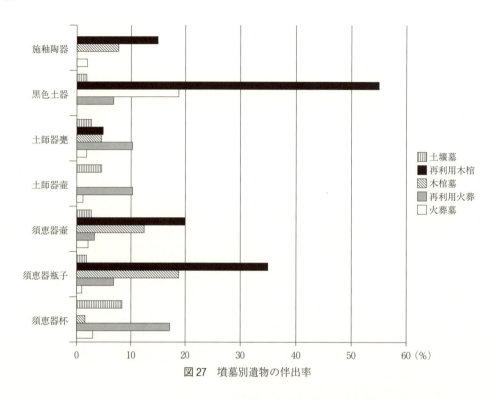

図27　墳墓別遺物の伴出率

　古墳再利用の副葬品は火葬墓、木棺墓とも須恵器瓶子が象徴的な遺物であり（図27参照）、これは当時の木棺墓の葬送儀礼の影響を強く受け、死者を供養するという意識が全面に出された葬送具と云えよう。瓶子の存在に注目すれば、9世紀前半を中心とする時期の木棺墓、再利用としての火葬墓と木棺墓は同じ葬送儀礼上の背景を共有する墓制であり、火葬墓とは異なることがわかる。火葬墓と古墳再利用の違いは銭貨の伴出状況についてもいえることで、和同開珎を中心に銭貨を多用する火葬墓に対して古墳再利用では火葬墓であっても銭貨の副葬は少ない。両者における銭貨の種類の違いは、銭貨を副葬する火葬墓が8世紀代を中心とするのに対して、古墳再利用は9世紀以降が中心であるという時期差に起因するが、再利用の場合は副葬される数量も少ないことが多い。

　第1節で古墳における銭貨副葬の意義を権威の象徴と考えたが、古墳再利用において銭貨の副葬が少ない理由も同様に首肯できるのではないだろうか。古墳再利用の場合、特に9世紀前半を中心する事例では各氏族が出自の再確認や系譜関係を主張するために古墳を再利用したり、追善供養を行ったりしたことから、権威の象徴として中央政府とのつながりを改めて示す必要はないので、銭貨を使用しなかったと考えられる。

　また、小林義孝の説（小林義1995）に従い、銭貨の使用を地鎮的側面から考えた場合も同様である。火葬墓に伴う顕著な副葬品として、銭貨以外に墓誌や「鉄板」を挙げることができるが、古代墳墓より出土する「鉄板」についても小林による詳細な検討がある（小林義1997）。それによると出土状況に基づき「鉄板」の意義は4つに分類でき、地鎮、買地券、墓誌的なもの、写経・誦経をなしたことを表す札と想定されたが、古墳再利用において墓誌はもちろんのこと、これら「鉄板」に類するような遺物は一切出土していない。律令官人が新たに墓域を獲得して墳墓を造営する場合、地鎮目的や買地券として「鉄板」を用いることがあり、銭貨をもって代用する場合も多かっ

たのであろう。しかし、古墳再利用の場合、伝承等によって明らかにその古墳が自分たちの先祖の墓域であるという意識があれば、わざわざ地鎮目的や買地券として「鉄板」や銭貨を用いる必要がなく、そのまま再利用を執行したと考えられる。自分たちの先祖伝来の墓域であるという明確な根拠がないまま、名目上、系譜関係の主張等のために古墳を再利用する場合のみ、古墳を使用させてもらう許可を得るため、つまり地鎮のために銭貨を使用したのではないだろうか。

　瓶子以外に再利用を特徴づける遺物として黒色土器を挙げることができる。火葬墓において黒色土器を副葬する事例は 8 ・ 9 世紀に限れば一切認められず、骨蔵器として利用する事例もわずか 4 例（岡本山古墓 4 号墓、三ツ塚火葬墓 1、巨勢山古墳群 13 号墓、石光山 4 号地点）で、8 世紀末葉の巨勢山古墳群の事例を除けば、他はいずれも 9 世紀後半前後の資料である。

　黒色土器は上物写しの器形的特徴を有する漆黒色の外観の付加価値を評価して、「延喜式」をもとにした色彩別焼物構成の序列の中では、①金属器・中国陶磁器、②緑釉陶器、③灰釉陶器、④黒色土器、⑤須恵器・土師器、という、国産施釉陶器に次ぐ位置付けをする考えもあり（森 隆 1991：p.76）、薄葬が基調の火葬墓に対して厚葬さを強調する木棺墓という葬送儀礼上の意識の違いに基づく可能性もある。須恵器と土師器を除くと 400 基以上に及ぶ火葬墓から検出されたのは二彩陶器が 1 点、三彩陶器 2 点、緑釉陶器 2 点だけであるが、9 世紀前半以降は骨蔵器として施釉陶器を用いる事例も多く、階層的あるいは経済的側面にのみ、頑なに黒色土器を拒み続けた理由を見出すことは無理がある。梅川光隆は史料にみえる「黒色の土器」を密教との関わりからとらえたが（梅川 1997）、9 世紀前半以降の木棺墓を中心とする墓制に密教の影響がうかがえるのであれば、従前の奈良仏教のイデオロギーを体現する火葬墓には黒色土器は用いられず、この時期新たに登場した宗教儀礼を具現する木棺墓と、さらに同様の葬送儀礼下に展開する古墳再利用においてのみ使用されたという意義付けも可能かもしれない。このような黒色土器に関する筆者の考えは第 4 章で述べた。なお、再利用における黒色土器の利用は 9 世紀後半以降に顕著であるが、祭祀容器としての使用を前提とする黒色土器の在り方がこの時期以降大きく変化し、日常什器として普及したという（森 隆 1991：pp.77・78）。黒色土器の需要層が一般農民層にまで拡大することが多用化の背景にあることはいうまでもない。

　副葬品の伴出状況に基づいて古墳再利用の意義を考えると、図 27 から木棺墓→火葬墓→土壙墓→土器棺墓という階層制をうかがうことができる。古墳再利用では木棺墓と火葬墓の二者しか採用されておらず、古墳を再利用する墓制が社会的に下位のものと位置付けられないことを示している。同じことは既に間壁葭子が「むしろ当時としては鄭重に扱われた埋葬といえる」と指摘しており（間壁 1982b：p.85）、副葬品の様相から判断する限り、再利用例はより優位な墓制であった。

（2）再利用における葬制の意義

　ここで、古墳再利用に火葬墓と木棺墓の二者が採用される意義を考えてみたい。少なくとも 9 世紀前半までは火葬墓と木棺墓の間に葬送思想上の区別が認められる。8 世紀代は再利用の事例も少なく、三ツ塚 8 号墳の例を除くと火葬墓ばかりで、木棺墓の利用はほとんどが 9 世紀前半以降に限られるが、桓武朝前後の土葬を基調とする葬制の影響と考えられる。ただ、木棺墓に近接して同時期の火葬墓が 1 例存在する。広沢古墳の再利用であるが、骨蔵器に木櫃を使用し、火葬墓とはいえ木棺墓の影響を受けた墳墓と考えて差し支えない。付表 5 をみてもわかるように薄葬を基調とする

火葬墓の中で、複数種類の副葬品を有する事例はいずれも木櫃を骨蔵器としていることは注目できる。古墳時代墓制の影響が考えられる8世紀前半代の事例を除くと、9世紀後半の事例は再利用と同じく木棺墓という土葬を前提とした墓制の影響を受けたと考えられる。古墳再利用で木棺墓の利用が顕著な大和には同時期の火葬墓はほとんどみられず、木棺墓が中心であり、再利用も木棺墓が採用された。墓制としての変遷や副葬品の保有状況を考えれば、古墳再利用でも火葬墓より木棺墓の方が当時の墓制の動向を反映しており、政治的あるいは宗教的側面が反映された墓制といえるだろう。

3.「律令国家」期の墓制における古墳再利用の占める位置

（1）古墳再利用の画期

　古墳再利用の実態を表12・13に基づいて検討すれば、以下の3つの画期を見出すことができた。①8世紀中葉、②9世紀前半、③9世紀後半であり、これらは火葬墓をはじめとする「律令国家」期の墓制の画期とも対応しており、古墳再利用も当時の墓制の中で一定の位置を占めたことは想像に難くない。引き続き、これらの画期のもつ具体的な意味について検討しよう。

① 8世紀中葉の画期

　第1章でも触れたように古墳再利用は8世紀前半よりみられるが、それらの多くは継続使用や追善供養的な再利用が多く、墳墓としての再利用は8世紀代に限れば中葉頃に集中する。

　墳丘を利用した再利用はほぼ8世紀代の火葬墓に限られ、これらは律令政府による墓域規制に対抗して古墳被葬者との系譜関係を主張することで氏族独自の墓域を獲得しようとした行為と考えた。森本徹は古墳時代後期に営まれた群集墳は数の上では最大の被葬者層であったが、そのまま火葬墓に移行する群はみられず、終末期群集墳と火葬墓群の連続が指摘できるのは一部の限定された地域であると指摘する（森本徹 1998：p.41）が、筆者が集成した資料によれば畿内およびその周辺地域で終末期群集墳の墓域内に火葬墓が造営され墓域として継続するのは田辺古墳群（花田 1987、7世紀前半～末葉の古墳群に続いて8世紀前半と中葉の火葬墓が築造される）、平尾山古墳群雁多尾畑第49支群（桑野編 1989、7世紀前半～末葉の古墳群→8世紀前半の火葬墓2基→8世紀中頃の火葬墓2基）、栗栖山南古墳群（森屋・瀬戸編 2000、7世紀後半～末葉の古墳群→8世紀前半の火葬墓1基）、三ツ塚古墳群（宮原編 2002、6世紀末葉～7世紀末葉の古墳群→8世紀前半の火葬墓1基→8世紀中葉の火葬墓4基）、左坂横穴群（竹原・石崎・村田 1996、筒井 1994、森下・森 1993、7世紀後半の横穴群→8世紀前半の焼骨を埋葬した小規模横穴→8世紀中頃の火葬墓）の5例である。50年前後という2世代程度の時期的隔たりを有する事例を含めても7世紀後半の古墳に続き8世紀初頭の甕棺墓、同前半の火葬墓が検出された墓尾古墳群隣接地（付表2-81）、7世紀第3四半期築造の田須谷1号墳と8世紀前半の田須谷火葬墓（付表2-197、図28）、7世紀後半の中山荘園古墳と8世紀前半の北米谷古墓（付表2-218）、7世紀後半の忍坂8・9号墳の周辺から出土したと考えられる8世紀初頭頃の忍坂古墓（付表2-327）の4例があるに過ぎず、終末期古墳の墓域は基本的に8世紀代の墓域には継続しないことがわかる。

　つまり、7世紀第4四半期の「律令国家」による造墓規制と墓域の再編に伴い古墳が終焉し、火葬墓をメルクマールとする新たな墓制が実現したのであり、中央政権の直轄下にあった奈良盆地で

は葛城山麓などの一部地域を除き、例外は認められなかったが、河内や山城などの周辺地では一部氏族による例外的な措置として、墳丘を利用した再利用によって独自の墓域を主張することもあったのであろう。

奥田尚は8世紀の律令官人の系譜（血縁）意識は、実在すると観念できる人物を系譜上の起点とし、二代程度の近い直系血縁を重視するに過ぎないというが（奥田尚 1998：p.200）、このような祖先意識の欠如が8世紀代の古墳再利用が少ない理由と筆者も考えている。古墳継続使用が8世紀前半代で終焉することも、「律令国家」

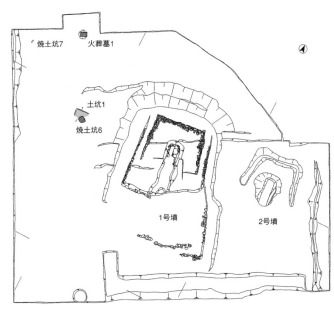

図28　終末期古墳と火葬墓が隣接する例：田須谷古墓群
　　　（江浦1999より引用）

による規制以外に、奥田のいうような当時の官人層の系譜意識を参考にすると理解しやすい。つまり、前代の墓制であった古墳は二代程度、すなわち50年程度の歳月が経過すると血縁としては彼らの興味を惹くことはなくなり、8世紀中葉以降は追葬としての古墳再利用もみられなくなるのである。ただ、河内を中心に一部の古墳で認められる8世紀中頃の利用は藤原仲麻呂の政策による墳墓祭祀の高揚という事実に対応する可能性がある。

『万葉集』4096番、大伴家持の「大伴の遠つ神祖の奥城はしるく標立て人の知るべく」という歌もこのような時代の風潮に合わせて詠まれた可能性があろう。

②　9世紀前半の画期

9世紀前半は墳墓としての古墳再利用のピークであり、山城では木棺墓、河内では火葬墓が葬制の中心となる。この時期に古墳再利用が盛行する社会的背景は、服藤が提唱した桓武天皇による「延暦十年の改革」（791）の可能性を考えているが、祖先祭祀の画期（服藤 1987）にあわせて各氏族が出自の再確認や系譜関係を主張するために古墳を墳墓として再利用したり、追善供養を行ったりしたのであろう。9世紀以後の新氏族＝平安貴族は系譜的につながらない異分子までも含んで同一氏族を名乗った（宇根 1983：pp.84・85）と考えれば、実際の血縁の有無は重要ではなく、都市貴族として桓武朝で確固たる地位を占めるには何らかの系譜さえ主張できればよかったのであり、そのために古墳が利用されたのである。

この時期の史料には各氏族による改賜姓が散見されるが、延暦年間より改賜姓申請に際しては戸籍ではなく各氏族が保存していた「家記」・「家譜」等が引用されるようになったという説（義江 1983：p.47）に従えば、各氏族の出自や系譜関係を証明する上での主体者は各氏族の側に移っていた可能性がある。折しも光仁・桓武両天皇は藤原氏の勢力を抑制するために、伝統的な旧氏族を積極的に登用したが（長山 1981：p.8・1983：p.6）、この時期は新興郡領出現の画期であり（今泉

1972：p.36)、律令体制の再建という当時の政治改革の中で自らの氏族としての体裁を整えることに彼らは奔走したのであろう。

　大和におけるこの時期の再利用は２例しかないが、小泉狐塚古墳では銭貨を使用して名目上の系譜関係を主張するという風潮に合致した事例であり、フジヤマ１号墳は火葬墓に稀有の事例である黒色土器を骨蔵器として利用するが、人骨の量が少なく、分骨埋葬の可能性が想定されている（泉森 1976)。報告者の指摘に従えば、かつて大和を本貫地としていた氏族が改めて自らの系譜関係を主張するためにわざわざこの古墳を再利用したといえるであろう。なお、『日本後紀』には延暦18年（799)、和気氏や菅野氏の氏墓が民衆による材木採集のために侵害されたことを訴える記事がみられるが、奈良時代以来の伝統的な墓域を所有していた氏族にとっても律令体制の弛緩と共に祖先墓再興、再確認の必要があった。[25]

　また、第１章で触れたように、近畿地方における古墳再利用は水霊信仰など一部の例外を除けば、数十基以上の古墳が密集する大規模群集墳には認められない。氏族としての体裁を整えるために古墳を利用するのであれば、周辺に同じような古墳が点在する中で、一基だけを任意に抽出して自らの出自証明とすることは客観的にみても無理があり、在地と密着した中小規模の群集墳においてのみ再利用が執行されたのである。もちろん、その場合、付表１や５をみても明らかなように石棺を有する事例や墳丘規模が比較的大きいという衆目を惹く古墳が選ばれたことはいうまでもない。

③ ９世紀後半の画期

　９世紀後半から末葉にかけての再利用は河内と大和にほぼ限られ、前者では火葬墓が、後者では木棺墓が中心を占めるが、大和における再利用は宇陀市を中心とする地域に集中し、その鄭重な葬送儀礼が注目される。河内地域においては９世紀後半以降火葬墓が隆盛を迎えるが、それらの多くは群集火葬墓であり、再利用はいずれもこのような火葬墓群の周辺地域に認められた。当時は「私的土地所有の方法の一つとして、墓域を設定していくことが具体的な意味を持って」（橋口 1985：p.47）いたと考えられており、新興氏族が自らの土地所有を拡大する手段として再利用を行った可能性がある。さらに、同時期の群集火葬墓と比べると古墳再利用の事例は副葬品も豊富で、鄭重な埋葬形態を示すことから、土地所有のために敢えて群集火葬墓とは墓域を異にした特別の被葬者像を想定することができる。

　これに対して、大和の事例は地域の墓制の動向と軌を一にするが、当該時期には近親祖先墓の再興を図った藤原良房の政策に伴い、本来は祟りへの慰撫が目的であった「荷前」が政府による墳墓祭祀に変質するなど、中央貴族内での墳墓儀礼が始まること（田中久 1996：p.23）から、この時期以降は近親祖先墓そのものが儀礼の対象となり、もはや古墳は儀礼の対象ではなくなったことがわかる。冒頭でも記したように、10世紀以降の古墳は単なる「鬼」のすみかであり、即物的な利用が行われるに過ぎない。このような古墳に対する人々の意識が変化しつつあった時期に大和で再利用が多用された背景には、何か特別の意味があったに違いない。その意義については次項で述べることにしたい。

（２）各地域における古墳再利用の占める位置

　前項では古墳を再利用する儀礼の画期について簡単に触れたが、ここではそれぞれの地域におい

て古墳再利用がどのような意味をもっていたのかを検討しよう。
　① 播磨・但馬
　摂津地域も含め、兵庫県下の事例は古墓、再利用例ともに数が少ない。しかも、現状の再利用例の分布は律令時代の「畿内」に含まれない縁辺部に限られる。いずれも火葬墓ばかりで、木棺墓を採用しないことから、これらの事例は畿内の動向をほとんど意識していない、あるいは情報が十分に伝わらないという、中央に対する地方としての在り方を示すものであろう。
　しかし、地方での在り方については、東日本では茨城・群馬・神奈川の各県において奈良・平安期の火葬墓が数多く検出されているのに対して、山梨では確実な火葬墓が1例も検出されていないように（栃木県考古学会 1995）、地域ごとの様相は多種多様である。
　播磨に隣接する岡山県では同時期の火葬墓は94例に及び、美作一帯では古墳時代に続いて古墳内に火葬骨を追葬する例も多く、後期群集墳に近接して火葬墓を営む例が多々あること（間壁 1981）は畿内の様相と明確な相違点である。しかし、奈良時代末から平安時代初期にかけて瓶子を用いて、「100年以上も使用が断えていた古い墓であるはずの古墳が再度利用されたり、あるいは、祭られたかも知れない痕跡」を示すものが出現すること（間壁 1981：p.91）は桓武朝の政治動向を敏感に反映したと見なすこともできる。つまり、同一地域でも、時期により中央政府との関係は微妙に変化し、周辺部という位置付けが一様でないことは明らかであり、その実態解明は今後の課題である。
　② 山城
　8世紀代の山城も播磨と同様、古墓、再利用例ともに少なく、畿内周縁部のような在り方を示すが、桓武天皇の登場によって8世紀末葉以降は政治の表舞台となり、その様相が一変する。例えば嵯峨野周辺では9世紀前半の再利用が活況を呈するが、この地域には木棺墓をはじめとする8世紀前半代の古墓は存在せず、唯一、8世紀後半の長刀坂古墓（付表2-1）が認められるだけで、8世紀代はそれほど有力な在地勢力はなかったと考えられる。しかし、渡来系氏族の出身者を母とする桓武天皇の登場を契機に渡来系議政官が増加すると、俄然注目を集めるようになり、自らの出自証明のために古墳再利用が盛んに行われたのであろう。
　嵯峨野における古墳再利用の副葬品は土器類が中心であり、鏡や玉類はみられない。同時期の木棺墓と比べるとやや見劣りするが、出土遺物の中に施釉陶器が散見される（音戸山3号墳・5号墳）など、横穴式石室という特性を考えれば、本来副葬された遺物の多くは既に盗掘された可能性があり、木棺墓とそれほど遜色のない墓制と位置付けることができる。ただ、このような再利用も9世紀中葉以降は陵墓祭祀に仏教的儀礼が導入されると（大石 1990）、墓堂や墓寺の建立を通して祖先祭祀を行い、祖先の墳墓が祭祀されるべき場所との観念が生まれ（服藤 1991：p.93）、墳墓儀礼としての古墳の再利用は減少すると思われる。
　③ 河内
　河内は平城京・平安京などと隣接するという立地条件により、播磨や摂津、山城とは違い、中央の動向と結びつくものの、8世紀中葉の一時期を除くと、あくまでも隣接地であり、政府の直轄下にはないという特性を生かして独自の発展を遂げた。8世紀代は心合寺山古墳の例（図29）のように古墳墳丘を利用した火葬墓の造営により律令政府の墓域規制にとらわれない独自の墓域所有を主張し、8世紀中葉には藤原仲麻呂政権の政治動向に則り祖先墓として古墳を再利用する現象は畿

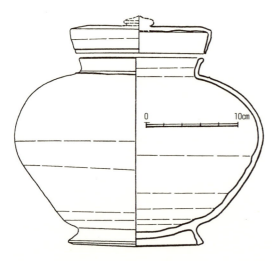

図29 古墳の墳丘より出土した骨蔵器：心合寺山古墳
（原田 1976 より引用）

内の他地域にはほとんどみられない。

8世紀代は田辺古墳群隣接地に造営された古墓群のように、古墳再利用と古墓群が同じ墓域を共有することはなかった。しかし、9世紀後半以降は富裕層が群集火葬墓を造営するようになり、その周辺地域では石室や古墳の墳丘が利用されたが、それらの事例の多くは同時期の火葬墓よりも葬法として鄭重であり、私的土地所有の一環として造墓、再利用を行ったと考えられる。「雑色人」と呼ばれるような、天皇喪葬にとらわれない新しい火葬墓造営主体が階層的に拡大することが端的に示すように、「律令国家」の諸制度は既に崩壊の危機に瀕しており、新たな歴史段階に突入していたといえるが、その後まもなく「延喜式」の編纂（927）をもって律令時代の陵墓制度が終焉したこと（北 1996）を中央政府も追認することになる。

④ 大和

大和における古墳再利用は2例を除き、すべて9世紀代に限られる。その2例（付表5-53、59）のうちの1例は吉野郡という大和盆地の中枢部から離れた僻地であることを勘案すれば、律令政府の直轄地であった大和盆地内では厳格な造墓規制が貫徹され、平城京域周辺に葬地があらかじめ定められていたように（金子 1984：pp.73・74）、律令官人・律令貴族は階層的墓制の中に組み込まれ、各氏族の裁量に左右されるような古墳の再利用はほとんど行われなかったと考えてよい。まさに、大和における8世紀代の在り方は、大和盆地内でのみ造墓規制が可能であり、畿内はおろか、大和国内でも盆地以外は規制できなかったという「律令国家」の力量を示すが、桓武天皇の登場により都が平城京から長岡京・平安京へと移ることによって、大きな転機を迎えた。

延暦15年（796）以降、平安京への官人集住が徹底され、平安貴族が急速に都市貴族化していく中で、もはや平城京を中心とする大和の地は忘れ去られた存在となった。そして、このような政治的変動の中で奈良時代以来の伝統的貴族は没落し、彼らとは系譜的に断絶のある平安貴族が登場した（長山 1981：pp.10・11）。彼らは中央政権内で一定の政治的立場を確保するため、かつての伝統的な氏族との系譜関係や自らの出自を証明、主張する手段として古墳の再利用を行ったと考えられるが、既述したように大和でもこのような政治的風潮に則った事例が2例確認できた。

当地における古墳再利用最大の特色は、9世紀中葉以降、特に9世紀後半から10世紀初頭にかけて造営された木棺墓で、宇陀地方を中心とする地域に集中する。能峠1号墳（付表5-47）では古墳時代の床面から30cmほど土を入れて新たな床面を作る際、先葬者の存在を意識したかのように再利用時の木棺の位置をずらしており（前掲図5）、室の谷2号墳（付表5-50）でも古墳時代の石棺のある玄室部分を憚るかのように羨道部分に木棺を埋置し、黒色土器や土師器を用いた供養的行為も行うことから、報告書では「系譜的に連なる祖先との合葬行為を意識」していたと評価さ

れた（楠元編 1991）。能峠3号墳（付表5-48）から水滴に使用された墨付きの須恵器平瓶が出土しており「被葬者は生前、字を書いていたと推察され」、「地方官人であった蓋然性が高い」という（楠元 1986：pp.113-121）。

　大和の当該時期の墓制は木棺墓が中心であるが、実は9世紀代の天皇喪葬は淳和太上天皇と清和太上天皇、葬法不詳の嵯峨太上天皇を除くといずれも土葬によったことが判明しており（黒崎 1980：p.126）、能峠3号墳を再利用した被葬者が地方官人であるという可能性を勘案すれば、これら木棺墓の被葬者は中央政府の動向を意識し、何らかの結びつきがあった人物たちと見なすことができるのではないだろうか。

　つまり、この時期に台頭した新興勢力が在地での権威を保つため、その昔宇陀の地において権勢を揮ったはずの在地勢力との系譜関係を主張しようとして古墳を再利用したと考えれば理解しやすい。さらにいえば承和の変（842）で嵯峨朝以来活躍した文人や近臣が政界を追われ下野しており、能峠3号墳から出土した「水滴」にこだわればこのような都落ちした官人をその被葬者に想定することもできる。しかし、管見の限り、当時の史料にはそのような事実は認められず、政界を追われた官人たちの行き先が必ずしも宇陀地方に集中する必然性も見当たらないことから、このような想定には無理がある。もっとも、宇陀地方は王権にとって由緒ある土地であり、県や禁野が置かれ、内廷に奉仕する氏族が多く居住し、天皇や皇子らの薬猟や狩猟もしばしば行われたという指摘（仁藤 2004）に着目すれば、当地における木棺墓の盛行も故なしとは言い切れまい。

　丹切43号墳（付表5-46）の再利用時の遺物の中に鉄製紡錘車が含まれるが、丹切古墳群にほど近い宇陀市赤埴の仏隆寺には貞観9年（867）、「室生寺奥の摩尼山光明ヶ岳の白岳に入定した堅恵を移し、入定所としたと伝える石室」（菅谷編 1975：p.140）がある。丹切古墳群の報告書で、堅恵の入定廟の石室築造を契機として丹切43号墳の石室に埋葬、あるいは入定所が設けられ、先の紡錘車は「尼僧あるいは入定者が死に臨んで糸を紡いでいた」との考えが示された（菅谷編 1975：p.140）。しかし、出土遺物の中に入定所という想定に合致するような仏教遺物が一切認められないので、このような位置付けも不適当といわざるを得ない。

　ところで、9世紀後半の大和における古墳再利用は中央の動向を意識した可能性があるが、8・9世紀に造営された墳墓は天皇喪葬の影響を受けることが多いにもかかわらず（黒崎 1980）、9世紀後半以降、河内を中心とする地域で天皇喪葬にとらわれない火葬墓群が造営された。そして、仁明朝から清和朝にかけて、天皇の存在が官人機構から遊離し、一部特権貴族の中心としての存在へと矮小化しても（笹山 1976：p.257）、大和における木棺墓は天皇の葬法を意識したものと考えられ、その被葬者はこれら一部特権貴族と密接に結びついた可能性がある。

　では、このような特権貴族とは誰であろうか。貞観2年（860）11月3日の条に、天皇の寵臣源融に狩猟の地として宇陀野一円の地域が下賜されたという記事がある（堀池 1993）。つまり、筆者は源融こそ、この特権貴族にふさわしいと考えるが、この記事を手がかりとすれば、目代として宇陀野に派遣された人々が在地に根ざして勢力を揮うため、古墳を再利用することで自らの権力基盤としての正当性をアピールしようとしたと位置付けることができ、あるいは源融が目代に任命した人物や現地で登用した在庁官人の中にこの地域が本貫地であるという伝承を有する氏族がいたのかもしれない。

4.「律令国家」期に墓制が果たした意義

　本節は、第1章で十分検討することのできなかった墳墓としての古墳再利用の意義を明確にするため、前節までの内容を踏まえ、律令時代の墓制の中に古墳再利用を位置付けることを目的とした。残念ながら、筆者の力量不足により、古墳再利用の意義については、十分な史料検討ができなかった。内容についても文献史学の成果に頼り、集落や官衙との関係をはじめとする墳墓以外の考古学的所見に基づく考察までは手がまわらなかった。このように、残された課題は多いが、最後に、本節を終えるにあたり、第1章で明らかにできた成果も踏まえて、古墳時代終焉以降、「律令国家」の成立からその崩壊へと至る過程において果たした墓制の意義を筆者なりにまとめておきたい（図30）。

　壬申の乱を経て、急速に中央集権国家樹立の道を歩み始めた天武・持統両天皇の下で従来の古墳に替わる新しい墓制が生み出され、造墓に関する厳格な階層規制も行われた。それが火葬墓という新来の葬法であり[27]、平城遷都に伴い葬地の規制も行われるようになった。

　「火葬」という葬制そのものは7世紀後半頃に久米ジカミ子遺跡（付表2-350～356）をはじめとするいくつかの墳墓で執行されたようだが、8世紀初頭以降は古墳に替わって、「律令国家」の中心的な位置を占める墓制として採用されることになる[28]。畿内において、終末期群集墳は遅くとも7世紀の第4四半期には終息するが、一部を除いて8世紀代の墓域に継続しないのである。

　一方、同時期の大和を除く畿内各所ならびに縁辺部では依然として古墳そのものが造営され続け、追葬として横穴式石室を使用する事例も多いが、律令政府の造墓規制や二代程度の近い直系血縁のみを重視する当時の律令官人の系譜意識から、このような古墳継続使用の在り方も8世紀前半代で終息することとなった。

　8世紀中頃の藤原仲麻呂の登場によって墳墓儀礼が重視されると、河内では祖先祭祀の一環として古墳再利用が行われるが、「律令国家」の規制にとらわれない氏族独自の墓域獲得が目的であった可能性が高い。また、同じ頃、大和・河内の各所で火葬墓群が造営されるが、仲麻呂と彼に続く道鏡の時代は自らに権力を集中させるため、旧来の貴族に替わり、中下級貴族や渡来系氏族、地方豪族を積極的に登用したことから、新たに政治的立場や権力を獲得した新興勢力がこのような墳墓群を造営した可能性がある。詳しくは第4章第1節を参照してほしい。

　平城京を舞台とした律令時代の墓制も平安遷都に伴い大きな転機を迎えた。桓武天皇は「延暦十年の改革」などを通して、「国忌や『別貢幣』対象陵墓を自己の直系祖先のみに限定する事で家の祖先祭祀を創設し、自己の王朝の正統性を表明」（服藤1987：p.18）しようとしたが、陵墓祭祀の変容に伴い、桓武朝下で新たな政治的立場を獲た官人たちも自らの出自の証明や系譜関係を主張する手段の一つとして古墳の再利用を行ったのであろう。その典型的な事例が嵯峨野地域における再利用の急増であり、8世紀を通して顕著な在地勢力が存在しなかったにもかかわらず、桓武朝では渡来系議政官が増加するという史実に対応するかのように古墳再利用のピークが訪れることになる。

　もちろん、ここでいう古墳再利用とは必ずしも墳墓としての再利用とは限らず、追善供養のような墓前儀礼が執行された可能性もある。再利用でも山城を中心に豪華な副葬品を有する鄭重な木棺

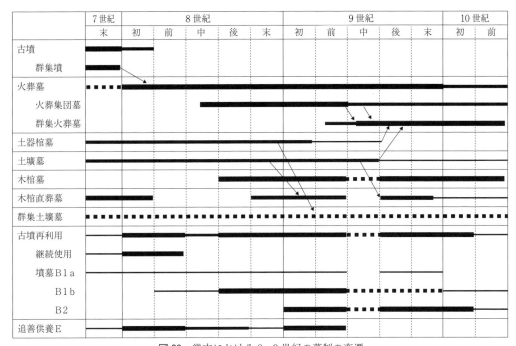

図30　畿内における 8〜9 世紀の墓制の変遷
（点線は存在が予測されるが実態が不明なもの。線の太さは出現頻度を表す）

墓が築造され、須恵器瓶子などの専用葬具も用いられた。葬制としての土葬は 8 世紀後半以降、徐々に目立つようになったが、奈良時代中頃から平安時代前期（738 年から 842 年まで）を古代日本国の最盛期、「アジア情勢に包摂されつつ、律令体制がバージョンアップされた『ひと続きの時代』」ととらえる吉川真司の説（吉川真 2006：p.177）を踏まえれば、このような葬制の変化も理解しやすいのではないだろうか。

また、延暦 15 年以降の史料にみえる官人層の京貫に伴い、大和における墳墓の造営は急速に衰えたが、「下級官人の京貫の背景には、京貫者側の古来の職掌や本拠地から離脱しようとする意識があった」（市川 1998：p.39）と考えれば、もはや大和の地は忘れ去られた存在となったといえよう。

なお、豪壮な木棺墓に対して、この時期には木棺を直葬する簡略化した木棺墓も造営される。それは、本来ならば土壙墓に葬られるべき階層の被葬者が当時の墓制に影響されて、このような木棺墓を採用した結果ではないだろうか。

9 世紀中頃の陵墓制度に仏教的儀礼が導入されるに従い、神事的儀礼としての荷前が衰退し、この変化に合わせて追善供養的な古墳再利用は終焉した。これは、承和の変で旧来の貴族勢力を追い落とし、権力を掌握した藤原良房が「十陵四墓制」（858）を制定することで近親祖先墓の再興を図るなど、中央貴族による墳墓儀礼が始まるという画期とも連動するが、祟りへの慰撫が目的であった荷前が政府による墳墓儀礼という役割を担うようになり、追善供養すべき対象は徐々に古墳ではなく、近親祖先墓、つまり自らの父母をはじめとする墳墓となったのである。

藤原氏による新しい墳墓儀礼が創始される直前の時期に、嵯峨太上天皇・空海を中心とする人物によって徹底した造墓否定、薄葬遺詔が相次いだ[29]。それは、火葬墓・木棺墓はいうに及ばず、古墳

再利用も含めたあらゆる墓制に影響を与え、造墓活動が一時的に断絶するなどの現象がみられた。しかし、こうした造墓否定の傾向は嵯峨太上天皇を中心とする一部の人々の間にだけ貫徹したものであり、仁明天皇の死後は藤原氏によってすぐさま新しい墓制が生み出されたのである。

　このような政治変動により、律令官人にとって求心性を失った天皇はもはや一部特権貴族の中心としての存在に過ぎなくなり、墓制に体現された律令制的秩序はほとんど意味をもたなくなった。つまり、9世紀後半になると河内をはじめとする地域で火葬墓造営主体の階層的拡大が進み、在地主体の墓制が出現するが、これらの墳墓に葬られたのは当時の史料において「雑色人」として把握されたような人々である。それは律令時代の墓制とは異なり経済力を有する裕福な階層が自らの主体的意志で造墓し得るという新たな時代が到来したことを告げる現象といえよう。

　律令時代の墓制の下で従属的位置にあった土壙墓や小人用を中心とする土器棺墓は9世紀中葉以降激減するが、新たな墓制の誕生に伴い本来は土壙墓や土器棺墓に葬られていた被葬者もこのような火葬墓群に取り込まれた可能性がある。9世紀後半以降の山城における墳墓の実態は不明な部分が多く、考古学的資料に基づく実態解明の作業は今後の課題とする他ないが、河内では火葬墓が葬制の主体であるのに対して大和は木棺墓を中心とする土葬が採用された。特に、宇陀市域を中心とする地域で木棺墓を用いた鄭重な古墳再利用が執行されており、本節では源融の宇陀野下賜という史実に基づき目代として派遣された人々が任地での勢力基盤を確保するために旧来の在地勢力との系譜的結合を目論んで古墳を再利用した可能性を述べた。

　しかし、こうした宇陀市における事例が例外的なものであることはいうまでもなく、既に祖先祭祀の対象は古墳から近親祖先墓＝当時築造された父母などの墳墓へと変化しており、律令時代の墓制において果たしたような役割をこれ以後の古墳再利用という葬法が示すことはなかった。すなわち冒頭で示した『今昔物語集』のように、「鬼のすみか」として恐れることはあっても、祖先の墓であるという認識の下に鄭重に祀られることはなく、雨宿りの場や住居、あるいは倉庫などの即物的な利用へと変質したのである。もちろん、12世紀以降も横穴式石室が墳墓として再利用されることはあるが、それらの行為に律令時代の墓制で期待されたような政治目的をうかがうことはできない。宗教上の理由も含め墳墓として利用する上で便利だという、まさに即物的な理由によるものであった。

註
（1）　奈良時代墳墓に関する森本六爾の業績は後に森本1987にまとめられた。
（2）　今回、集成できた古墓は、火葬墓570基以上、木棺墓63基、土壙墓670基以上、土器棺墓31基の計1334基以上であるが、群集土壙墓や群集土壙墓状の火葬墓を含み、大半の資料が実態不明である。集成に際し、黒崎直をはじめとする先学諸氏の集成表を活用させていただいた他、当時未発表の海邉博史作成の「畿内古代墳墓地名表」（海邉1999掲載：pp.55-67）を引用させていただいた。この場を借りて、感謝の意を表したい。
（3）　北山峰生によれば道昭以前の火葬墓は大和で7例（五条野内垣内、久米ジカミ子、堂塚、森カシ谷、三ツ塚、西北窪、小谷）確認でき、森カシ谷遺跡と三ツ塚古墳群の遺構は火葬墓というより改葬墓の可能性が高く、西北窪遺跡は火葬の行われた痕跡がうかがえる事例に過ぎないという。7世紀代の火葬墓として確実な事例は小谷遺跡の墳墓であり、出土した須恵器杯はTK209型式期に比定できる（北山峰2009）。河内地域の火葬墓導入の様相を検討した安村俊史は7世紀代の火葬墓と推定される事例は2例のみで、両

者とも不確実な事例と判断した（安村 2009）。
（４）　吉澤 2001 や橋口 1985 などでは、宗教上の思想背景に基づく造墓理念の変化や土地の所有意識という観点から、奈良時代と平安時代の墳墓造営理念の違いが強調されている。
（５）　上林史郎は古墳の終焉を考える上で、養老 5 年（721）に出された元明太上天皇の遺詔を重視し、この詔によって前代から続く厚葬の風（高塚墳墓や横口式石槨）が完全になくなったと考えたが（上林 2004：p.70）、8 世紀第 2 四半期における墓制の画期を考えるうえで重要な指摘である。
（６）　小林義 1995：p.80 参照。なお、火葬墓を取り扱った小林の論考は小林義 1997 や小林義 2009 をはじめ多岐にわたっており、本書執筆に際しても大いに参照させていただいた。
（７）　火葬墓の類型化に関しては、既に橋口定志が火葬墓自体の在り方から、1：一定の場所に集中、2：単独、3：一定の地形の中にある程度の間隔を置いて分散、というように筆者とほぼ同様の視点からまとめており、参照してほしい（橋口 1985：p.44・45）。
（８）　『吉事略儀』には、納棺に際して念珠をもたせることが記され、清和太上天皇は念珠を手にして崩じたという（福山 1983：p.234）。骨蔵器内に玉類を納棺あるいは拾骨段階で副葬する事例が 9 世紀後半以降急増する事実はこれらの記録を裏付けるものといえよう。さらにいえば、後述するように、この時期新たに登場した仏教的葬送イデオロギーとの関連も考えるべきであろう。
（９）　桓武朝の政治改革については、服藤 1987 によるところが大きい。
（10）　長山 1981：p.16 参照。8〜9 世紀にかけて同一墓域内で造墓される古墓群のほとんどが 8 世紀後半以降に半世紀以上の断絶期がみられることも長山説を傍証する事例といえよう。
（11）　『日本霊異記（中巻）』（小泉 1984）「第五　漢神の祟りにより牛を殺して祭り、また放生の善を修して、現に善悪の報を得る縁」では、富める家長の公が「わが死なむ後に（中略）焼くことなかれ」といい、当時の富裕層の葬法が火葬であったことがわかる。「第二十五　閻魔王の使の鬼、召さるる人の饗を受けて、恩を報ずる縁」でも「布敷の臣衣女」という臣の姓を有する人が、身体が火葬されたという記事が掲載されている。なお、第十六「布施せぬと放生するとによりて、現に善悪の報を得る縁」では、富める人の使用人が事故死し、巫を通じて「焼くことなかれ」と伝えており、有力者以外も火葬に付されていたことがわかる。
（12）　初現期の火葬墓にみられる多様性は、直前の墓制である終末期古墳が墳墓ごとに個性を有し、多様性に富むことの延長線上に位置付けることができ、8 世紀中頃までの墳墓に認められる周濠も古墳の影響であると考えている。安村も木炭で木櫃を覆う火葬墓は古墳時代終末期の木炭槨が変容したものであり（安村 1997b：p.48）、「骨蔵器を何らかの施設で囲んで安置するという考えの背後には、石室など古墳に対する観念の残存を認めることができるのではないだろうか」（安村 1999：p.37）と述べた。葬送イデオロギーをストレートに反映する葬送具としての遺物とは異なり、構築物としての墳墓施設には古墳時代の技術上の影響が認められるが、律令期の墓制の急速な発展とともに 8 世紀中頃には古墳時代的葬送イデオロギーは完全に払拭されることになる。
（13）　8 世紀中葉に成立する火葬墓群とは違い、副葬品や立地条件としての墓域の在り方などを考慮すれば、この時期の群集火葬墓は村田・増子 1980 で述べられたような家族墓的要素を認めてもよいと思われる。
（14）　土師器使用の土器棺を検討した角南聡一郎も 10 世紀前後に土器棺が終焉を迎え、「『子供』の存在が墓によって確認できなくなる時代＝中世」へ突入すると考えた（角南 2007：pp.193・194）。
（15）　梅川光隆によれば、仏教において黒色が「あらゆる色彩に交わらない究極、不変の色彩と評価され」、密教法具の壇具として黒色の土器が多用されたという（梅川 1997：pp.411-421）。ただし、天台・真言両宗が確立したのは嵯峨朝であり（本郷 1993：p.16）、8 世紀末葉以降に顕著になる木棺墓の意義を密教思想のみに求めることは困難であろう。藤沢一夫は平安時代の墳墓から検出された土砂が真言秘密作法書巻の「土砂加持作法」に基づくものである可能性を指摘しており（藤沢 1970：pp.280-283）、密教儀礼と墳墓の関わりを知ることができるが、確実な事例はわずか 3 例であり（小林義 1999a：pp.4・5）、火葬墓・木棺墓の両者が含まれることから、直ちに木棺墓と密教儀礼を結びつけるものではない。

(16) 考古資料における奈良・平安時代の古代墳墓の副葬珠玉の整理を行った秋山浩三は珠玉が祭祀、呪術的意味合いが濃厚なかたちで、墳墓に副葬されたと想定するが（秋山 1997・1998）、材質の相違については触れていない。

(17) 当期の木棺墓に2種類の形態があることは岡野慶隆も述べており（岡野 1981：p.28）、石光山古墳群中に7世紀代の木棺直葬墳が存在し、木棺直葬タイプの古墓は8・9世紀に限定される葬法でない可能性を述べた。しかし、7世紀代を除けば、木棺を直葬する墓制は8世紀代の畿内各地に浸透していない。つまり、桓武朝に集中して認められる簡略化した木棺墓が古墳時代の伝統を継承する墓制であると見なすことはできない。また、岡野は8世紀代の火葬墓に二重構造をもつ例があることから、二重構造を有する木棺墓は「火葬墓の延長上にあるもので、その多様化のなかで生じた」（岡野 1981：p.28）可能性を指摘するが、本文でも触れたように火葬墓と木棺墓は葬送に対する思想に明白な相違があることから、両者は厳密に区別すべきものである。

(18) 再利用の類型に関する記号は第1章の内容に準じたため、B1とB2を用いたが、本節では、火葬墓についても骨蔵器を埋置した場所により細分した。

(19) 義江1983参照。服藤早苗も9世紀初頭頃に「政治的地位継承の父系直系血縁原理の正統性を表明する儀式」として荷前が確立したが、その背景として「貴族層にも、政治的地位が父から子へ継承されるものであるとの観念が萌芽した」可能性を述べている（服藤 1991：p.93）。筆者もその説に賛成で、古墳再利用が男性にほぼ限られる一因と考えられる。

(20) 墳墓数と副葬品の保有状況（種類の多さ）の時期的変遷に関して、当時の墓制と古墳再利用（火葬墓・木棺墓の二者）の間にどのような相関関係があるかを検討したが、火葬墓は再利用例と相関関係を見出すことはできなかった。これに対して、木棺墓では再利用例の方が副葬品の保有状況はやや優勢であるが、墳墓数の変遷をはじめとする各項目に相関関係が認められ、当時の墓制の動向をより反映したものであることは間違いない。

(21) 本文で示した以外に、終末期群集墳内に火葬墓が造営され、墓域として継続した可能性のある事例として兵庫県山本奥古墳群（森本 1991）がある。C・H支群周辺から火葬墓に関連する「焼土坑」が検出された。このような火葬墓を内包、近接する終末期群集墳について安村俊史は「終末期群集墳に近接する地に新たに火葬墓群を営む場合は、その間に空白期があり」、「群集墳内に火葬墓を営む場合は、土壙墓のような墓制を介して埋葬が継続している可能性が高い」と考えており（安村 1999：p.37）、筆者の考えと異なるが、群集墳と火葬墓をつなぐ土壙墓がほとんど検出されていないため、安村も述べたように、その評価は今後の課題とせざるを得ない。

(22) 東日本においては、8世紀前半代の火葬墓が極端に少なく、古墳時代からの墓域が8世紀以後も継続して機能していたこと（仲山 1995：p.9）と対照的である。汎日本的にみれば、律令政府の監視の目がある程度行き届いた畿内ならではの現象と位置付けることもできよう。

(23) 井山温子は、持統朝では天武天皇個人の追善供養によって前帝の権威を再装置し王権を安定・維持させたが、不安定な政治状況下では先帝・諸皇の権威を再装置・継続することで王権を安定させるという行為が祖先供養・追善供養の重視につながり、男帝の時代にも継承されたという（井山 1996：p.41）。8世紀前半を中心とする時期の古墳継続使用にこのような政策が影響していた可能性もあろう。

(24) 服藤1991：p.86によれば、8～9世紀初頭にかけての時期は、墳墓を供養するという習慣が未成立であり、「祖先」を意識した系譜関係の主張を行うのであれば、必然的に古墳を再利用することになったのであろう。

(25) 同一氏族による氏墓の変遷という観点から河内地域の古墳と古墓群を検討した花田勝広は本貫地との関係から河内の氏墓を4類型に分けた（花田 1988）。第三類型（寺山型）とされるものが『日本後紀』延暦18年（799）3月条に記された百済系渡来氏族三氏の共同墓域であり、本貫地南側に営まれたという。しかし、これらの墓域内で造墓活動が確認されるのは8世紀後半頃までであり、三氏による墓域管理は9世紀代には継続しなかったと考えられる。

(26) 道昭火葬以前の資料を集成し、畿内における火葬墓の導入状況を検討した北山峰生はこのような事例が今後畿内でも増加すると予想した（北山 2009）。

(27) 古墳と火葬墓の時期的な重なりはほとんど皆無であり、「過渡的形態はしられていない」（森本 1999：p.26）が、天武・持統朝の墓制は横口式石槨や小石室に加え、石棺直葬の形態をとるものや粘土質木炭槨など様々な種類がみられ、古墳に変わる新たな墓制への過渡期であり、葬制も含め墓制としてのスタンダードが確立されていなかった。さらに、厳格な造墓規制が施行された結果、古墳などの墳墓に葬られる被葬者は大幅に制限され、墳墓数も減少した。

(28) 『続日本紀』文武天皇4年（700）条に「天下火葬従此而始也」と記された僧道昭の記事は有名だが、火葬の始まりとわざわざ記すのは、古墳時代的な葬送イデオロギーを払拭して新しい墓制を国家が創始したことを晴れて天下に布告するという意図があった。遺体処理に「火化」という手法を用いることは7世紀後半代から認められるが、律令期の火葬墓に古墳時代の葬送儀礼を体現する葬送具である須恵器杯・蓋が用いられなかったように、律令政府の採用した火葬墓は階層規制を伴う新しい葬制であることを明確にする必要があったのであろう。つまり、「火葬墓の導入は制度的な色合いが強く、決して仏教文化の真の理解や環境が整ったがために導入されたのでは」なく「為政者側が望んだもの」（森本 1999：p.27）という森本の意見に筆者は賛同したい。

(29) 嵯峨朝に顕著となった薄葬思想の歴史的背景として、儒教を重んじた嵯峨太上天皇が、厚葬に代表されるような道教的葬法を斥けたとする意見（和田軍 1936：p.459）もあるが、桓武朝の木棺墓を中心とする墓制に道教の直接的な影響は認められない。

(30) もちろん、この時期になっても火葬墓に埋葬されたのは「富豪層」であり、一般庶民は土葬または遺棄が葬法の中心であった。

第4章　墓制からみた「律令国家」の終焉

第1節　古代の集団墓──畿内における8・9世紀の古墳群──

　第3章で8・9世紀の火葬墓の動向を検討した結果、9世紀後半以降、畿内各地域の共同体レベルで葬送儀礼の地域色が顕在化し、社会的次元における儀礼の共有化が志向されなくなると同時に、他界観や霊魂観にも大きな変化が認められることを指摘した。そして、当該時期の史料の上で「雑色人」あるいは「富豪の輩」と称される新興富裕層によって新しい墓制が誕生したと考えたが、これらの論証にあたり、主に河内・柏原市域で検出された古墳群を取り上げた。当該地域は畿内でも稀な古代墳墓の宝庫ともいえる特殊な地域であり、これら古墳群の歴史的位置付けの解明こそが、先に提示した筆者の古代墳墓観の正否に関わるといっても過言ではない。

　そこで、本節ではこれら柏原市域に展開する古墳群をはじめ、同時期の畿内各所に点在する古墳群を俎上に乗せ、当該時期の墓制に表現された歴史事象の意味を明らかにしたい。

1. 古代の集団墓の事例

（1）研究史

　従来からの骨蔵器を中心とする遺物の検討に終始した火葬墓研究が近年、遺構論を経て各種葬送儀礼の抽出・分類へと発展しつつあることは既に触れた。しかし、「集団墓」の研究は地域単位の集成と分類作業などは活発であるが、「集団墓」そのものの特性、すなわち何故、密集あるいは散在して存在するのか、また、同時期の単独立地の墳墓との相違は何かなどの研究はほとんど等閑に付されているのが現状である。

　そのような中で、川崎市域の資料に基づいた村田文夫・増子章二の南武蔵地域における古代火葬墓群の検討は、火葬骨蔵器が本来的に"群"として存在することや想定される被葬者像が若年から成人まで万遍なく認められ、性別も男女相半ばする事実を導き出し、「すこぶる家族墓的であって、必ずしも特定階級個人に限定された葬制ではない」との見解を提示した（村田・増子 1980：p. 32）。しかし、両氏の理解は中世墓の理解にこそふさわしいものであり、後述するように本節で対象とする8・9世紀の畿内においては"群"として存在する墳墓はむしろ稀な存在である。柏原市域の古墳群の特殊性が際立つ所以である。

　家族墓の前提となる「家」とは「家産にもとづき家業を経営し、家の先祖を祀り、家政の単位または家連合の単位となる制度体」のことであり、その社会・政治的な制度としての成立は平安時代

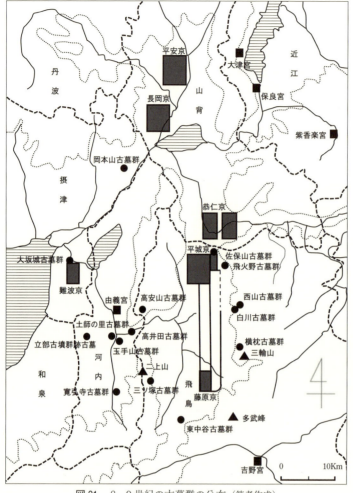

図31　8・9世紀の古墳群の分布（筆者作成）

中期以降とされている。例えば、義江明子は「経営単位としての家族」、永続的な「家」の成立を平安末期と位置付けている（義江 1985：p.31）。服藤早苗は9世紀末葉に「家」成立の端緒が認められ、10世紀初頭にはより狭い父系親族集団が成立し、11世紀末葉に官職の父子継承を原理とする「家」が確立したと考えた（服藤 1987：p.33）。これら先学の成果を参照すれば、9世紀後半以降の古墳群を家族墓と位置付けることは難しいといえよう。[2]

小林義孝は河内土師の里古墳群の検討を行い、当古墳群が火葬・土葬という多様な構造をもつ墳墓により構成されていることや突出した墓域をもつ個人墓と、群在する墳墓が形成する集団墓地が存在することを明らかにした上で、古代墳墓の序列を明確に示す指標は、葬られた場の在り方にあることを論証した（小林義 1999b）。また、海邉博史は古墳群内における二基一対をなす火葬墓についての解釈を試みている（海邉 2003）。しかし、畿内において古代集団墓を主題として取り上げた論考は、個々の古墳群を対象としたものを除くと、上記以外はほとんどみられない。

つまり、面としての遺構の確認事例の僅少さや、遺構論としての古代墳墓研究の歴史の浅さもあり、古代集団墓に関する研究はまだ端緒についたばかりといえよう。もちろん、本節でいう「集団墓」とは何かという筆者の理解を示す必要があるが、各古墳群の事例を概説した上で後述したい。

続いて本節で取り上げる古墳群の概要を述べるが[3]（図31）、各古墳群の時期的変遷については別表（表15）にまとめたので、合わせて参照願いたい。

（2）摂津の事例

本節で取り上げる古墳群は岡本山古墳群（高槻市教育委員会 1982、森田 1985・1986）、大坂城古墳群（新海編 1996）である。栗栖山南墳墓群（森屋・瀬戸編 2000）にも古代の集団墓の存在が

表15 畿内における8・9世紀の主要集団墓の変遷

	墳墓名	8C初以前	8C前	8C中	8C後	8C末9C初	9C前	9C中	9C後	9C末10C初	10C前	備考
摂津	岡本山				○2		■2			←○1→	○1	8C○6、9C○1
	大坂城			○1			■1		■1			8C○1
河内	高井田				○1		○1	○3	○9	○3		
	玉手山						○3	○2	○5	○2→→		
	土師の里		◆1	◆1	○2■1◆4	←－■－→		▲1		○ ▲1		時期不明13
	立部				○1		◆1		■1			8C○1
	寛弘寺	◆1	◆1			○1■1	○2■2▲1					9C○1
大和	飛火野		○1	○1			■1					8〜9C▲1
	佐保山			○		○?						
	西山		○1				○1	○2	■1	■1		9C○3
	白川					○8						
	高安山					○	○	○	○	○→→		
	横枕		○	○	○							
	東中谷						○1 ←■1→ ■1					9C■1▲1
	三ツ塚		○1	○4			○1■1	○8■8▼1←○2→←○1→				3支群に分かれる

［凡例］○火葬墓 ■木棺墓 ▲土壙墓 ☆群集火葬墓 ★群集土壙墓 ◆土器棺墓 ▽古墳再利用火葬墓 ▼古墳再利用木棺墓。記号横の数字は造墓数。

予想されるが、遺構として確認された火葬墓が1基に限られることから今回は取り上げない。

　岡本山古墳群は南平台丘陵の南斜面に位置し、昭和36年（1961）の名神高速道路工事に伴う調査で奈良・平安時代の火葬墓3基が発掘されたのを皮切りに、昭和57年（1982）の調査では中世の火葬墓群・土壙墓群とともに、奈良時代の火葬墓6基、平安時代火葬墓3基、木棺墓2基が検出された。奈良時代火葬墓は丘陵上縁部に点在し、いずれも径1m強の土壙の中に石囲いを設けたもので、そのうち5基に骨蔵器が遺存しており、うち1基から青銅製鉸具が出土した。平安時代の墳墓は緩斜面に位置し、木棺墓1から棺内遺物として土師器皿・須恵器水瓶・鉄刀子が、また、中央部からは青銅製鉸具および石銙一式が出土し、腰帯を装着していたと考えられている。火葬墓2からは黒色土器椀片・緑釉陶器片と刀子が出土した。これらの古墳群は、近接する嶋上郡衙との関連や遺構の状況をもとに、郡司を含む律令下級官人の埋葬地と評価されている（森田1986：p.90）。

　大坂城古墳群は火葬墓2基と木棺墓2基が、それぞれ約30mの距離を置いて点在する。調査区北端の火葬墓2からは海獣葡萄鏡が、調査区南西に位置する火葬墓4からは水晶製丸玉1点が出土した。また、調査区中央北寄りの木棺墓1から蔓草鳳麟鏡1面、隆平永寶を中心とする銭貨29枚、水晶製数珠玉1点とともに木棺の四隅から「呪砂」[4]の可能性がある砂も検出された。調査区南東の木棺墓3からは黒色土器皿が出土した。8世紀代の火葬墓の築造時期が難波宮再建期に該当することから「難波宮または京の運営に関わった在地の高級官人」である多治比公氏を被葬者に想定する考え（鋤柄1999：p.267）もある。

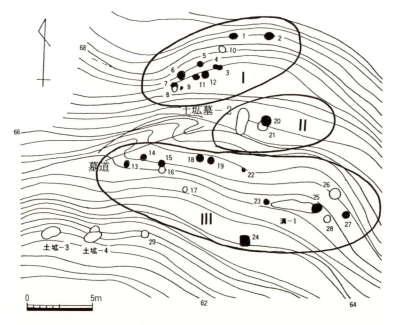

図 32　高井田古墓群 （●は骨蔵器検出）（安村 1987 より引用、一部改変）

（3）河内の事例

　河内では高井田古墓群（安村 1987a・b）、玉手山古墓群（北野重 1990）、土師の里古墓群（三木 1999）、立部古墳群跡古墓（芝田 1990）、寛弘寺古墓群（上林 2005）を取り上げる。

　高井田古墓群は線刻壁画で有名な高井田横穴群に隣接して検出された。調査区中央の南斜面に位置する古墓群は 8 世紀末葉から 10 世紀前葉にかけてのものと思われ、29 基が検出されたが（図32）、小林が「火葬灰埋納土壙」と提唱した資料（小林義 1992）を含んでおり、確実に火葬墓と断定できるものは 20 基である（安村 1997a：p.633）。等高線と平行に 3〜4 段に分かれて営まれ、その間を貫く墓道も検出された。骨蔵器は須恵器または土師器である。遺物が出土する事例は少なく、目立ったところでは、古墓 3 から水晶製切子玉、古墓 11 から水晶製涙滴形玉、古墓 20 から緑色ガラス玉 24 点が出土したほか、古墓 12 から刀子と緑釉陶器椀が出土したに過ぎず、その他若干の土師器杯を伴う事例が散見される程度である。

　玉手山丘陵からは多くの古墓が検出されているが、本節では安村俊史の研究成果（安村 1997a）に従い、89-1 次調査に伴う資料を取り上げたい。わずか 100㎡強の範囲から 58 基もの古墓が検出されたが、骨蔵器を伴い確実に火葬墓といえるものは 35 基である（図33）。古墓は西斜面に位置し、いくつかのブロックに分けることができそうであるが、それぞれの位置に明確な規則性は認められない。骨蔵器は高井田古墓群と同様、須恵器または土師器であるが、後者の比率がやや高い。遺物は、古墓 14 から瑞花双鳳八稜鏡が、古墓 20 からは文様不明の銅鏡が出土したほか、刀子 2 例と土師器が若干量出土した事例があるに過ぎない。

　立部古墳群跡古墓は、西斜面に位置する 4 基からなる古墓群で、調査区南東隅から火葬墓 1、約 60ｍ離れた調査区中央部東端には火葬墓 2 とその西隣に土壙墓 2、両者から南約 10ｍの位置に木

第4章　墓制からみた「律令国家」の終焉　117

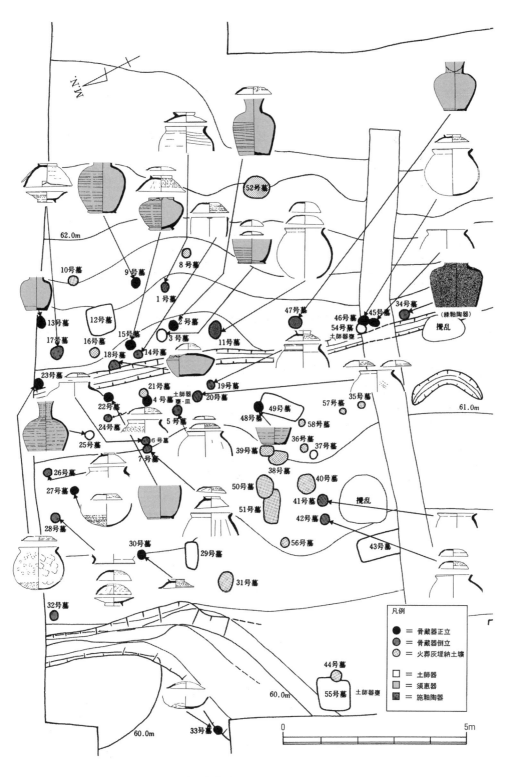

図33　玉手山古墓群（海邉2003より引用、一部改変）

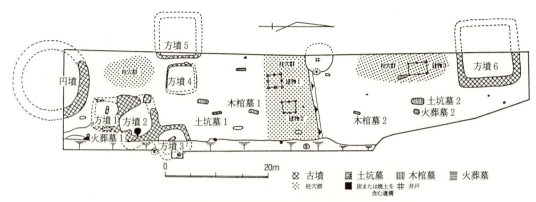

図34 立部古墳群跡古墓群（芝田1990より引用）

棺墓1が検出された（図34）。火葬墓は遺物を伴わず、土壙墓・木棺墓はそれぞれ少量の須恵器・土師器を伴うが、伴出した土師器杯に径5mm程度の穿孔を施すという共通点があり、同一の葬送思想に基づく儀礼が行われた可能性が高い。

土師の里古墓群（図35）は先述したように小林による綿密な考証が行われており（小林義1999b）、その成果を援用したい。当該古墓群は古市古墳群の墓域内に存在し、河内と大和の接点に位置することから、当地周辺には、7・8世紀の官衙的施設や寺院跡などが多数存在していたという。広い墓域をもつ突出した個人墓である木棺墓1と、それに接して造営された集団墓地から構成され、墓1からは石銙帯や漆皮膜が検出されている。隣接する墳墓群には木棺墓、土壙墓、土器棺墓、火葬墓とその関連施設が群在しており、多様な葬法により造営された多数の人々のための墳墓と考えられた。出土遺物としては和同開珎、須恵器や土師器があるに過ぎない。

寛弘寺遺跡群は金剛・葛城山脈の西麓、千早川と宇奈田川にはさまれた丘陵上に広がる複合遺跡であるが、弥生時代の集落址や4世紀中葉に造墓を開始する寛弘寺古墳群などとともに、奈良～平安時代の古墓が検出された。近年、調査担当者の上林史郎がこれら古代の墓について丁寧に整理している（上林2005）。検出された古墓は土器棺墓、火葬墓、木棺墓であるが、土器棺墓1例を除くと、残りの諸例はすべて古墳に隣接して造営されている。

寛弘寺古墳群は北部、東部、南部の3つの丘陵上に点在しA～Lまでの支群に分かれ、北部丘陵（A～D支群）、東部丘陵（E～I支群）は伝統的な在地勢力の墓域であり、北部丘陵上の古墳群が5世紀中葉以降衰退するのに対して、東部丘陵では逆に5世紀中葉以降に造墓が盛んとなり、6世紀に入ると横穴式石室を伴う群集墳が造営されることになる。南部丘陵（J～L支群）は6世紀前半以降に造墓が始まる新興勢力の墓域である。古墓群もそれぞれの丘陵上に位置し、B（2）、C（1）、F（1）、J（4）、K（2）、L（1）支群内に営まれ、南部丘陵上に造墓された古墓が過半数を占める点は注目されよう（カッコつきの数字は各支群内で検出された古代墳墓数を示す）。上林の指摘によれば、40号墳（J支群）の前庭部から9世紀前半の骨蔵器と考えられる土師器が4セット出土しており、古墳再利用の類例である。

和泉に含まれる資料ではあるが、畿内を代表する一大須恵器窯跡群として有名な陶邑古窯址群の調査に伴って検出された桧尾第3地点の土壙群（宮野・山川編1990b）についても簡単に触れておきたい。光明池丘陵の北部、桧尾台地と称される丘陵の端部が突出した、南北に長い平坦面から

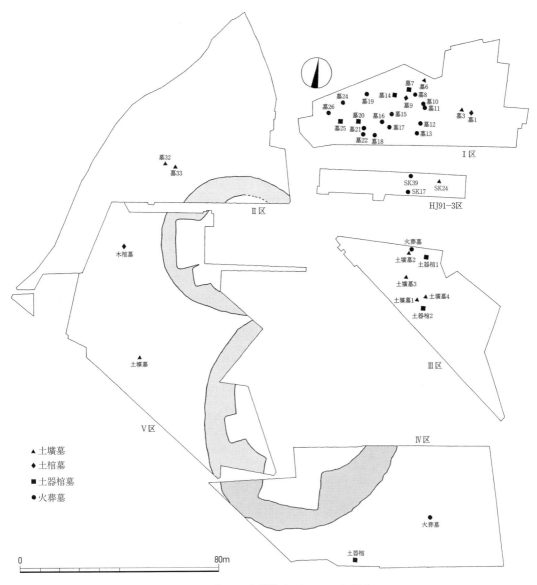

図35　土師ノ里古墳群（三木 1999 より引用）

検出されたもので、2群に分かれる土壙群は第Ⅰ群27個、第Ⅱ群80個の計107個の土壙からなり、奈良時代の火葬墓群と考えられた。第Ⅰ群の土壙は長方形プランを示すものが多く、第Ⅱ群では不定形なものが大半を占める。掘削後、あまり時間を置かずに埋め戻されていることや埋土内に5～10cmの炭層をはさむものがあり、壺や甕などの須恵器が底部近くから単体で出土するものが多いなどの理由から、報告書では火葬墓と考えられたが、人骨の出土は一切なかったという。

京嶋覚は従来、土壙墓と考えられていたこのような密集土壙を詳細に分析し、その多くが土器などの製作に伴う粘土採掘坑であることを論証した（京嶋 1995）。報告者が想定するようにこれらの土壙群が火葬墓であれば、腐食などを考慮しても100基以上に及ぶ墳墓ないしその周辺から人骨がまったく出土しないことは考えにくい。遺跡周辺が畿内を代表する須恵器生産地帯であることを考

慮すれば、これは火葬墓ではなく、京嶋の説に従い、粘土採掘坑と考えたい。

桧尾第3地点の土壙群以外にも、群集土壙墓と称される事例が各所で検出されているが、8世紀後半から9世紀前半の時期に限れば、宮田遺跡（森田・橋本 1996）、真福寺遺跡（三好孝 1997）、別對道端遺跡（大西 2003）などが知られる。人骨などの出土がない限り、墳墓かどうかの判断は難しいが、別對道端遺跡の土壙内から人骨が出土した事例があり（大西 2003：p.137）、その意義については第3章第1節で述べた通りである。

（4）大和の事例

大和では飛火野古墓群（松永 1990）、佐保山古墓群（伊藤勇 1984a・b）、西山火葬墓群（山内 1988、山内ほか 1992、高野 1997）、白川火葬墓群（宮原編 1993）、高安山古墓群（河上 1983）、横枕古墓群（島本 1936、末永 1955、小島 1962）、東中谷古墓群（北山 2013a）、三ツ塚古墓群（宮原編 2002）を取り上げる。

飛火野古墓群は、奈良公園の一角、春日大社境内の飛火野一帯から検出され、1基の木棺墓と2基の火葬墓ならびに関連遺構からなる。火葬墓は土師器と須恵器をそれぞれ骨蔵器としており、木棺墓からは須恵器小型壺2点が出土した。木棺墓に近接して2基の焼土壙が検出されているが、火葬灰埋納土壙の可能性が高い。古墓群の存在する飛火野一帯には御料園古墳群と呼ばれる古墳時代後期の群集墳が存在している（松永 1990：p.309）。

佐保山古墓群は、平城京北方に位置し、「東尉殿」という字名をもつ尾根を中心に3箇所から42基の火葬墓が見つかった。そのうち38基が東尉殿尾根の南斜面に集中する。これらの火葬墓は、土壙内に骨蔵器（須恵器壺・土師器甕）を納めるもの、長方形の土壙に木箱と土師器を置き、これを焼いたもの、土師器甕2個の口部を合わせ横位置に置いたものの3形態に分けることができる。築造時期は奈良時代中期から末期にかけてであるが、出土した遺物の中には平安時代初期のものも含まれており、造墓が平安時代まで続いていた可能性があるという。

西山古墓群は天理市東方の春日断層崖から西に派生する丘陵上に位置するが、調査地から東の丘陵一帯には古墳時代後期の群集墳がある。東の丘陵上では、和銅7年（714）銘の銀製墓誌を納めた僧道薬の墓（小島 1960、堀池 1961）が発見されており、その北には後述する白川火葬墓群も検出されている。6基の火葬墓と焼土坑などの関連遺構、2基の木棺墓からなる墳墓群で、他に古墳時代後期の円墳5基も検出された。火葬墓は奈良～平安時代、木棺墓は平安時代に属するものである。火葬墓は須恵器壺や土師器甕などを骨蔵器としており、前者はいずれも緑釉陶器の蓋を伴っていた。5号墓と称される遺構は多量の炭を伴う土壙で、木製骨蔵器が想定されているが、火葬骨が検出されておらず、火葬灰埋納土壙であろう。4号墓は同一土壙内に2つの骨蔵器を納めるもので、海邉によって二基一対をなす火葬墓と意義付けられた。木棺墓は火葬墓群の東、西山1号墳の墳丘南裾から2基が並んで検出され、土師器皿、黒色土器、漆箱、灰釉陶器などが出土しており、9世紀後半から末葉の築造と考えられる。古墓群とはいうものの、木棺墓は火葬墓群と明確に墓域を異にすることから別系譜の墳墓と位置付けるのが適切であろう。

白川火葬墓群は同じ天理市の白川池に向かって東の山塊から派生してきた丘陵に位置し、丘陵の南斜面に7基、西側の尾根上に1基の火葬墓が造営された。火葬墓は骨蔵器の種類から木製容器（1・8号墓）、施釉陶器（2・3号墓）、土師器（5～7号墓）の3つに大別でき、築造時期は9世紀

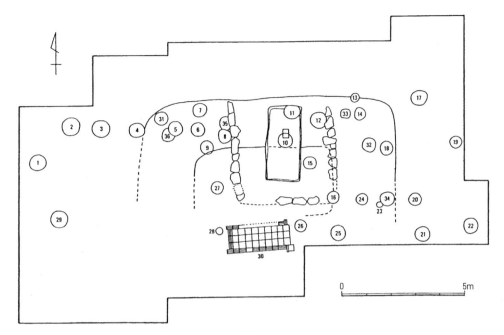

図 36　高安山古墳群（河上 1983 より引用）

前半を中心とする短期間に造墓されたと考えられている。

　高安山古墓群は奈良県と大阪府の府県境に位置する高安山の山頂に近い南にのびる尾根上に営まれた火葬墓群で、尾根の傾斜面を削って東西約 20 m、南北約 10 m の平坦地を作り、そこに 30 基の火葬墓群を築いている（図 36）。骨蔵器は土師器・須恵器壺が多数を占めるが、灰釉陶器の壺も数点みられ、骨蔵器の蓋に緑釉や黄釉の皿を用いた例も知られる。検出された墳墓の半数には表面に集石が配置され、延喜通宝などの銭貨が副葬された。築造時期は 8 世紀末から 10 世紀であるが、これらの火葬墓群に先行して 8 世紀代と推定される塼槨墓と鉄板を伴う土葬墓が検出されている。後者は墳墓というより、木棺を荼毘に付した火化遺構を埋め戻し、その上に盛土を施し列石で方形区画を造営した遺構である可能性が高い（小林義 1997：p.401）。

　横枕古墓群は奈良盆地の東縁、巻向山の東に派生する小丘陵の南斜面から見つかった。丘陵斜面の等高線に沿って 3〜4 段に分かれ、各段に 5〜7 基の火葬墓があったらしい。埋葬形態は様々で、小石室に木櫃を納めたもの、土壙底部に石を並べ火葬骨を置き、須恵質の壺を逆さに伏せたもの、土壙底部に木炭を粉砕して敷き、火葬骨を置いたもの、土壙底部に鉄板を置き、火葬骨を安置するもの、須恵器・土師器の壺を骨蔵器として利用したものなどに分けられる。和同開珎などの銭貨や碧玉の石帯などが出土しており、8 世紀中葉から 9 世紀前半にかけて築造された。

　東中谷古墓群は南北にのびる丘陵の、南端付近の南西斜面に立地する 5 基からなる古墓群で、9 世紀代に相次いで造営された。最有力の 2 号墓は木炭槨を備える木棺墓で、銅鏡、黒色土器、鉄滓などが出土した。造営時期は 9 世紀中葉から後半である。遺存状況が悪く、規模などは不明だが、5 号墓（木棺墓）からも黒色土器が出土しており、9 世紀後半の築造年代があてられている。そして、5 号墓との重複関係から群中唯一の火葬墓である 1 号墓が 5 号墓に先行して造営されたという。1 号墓から遺物は出土していないが、墓壙内の一定範囲内から焼骨が出土しており、骨蔵器と

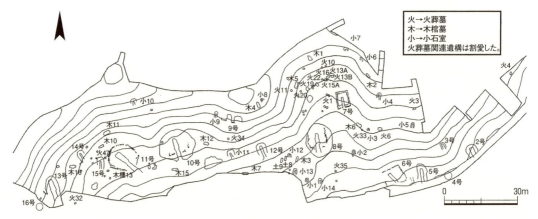

図 37　三ツ塚古墳群（小田 2008 より引用）

表 16　三ツ塚古墳群の変遷

	8世紀前	8世紀中	8世紀後	8末9初	9世紀前	9世紀中	9世紀後
東支群					4	3	
中央支群		13、15、20、22			①	1、11、13、16、33、②⑤⑥	10、19
西支群	34					32、47、⑦⑪⑫⑮⑯	

［凡例］丸数字以外：火葬墓　丸数字：木棺墓

して木櫃が使用されたらしい。3号墓は鉄滓が出土しているが、長さ1.9mの土壙は木棺を想定するには寸足らずという評価から土壙墓と判断された。また、4号墓は木棺墓と想定されている。3・4号墓の築造時期は不明であるが、他の墳墓の造営状況を鑑み、9世紀代に造営された可能性が指摘されている。9世紀中葉を中心とする限られた時期に密集して5基の墳墓が造営された「集団墓」の事例であり、報告書では「一家族が、二〜三世代程度にわたり当地を墓域として利用した」（北山峰 2013b：p.103）と考えられており、9世紀における家族墓という意義が示された。しかし、これら5基の墳墓の中で明らかな墓は1・2・5号墓の3基に過ぎず、その築造順序は必ずしも明確ではない。家族というより小規模な集団の戸主層が相次いで埋葬された氏族墓という評価も可能であろう。群中に火葬と土葬の2つの葬法が混在するという点では次の三ツ塚古墳群と同じで、9世紀中葉頃の画期と合致する事例として注目に値する。ただ、1号墓の築造時期が不明であり、土葬墓と火葬墓が同時に造営されたか否かの判断は保留しておくのが無難である。

　三ツ塚古墳群は竹内街道からやや西に寄った急峻な丘陵南斜面に位置し、8世紀前半の火葬墓と、9世紀前半以降の木棺墓と火葬墓、およびその関連遺構からなる（図37）。8世紀代の火葬墓は短期間に造営され、石囲い施設の中に骨蔵器を埋納するという儀礼上の共通点が認められ、数十年の断絶期間を経て、谷の中央に築かれた木棺墓が端緒となり、古墳群が造営された。後者の墳墓群は3つの支群に分けることができ、中央支群で最初に築かれた木棺墓1の被葬者は刀子や発火道具を佩飾する銙具を着装していた。検出された木棺墓10基中、土器の出土した7基は9世紀第2四半期に造墓が集中しており、葬送儀礼の復元から、一定の規範の下に造墓されたと考えられている。9世紀中葉前後の時期は木棺墓と火葬墓が混在し、後半以降は火葬墓に統一されるなど葬法の

変遷を考える上で興味深い事例といえよう（表16）。

2. 古墓群の特性

本節で取り上げた古墓群の意義を明確にするため、以下の項目に基づいて分析したい（表17）。

（1）造営時期

今回対象とした15例の古墓群の中で、奈良～平安時代前期にかけて継続的に築造されたものは一部例外を除き、基本的には存在しない(5)。造営開始時期は8世紀前半に属する事例が15例中5例と一番多い。以下、8世紀中頃3例、同後半1例、同末葉～9世紀初頭3例、9世紀前半2例、9世紀前半から中葉以降1例となる。ただ、8世紀前半の事例のうち造墓期間に数十年の断絶期をはさむものが3例存在し（寛弘寺古墓群・西山古墓群・三ツ塚古墓群）、土師の里古墓群と寛弘寺古墓群の事例は当該時期の墳墓が土器棺である。これらを除けば、8世紀前半に造営された事例は飛火野古墓群のみとなるが、当墳墓群も3基からなる小規模な墳墓群に過ぎない。

つまり、8世紀前半段階では集団墓的様相は認められず、単独墓の造営が中心であった。断絶期間を有する古墓群の再開時期が9世紀初頭～前半であることを考慮すれば、今回取り上げた古墓群の半数が平安時代の幕開きと歩調を合わせて造墓したことになる。当該時期は氏・氏族制の再編期であり、氏と朝廷との歴史的な関係性や始祖・別祖と結ばれる系譜を重要視するようになったことから（中村英 1995：p.289）、墓制も大きな転換期を迎えたと考えられる。

（2）造営期間

古墓群の造営期間は、短期間に集中して造営される古墓群と長期間造営され続ける古墓群に大別できる。このうち、短期間に造営が集中するのは4例（佐保山・横枕・白川・東中谷古墓群）に過ぎず、その内訳は一時期（9世紀前半）に集中して造営されるもの1例（白川）と、比較的短期間に造営されたもの3例（佐保山・東中谷・横枕）である。大半の事例が長期間にわたって造営されているが、古墓群という特性を考えるとこれは当然のことといえるかもしれない。むしろ、短期間に集中して造営された古墓群の方が、その歴史的背景等を考えると興味深い存在といえよう。

（3）造営基数

古墓群として取り上げた資料も、実は最小3基から上限は数十基が群集するものまで、その存在形態は千差万別である。古墳時代の群集墳ほど明確でないが、これら古墓群にも公的なものかどうかはさておき、墓域が存在したことは間違いなく、当該時期の古墓群における墓域＝「葬られた場の在り方」の具体的な分析は既に小林によって詳細に検証されている（小林義 1999b）。

小林は散在的な古墓群の在り方と群集する古墓群の在り方が「突出した個人墓の被葬者とその依拠した集団の関係を示しながら、古代の墳墓の序列を表している」と考えたが（小林義 1999b：p.511）、やや分布状況の不詳な岡本山古墓群を除けば、小林の述べた「個人墓が並列したもの」と考えられる資料が3例（大坂城・立部・飛火野古墓群）ある。他から隔絶した墳墓という小林の指摘する個人墓の要件にやや抵触する可能性もあるが、白川古墓群も階層性を有した有力集団の墓域と

表17　畿内における8・9世紀の主要集団墓の特性

地域	墳墓名	造営時期※1					造営期間※2		基数※3		葬法の変遷※4			古墳関係※5		骨蔵器		墓域		出土遺物※6								
		8前	8中	8後	8末	9前	短	長	散在	密集	A	B	C	あり	なし	陶器	木櫃	一つ	複数	須恵	土師	刀子	石帯	鈴具	鏡	水晶	ガラス	銭貨
摂津	岡本山		○					○	○		○			◎		○		○		○	■	■	■	○				
	大坂城		○					○	○		○	○			○	○		○							■	■		■
河内	高井田				○			○	○		○	○		○		○			○		○	○				○	○	
	玉手山			○				○			○		○	○		○			○	○								○
	土師の里	●		○				○		◎	○	○		◎		○		○		■	■		■					
	立部				○			○		◎	○			○		○			○	○	■							○
	寛弘寺	●	○					○	○		○	○		◎		○			○	■	■							○
大和	飛火野	○						○	○		○	○			○	○		○		■								
	佐保山		○				○		○		○	○		○		○		○		■		■						
	西山	●				○		○	○		○			◎		○		○			■							○
	白川					○	●			○	○			○		○	?	○				■						○
	高安山		○					○	○		○				○	○			○				○					
	横枕				○			○		◎	○			◎		○		○							■			○
	東中谷					○		○	○		○	○			○	○		○			■							
●	三ツ塚					○		○		◎	○	○		◎		○			○	○	■	■	●	○	○	■		■

[凡例]　※1 ○：造営開始時期
　　　　　●：断絶期あり又は土器棺墓
　　　※2 ●：特に短期間のもの

※3 ◎：特に密集しているもの
※4 A：火葬墓のみ
　　B：火葬→木棺と変遷するもの
　　C：火葬→木棺→火葬と変遷するもの
※5 ありのうち　◎：墓域内　○：至近地（隣接）
※6 ○：火葬墓の出土事例
　　■：木棺墓の出土事例
　なお、佐保山・高安山・横枕古墓群の出土遺物の具体的な内容は不詳。

考えられる。これに対して、寛弘寺古墓群や西山古墓群は前代の古墳あるいは古墳群との関係において一定の墓域を設定し築造された古墓群と考えられ、同じ散在的な在り方といっても、各墳墓が独自の墓域を求めた結果、視覚的に集団墓状を呈するようになったと理解することができる。

残りの事例はいずれも密集する古墓群と位置付けられるが、その中でも高井田・玉手山・高安山の3古墓群は文字通り群集すると呼んでも差し支えがないような群在した在り方を示す。

（4）古墳との位置関係

第3章で8・9世紀に実修された古墳に対する儀礼の実態を検討し、中央政権内で一定の政治的立場を確保するため、かつての伝統的な氏族との系譜関係や自らの出自を証明、主張する手段として古墳の再利用を行ったことを論証したが、本節で検討した古墓群もその多くが前代の古墳・古墳群と隣接し、あるいは古墳の墓域内に造営されたことが確認できた(6)。具体的には15例中、古墳との関係が認められない事例は4例（大坂城・佐保山・東中谷・横枕古墓群）に過ぎず、ヤマト盆地東南部に偏在する横枕・東中谷古墓群を除けば、大坂城古墓群は難波京、佐保山古墓群は平城京との関わりをうかがわせるような立地を示す点は興味深い。ただ、古墳との関係と一言でいっても、三ツ塚古墓群のように前代の三ツ塚古墳群の墓域内に造営され、一部の古墓は横穴式石室を再利用するなど、古墳の存在を非常に重視した様相を示す古墓群と、高井田古墓群のように至近地に古墳群は存在するものの、その中でもわざわざ古墳の存在しないあるいは疎らな場所を選んで造営するなど、古墳を意識しているとは思えないような立地を示す古墓群の二者に大別できることは注意を要する(7)。

（5）葬法

古代墳墓の土葬か火葬かという葬法の選択は、当時の習俗や死生観などを重視し、「政治性が具現化していた墳墓（古墳）から脱却した時点からを古代墳墓と認識」するという立場（海邉2003：p.941）もあるが、筆者は9世紀中葉頃までは土葬と火葬という葬法の違いが他界観の違いなど葬送儀礼の在り方に影響を与えていたと理解している（渡邊2004a：p.62）。

そこで、各古墓群の葬法を検討したが、土器棺を除くと3つのパターンに大別できた。火葬墓のみで構成されるもの（佐保山・横枕・白川・高安山・高井田・玉手山）(8)、火葬墓から木棺墓に変化するもの（大坂城・立部・寛弘寺・飛火野・西山・東中谷？）、火葬墓→木棺墓→火葬墓と変遷するもの（岡本山・土師の里・三ツ塚）である。このうち後二者の火葬→木棺（土葬）への変化は当時の墓制全般の動向と同様、9世紀前半という桓武朝の画期（渡邊1999c：p.51）と時期を同じくするものが大半を占めるが、立部・西山両古墓群は9世紀後半以降に変化しており、他の事例より半世紀ほど時期がずれることは注目されよう。詳しくは次項以降で述べるが、9世紀中葉以降は土葬と火葬で区別されていた他界観の違いが意味をもたなくなり、葬法にこだわらなくなった可能性がある。ただ、当時は中央貴族層を中心に死体に対する汚穢観が強くなり、火葬より土葬が重視されるようになったことから、これらの古墓群もその影響を受けた可能性がある。

（6）出土遺物

当該時期の古墓は「副葬品の有無や豪華さが、被葬者の地位を考える上での必要条件ではない」

という指摘（小林義 1999b：p.510）もあるように、副葬品の内容が必ずしも被葬者の社会的立場を示すメルクマールとはならない点に古墳時代とのヒアタスがある。しかし、黒色土器に代表されるように、土葬と火葬では葬法の違いに基づく「副葬品」、より正確には「出土遺物」の差別化が、少なくとも9世紀中葉までは確認されることから、古墓群からの出土遺物についても触れておこう。

　岡本山古墓群では火葬墓、木棺墓とも土師器の他に刀子・帯金具の出土が目を引く。大坂城古墓群は火葬墓と木棺墓の両者から水晶玉・鏡が出土し、後者からは銭貨や黒色土器も検出された。このように須恵器や土師器などの土器類、刀子、銭貨など当該時期の古墓に通有の出土品が多くの古墓群で認められる一方、石帯など官人的要素の強い遺物を出土する事例もある。これら遺物の内容は表17に示したが、大半の古墓には出土遺物が認められないにもかかわらず、骨蔵器に緑釉などの施釉陶器を用いる事例が高井田・玉手山・高安山の各古墓群で確認されている。

3. 各古墓群の構成原理

　前項では各古墓群の特性を簡単に検討したが、本項は小林義孝が土師の里古墓群を対象として分析した手法を参考にして、古墓群における墓域＝「葬られた場の在り方」について検討したい。

　本項で対象とした古墓群15例のうち大坂城古墓群については小林が「個人墓が並列したもの」と位置付けたが、立部・飛火野・西山古墓群も各墳墓が一定の墓域を有し、散在する在り方がうかがえる。また、寛弘寺古墓群は古墳再利用の事例が集積したものという理解を前項で示したが、西山古墓群も同様の位置付けが可能な在り方を示す。

　土師の里古墓群（図35）は、小林説に従えば、卓越した木棺墓と群集する火葬墓という墳墓構成を読み取ることができる。同古墓群の墓域内には木棺墓1（数字は図35に対応する。以下同）の他にも木棺墓9が火葬墓群内に造営されているが、後者は木棺長0.7mの小規模な木棺であり、小人用の墳墓であろう。同様に、三ツ塚古墓群においても2基からなる東支群を除けば、中央支群の木棺墓は散在し、火葬墓はやや後出するものの密集して分布することがわかる。西支群は散在する木棺墓が主体をなす支群で、群中に3基の火葬墓が造営されているが、墓34（数字は図37に対応する。以下同）は8世紀前半に築造されており、他の墳墓とは時期的にかけ離れた時期の墳墓であり、墓32は木棺墓群と離れた位置に造営されている。墓47は木棺墓群に近接するが、古墳の存在を意識した造営、すなわち古墳再利用の範疇でとらえることが可能な資料である。火葬墓と土葬墓が混在する事例はこれ以外に岡本山古墓群があるが、分布図が公表されておらず詳細は不明である。東中谷古墓群は5基からなる密集した古墓群という評価が与えられているが、前述したように墳墓として確実な資料は3基に過ぎず、9世紀中葉頃に火葬墓が造営され、その後、2基の木棺墓が造営された墳墓ととらえることもできよう。

　火葬墓のみからなる古墓群のうち、横枕古墓群は等高線に沿って3～4段に分かれ、各段に5～7基の火葬墓があったらしい。つまり、複数の墓域に分かれる事例である。佐保山古墓群は調査資料の詳細が公表されておらず、具体的な分布状況は不明である。白川古墓群は8基の火葬墓が2箇所の尾根斜面に分かれて造墓されており、丘陵南斜面に位置する7基の火葬墓群はやや密集して分布している。高安山古墓群は墳墓の立地に規則性が見出せない。高井田山墳墓群は墓域の中心に、造

第4章 墓制からみた「律令国家」の終焉 127

表18 骨蔵器の種類からみた玉手山古墳群の築造系譜(案)

標高 (m)	9C前	9C中	9C後	9C後末10C前	10C中	10C後	11C前
61.6		○9					
61.5							
61.4	★▲34→	●47→	○13→	→	△1→	△45 △46	
61.3				▲17			
61.2	●▲18→	▲14→	○△15→	▲11→	○▲2→	△23→	○△3？
61.1	○△25？→	○△48→	○△22→	→	▲19 ▲20→	○4 ▲5→	▲24
61.0						▲6 ▲7	
60.9			△27	▲41			
60.8				▲26→	→	▲28 ▲42	
60.7						△30	
60.6							
	≈	≈	≈	≈	≈	≈	≈
59.9							
59.8						△33	

[凡例] 左：蓋　右：本体(2種類の記号併記の場合)　数字は墓番号を指す。
○：須恵器　　白塗り：正位
△：土師器　　黒塗り：逆位
☆：施釉陶器

墓の契機となり、豊富な副葬品を有する20号墓が一定の領域を占めており、他から隔絶した在り方を示す個人墓と位置付けることができよう。その後、墓域は上下2段に分かれ、上段の火葬墓群は豊富な副葬品を有するものの、密集して造営されている。これに対して、下段の火葬墓群は顕著な副葬品が伴わないが、各墳墓が一定の墓域をもち、散在的な在り方を示している。

玉手山古墳群については、海邉博史が等高線を手がかりにして、標高61.50～61.75mの一群、調査区中央の小流路より上の61.25m前後の一群、小流路より下の61.0m前後の一群、60.5～61.0m付近に散在的に立地する一群という支群構造の試案を出した。これ以外にも、標高と築造時期の変遷を重視して、築造単位の系譜を考える方法、骨蔵器の種類と埋置方法の類型から造墓単位を読み取る方法なども考えられる(表18)。後者の方法をとれば、9→13、18→15→2→3、25→48→22、19・20→6・7→41・42(2基一対の墳墓)という4つの造墓単位を想定できるが、無論これらの系譜に含まれない墳墓も多い。いずれの方法をとるにせよ、当該古墳群の支群構造は恣意的な分類というほかなく、当古墳群では明確な墓域の設定は困難であるといわざるを得ない。

以上、本項で取り上げた古墳群は有力個人墓の累積、古墳再利用例の集積、卓越した個人墓である木棺墓と群集する火葬墓、複数の墓域に分かれ密集する火葬墓、分布に規則性が認められず、一つの墓域内で群集する火葬墓という5類型に分類することができた。

4. 集団墓の類型

古墳群の墓域の在り方を手がかりに5つの類型を設定したが、大坂城古墳群などは一定の領域を有する個人墓が継続して造営されたもの、寛弘寺古墳群は古墳再利用の事例が集積したものと考え

られ、集団墓の概念にそぐわない事例である。西山古墳群も1～2基程度の火葬墓の継続的な造営と考えられることから、これら5例を除き、10例の古墳群を対象にして考察を進めていきたい。

では、集団墓とは何かという筆者の理解を示しておこう。石野博信は「3・4世紀の集団墓」という論文の中で、集団墓とは「一定面積内に2基以上の埋葬等が行われていて、個人の墓が人体埋葬に要する以上の面積を占有していない形態の墓地」という理解を示した（石野 1973：p.49）。つまり、有力個人墓は含まれないことになる。

それに対して、本節では特定の社会集団が造墓した墳墓群を集団墓と規定して以下の考察を進めたい。社会集団という概念は「特定の目的を継続的に志向・共有する構成員によって形成され、目的追求の過程で一定の規制と役割分担を各構成員に課すことによって、強い連帯意識を保持させることになった集合体」（安斎編 1999：p.105）のことであり、共通のアイデンティティを自覚することで維持される（ギデンズ 1992：p.16）。つまり、特定の社会集団が墓域を共有し、前代の古墳などを足がかりとした系譜意識などで結びついて造墓活動を行った結果、現象面で石野の指摘したような集団墓状の形態を呈することになったものである。

以上のことから、本節で取り上げる集団墓とは複数の造墓主体が継続的に一定の領域内に造営した十数基以上からなる古墳群と定義したい。

では、その類型であるが、個人墓の累積を除外した上で、まず、葬法について着目した。すなわち、火葬墓のみからなる一群と土葬墓を交える一群である。次いで、これらの古墳群が複数墓域を有するかどうかで細分した。群集墳でいうところの支群分けが可能であるかどうかという視点である。最後に、各墳墓間の階層性の有無に着目した。

以上の観点から、本節では次のような類型分類を行いたい。なお、岡本山・佐保山両古墳群は具体的な古墓の分布状況が不詳なため、今回は取り上げなかった。

①各墳墓が一定の領域を示し、集団墓とはいえないもの：大坂城・立部・飛火野・西山
　　古墳再利用の事例が集積したもの：寛弘寺・［西山］
②一定の墓域内に密集して造営されたもの
　a．火葬墓以外に木棺墓などの土葬墓が混在するもの：三ツ塚・土師の里・東中谷・（岡本山）
　　墓域が複数のもの：三ツ塚（階層性あり）
　　墓域が一つのもの：土師の里・東中谷（階層性あり）
　b．火葬墓のみからなる一群
　　墓域が複数のもの：横枕・高井田・白川・（佐保山？）
　　　階層性があるもの（高井田・白川）：古墳に近接（白川）・古墳と別墓域（高井田）
　　　階層性のないもの（横枕）
　　墓域が一つのもの：玉手山・高安山
　　　階層性のないもの（玉手山・高安山？）

5．各集団墓の類型の意義

（1）三ツ塚古墳群の類型：三ツ塚・土師の里・東中谷・（岡本山）
大坂城古墳群と同じように、葬法の変遷が中央の墓制と一致する三ツ塚古墳群は、岡本山・寛弘

寺・土師の里古墳群と同様、墓域が古墳と近接し、石帯などの官人的要素といわれる遺物が検出されたことでも共通する。しかも、古墳と近接するとはいっても再利用とは異なり、古墳の墓域内に一定の間隔を置いて造営されている。いずれの事例も平安時代初頭の墳墓が中心となるが、群中に8世紀代の火葬墓などを含み、ある程度の断絶期間をはさみながらも古墳時代以降、墓域としての継続使用が行われている可能性が高い。土師の里古墳群は小林によって「依拠する集団との紐帯を維持して集団の首長の墳墓とその集団の構成員の集団墓地が隣接している」と評価されている（小林義 1999b：p.511）。集団墓地とされる墳墓群の実態が十分に解明されているとは言い難いが、これらを手がかりに被葬者層を推定すれば、地方官衙などに関わる在地の官人と彼を支えた共同体の成員を含んだ墓地が経営されたことになろう。

　個人墓と集団墓地が隣接するという理解は首長一世代の墳墓とその構成員の集団墓地という構造を前提とするが、葬法の変化という点に注目すれば、集団墓地とされる墳墓群中に近親者や前後する時期の首長墓が埋没している可能性もないわけではない。いずれの古墳群も古墳と近接することを考慮すれば、古墳再利用の事例と同様、祖先祭祀の画期にあわせて出自の再確認や系譜関係の主張のために古墳を利用した墳墓経営を行ったと考えられ、被葬者は官人層であった可能性が高い。

　特に、土師の里古墳群の場合は立地から考えると古墳時代以来の伝統的な氏族である土師氏の墓域という意識が平安時代まで連綿と受け継がれていたと考えることもできる。また、三ツ塚古墳群との差異は墓域数の違い、すなわち築造系譜の違いという点に尽きよう。古墳との直接的な関係は認められないものの、周辺に薩摩古墳群などが点在していることを評価すれば、火葬から土葬に葬法が転換する可能性の高い東中谷古墳群も土師の里古墳群のミニ版という位置付けができる。

（2）歌枕古墳群の類型：歌枕・（佐保山）

　前述したように、この類型は比較的短期間に集中して多数の火葬墓が群集するように造営されており、出土遺物にも顕著な差異は認められず、等質的な在り方を示す。ただ、骨蔵器の種類や埋納方法には様々なバリエーションがうかがえ、横枕古墳群は等高線に沿って3〜4段に墓域が分かれる状況も確認されている。横枕古墳群から石帯が出土していることや佐保山古墳群の立地条件等を考慮すれば、既に指摘されているように、これらの墳墓群に葬られたのは平城京を活躍の場とした下級官人層である蓋然性は高い。近年、岡本敏行は「結論を出すだけのデーターとしては不十分ではあるが」と断りながらも、骨蔵器の使い分けと被葬者層との関係について言及した（岡本敏 2005：p.119）。木櫃（梛）は官僚層、陶器系は僧侶という指摘であるが、この推論を援用すれば佐保山古墳群は木櫃を中心とすることから被葬者を官人層と推定する蓋然性は高まり、横枕古墳群についても木櫃を骨蔵器に使用する古墳が混在し、官人層を契機に営まれた墓域内に同一氏族の成員が葬られた可能性が高い。等高線に沿った複数墓域の存在に注目すれば横枕古墳群は奈良盆地東南部における共同墓地的な性格も推定できるが、その場合でも造墓の端緒となったのは官人墓であろう。これら2つの古墳群が8世紀中頃に成立する事情を第3章第1節で藤原仲麻呂政権との関わりから論じた。しかし、岡本が指摘したように、天平9年（737）の天然痘の大流行も見逃すことはできない（岡本敏 2005：p.117）。古代にあっては異常死に対する葬法として火葬を用いることがあったらしい（塩入 1998：p.110）からである。

(3) 白川古墳群の類型：白川

　古墳に近接してほぼ同時期の火葬墓が密集して造営されるなど、形態的には三ツ塚古墳群内の火葬墓群と類似する。しかし、この類型の特徴は、古墳群の規模が小さく、造墓期間が極めて短期間に集中していることにある。骨蔵器は陶器と木櫃の両者を含み、緑釉壺も認められる。鉄製小札や銭貨などを伴う火葬墓も存在し、これら墳墓間での明確な階層性や多様性は、9世紀前半という築造時期を考慮すると、従来の氏族中心の墳墓から新たに分立した律令制的"家"を中心とした複数集団による墓域という位置付けが適切なのではないだろうか。そして、共通の祖先系譜を有した彼らは墓域確保と土地所有を目的に古墳再利用的な造墓活動を行ったと考えられる。

　もちろん、報告書で指摘されたように、被葬者を僧侶とする想定は十分に考えられることであり、古墳群のすべてではないにしろ、被葬者に僧侶が含まれている可能性はある。

(4) 高井田古墳群の類型：高井田

　高井田古墳群は等高線に沿って3つの墓域に分別でき、20号墓が契機となって墓域を確保し、その後、上下2つに分かれて墓域が展開したと位置付けた（表19）。中央平坦部に位置する20号墓は単独墓的立地を示し、24個にも及ぶガラス玉が出土した有力個人墓である。

　本節では古墳群の墓域は前代の古墳との関係の有無を重視し、古墳の墓域内または隣接地にあるかどうかで古墳群の性格を判断してきたが、厳密にみた場合、高井田古墳群は前代の古墳の墓域と隣接するとはいうものの、明らかに墓域が異なっており、古墳再利用とは明確に区別できる。造墓時期は桓武朝の墓制に連動して、多くの古墳群が造営を開始する時期に相当するが、氏族としての系譜関係の主張を目的として前代の古墳の墓域を利用した事例が大半を占める中で、平尾山古墳群の至近地ではあるものの、古墳とは無関係に墓域を設定したことの意義は大きい。

　付言すれば、火葬墓から土葬墓へと葬制を転換する汎畿内的な桓武朝の墓制の動向にも頓着することなく、火葬墓を造墓し続ける集団の存在が見てとれる。つまり、高井田古墳群に葬られた人々は中央政権内での政治的立場や中央官人層とのつながりを重視するといった当時の在地の有力者の趨勢に頓着した様子がうかがえないのである。

　20号墓造墓後は墓域南端部を画するかのように9世紀前葉頃に24号墓が造墓されるが、立地からみて20号墓に続く有力個人墓であろう。そして9世紀中葉以降、墓域は南北に分かれ、造墓活動が展開することになる。上側の墓域は南向き斜面に密集する形で火葬墓が営まれ、下側は南向き緩斜面にやや散在する。各墳墓の占有面積をみれば下側の火葬墓群が優位な立場にあるが、副葬品が一切出土しておらず、上側の火葬墓群から玉類や施釉陶器をはじめとする副葬品が検出された。これら墓域間での階層性・多様性を考慮すれば、等質性が際立つ高安山古墳群等との相違は明らかであろう。また、古墳とは無関係に造営された墓域という点を重視すれば、石帯などの遺物が出土していないことも踏まえ、新興官人層の墓域と位置付けることは困難である。よって、本節では富豪の輩と称されたような新興富裕層の集団墓と位置付ける方が適切であると考えたい。

表19　高井田古墳群の変遷

支群名	8世紀末	9世紀前	9世紀中	9世紀後	9末10初
Ⅰ			5、12	1、3、4、6、7、11→	
Ⅱ	20				
Ⅲ		24	13、14　←15→　19、27	18、23、25	

（5）玉手山古墳群の類型：玉手山・高安山

　玉手山・高安山の両古墳群は 8 世紀末葉〜9 世紀前半に造墓を開始した火葬墓のみからなる集団墓で、まさに群集して造墓された。長期間にわたって一定の規範の下に造営され続けたと考えられており、副葬品をもたない火葬墓が大半を占める一方、緑釉陶器など施釉陶器を骨蔵器とする墳墓も混在する。しかし、骨蔵器の埋納方法等をみても各墳墓間に個性が感じられず、非常に等質的な在り方を示すものである。[13]

　高安山古墳群の被葬者像として、仏教寺院に関わる者、僧侶などが想定されている。[14] 陶器系骨蔵器は僧侶系という岡本敏行の説を参考にすれば、豪華な施釉陶器を骨蔵器として使用する高安山古墳群の場合、僧侶という被葬者も十分に想定可能である。

　高安山といえば至近地の信貴山寺が著名である。信貴山朝護孫子寺は伝承では聖徳太子や法隆寺と関連のある寺とされるが、醍醐天皇の延喜年中（901〜923）に命蓮上人が建立したことが史料（『信貴山寺資材宝物帳』）にみえ、古代山岳仏教の聖地であった。しかし、高安山古墳群の造墓開始期とは 100 年という年代の開きがある。つまり、信貴山の寺院と高安山古墳群を直接結びつけることは現状では困難である。

　当古墳群では、10 号墓を中心に列石による方形区画が作られ、上部に人頭大の集石をもつ墓が、10 号墓の方形区画の左右に並び、その間を埋めるように火葬墓が築造されていた。「こうした風景は、寺院境内に見かける歴代僧侶の墓である五輪塔が立ち並ぶさまを思い起こさせる」ものであり、施釉陶器や中国陶器を骨蔵器に使用することから経済力のある集団の墓とも考えられている（土橋 2003）。信貴山朝護孫子寺は『信貴山寺資材宝物帳』の写し（佛書刊行会 1915）によると、延喜年中に命蓮上人によって中興され、檜皮葺四面庇の御堂が存在していたらしい。以上のことから、土橋理子は当古墳群の被葬者は信貴山寺の僧侶である可能性が高いとした（土橋 2003）。

　同史料によれば命蓮が信貴山に登ったのは寛平年中（889〜898）であり、その時も信貴山には毘沙門天を祀る方丈円堂のみがあったという。このことから、田中恵は当時の信貴山は半ば廃寺然として一堂のみがあっただけで、住僧はいなかったと考えた（田中恵 1979：pp.14-15）。そうであれば土橋の考えも再検討の余地があるのかもしれない。

　しかし、信貴山寺に伝わる寺家の伝来として、歓算上人の名が命蓮上人以前の中興者と伝えられており、命蓮以前の信貴山寺に毘沙門堂のみ遺る前の相当な寺観を保たしめた天台系の人として歓算を認めても不可はないという意見（亀田孜 1956：pp.9-11）を踏まえると、土橋の意見も成り立つ可能性があろう。ちなみに、信貴山奥院米尾山寺は境内から焼け米が出土することで知られるが、出土した焼け米は京都産業大学理学部教授山田治の調査の結果、860 年± 30 年前という数値が報告されており（棚橋 1998：p.34）、信貴山には命蓮上人以前に既に寺院が存在した間接的な証拠とすることもできよう。

　高安山古墳群自体は高安城の調査に伴って検出された遺構である。高安城は 7 世紀半ばの白村江敗戦による戦後対策の一環で国土防衛のために築城された山城で、天智天皇 6 年（667）に築かれた。しかし、国際的緊張の緩和に伴い、大宝元年（701）には廃城となり、烽だけが残されたが、これも和銅 5 年（712）に廃止されたという。つまり、高安山古墳群の被葬者と高安城を結びつけることも、これらの史料によれば困難である。ただ、1982・83 年の調査で奈良時代 8 世紀前半の 6 棟の礎石建物群が検出されており、倉庫群のような建物が存在したことが確認された（河上

1983)。当地をめぐる土地利用の具体的な内容は史料上では明らかにはできないが、高安城廃絶後も当地を管理する氏族が存在しており、その中の有力者によってこれらの墳墓が造営されたのであろうか。高安城そのものは、国防という性質上、西側の防備施設は厳重になされたが、東側のそれはほとんどなかったという。実際、急峻な斜面の西側に対して、東側は広い谷が広がっている。つまり、ここに古墳群を築いた者は東側、今の平群を中心とする地域の人々と考える方が自然であろう。

では、信貴山の東側に位置し、年代的に8～9世紀に隆盛を誇った寺院は存在するのだろうか。

奈良県生駒郡三郷町勢野所在の平隆寺は聖徳太子が創建したという伝承を有するが、現境内やその周辺から飛鳥時代の瓦が出土しており、大和でも数少ない飛鳥時代創建の寺院と考えられていた。昭和48年（1973）に寺域確認調査が行われ、創建が飛鳥時代になることがほぼ確実とされた。四天王寺式伽藍配置の塔の位置と創建当初の塔跡の位置が一致したことから、四天王寺式伽藍配置を採用していた可能性があるが、奈良・平安時代には金堂の東南方に塔を配した特異な伽藍配置の時期もあった可能性が指摘されている（白石・亀田 1984：p.57）。

平隆寺が文献に登場するのは、承平7年（937）、『信貴山寺資材宝物帳』の写しにある記事が初見である。仏子平賢が中堂の千手観音に奉納した畠が「平群郡中郷九条十四里廿五・廿六坪字三宅畑」にあり、その北側は平隆寺地で限るという内容で、この平隆寺地とは、平隆寺の寺域ではなく、平隆寺寺地を指すと考えられている（白石・亀田 1984：p.14）。

このことから、平隆寺は7世紀初頭前後から8・9世紀を通して存在し、10世紀には文献史料にも登場するなど、高安山古墳群の被葬者を検討する際に見逃すことのできない寺院ということもできるが、墓域としてわざわざ信貴山頂を選ぶかどうかは不明とせざるを得ない。同じ10世紀の文献史料に信貴山朝護孫子寺に関わる記述がみられるのであれば、当古墳群の被葬者は土橋の指摘通り、信貴山寺の僧侶を想定する方が無難であるようにも思える。

信貴山寺のように都心を離れた山境に造立された寺院を山岳寺院と総称するが、信貴山と同じ生駒山地に属する生駒山では、近世大坂と奈良を結ぶ交通路として栄えた暗峠の南約2km、標高460mの位置に河内神感寺が存在した。付近は古くから寺山と称され、寺院跡の存在が伝えられていたが、昭和39・40年の発掘調査でその存在が確認されたものである（藤井 1975）。鎌倉時代には真言宗の寺院として発展したことが文献によって知られるが、調査の結果、創建が奈良時代末になることが判明した。さらに、神感寺主要伽藍の北方約500mの尾根上には「北寺」と呼ばれる遺構があり、途中の斜面から石塔の残欠や骨蔵器が出土したことから、墓地が存在したこともわかった。直線距離で5kmほど離れているとはいえ、同じ山地内に創建が奈良時代に遡る寺院とその近接地に火葬墓地が併設されていることは高安山古墳群の性格を考える上で興味深い。高安山古墳群については個々の墳墓の詳細が不明なこともあり、いずれ正式な報告書の刊行を待って改めて検討したい。

最後に、玉手山古墳群を取り上げる。調査区が墓域の一部分に過ぎない可能性があり、古墳群の全容はわかりにくいが、等高線等を手がかりにすれば、高井田古墳群と同様3つ程度の墓域に分けることができる（表20）[15]。造墓に際しては、まず墓域の両端を画するように火葬墓を造営し、その後順次その間を埋めていくように造営された可能性がある。有力個人墓を契機に造営が始まり、墓域が二分される高井田古墳群とは異なり、当初より複数集団の墓域が設定されていた様子が造墓順

表20　玉手山古墳群の変遷

支群名	9世紀前	9世紀中	9世紀後	9世紀末	10世紀前	10世紀中	10世紀後	11世紀前
Ⅰ	18、34	9、14、47	13、15	←11、17→		1、2	23、45、46	3
Ⅱ	25	48	22、27			19、20、26	4、5、6、7、30	24、28、42
Ⅲ						33		

序等から読み取れよう。

　当古墳群は立地、墓域、副葬品などに基づく階層性は認められず、他の古墓群と比べても等質性が際立つ存在である。墳墓間での等質性を重視すれば高安山古墓群と同様、僧侶の集団墓という可能性が高いように思えるが、やや相違点も認められる。海邉が指摘したように本古墓群には二基一対の墳墓が4組存在しており、この点に注目すれば別の見方もできそうである。

　考古学的に証明することは難しいが、もしもこれら二基一対の墳墓が夫婦墓であった場合、「イエ」を築造単位とする新たな造墓原理に基づく墓制が展開していることになり、9～11世紀という築造時期を考慮すれば、中世墓＝「イエ」墓、垣内墓の先駆的形態と位置付けることができるのではないだろうか。階層性を前提としない造墓原理に注目すれば、特定の階層や社会的立場を共通にする人々の特定集団墓ともいうべき存在が、その後、各集団の経済的・社会的成長に伴い、上記したような「イエ」墓へと変化していく過程を示しているのかもしれず、明石のいう「親族共同体」（明石　1979：pp.61・62）の墳墓にこそふさわしいのかもしれない。このように玉手山古墳群の性格については筆者自身、まだ十分な判断を下す段階に至っておらず、他地域の様相なども視野に入れた上で、再検討する必要を感じている。より明確な位置付けについては今後の課題としたい。

6. 集団墓の被葬者像

　前項では各集団墓の特性に応じて5つの類型を設定し、各類型の意義を検討した。もっとも、1、2例の集団墓が1つの類型に対応するという現状を踏まえると、実際には各類型の意義というより、個別の集団墓の意義付けと解した方が実態に近いのかもしれない。

　それはさておき、各類型の意義を今一度まとめれば、横枕古墳群の類型は平城京を舞台に活躍した律令官人層の集団墓、三ツ塚古墳群の類型は桓武朝の動向に敏感に反応した在地色の強い官人層の氏族墓、白川古墳群の類型は桓武朝前後に分立した律令制的"家"に基づく氏族墓、高井田古墳群の類型が富豪の輩と称されたような新興富裕層の集団墓、玉手山古墓群は僧侶など特定階層出身者の集団墓、あるいは中世墓の先駆的形態といえるような親族共同体の墳墓というものである。

　このうち、横枕古墳群の類型が奈良時代の官人墓、その他は平安期の集団墓であるが、後者の時期には官人層のみの集団墓は造営されず、自らの拠って立つ集団・氏族の構成員とともに葬られることが一般的になった様子がうかがえる。このことは8・9世紀を通して継続的に造墓される古墓群がほとんど存在しないことからも首肯できよう。つまり、国家の規制の下、一定の墓域に他律的に配された集団墓の時代から、各氏族単位の墓域へと変化したことが想定される。このような集団墓の変遷から察するに、8世紀代と9世紀代の墓制にはやはり大きな違いが認められよう。

　奈良時代と平安時代の墳墓の差異については、既に先学による示唆に富んだ指摘が数多く存在する。それは墓誌の有無、骨蔵器の種類、墳墓の立地条件、出土遺物の様相などの視点から語られ

ことが多い。例えば、土師器製骨蔵器の底部穿孔行為に着目し、8世紀代の実用的な穿孔から9世紀前半以降、仏教的な儀礼の影響を受けて非実用的穿孔に変転することを説いた吉澤悟の論考（吉澤 2001）や、文献史料における「墓地」という用語の使用例から、墓と土地との結びつき方の質的変化に注目した橋口定志の論考（橋口 1985）などである。

　筆者も第3章第1節で示したように、金属製・ガラス製の骨蔵器や須恵器の出土がほぼ8世紀に限られることや、火葬墓の立地が8世紀代は丘陵西斜面や尾根上など多様であったのに対して、9世紀に入ると丘陵南斜面・西斜面が多くなるなどの相違点を指摘した（渡邊 2001b：pp.426-428）。今回取り上げた集団墓についても、8世紀代はそもそも単独墓が中心であり、集団墓の事例自体が稀有であることや、その数少ない事例が火葬墓群のみで構成され、比較的短期間に集中して造墓されたこと、さらに、従前の古墳・古墳群の墓域とは無関係に、一定の規制の下に造営されたような様相を示すことが確認できた。それに対して、9世紀代は事例数も増加し、前代の古墳の存在を意識した墓域の設定、多様化した葬法など様々なバリエーションが登場したことがわかる。つまり、墳墓がある一定の規範の下に造営される時代から、いわば集団の自律的意志で造営が可能になった時代へと変化したことを古墓群の分析から導き出すことができたといえよう。

　古墳時代以来、氏族にとって在地における葬地の確保は権威を象徴する行為であった。しかし、律令官人層を中心に京貫が進むと、京内の居住地を自らの本貫地と意識する官人が生まれ、都城周辺での埋葬が盛んになった。つまり、「氏々祖墓」から脱却した中央官人が律令国家の一官人として新たな"家"を単位に墓所を築くことになったのである（稲田 2004：pp.47-50）。

　このようにして、律令体制の整備とともに旧来の本貫地と切り離された墓域の再編が進んだと考えられるが、一部上級氏族の場合は単独で墓域を確保し、中下級以下の官人層は一定範囲の墓域内に造墓することになったのであろう。

　以上を要するに、奈良時代の官人墓は都城近くに他律的に配され、政治性が反映された墳墓群であるが、骨蔵器の埋納方法などで個性を発現した様子がうかがえる。一方、平安時代前期の官人墓はそれのみで構成される事例はなく、官人層の造墓を契機に集団墓化していくものが多数を占め、在地性が強い。桓武朝前後の墓制の動向を反映して、古墳近くに墓域を設定し、墳墓間での多様性・階層性がうかがえる。さらに官人墓のみの集団墓が造営されていない事実と照らし合わせると、奈良時代までの他律的な墳墓経営の段階から主体的な墳墓経営へと移行しつつある段階といえるだろう。

　これに対して、本節で主たる検討課題として取り上げた柏原地域の集団墓はその特殊性ゆえ、より一層の異彩を放つ存在として位置付けることが可能となった。桓武朝前後という特定時期に造墓を開始した火葬墓群であること、長期間にわたって造営され続け、まさに群集するとの形容詞がふさわしい分布状態を呈すること、官人的要素を示す出土品が認められないこと、さらに、ほとんどの古墓が顕著な副葬品をもたず、等質性が際立つこと等々である。当該時期には未だ家産単位としての「家」が成立していないことを勘案すれば、これらの墳墓群を家族墓と位置付けることはできず、本節では僧侶等特定階層者の集団墓、あるいは中世墓＝「イエ」墓の先駆的形態と評価したが、改めて当該地域の社会集団の新興性を浮き彫りにする結果となった。その社会的背景として、古代以来の仏教寺院の密集地域であるという歴史的特異性や大和と河内、大阪湾を結ぶ交通の要衝であるという地理的条件等を挙げることができる。

第2節　葬制の変化——土葬と火葬——

　弘仁年間（810〜823）に奈良薬師寺の僧景戒沙門が撰述したとされる『日本霊異記』は「わが国霊魂観の変遷史のうえでは、記紀万葉に表れている固有の霊魂観と、外来思想としての仏教的応報観念とが、独自の融合反応を実現しているきわめて貴重な遺文」であり（山折 1976：p.41）、小林義孝の指摘にもあるように、奈良〜平安時代初頭頃に生きた人々の葬送や墳墓についての意識を直にうかがい知ることのできる稀有の史料である（小林義 1998a：p.42）。

　さて、本節の主題たる9世紀初頭頃の墓制は、8世紀初頭より急速に普及した火葬墓以外に、土葬墓としての木棺墓が目立つようになっており、「本来的葬法たる土葬への回帰」の時期と解釈されることも多い（黒崎 1980：p.112）。そして、このような「屍体を火葬にするか土葬にするかという死体処理の別は、その霊魂観を観察するうえで重大な意義」をもち、火葬とは死とともに霊魂が屍体から遠く離れ去るか死滅する場合であり、土葬では霊魂は屍体とともにそこにいるものと考えられていたのである（山折 1976：pp.58・59）。

　では、具体的な考古資料としての古墓から当時の霊魂観を読み取ることは可能なのであろうか。『日本霊異記』下巻第二十二話の「丙の年の人の故に焼き失はず」という記事を手がかりに、小林は「火葬とか土葬かという葬法の選択について、死者の保持する宗教的イデオロギーや信仰の問題とは無縁なところで決められて」おり（小林義 1998b：p.48）、「政治や習俗とも関連して」葬法が選択されたと考えた（小林義 1998a：p.47）。そして、いくつかの「考古資料として土葬墓と火葬墓が錯綜して一定の空間に造営している事例」（小林義 1998a：p.50）を挙げたが、畿内とその周辺地域の8・9世紀の古墓の集成表（付表2・3・4）をみてもわかるように、少なくとも9世紀前半までは火葬墓と土葬墓は葬送儀礼上からも区別されていたようで、同一氏族が経営したと考えられる古墓群の墓域内において両者の葬法が同時期に混在する事例を確認することはできなかった。山折哲雄の指摘に従えば、土葬と火葬では他界観に違いがみられることから、両者の葬法が同時代の同一墓域内に混在することは考えにくいのである。しかし、小林の論説では、土師の里古墓は「土葬・火葬の両方の葬法によるものや小児と成人を葬ったもの」が混在する集団墓地と位置付けられており（小林義 1999a：p.9）、筆者とは見解を異にするものであった。

　そこで、本節では8・9世紀に経営された古墓群の墓域内で実際に土葬、厳密には木棺墓と火葬の葬法が混在し得るのかどうかを当時の霊魂観などの思惟を踏まえて検討し直し、当該時期の墓制における土葬と火葬の意義について改めて検証したい。

1. 火葬墓と土葬墓が混在する古墓群の事例

　天皇の遺骸が古墳時代には最高の呪具であったという説（田中琢 1991：p.206）があるが、もしもその意義付けが妥当だとすると、火葬とはそれをわざわざ焼失させるという墓制上の一大画期ということになる。もちろん、当時の人々にとって火葬とは殯を短縮し、よみがえりを完全に否定するという刺激的な葬法であったことは想像に難くない。そして、このような象徴的手段を用いて国

家の枠組みを完成した「律令国家」はその主旨を徹底させるためにその時期の高級官僚たちにも、死後、荼毘に付すことを強要したとも考えられている（小林義 1998a：pp.46・47）。それは初現期の火葬墓が金属製の骨蔵器を使用し、墓誌を伴う事例があるなど、薄葬という概念には程遠い丁寧な造墓スタイルを採用しているからで、社会的にかなり上位の人間が被葬者として想定されるからに他ならない。

　火葬は「人間の死を明確にさせる葬法であると同時に、穢れた感覚を呈することの比較的少ない葬法」でもあり、また結果的に「遺骸が破壊されるという点では残酷な部分もある」ことから、広く一般社会においてはその受容を躊躇させることもあったという（塩入 1988：p.110）。特に、「『もがり』化された屍体は、死と復活もしくは擬死再生を実現する儀礼的な舞台」である（山折 1976：p.64）のに対して、『霊異記』の蘇生説話にみるように、遺骸を荼毘に付すことは霊魂が戻る場所を失ってしまうことを意味し（小林義 1998a：p.45）、当時の人々に火葬に対する恐怖が存在していたことは明らかである（小林義 1998b：p.89）。しかし、件の蘇生説話において、死体をわざわざ「焼くことなかれ」と記されたこと自体、「すくなくともいま挙げた説話においては、殯という行為が、説話作者にとって特別の理由もしくは動機づけを付すことなしには不自然な儀礼として感じられ始めていたことを示すのではないであろうか」（山折 1976：p.65）と山折が述べたように、既に当時は火葬がかなりの程度普及していることを示しており、これらの事例はあくまでも例外なのである。つまり、件の説話において「丙の年の人の故に」というのはこじつけなのであって、実際に死者の生まれた年の干支によって葬法が決められることはほとんどなかったと考えられる。
(19)

　さて、筆者が調べた範囲で、同一墓域内に複数の葬法が確認された8・9世紀の古墓群は以下の11例に過ぎない。ここでいう古墓群には前節で取り上げた集団墓以外にも個人墓が累積した結果、古墓群を形成することになった事例も含んでいる。

① 大坂城古墓（新海編 1996）［大阪市中央区大手前所在］

　前節でも触れたが、大阪府庁の建て替えに伴う調査地点から検出された4基の古墓群で、その内訳は2基の火葬墓ならびに2基の木棺墓からなり、4基の古墓はそれぞれ約30ｍ離れて造営された。

　調査区北端の墓2は須恵器短頸壺を骨蔵器とする火葬墓で、骨蔵器を据える前に木箱に収められた海獣葡萄鏡1面を副葬しており、8世紀中頃の築造である。墓4は調査区南西に位置する火葬墓で木櫃に火葬灰を納めたものと考えられ、水晶製丸玉1点を副葬するが、時期は8世紀代と推定されるものの、詳細な時期比定は困難である。

　一方、調査区中央北寄から検出された墓1は9世紀前半頃の木棺墓で、棺内からは蔓草鳳麟鏡1面、隆平永寶を中心とする銭貨29枚、水晶製数珠玉1個が出土し、木棺の四隅から「呪砂」（藤沢 1970）の可能性のある砂も検出されている。また、調査区南東に位置する墓3は9世紀後半の木棺墓と推定されており、黒色土器高台付き皿が出土した。

　8世紀代の火葬墓2基の築造時期が、難波宮再建期に該当することから、これらの墓域を「平城京の北に位置する佐保山とその周辺の墓をイメージさせる景観」とし、4基の墓の被葬者像として多治比公氏を想定する考えもある（鋤柄 1999）。小林は個人墓が継続的に造営された結果、集団墓状を呈するようになった事例と位置付けたが、妥当な見解と思われる。

② 墓尾古墳隣接地古墓（上野 1979）［東大阪市上石切町所在］

　終末期群集墳として著名な墓尾古墳群の西〜南側一帯にかけて検出された古墓群で、5基からなる。そのうち、甕棺墓、土壙墓、木棺直葬墓の3基が密集しており、そこから南へ約18ｍの地点から土壙墓、西へ約30ｍ離れて火葬墓が検出された。甕棺墓は長胴形甕2個体を合わせ口にし、一方の底部を打ち欠いて把手付甕を合わせたもので、副葬品はみられなかったが、8世紀初頭のものである。また、火葬墓は土師器の坏と蓋を骨蔵器とする8世紀前半の資料である。

　2基の土壙墓は両者とも内部に炭化物が詰まっており、石鏃4個、土師器少量が出土したものの、土壙壁面は火を受けた痕跡もなく、土壙墓というより火葬墓と関係がある施設、すなわち小林によって提唱された「火葬灰埋納土壙」（小林義 1992）と見なすべきであろう。時期はいずれも9世紀初頭頃と考えられ、周辺に未だ検出されていない火葬墓が存在するのであろう。木棺直葬墓は副葬品がなく、築造時期は不明であるが、土壙との切り合いから奈良時代と推定されており、さらに古い時期となる可能性もあるという。この古墓群も個人墓の累積と見なすことができる。

③ 立部古墳群跡古墓（芝田 1990）［松原市立部所在］

　松原市の東部、もと溜め池であった上ノ池の西緩斜面に位置する古墳群で4基からなる（図36）。調査区の南東隅から8世紀代の須恵器横瓶を骨蔵器とする火葬墓1が検出され、約60ｍ離れた調査区中央部東端には9世紀初頭頃の須恵器壺を骨蔵器とする火葬墓2とその西隣から9世紀中頃の土壙墓2、さらに、両者から南側に10ｍほど離れて10世紀初頭の木棺墓1も検出された。火葬墓は副葬品が確認されておらず、土壙墓2は須恵器壺1点、土師器杯4点が遺体の頭部および足元に置かれていた。木棺墓1は須恵器小型壺1点、土師器杯3点と皿1点を頭部に置くが、土壙墓と木棺墓に副葬された土師器杯それぞれ1点に径5mm大の穿孔が確認されており、同一の葬送思想に基づく儀礼が行われた可能性が高いことから、両者の墳墓間に何らかの系譜関係がうかがえる。同一氏族による継続的な墓域使用を具体的に想定し得る類例として重要である。個人墓の累積した事例であろう。

④ 東山古墓（菅原 1980）［大阪府南河内郡河南町東山所在］

　弥生時代の高地性集落遺跡として名高い東山遺跡の調査時に、丘陵上の平坦面から検出された4基の古墓群（図38）で、うち3基は2〜5ｍ程度の範囲に集中していた。内訳は土壙墓2基、羽釜棺墓、火葬墓各1基で、いずれも8世紀代のものと考えられている。ただ、それぞれの墳墓間の前後関係は明らかでない。土壙墓15は素掘りの土壙内北側に土師器杯、小型壺各1点、中央西側に鉄鏃1点を副葬するが、他の墳墓とやや離れて立地する土壙墓18には副葬品はなかった。羽釜棺墓17は合口の羽釜棺を素掘りの土壙内に埋置し、火葬墓16は有蓋須恵器薬壺を骨蔵器とするが、両者からも副葬品は検出されなかった。先の論考で、小林が土葬墓と火葬墓が共存する事例として取り上げたものである。個人墓が累積した事例と考えられる。

⑤ 飛火野古墓（松永 1990）［奈良市春日野町所在］

　春日大社境内の飛火野一帯から検出された古墓で、2基の火葬墓、1基の木棺墓ならびに2基の焼土壙からなる。火葬墓1は有蓋土師器薬壺を骨蔵器とするもので8世紀前半、火葬墓2は須恵器杯に蓋を被せたもので8世紀中頃の築造である。また、両者から西側に約40ｍ離れて9世紀前半の木棺墓が検出されており、須恵器小型壺2点を副葬していた。なお、木棺墓に近接して炭片や須恵器片、骨片、釘などを含む小土壙が2基検出されたが、墳墓というより「火葬灰埋納土壙」の可

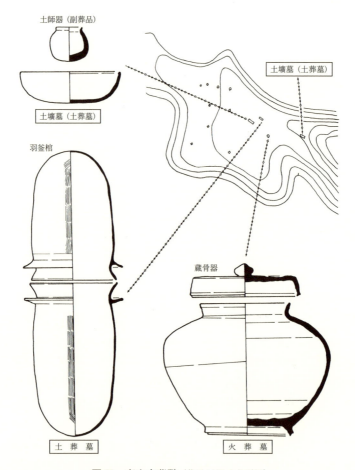

図38 東山古墳群（菅原1980より引用）

能性が高い。小規模な古墳群であり、個人墓が累積したものである。

⑥ **岡本山古墓**（高槻市教育委員会 1982、森田 1985）[高槻市岡本町所在]

　岡本山古墳群からは奈良〜室町時代の墳墓が数多く検出されているが、今回取り上げたのは昭和57年に調査されたB地区内に立地する火葬墓2基と木棺墓2基の計4基である。木棺墓1は棺内頭部上に土師器皿と須恵器瓶子を置き、膝の右側に鉄製刀子を置くが、腰部付近から石銙帯一式が出土しており、被葬者が腰帯を装着していたことがわかる。また、木棺墓2からは土師器皿の細片が出土した。時期はいずれも9世紀前半頃であろう。一方、火葬墓は、火葬墓1が須恵器四耳壺を骨蔵器とし、緑釉椀を蓋とするものである。それを木炭で包み込むように埋置していた。また、火葬墓2は黒色土器椀と緑釉椀を骨蔵器とするが刀子を副葬しており、9世紀後半から10世紀前半の築造と見なされている。詳細は不明だが、火葬墓1の年代も火葬墓2と大差ないと思われる。

　岡本山古墳群そのものは集団墓と考えられるが、詳細な報告がされていないこともあり、古墳群全体を対象とした考察はあまり深化させることはできない。しかし、今回取り上げたB地区内の4基の古墓については個人墓の累積と見なすべきであろう。

⑦ **土師の里古墓**（三木 1999）[藤井寺市道明寺所在]

　小林義孝によって、土葬と火葬の葬法が混在する集団墓と位置付けられた事例である。小林の分

析によれば、土師の里古墳群は広い墓域をもつ突出した個人墓とそれに接して造営された集団墓地から構成されており（図35）、隔絶した墓域を誇る木棺墓、墓1には巡方2点、丸鞆7点からなる石銙帯が副葬され、漆皮膜も検出された。また、墓1の周辺は土師器皿が出土した墓3が存在するに過ぎないが、墓3自体が墓1に付属する施設である可能性も指摘されている。墓1に隣接した場所には木棺墓、土壙墓、土器棺墓、火葬墓とその関連施設が群在しており、多様な葬法により造営された多数の人々のための墳墓が存在する集団墓地と考えられている（小林義 1999b：p.502）。

具体的な経営状況は墓1の築造時期が8世紀後半から9世紀前半と考えられるのに対して、集団墓地内の墳墓群は具体的な築造時期が判断できる資料は少ない。例えば、墓22は円筒埴輪を骨蔵器として転用しており、築造時期を判断する術はない。築造時期が判別される事例の中で、木棺墓9ならびに土器棺墓14・25は8世紀中頃から後半にかけて、土器棺墓7・20と火葬墓24が8世紀後半と考えられるが、須恵器甕を骨蔵器とする火葬墓15は8～9世紀という大まかな時期としか判断できない。和同開珎が出土した墓17は火葬灰埋納土壙と考えられ、その他には土壙墓3が9世紀後半の築造と想定されるに過ぎない。木棺墓9からは須恵器長頸壺、広口壺各1点と土師器杯2点、土器棺墓7からは土師器小型壺5点、土壙墓3からは土師器皿1点がそれぞれ出土した。

⑧ 三ツ塚古墓群（宮原編 2002）[奈良県葛城市當麻町竹内所在]

三ツ塚古墳群は南阪奈道路の建設計画に伴う調査で確認された古墳群で、急峻な丘陵の南斜面中腹に築造されており、その周辺から8世紀前半の火葬墓、9世紀中葉以降の火葬墓とその関連遺構、木棺墓が検出された（図37）。

三ツ塚古墓群の支群構造は前節で述べた通りであるが、本節では当古墓群を詳細に検証した小田裕樹の論説に従ってまとめておきたい（小田 2008）。

古墓が築造されたのは出土遺物によれば、平城Ⅱ～Ⅳ型式期、平城Ⅶ～SD650B型式期の2時期に分かれ、その前後には造墓活動が認められない時期が確認されている。古墳群・古墓群はともに東・中央・西の3つの支群に分けることができるが、火葬墓は中央支群から造営が始まり、いずれの墳墓も前代の古墳とその墓域を意識した造営であった。

その後、しばらく造墓活動は行われないが、平城Ⅶ型式期以降、再び造墓活動を開始し、中央支群に木棺墓1が造営された。SD650A型式期はすべての支群で造墓が行われたが、SD650B型式期になると中央支群のみで造墓が行われた。小田は三つ塚古墳群・古墓群を6世紀末葉から9世紀後半まで継続する古代氏族墓地であったと結論付けている。

⑨ 東中谷古墓群（北山峰 2013）[奈良県高市郡高取町所在]

東中谷古墓群は5基からなるが、3基の木棺墓と土壙墓1基、木櫃を骨蔵器とする火葬墓が1基造営されたと考えられている。しかし、確実な墳墓は1・2・5号墓の3基（木棺墓2基、火葬墓1基）に過ぎず、造営時期は出土した黒色土器の編年観から9世紀中葉から後半と想定されている。三ツ塚古墓群と同様の意義を有する古墓群と評価することも可能であるが、1号墓（火葬墓）の造営時期が不明であることから、土葬と火葬が同時期に混在するかどうかの判断は困難である。

⑩ 興善寺遺跡古墓（竹田編 1995）[橿原市戎外町所在]

天香久山の南側丘陵の裾に位置する興善寺遺跡から検出された古墓群で、8世紀後半の火葬墓4基と、それに近接して集石遺構が1基確認されたが、集石遺構の下部に土壙墓17基が造営されていた。土壙墓群からは遺物が出土しておらず築造時期は不明で、集石遺構との関係から奈良時代と

表21 古墓群の葬法の変遷

古墓群名	葬制	8世紀 初	前	中	後	末	9世紀 初	前	中	後	末	10世紀 初
大坂城	火葬墓											
	木棺墓											
	土器・土壙											
墓尾古墳群隣接地	火葬墓											
	木棺墓											
	土器・土壙											
立部古墳群跡	火葬墓											
	木棺墓											
	土器・土壙											
東山	火葬墓											
	木棺墓											
	土器・土壙											
飛火野	火葬墓											
	木棺墓											
	土器・土壙											
岡本山	火葬墓											
	木棺墓											
	土器・土壙											
土師の里	火葬墓											
	木棺墓											
	土器・土壙											
三ツ塚	火葬墓											
	木棺墓											
	土器・土壙											
東中谷	火葬墓											
	木棺墓											
	土器・土壙											
興善寺	火葬墓											
	木棺墓											
	土器・土壙											
長岡京	火葬墓											
	木棺墓											
	土器・土壙											

■：築造時期が明確な墳墓　　■：築造時期が不明瞭な墳墓

推定されているが、さらに先行する可能性もあるという。[21]残念ながら遺構の配置図をはじめとする詳しい報告がされていないので、これ以上の検討は現時点では不可能である。

⑪ **長岡京古墓**（吉崎・上村・木下・南 1994）[京都市伏見区淀水垂町所在]

長岡京東二坊大路を横切る河川の右岸に沿って、それぞれ20m、60mおきに小児を埋葬したと思われる小型の木棺墓が3基、また、河川内から土師器甕3個を合わせた土器棺墓が1基検出されたが、いずれの古墓からも遺物は出土しなかった。時期は長岡京期、8世紀末葉である。木棺墓の規模を考えれば、小児を被葬者とした特殊な古墓群といえよう。

土葬と火葬という2つの葬法が同一墓域内に混在する古墓群は以上であるが、具体的な葬法の変遷を整理するため、それぞれの古墓群ごとに葬法の変遷を表21にまとめてみた。

表21をみても明らかなように、9世紀前半以前に同一墓域内で火葬墓と木棺墓が混在する事例は皆無であることが改めて確認できたのではないだろうか。本節で対象とした古墓群の場合、同一

時期に複数の墳墓を営む事例は少なく、同一氏族の墓域内に継続的に一基ずつ墳墓を造営したようだが、当時の他界観が一般庶民はおろか下級官人にも死後の霊魂を認めていなかった（下出 1972：p.71）かどうかは別にしても、多くの古墓群で特定個人のみが被葬者とされており、この時期に墳墓を造営し得たのは裕福な階層や社会的上位の者に限られていたこと（吉澤 1995：p.154）は間違いあるまい。そして、これら継続的に造墓を続けた古墓群のほとんどが8世紀代を通して火葬墓を造営していたが、9世紀前半頃を境に木棺墓（大坂城古墓・飛火野古墓）や土壙墓（立部古墳群跡口古墓・墓尾古墳群隣接地古墓）などの土葬墓へと葬法を変えているのである。

一方、周辺に8世紀代の火葬墓群が存在する岡本山古墓では9世紀前半頃に木棺墓を造営して新たな墓域を獲得するが、この集団は9世紀後半以降に火葬墓へと葬法を転換した。また、興善寺遺跡では8世紀後半の火葬墓群と土壙墓群は共伴するのではなく、土壙墓群が先行する可能性が高い。土師の里遺跡は8世紀中頃以降、木棺墓→火葬墓→木棺墓→土壙墓と葬法が目まぐるしく変遷する過程が読み取れ、8世紀代は土器棺墓が木棺墓や火葬墓と共存していたのである。

このような木棺墓と土器棺墓、あるいは火葬墓と土器棺墓の共存事例は長岡京古墓でも確認でき、厳密な時期考証はできなかったが、東山古墓も8世紀代の資料として付け加えることができよう。

土器棺墓は小児用の墳墓と考えられるものが多く、長岡京古墓の小型木棺墓も小児用と考えられている。子供は死んでもまもなく生まれ変わるため、大人並みの葬儀をするのは再生の妨げと考えられていたこと（土井卓 1983：p.294）から、その屍を荼毘に付すことなく、再生を願った家族のもとで早世した我が子の遺体を葬ったのであろうか。小児用に限らず、土器棺墓はよみがえりを期待する霊魂観に基づく葬法と考えれば、9世紀以降、このような土器棺墓と他の葬法による墳墓の共存関係がみられなくなる現象は理解しやすい。すなわち、火葬の導入によって、「モガリの背景にある死生観・霊魂観」が衰退し、「霊魂の浄化、そして他界への安住が即座の骨化によって達成されるとする、信仰が優勢」になっていく（川村 1995：p.633）中で、仏教的な他界観が畿内を中心に普及していくのである。文献史料などの研究によれば、持統太上天皇の火葬に伴い天皇のモガリが消滅したのちも、よみがえりが期待され「民間ではモガリの禁止にもかかわらず、少なくとも平安時代の初め頃までは、庶民にいたるまで広範に行われていた」が、火葬の導入により徐々によみがえりを可能とする霊魂観が衰退し、やがて「浄土・極楽／地獄という仏教的他界」が表出することになる（川村 1995：pp.626-630）。

9世紀以降の人々にこのような新しい他界観が浸透していったことは『日本霊異記』の類話を多く収めている『今昔物語集』に「黄泉」や「殯」という言葉が使われておらず、「黄泉」が「冥途」という言葉に置き換えられていること（川村 1995：p.635）からも類推できる。そして、人々の他界観に大きな変化のみられる9世紀中葉以降ようやく三ツ塚古墳群のような同一墓域内において木棺墓と火葬墓が共存する事例が登場するのである。

古代東国地域の墳墓を総括した仲山英樹は関東地方では墓域の中心に火葬墓が存在し、その周辺に土壙墓を伴って墓域を構成する事例があることを示した（仲山 1995）。しかし、仲山の取り上げた古墓群を検討すると、それらの墳墓間には時期差が認められた。また、時期不詳のものも多く、共存する場合はすべての事例が9世紀中頃の資料であるなど、東日本においても畿内と同様、土葬と火葬が混在する古墓群は9世紀中頃以降に登場することがわかった。すなわち、9世紀前半以前

の古墓群内では、土器棺墓や墳墓の再利用を除き、土葬（木棺墓）と火葬が同時期に混在することはないのである。

なお、筆者のこのような理解に対して、小田裕樹は以下のような疑義を呈した。

すなわち、「葬法は土葬から火葬・土葬へと変化するが、三ツ塚Ⅱ期では8号墳の石室を再利用した埋葬と火葬墓34が同時期に存在していることから、奈良時代における火葬と土葬という葬法に関しての規制は見出すことができず、土葬・火葬は混在している」という意見である（小田2008：p.444）。

このような小田の疑義に対し、筆者の考えを述べておきたい。拙論で主張したかったことは土葬と火葬では葬送儀礼観に相違が認められ、使い分けられていた可能性があるということであり、葬法に関して具体的な規制があったとは考えていない。黒色土器の有無や水晶玉の使い分けなど出土遺物から判断する限り、土葬と火葬では墳墓儀礼の内容に何らかの区別があったと考える方が理解しやすく、造営主体者がそういう儀礼観の違いを踏まえてどちらかの葬法を選択したと考える。それゆえ、小田の指摘した三ツ塚古墳群の事例についても火葬という葬法を選択しながら、再利用に関しては土葬を選択したという点にむしろ着目したい。

第3章第3節で述べたように、8世紀代の古墳再利用は基本的に火葬墓に限られていた。三ツ塚8号墳の再利用の事例は現状では8世紀代に木棺墓を使用する唯一の事例である。8世紀中頃は天皇喪葬が土葬に転換するなど、墓制史上の画期であり、これに対応する現象ととらえることもできよう。大和ではこれ以降、古墳再利用において木棺墓が中心となることも天皇喪葬と何か関係があるのかもしれない。なお、火葬墓34と8号墳は同一支群に属するとはいえ、中央支群は3つの小支群に分けられ、両者は墓域を異にするという事実も指摘しておきたい。

三ツ塚古墳群は下級官人とその氏族成員が葬られた6世紀末から9世紀後半まで続く氏族墓地であったという小田の評価は、前節の検討結果でも明らかなように、8世紀から9世紀にかけて継続する古墓群はほとんど見当たらず、三ツ塚古墳群の場合も飛鳥Ⅴ型式期、平城Ⅴ型式期に造墓活動の断絶期間が認められるので連続した墓域とは考えにくいことから賛同できない。三ツ塚古墳群は小田も述べたように前代の古墳を意識した造墓活動の所産であり、古墳再利用も行われている。第1章や第3章で古墳再利用を検討した結果に基づけば、当該時期の古墳再利用は実際の血縁の有無とは無関係に擬制的な同族関係を主張する手段として行われる場合が多いので、同一氏族の経営した氏族墓地とは確定できないのである。三ツ塚古墳群を再利用した木棺墓6からは隆平永寶と神功開寶が、木棺墓7からは冨寿神寶がそれぞれ出土しているが、古墳再利用における銭貨の出土事例を検討した結果（第3章第3節参照）、古墳再利用では銭貨の出土事例が少ないことがわかった。この点について、筆者は以下のように考えている。伝承等によって明らかにその古墳が自分たちの祖先であるという認識があれば、地鎮目的の「鉄板」や銭貨を用いず、そのまま再利用を行った。しかし、実際の血縁関係が確認できず、名目上の系譜関係を主張する場合は、古墳を使用させてもらう許可を得るため、銭貨を使用したというものである。この考えに従えば、三ツ塚古墳群の墓域を利用して9世紀以降に造墓活動を行った集団は、それ以前の造営集団と必ずしも血縁関係を同じくするとは断言できないことになろう。

2. 「律令国家」期の墓制における火葬墓と土葬墓の意義

前項までの検討で、9世紀前半頃に墓制上の大きな変化がみられること、具体的には多くの古墳群において火葬墓から土葬墓への転換が図られたこと、そして、9世紀中頃以降にも墓制上の変化が認められることが判明した。それでは、このような墓制の変動にはどのような歴史的な意味があるのだろうか。本項では、当該時期の火葬墓ならびに木棺墓の分析を通して両者の墓制の果たした歴史的意義について簡単にまとめてみたい。

火葬墓の集成表（付表2）では当時の墳墓を4つの類型に分けた。すなわち、Ⅰ類：単独立地の墳墓、Ⅱ類：数基程度の墳墓が散在するもの、Ⅲ類：数十基の墳墓が群集するもの、Ⅳ類：100基以上の墳墓が密集するものという分類であり、Ⅳ類は具体的には堺市桧尾第3地点火葬墓群（宮野・山川編 1990b：pp.185-193）などの密集土壙墓と呼ばれるものを指す。

つまり、本節において対象とするのはⅡ類・Ⅲ類の古墳群ということになるが、そもそも単独立地の古墳とこれら古墳群では墓制の上で何らかの違いがあるのであろうか。図11ならびに図39は火葬墓の類型別出土遺物の種類数と組成をグラフにしたものであるが、副葬品の種類に関しては各類型で大きな違いは認められない。古墳群といえども、火葬墓は単なる一般庶民の墓というイメージには程遠く、社会的に一定の地位を占める階層のみが築き得た墳墓であることがうかがい知れよう。
(22)

次に各類型を特徴づける遺物であるが、Ⅰ類の銭貨、Ⅱ類の須恵器、Ⅲ類の玉類がそれぞれ顕著な遺物ということができる。ただ、火葬墓そのものは元来出土遺物が寡少であり、特にⅡ類の須恵器は原山4号墓（宮野・山川編 1990a：pp.105-136）から出土した26点という数字によるところが大きく、また、Ⅲ類の玉類に関しても高井田20号墓（安村 1987b：pp.47・48）から出土したガ

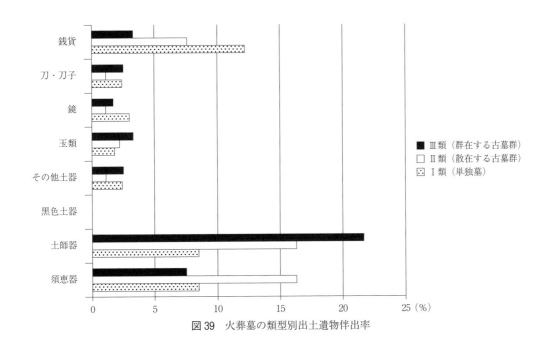

図39 火葬墓の類型別出土遺物伴出率

ラス玉24個があるから大きな数値を示すのであって、これらの数字を除くとさほど目立たない遺物ということができるかもしれない。同様にⅠ類の銭貨についても大木屋古墓（時野谷1931）の91個以上、高山古墓（下大迫1994）の31個という数字が影響を与えていることは間違いない。ただ、これら両者の数字を除いた場合でもⅠ類では1基あたりの平均銭貨出土数は0.63個であるのに対して、同Ⅱ類0.34個、Ⅲ類0.09個であり、Ⅰ類に銭貨の伴出例が多いことがわかる。このこと自体は火葬墓から出土する銭貨が地鎮を目的とするという小林の論考（小林義1995）を参考にすれば容易に説明がつくであろう。単独墓の場合は個々の墳墓に銭貨が必要になるのに対して、古墓群の場合は全体としての墓域さえ確保できれば、個々の墳墓に地鎮目的の銭貨は必要あるまい。墳墓から出土した銭貨を地鎮目的ではなく、権威の象徴と考えた場合も同様に理解することができよう。なお、これ以外にもⅠ類の古墓には刀や鏡の出土が目立っており、特に初現期の火葬墓にその傾向が強いことから、第2項の冒頭で紹介したように、律令体制貫徹のために高級官僚たちに死後、荼毘に付すことを強要したという小林の理解（小林1998b：p.47）を傍証することができる。

前節で8世紀後半以降、畿内各所で火葬墓群が相次いで造墓を開始することを指摘した[23]。奈良県高安山古墓群（河上1983）、横枕古墓群（島本1936、末永1955、小島1962、伊藤勇1984c）、佐保山古墓群（伊藤1984a・b）、大阪府高井田古墓群（安村1987b：pp.25-57）などである。奈良時代の火葬は「仏教葬としての意味をもって普及」したのではなく、薄葬としての火葬の導入以降、「上位者階層における特権的な文化葬法の意識」のもとに受容された（塩入1988：p.120）可能性があり、これら古墓群が中央政界の変革に伴う新たな官人階級の成立に対応するとは考えられないであろうか。当時、天皇喪葬は土葬へと変化していたが、これらの古墓群は土葬を採用せず、火葬で統一されていることから、彼らにとって火葬という葬法が特権的な墓制と意識されていた可能性が高い。

次に9世紀前半前後に多くの古墓群において、火葬墓から土葬墓へと葬法の転換が図られたことの意味を考えるため、当該時期の葬制における両者の相違点についてまとめてみたい。

8・9世紀の墳墓の動向は、天皇喪葬の変換を契機に第Ⅰ段階の火葬の開始と火葬墓の盛行期（～8世紀末葉）、第Ⅱ段階の本来的葬法たる土葬への回帰時期（～9世紀中頃）、第Ⅲ段階の薄葬を基調とする土・火葬混在期（9世紀後半以降）という整理がされており（黒崎1980：p.113）、本書の内容もその功に負うところが大きい。ただ、墓制の動向は8・9世紀を通して火葬墓が中心であり（第1章参照）、天皇陵をはじめとする一部の墳墓において8世紀後半から9世紀前半にかけて木棺墓などの土葬墓が目立つに過ぎない。

聖武太上天皇以降の時代は古墳儀礼的＝伝統的なものを完全に払拭し、火葬を強要する必要がなくなった（小林義1998a：p.47）と考えることができるが、上記したようにこの時期以降に火葬を採用する古墓群が相次いで造営されており、「土葬への回帰」という位置付けは当時の墓制全体に対する傾向としてはやや疑問とせざるを得ない。むしろ、本節で指摘したような9世紀初頭を前後する時期、すなわち桓武朝を中心とする時期の葬制の転換にこそ大きな画期を認めるべきであろう。

9世紀前半を前後する時期の木棺墓は基本的に単独立地を示すものがほとんどであり、いずれの事例も豊富な副葬品を有し、厚葬の風を示す。このような木棺墓は9世紀中頃の淳和・嵯峨朝の薄

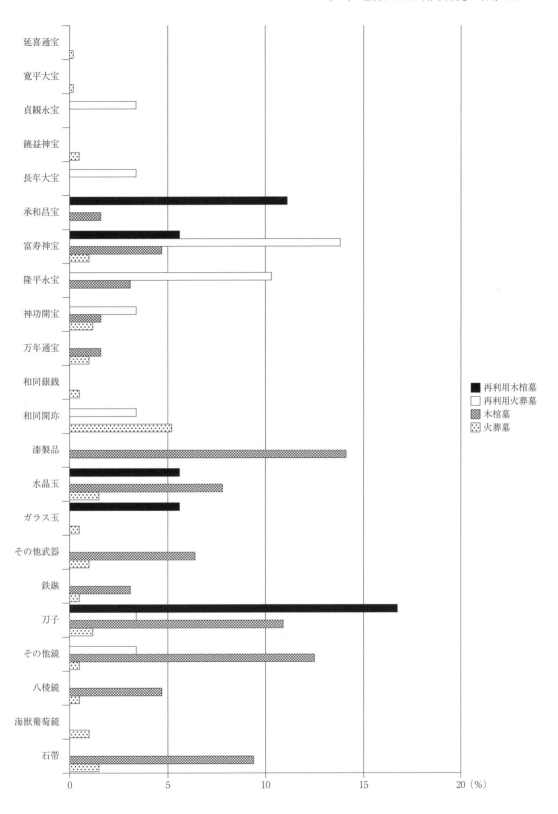

図40 木棺墓と火葬墓における出土遺物の伴出率

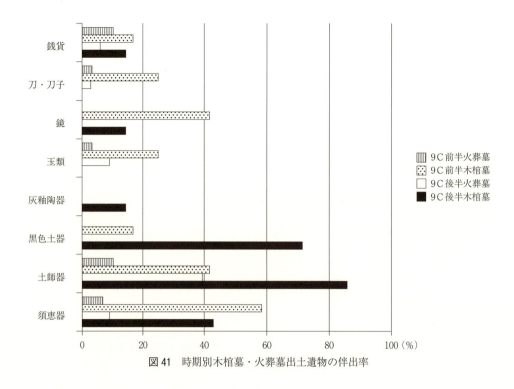

図 41 時期別木棺墓・火葬墓出土遺物の伴出率

葬思想に基づく造墓活動の断絶期を経た後、仁明天皇による嵯峨太上天皇の政策の反転・否定（山田邦 1999：p.86）に伴い、9世紀後半以降復活することになる。

　では、この9世紀前半ならびに後半という時期において火葬墓と木棺墓の間で具体的にどのような差異が認められるであろうか。図40は再利用も含めた火葬墓と木棺墓の出土遺物の組成の比較、図41はそれぞれの時期ごとに両者から出土した遺物全体の組成をグラフ化したものである。当該時期の墳墓は小林の指摘に則り、副葬品が被葬者の地位を示すものではないにしても、死者や残されたものの財力や嗜好性を表現する（小林義 1999b：p.510）ことから、これらの遺物の組成にそれぞれの葬法を採用した被葬者の性格や政治的志向が反映されている可能性は十分に考慮してよい。

　図41をみれば、9世紀前半の木棺墓における鏡、9世紀後半では火葬墓の玉類と木棺墓の灰釉陶器がそれぞれの葬法に伴う特徴的な出土遺物であること、木棺墓から普遍的に出土する黒色土器が火葬墓には一切認められないことが顕著な相違点として挙げられよう。

　鏡については、古墳時代以来の墳墓様式を継承した折衷様式ともいえる柚之内火葬墓など一部の火葬墓に唐式鏡が副葬されるものの、全体では鏡を副葬する火葬墓は少なくなり、平安時代に入って木棺墓に回帰した結果、鏡の副葬品としての使用が再来したとする杉山洋（杉山 1999）の意見が参考になろう。杉山はさらに平安期の鏡は古墳副葬鏡のような祭祀性とともに、化粧道具の姿見としての実用性もうかがえるというが、秋山浩三は9世紀段階において鏡の祭祀・呪術的要素が強く、実利的な使用は認められない（秋山 1998：p.36）と述べており、平安時代前期における鏡の意義は定見化していない。しかし、火葬墓において鏡が副葬されるのは8世紀前半〜中頃が中心で、その型式も海獣葡萄鏡が主であることから、8世紀中頃までの鏡副葬は古墳時代の遺風と考え

てよいのではないだろうか。8世紀中葉までは周溝を伴う墳墓や木炭で木櫃を覆うなど終末期古墳の築造技術の影響が残存する火葬墓がみられることも同様であろう。その後、古墳時代のような鏡副葬の意義は急速に衰退し、8世紀後半以降に鏡副葬の空白期を経たのち、平安時代以降は木棺墓において副葬されるが、9世紀代の火葬墓では八稜鏡の出土が2例認められるに過ぎない。

奈良・平安時代の墳墓から出土した珠玉を集成した秋山は「珠玉副葬の墳墓は、社会的に限定された上位階層に帰属すると考えてよい」(秋山 1997：p.22)とし、珠玉は銅鏡および銅銭と密接な関連性をもつ(秋山 1998：p.32)というが、これは木棺墓のみにあてはまる現象であり、必ずしも火葬墓には該当しない。具体的な出土状況をみても、火葬墓での共伴例は皆無で、玉類のみ9例、銭貨のみ39例、銅鏡のみ7例を数えるが、木棺墓は、玉類のみ2例、銭貨のみ2例、銅鏡のみ7例で、銭貨と鏡の共伴例は1例、玉類と鏡の共伴例が3例、そして銭貨・銅鏡・玉類の共伴例が1例であった。ちなみに、土壙墓においては銭貨のみ2例、鏡のみ1例である。

いずれにしろ、これら三者は実利的機能ではなく、祭祀・呪術具として墳墓に添えられたものであろう。火葬墓では呪術具として銭貨が好まれ、木棺墓では鏡が重視されたという傾向は指摘することができるが、銭貨については第3章第1節でも述べたように、呪術具としての機能より権威の象徴という意義を重視すべきかもしれない。共伴例の有無に関しては、火葬墓の場合、鏡や銭貨を副葬する時期の中心が8世紀代であるのに対して、玉類の副葬は9世紀以降という時期差も大きな要因ではないだろうか。なお、間壁葭子は、岡山県桃山火葬墓において買地券と同様の儀礼が銭貨と酒器としての平瓶を用いて行われた可能性を指摘した(間壁 1981：p.93・94)が、平瓶と銭貨が共伴するのは8世紀中葉までの4例に限られ、木棺墓では平瓶に銭貨が伴うことはない。しかし、この現象も葬送儀礼上の差異というより、時期差に基づく葬礼観の違いによるものであろう。また、9世紀後半期の施釉陶器の有無については、当該時期の墓制が社会的階層性よりも経済的側面をより顕著に墳墓の様相に反映させるようになった(第3章第1節参照)からに他ならないと考えており、一般的な傾向として木棺墓の被葬者の方が火葬墓より経済的に優位な立場にあった可能性を指摘することができる。

では、最後に両者の葬法における最大の相違点である、黒色土器の有無について触れておこう。第3章第3節で8・9世紀の火葬墓から黒色土器が検出されない理由と密教が関連する可能性を指摘した。確かに、木棺墓でも8世紀後半の墳墓からは検出されず、9世紀前半以降に限られる点に着目すれば、密教との関連は重視すべきである。では、それ以外の考え方はできないのであろうか。

奈良時代以前の人々の色彩観では、黒色は穢れや罪悪などを内包した最下位の色彩と考えられており(梅川 1997：p.415)、推古天皇11年(603)以降、天武天皇13年(684)の服制でも諸臣の最下位の服色として「黒」が規定されるなど、「黒」もしくは「黒に近い色」が最下層の階層を示した。このような7世紀代以降の人々の共通認識(安田 1995：p.622)に左右されて、8世紀後半では黒色土器を墳墓に副葬することがなかったのではないだろうか。

しかし、桓武朝では仏に対する臣従をいったん拒否し、これにかわる臣従先を求めることで旧来の仏教色を脱した新しい葬送思想が完成したと考えられている(坂上 1994：p.222)。それゆえ、9世紀前半以降の木棺墓は密教によってあらゆる色彩に交わらない究極・不変の色彩とされた黒色(梅川 1997：p.415)を呈する黒色土器を受け入れたが、従来からの仏教的葬送観を受け継ぐ火葬

墓では、穢れ意識に基づいて黒色土器を受け入れなかったという理解である。

　密教で使われる真言陀羅尼の一種である光明真言と葬送儀礼の関係については横田明・小林義孝両氏の手になる詳細な研究成果が公表されている（横田・小林 1997）。日本に光明真言が流通したのは空海が帰朝した大同元年（806）が年代的上限とされており、10～12世紀において、極楽往生を求めるため、葬送儀礼や死者の供養に光明真言が利用されることが広く浸透していたという。さらに、密教的な光明真言は阿弥陀仏、浄土信仰と対立的にはとらえられておらず、阿弥陀信仰と往生極楽の資として組み込まれていたらしい。

　考古資料において、光明真言が広く浸透していたことを検証する手段として土砂加持がある。土砂加持とは光明真言により加持した土砂を死者や遺骨に振りかけると、すべての罪障が消滅して極楽往生できるという儀礼であるが、古代墳墓から検出された土砂、すなわち「きれいな砂」がそれに該当すると考えられている。古代墳墓の研究において、光明真言の土砂加持による土砂の存在が明確に取り上げられたのは藤沢一夫の論考によるとのことであるが（横田・小林 1997）、このような土砂加持の痕跡を有する最古の墳墓資料が大坂城古墓群木棺墓1である。調査区中央北寄りから検出された木棺墓で、蔓草鳳麟鏡1面、隆平永寳を中心とする銭貨29枚、水晶製数珠玉1点とともに木棺の四隅から「呪砂」の可能性がある砂が検出された。築造時期は隆平永寳の初鋳年796年から類推して、9世紀前半頃と考えられており、この時期に畿内の権力の中枢に近い部分で、光明真言による土砂加持の儀礼が行われていた可能性を示す資料として小林は注目している。つまり、本項で検討したような、密教的な葬送思想が9世紀前半頃に畿内の有力者を中心に急速に浸透していったと考えることができよう。

　ただ、従来の仏教史では天台・真言両宗が伝来した平安初期を新時代の到来と位置付け、奈良時代との断絶が強調されることが多かったが、上島享はこのような考えは見直すべきであり、9世紀の仏教史は顕・密の相互交流があったと説く（上島 1997）。この考えに従えば、奈良仏教との関わりが深い火葬墓が木棺墓導入以降も存続する事情を理解することができよう。つまり、桓武朝の仏教政策の基本は奈良時代以前の顕教的要素も受け継いでおり、墓制そのものの基本的な在り方は8世紀後半以降の造墓形態と大きく異なることはなかったと考えられる。

　これ以外にも黒色土器が土師器の粗雑化の中で新しい食器として漆器を指向して誕生したという指摘（安田 1995：pp.620・621）を参考にすれば、木棺墓の出土遺物に漆製品がままみられ、漆器そのものが上流階級の食器として金属器に次ぐ高級品であったことも踏まえると木棺墓の被葬者の階層的優位を示しているといえよう。このことからも、9世紀前半頃の火葬墓は奈良時代以来の葬送観念が根強い葬法であったのに対して、木棺墓の場合は当時の政治動向をより鋭敏に反映した政治性の強い、あるいは先進的な葬送思想を取り入れた墓制であったと見なすことができる。本節で対象としたいくつかの古墓群においてこの時期に葬法の転換が図られたことは、その被葬者が中央政府の動きと連動し、新しい時代の息吹を直接肌で感じ取れる立場にある人物、すなわち、中央政府と直接結びついた有力官人層であったと位置付けることができる。そして、このような葬制・墓制の意義が9世紀中葉以降急速に薄れていくことからすれば、墳墓に表出された政治的あるいは社会的意味、つまり古墳時代的な墓制がついに終焉を迎えたということができるのかもしれない。

3. 墓制からみた9世紀の霊魂観・他界観

 以上、複数の葬法が混在する8・9世紀の古墓群の検討を通して、当該時期の墓制における土葬と火葬の意義、ひいてはその背景に見え隠れする当時の人々の葬送儀礼観について不十分ながらも検証してきたが、最後に桓武朝以降の墓制の意義を当時の霊魂観・他界観に基づいて簡単に振り返ってみたい。
 火葬という葬法が急速に普及しても、殯的な観念と慣習が意外なほど固執され、容易に消滅しなかったこと（山折 1976：p.81）は『霊異記』の蘇生説話に端的に表されているが、同時に「仏教を受容した人々は、自らの死後の問題とともに、祖先の霊の行方についても思いをめぐらせ、その救済を願わねばならなく」なりつつあったと考えられているように（若井 1998：pp.67・68）、仏教的な他界観が急速に広まっていった。ちょうど時を同じくして、桓武天皇のもとで「延暦十年の改革」（服藤 1987）が推し進められており、祖先祭祀が大きな画期を迎えたと考えられることから、祖霊祭祀・追善供養を目的とする古墳再利用が活況を呈することになる（第1章参照）。まさに、『霊異記』の蘇生説話に示されたように、他界観の性格と構造は仏教の地獄コスモロジーの知識とそれまでの伝統的な他界観念とが過渡的に混融もしくは重層した段階にあった（山折 1976：pp.95・96）。
 ギアツの「劇場国家」（ギアツ 1989）の概念を適用すれば、「死者儀礼の執行は社会的な地位と深く結びついており、逆に盛大な祭宴によって葬られる者のみが威信と地位を獲得できる」（山下 1987：p.246）ことから、聖武太上天皇以降の陵墓祭祀は厚葬を極め、桓武朝でその頂点に達したといえよう。その具体的な様相は当時の木棺墓の在り方が如実に示しているが、では何故、木棺墓なのであろうか。天皇霊の変質（熊谷 1988：pp.21-23）や唐制の影響（和田萃 1973：p.331）、あるいは新羅に対する対抗意識（網干 1981）などに伴い、天皇喪葬は聖武太上天皇以降土葬が基調となったと考えられている。当時の墓制は天皇喪葬の影響を強く受けたことから、高級貴族層を中心に土葬への転換が進められたことは想像に難くない。8世紀末葉頃、「吉事と凶礼の峻別が、貴族たちのあいだに凶礼を極端に忌避する、禁忌意識の異状な昂揚をもたらしつつあった」こと（高取 1976：p.487）を一つの手がかりとすれば、火葬墓の場合は葬送儀礼の過程で拾骨が必要であり、その拾骨に際して死穢に触れることを当時の貴族階級が嫌い、一度埋納すれば屍体に触れる必要のない木棺墓が流行したとも考えられるのではないだろうか。
 土葬という葬法が『霊異記』にみられる蘇生説話のような仏教的因果応報観と結びついた可能性もないわけではないが、上流階級にとっては殯儀礼が消滅して既に久しく、貴族の間に蘇生願望が依然として根付いていたとは考えにくい。そして、最澄が『山家学生式』を著して以降は阿弥陀信仰が再生し、「死」の国のイメージが明るい世界へと変化したと考えられていること（田中 1983：p.364）を踏まえれば、むしろ『霊異記』の説話は殯による蘇生を強調したのではなく、人々に他界の実在を言説化したもの（川村 1995：p.633）という理解こそが適切ではないだろうか。以後、一般社会においても急速に人々の死生観が変化することは、『今昔物語集』に記された文言をみれば明らかであろう。
 文武天皇を唯一例外として、8世紀の天皇が成年であることを要したのに対して、9世紀中頃以

降、天皇の地位が権威として存在するようになると、天皇が成人である必要は姿を潜め、天皇自身は必然的に現実政治から疎外され、人間性を喪失していった（早川 1987）。天安2年（858）の「近墓制」成立以降は天皇が私的個人として自己の祖先祭祀を行うようになった（北 1999）。まさに「律令陵墓制度の最も根本的な枠組みの放棄」（北 1999：p.88）である。

　これ以降天皇喪葬はその社会的意義を失うこととなり、人々は自らの他界観・宗教観に従って様々な墳墓を造営したと考えられる。三ツ塚古墳群において土葬と火葬という葬法が混在するのはまさにこの時期であり、ここに至って、土葬と火葬で区別されていた他界観・霊魂観に差異が認められなくなったのではないだろうか。『万葉集』にみられる山上他界、天上他界、海上他界といった様々な他界観（堀一 1953：pp.40・41）は遠い過去のものとなり、仏教的他界観に基づく西方極楽浄土の世界がいよいよ眼前に迫っていたといえよう。

　もちろん、仏教的他界観が広く受け入れられた背景には、7世紀末葉の持統朝以降、先帝の霊を仏教で救済することが恒例となっていたという指摘（若井 1998：p.70）も重要であり、社会的に上位の階層から新しい他界観が浸透していったことはいうまでもない。では、何故、土葬墓と火葬墓の2つの葬法が9世紀中頃以降の古墓群で共存するのかという新たな疑問が生まれるが、残念ながらその答えを導き出すことは容易ではない。文治4年（1188）の『玉海』において藤原良通が「火葬は功徳あり。土葬は甘心せず」と語ったように、この時期には仏教による死の意味付けが浸透し、浄化儀礼としての火葬は急速に広まっていった（塩入 1988：p.134）。

　しかし、肉親の死に際して、その蘇生再生を願う気持ちは万人に共通する人類普遍の心理であり、同時に火葬という行為が明確な死を決定付け、屍体を損壊することから、火葬そのものに対する潜在的な恐怖心もまた万人が普遍的に共有する思惟であることは言を俟たない。現にわが国において土葬がほぼ消滅するのに1960年代後半までかかったこと（川村 1995：p.635）は何よりその証といえよう。そして、葬送儀礼自体が顕著な社会性を保持しなくなった9世紀中葉以降の人々が墳墓造営に際して基準としたのが、小林のいう現在には伝わらない当時の習俗によるものであったことも十分に考えられるのである。

第3節　「律令国家」的墓制の終焉

　儀礼とは、一定の世界観のもとで、超自然的な諸存在と人間との関係に関する一群の観念を前提として組織される文化的行動で、個別の経験を共同的な現実に統合し、社会の成員に共有される意味を社会的次元で再生産する行為（坂井 1989：pp.174・181・182）である。例えば、出産や結婚をはじめとする様々な儀礼を我々は経験するが、このような儀礼の中でも人の一生に関わるものは通過儀礼と呼ばれている。

　本節で対象とするのは、通過儀礼の中で葬送儀礼と位置付けられる人の死にまつわる一連の行為であるが、1907年、R. エルツ（Hertz）は死の表象に関する考察の中で、葬儀が成人式や結婚などの儀礼と類似していることを指摘した（エルツ 2001）。これを受けて A. V. ジェネップ（Gennep）は通過儀礼を「分離・移行・合体」の体系的概念に細分化したのである（ジェネップ 1977）。

もちろん、これらの民族学的研究の成果をそのまま時間軸の異なるわが国古代の葬送儀礼の検証に適用することはできない。エルツの理論は、広い適用可能性をもっているものの、死者の肉体の変化に関しては、多段階葬（複葬）を行う社会についてのみあてはまるものであり、単葬を行う社会では適合性をもたないという（内堀 1995：p.85）。しかし、相模地域の古墳・横穴墓における墓前儀礼の検討に際してエルツやジェネップの儀礼観に基づき、死者の想像的再生を図るという葬送儀礼に共通の基本構造を復元した事例もあり（大倉 2002）、時空を超えた人類共通の儀礼観の存在は認めてもよいのではないだろうか。つまり、わが国の墓制においては殯儀礼を介在させることで、エルツの理論を適用させることができると考える。

そこで、本節においても、副葬品の出土状況などを手がかりに当時の葬送儀礼を復元し、それらの儀礼が果たした社会構造上の意義を考えたいと思う。結論を先に示せば、本節では葬送儀礼が汎畿内的斉一性を有した時期、すなわち「律令国家」期の墓制の終焉を9世紀後半と位置付けた。それは以下の理由に基づくものである。古墳時代に引き続き、8世紀初頭に「律令国家」の墓制のスタンダードとして火葬墓が採用されて以降も政権中枢部の墓制を頂点とするピラミッド構造の中に畿内とその周辺地域の墓制は位置付けることができた。しかし、9世紀中葉以降、仏教的他界観の浸透に伴って墓制が変容し始め、9世紀後半に至ると畿内においても共同体レベルで葬送儀礼の地域色が顕在化し、社会的次元における儀礼の共有化は志向されることがなくなったと判断されたからに他ならない。そして、このような墓制上の画期は公民制の解体や官僚制の変質をはじめとする当該時期の律令体制の解体過程(25)と見事に符合するのである。

1. 三ツ塚古墓群からみた9世紀中葉～後半の墓制の画期

前節で8・9世紀の古墓群の検討を通して、当該時期の墓制における土葬と火葬の意義や当時の人々の葬送儀礼観について検証した。その結果、他界観の違いが土葬と火葬という葬法の違いにある程度反映されるという従来の在り方が9世紀中葉頃に変質し、両者で区別されていた他界観・霊魂観にも差異が認められなくなったことを明らかにした。

そして、このような葬法の変質を意義付ける上で、奈良県三ツ塚古墓群における葬送儀礼を一つの手がかりとした。当古墓群については第1節で簡単に検証したが、今一度、葬送儀礼という行為に着目して、簡単に振り返っておこう。

三ツ塚古墓群は奈良県葛城市に所在する三ツ塚古墳群の調査に伴って検出されたもので、古墳群とほぼ重複して古墓群が検出された（宮原編 2002）。古墓群は8世紀前半の火葬墓と、9世紀中葉以降の木棺墓と火葬墓、およびその関連遺構からなり（図37）、他の終末期群集墳と同様、古墳群と連続して造墓されているわけではない。

平城Ⅱ～Ⅲ型式期古段階に火葬墓の造営が始まり、平城Ⅲ新～Ⅳ型式期段階で群形成が始まるが、いずれの火葬墓も石囲い施設の中に骨蔵器を埋納しており、儀礼上の共通点が認められた。これらの墳墓群は火葬灰埋納土壙（小林義 1992）を伴い、限られた範囲内で計画的に造営されているが、墳墓群としての造営期間は短い。そして、8世紀後半から9世紀初頭にかけては造墓活動を認めることができず、空白期間となっている。その後、9世紀第2四半期から造墓が再開され、古墳群と同様、東・中央・西の3支群で造営された。

9世紀以降の古墓は谷の中央に築かれた木棺墓1が群形成の端緒となり、平城太上天皇の没年（824年）を前後する時期に造営された。同古墓の被葬者は刀子や発火道具を佩飾する銙具を着装しており、官人層であることが想定される。その後、9世紀中葉にかけて火葬墓と木棺墓が混在するようになるが、9世紀後半以降は火葬墓だけが造墓された。なお、火葬墓や関連遺構からは火化された銙具が出土しており、木棺墓1以降は官人であっても火葬墓に葬られたことがわかる。

　一方、木棺墓10基のうち土器の出土した7基は9世紀第2四半期を中心とする限られた時期に造墓されたことが判明しており、中央支群では最初に築かれた木棺墓1を中心に一定の規範の下に造墓が行われたらしい。そして、木棺墓1にやや遅れ、木棺墓11が築造されて西支群の形成が始まる。報告書によれば木棺墓11の築造は中央支群から独立した新たな墓域を形成しようとする意志が働いたと考えられている。また、両支群に造営された木棺墓には須恵器壺と土師器椀の共伴など出土遺物の組み合わせに共通点を見出すことができ、葬制として共通した規範が存在したようだ。

　ただ、木棺墓1と11の着装品の内容による限り、その階層差は大きく、西支群は中央支群に対する従属性を内在して、別支群を形成したと位置付けられた。なお、木棺墓1以外の木棺墓からは官人的要素を示す副葬品は検出されておらず、火葬か土葬かという葬法の選択は、家長的存在の選択結果が特定の構成要員に影響を及ぼした可能性も指摘された。さらに、9世紀に古墓群が形成された背景には古墳の被葬者を同祖とし、出自を求めた可能性も考えられており、事実、8世紀前半と9世紀中頃という火葬墓の造営時期に合わせて古墳の再利用も行われた。

　三ツ塚古墓群における葬制の変容は火葬墓では従来使用されることのなかった黒色土器が9世紀中～後半の火葬墓1において骨蔵器として使用されている事実からもうかがえる。従来の火葬墓に伴う儀礼観からは決して使用されるはずのない黒色土器が火葬墓1に採用されたということは、当該時期の火葬墓が旧来の仏教儀礼とは異なる新たな葬送イデオロギーに基づく所作である可能性を秘めているといえるのではないだろうか。

2.　9世紀中葉前後の副葬品の状況

　三ツ塚古墓群では9世紀中葉前後に火葬墓と木棺墓が混在し、さらに火葬墓において黒色土器が使用されるなど、葬送イデオロギーの上に大きな変化が認められた。このような現象は汎畿内的なものと位置付けることができるのであろうか。本項では、今までの分析結果をもとに9世紀中葉を前後する時期の副葬品の様相を検討してみたい。

　副葬品からみた火葬墓と木棺墓の最大の相違点は黒色土器の有無にある。木棺墓では黒色土器は9世紀前半以降、普遍的に出土するが、現在までのところ同時期の火葬墓からの出土例が認められていないのである。唯一の例外として巨勢山13号墓（8世紀末葉）が存在するが、骨蔵器の蓋として黒色土器を利用したものである。時期的にみても黒色土器が木棺墓において本格的に採用される以前の過渡期の事例であり、過大評価は避けておきたい。

　しかし、9世紀中葉頃に三ツ塚古墓群火葬墓1で骨蔵器に黒色土器の短頸壺が用いられ、これ以降同様の事例は岡本山2号墓（9世紀後半～10世紀初頭）、石光山4号墓（9世紀後半）が知られるようになる。祭祀容器としての使用を前提とした黒色土器の在り方が9世紀後半以降大きく変化

し、日常什器として普及した（森　隆 1991：pp.77・78）ことがこれらの現象の要因かもしれないが、前節で述べたように黒色土器の使用は当時の葬送儀礼観と大きく関係していることは間違いない。9世紀後半を前後する時期の火葬墓に黒色土器が採用されることの意義は大きい。

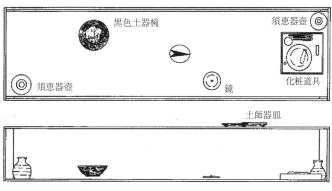

図42　平安京右京三条三坊SX46の木棺墓（平尾編1990より引用）

それ以外に、火葬墓において祭祀専用容器である瓶子を多用し、官人身分表象である石帯や水晶玉の副葬などの行為が9世紀後半に顕著となる。また、9世紀中葉までは火葬墓全体の6～7割の墳墓が遺物を伴わないのに対して、9世紀後半以降は7割近くの火葬墓が遺物を伴出するようになる。それまでは葬法の違いによって明確に使い分けられていた葬具の内容に顕著な違いが認められなくなったことからもわかるように、出土遺物からみる限り9世紀後半頃には火葬と土葬の区別が曖昧になったということができよう。

さらに、これまでは平城京や平安京など政権所在地周辺の墓制が優位な存在であったが、9世紀後半以降は大和における木棺墓、河内における火葬墓というように墓制・葬制の在地色が顕在化していく。黒崎直は8・9世紀の墳墓の動向は天皇喪葬の変換を契機とすると述べており（黒崎 1980：p.113）、その説にしたがえば、この時期になると在地氏族の墓制はそれらの影響をまったく顧みることなく、独自の葬法を選択したといえる。文献史料にみえる仁明・文徳・清和天皇の喪葬は薄葬を基調としていたにもかかわらず、当時の在地氏族の墓制にはそれらの影響はほとんど認められない。律令時代の葬送規制の一つに「平地への埋葬は伝統的にみても祭祀を行なわしめない」ことがあった（本位田 2003：p.11）が、9世紀後半から10世紀前半にかけて、河内甲田南古墳群（小林義 1994）や平安京右京三条三坊SX46（平尾編 1990）のように、京域内あるいは集落や耕地が占める平地空間に立地する墳墓が登場する(26)（図42）。これは小林も指摘するように「墓に対する観念が大きく変化したことを示す」（小林義 1994：p.49）と同時に当時の人々の霊魂観・儀礼観が変化したことも大きな要因であろう。では、このような変化はいかなる要因によってもたらされた現象なのであろうか。

3.　天皇喪葬と「律令国家」期の墓制

前述の黒崎論文（黒崎 1980）では、8・9世紀の貴族層の葬送儀礼は天皇喪葬の影響を受けたとされている。持統太上天皇の火葬を皮切りに「律令国家」による墓制のスタンダードとして火葬墓が採用された当初、律令政府は高級官僚たちにも、死後、荼毘に付すことを強要したが、「律令国家」の仕組みが軌道に乗った聖武天皇の時代になると天皇喪葬は土葬へと変質した。しかるに、当該時期に畿内各所で成立した横枕・佐保山などの集団墓はいずれも火葬を採用しており、一般官人

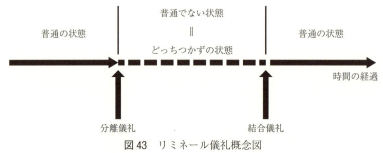

図43　リミネール儀礼概念図

層にとっては火葬という葬法が特権的な墓制と意識されていた可能性が高い（塩入 1988：p.120、渡邊 2001b：pp.430・431）。

しかし、事態は桓武天皇の登場で大きく様変わりした。桓武朝の墓制の画期は第1章で述べたので詳細は省くが、釈服直後に行われた光仁改葬地選定により桓武天皇は天智直系系譜の宣揚を内外に示し、聖武太上天皇からの離脱を図った（吉川 2001：p.27）。これら一連の政策により貴族喪葬も奈良時代以来の天武天皇系譜の色合いの強い火葬から新たな葬制として木棺墓が採用されたと考えられる。これは従来の葬送儀礼観では"穢"と位置付けられた"黒色"を葬送儀礼の中にわざわざ導入した可能性があることからも明らかであろう。ただ、葬制に限れば、土葬の導入・浸透は9世紀初頭に劇的に訪れたわけではなく、8世紀中葉以降、徐々に進んでいくのであって、仏教を中心とした宗教理念、葬送イデオロギーの変質にこそ葬制が変化した要因を求めるべきであろう。それゆえ、桓武天皇自身の政治理念などにはあまりこだわらない方がよいのかもしれない[27]。

また、9世紀第2四半期の嵯峨遺詔に基づく造墓否定の傾向は嵯峨太上天皇を中心とする人々の間だけのことであり（田中久 1996：p.26）、その崩御後まもなく起こった承和の変が嵯峨遺詔を否定する意味が込められていたこと（遠藤 2000：p.47）からもわかるように、これ以降は藤原良房ら中央貴族によって新たな墳墓祭祀が始まることになる。つまり、厳密にいえば、黒崎論文の結論とは8世紀前半と9世紀初頭前後という2時期に限定すれば有効であることが知れよう。

ところで、日本の固有信仰では、人は死後、霊化して神やミコトと呼ばれるものになったが、仏教伝来後は緩衝地帯を設け、ケガレのある間はホトケとみたという（岩崎 2001：p.2）。これは井之口章次も述べているように、仏教伝来以前の日本人の他界観に対して、奈良時代以降の高僧たちが、仏教の浄土来世観を導入するに際し、従来の他界観を認めた上で、他界に行き着くまでの霊肉分離の期間に仏教の来世をあてはめたことを示している。従って、日本人の他界観念は二重構造を有し、霊肉分離期間と他界観が混同されたのである（井之口 2002：p.236）。この霊肉分離期間とはエルツのいう「あいだの期間」のことで、当時の葬送儀礼では殯に相当することはいうまでもない。そして、仏教的葬送儀礼を伴う火葬の場合は霊肉分離期間をほとんど経ることなく、他界へと行き着いたのに対して、土葬では霊肉分離期間を経た後、ようやく他界に辿り着くことになる。

『日本霊異記』はわが国固有の霊魂観と仏教的応報観念が融合しているという山折の評価（山折 1976：p.41）も上記の点を踏まえると理解しやすい。『霊異記』に収められた蘇生説話は、殯の期間がジェネップのいうリミネール儀礼＝どっちつかずの危険な状態にあること[28]（図43）を当時の人々に印象付けたと思われ、このような仏教的因果応報観の浸透がやがて人々の間に他界の実在を実感させることになったのである。また、山折が示した土葬と火葬では他界観が違い、火葬は死と

ともに霊魂が死体から離れ、土葬ではその場に残るという理解（山折 1976：pp.58・59）も霊肉分離期間と他界観の混同から説明することができる。怨霊を恐れた淳和天皇は死体がなければ祟りをなすことはないという考えに基づいて散骨を願ったという事実も(29)、他界観念の二重構造を如実に示すものであろう。

　9世紀中葉の仁明天皇の時代には陵墓と密接な関係のある寺が出現し（福山 1983：p.211）、清和太上天皇の喪葬を経て仏教と僧侶が葬儀の上に大きな位置を占めるようになる（新谷 1996：p.249）。そして、仏教的葬送儀礼が浸透していく中で、仏教的他界観も広く受け入れられていったと考えられる。特に、仁明天皇の追善行事は現世安穏の鎮護国家の仏教とは異なった信仰に基づく天皇追善供養行事の大きな画期であり、天暦期における浄土教の進出は天皇の仏教信仰をも大きく変貌させた（大江 1985：pp.28・31・37・38）。

　このように9世紀後半から10世紀初頭にかけての時期は、文献史料に基づく研究によれば、他界観が大きく揺れ動いた時期と考えられるが、当時の人々が恐れた「死の穢れ」は死霊とは別であり、むしろ死体に対する汚穢観からくるものであったという（赤田 1981：p.114）。『三代実録』貞観8年（866）条や貞観10年（868）条をみれば、紀夏井の母や源信がそれぞれ埋葬されないまま喪屋と共に放置されたことが知れるが、当時は葬送儀礼が終わると死体は顧みられることなく放置されるのが一般的であった。『小右記』長和5年（1016）6月6日条の記事をもとに、「白骨は穢としない慣例があった」という推測もある（山本幸 1986：p.32）が、大石雅章の論説では、同時期、火葬後の遺骨にも穢観念があった（大石 1990：p.71）とされている。

　以上の点を踏まえると、死体に対する忌避観から、葬送儀礼は重視するが、納棺・埋納儀礼は極力避けたいという思惑が木棺直葬墓という簡略化した墓制を選ばせた可能性もあろう。

　第3章第2節で述べたように、木棺墓における遺物出土状況は9世紀後半以降、棺内からの出土例が数を減じ、棺上・棺外からの出土例が中心となる。これも死体に対する忌避観から説明することができよう。つまり、一刻も早く納棺したいという貴族の意識が埋納儀礼における葬具の在り方に大きな影響を与えたのである。しかし、10世紀以降は再び棺内に遺物を納めるようになった。火葬墓において拾骨儀礼に際して銭貨や土器を骨蔵器内に埋納する儀礼が継続され続けていることを勘案すれば、9世紀中～後半以降に変容し始めた木棺墓など土葬墓に伴う葬送儀礼観が10世紀に入り、ようやく安定したことを物語るのかもしれない。

　一方、貞観年間は史料の上で「富豪の輩」と称される富豪層が国衙と対抗して、中央の諸司や王臣家と私的身分関係を結ぶなど積極的に活動した時期にあたる（戸田 1967a：p.28）。彼らのような新興勢力は保守的な貴族層とは違い、先進の仏教的他界観を受け入れ、火葬を採用したのであろう(30)。そして、火葬という葬法の導入に伴い、蘇生観が稀少化すると、往生思想・浄土思想も顕著となったと考えられ（赤田 1981：p.144）、甲田南古墓群のように平地に埋葬することも可能となったのではないだろうか。もちろん、『今昔物語集』の7例に及ぶ蘇生譚は言うに及ばず、はるか後世の江戸町奉行根岸鎮衛が著した『耳嚢』に収められた数々の蘇生伝承が顕著に示すように(31)、これ以降も他界観念の二重構造が解消したわけではない。しかし、仏教によって遺体・遺骨尊重観念が強くなり、霊肉・霊骨一体説が生まれると（赤田 1981：p.144）、死穢を避けるための浄化儀礼として、火葬が急速に広まり、やがて火葬をして「仏教葬」と呼ばしめたのである（塩入 1988：p.134）。ただ、これら火葬を中心とした他界観の変容が顕著になるのは、本書の対象とする時代を大

きく踏み越えてしまっており、ひとまず筆をとどめることにしよう。

本節では、9世紀中葉以前は土葬と火葬という葬制の違いが明確に区別されていたこと、しかし、仏教的他界観の浸透に伴い、他界観が大きく変質し、9世紀後半には両者の葬制に伴う葬送儀礼には顕著な差異を認めることができなくなったことを述べた。

古墳時代とは異なり、律令期の墓制は骨蔵器や銭貨の出土事例の研究に代表されるように、個別事例の分析に重点が置かれ、マクロな視点からの分析は等閑視されてきた嫌いがある。しかし、結論としてはありきたりのものであるが、今回の検討によって律令制度の変遷と墓制の動向が連動していたことが改めて確認でき、墓制が政治的・社会的役割の一部を担うという古墳時代の伝統が脈々と受け継がれていたことが判明した。

さて、9世紀後半以降、畿内各地では共同体レベルでの葬送儀礼の地域色が顕在化し、もはや中央の墓制は各地域に対する影響力を失い、汎畿内的斉一制を示すことはなくなった。墓制から判断する限り、ここに律令制度はその社会的役割を終えたということができる。

では、何故、当該時期の大和では木棺墓、河内にあっては火葬墓が盛行するのだろうか。最後に、それぞれの葬法が両者の地域で採用された意義について簡単な見通しを述べ、本節を閉じたい。

平安京周辺には鳥戸野、木幡、北白河、深草山をはじめとする葬地があり、陵墓をはじめ様々な氏族の共同墓地が設置されていたが（山田邦 1994：pp.593-595）、第3章でも述べたようにこれらの葬地に対する考古学的研究はほとんど進んでおらず、考古学的手法を用いた平安貴族の墓制の解明作業は今後に残された大きな課題である。

それにひきかえ、河内においては9世紀中葉以降、柏原市域を中心に高井田古墓群や玉手山古墓群などの火葬墓群が相次いで造営された。また、大和でも9世紀中葉以降、奈良盆地東南部を中心に多くの木棺墓が営まれることになる。特に、大和の木棺墓はそのほとんどが古墳の至近地ないしは古墳そのものを再利用する形で造営された。古墳を意識した在り方から、かつて桓武天皇が主導した律令政治再建政策に伴い、律令貴族の出自証明や系譜関係の再確認のために古墳の再利用が行われた経緯と同様の意義を見出すことができよう。

9世紀中葉は藤原良房を中心とする藤原氏が新たな墳墓儀礼を始める時期であり、氏族集団における系譜意識・親族原理の大きな転換期でもあった。律令貴族の中には祖先の本貫地という伝承をもとに、系譜関係の確認のため大和各所の古墳を利用するものもあったと思われる。というのも、これら墳墓の大部分が木棺墓であり、当時の他界観・霊魂観と照らし合わせれば被葬者集団の伝統的・保守的立場が見てとれ、律令貴族と深い関係にある被葬者を想定することが許されよう。

しかるに、河内では木棺墓ではなく火葬墓が選択され、しかも、その多くは古墓群として密集した状態で営墓されたのである。これら河内の火葬墓群は他界観の先進性や豊富な副葬品、古墓群という墳墓形態の特性などを考慮して、「雑色人」あるいは「富豪の輩」と称される新興富裕層を被葬者と考えた（第1節）。平安貴族と密接なつながりを有した大和の木棺墓の被葬者とは異なり、河内の火葬墓群の造営は新たな墓制の幕開けを告げるものであった。つまり、9世紀中葉を区切りとして、養老喪葬令にみられるような造墓規制を伴う従来の「律令国家」期の墓制とは違い、経済力を有する裕福な階層なら造墓をなし得るという新たな墓制が誕生したと考えるべきであろう。

以上、律令期の墓制の展開過程、特に終焉期の様相について副葬品の様相を主たる材料として論

を進めてきた。今後は律令期の墓制に替わる新たな墓制の成立とその展開過程を河内を中心に展開される火葬墓群などの考古資料をもとにいかに位置付けていくかが残された大きな課題となろう。なお、黒崎論文（黒崎 1980）に代表されるように、当該時期の墓制の検討に際しては、『六国史』をはじめとする文献史料の分析は欠かすことができない。しかし、本節では敢えて文献史料の分析は最小限にとどめ、文化人類学の成果を取り入れることを試みた。文献史料に基づく当該時期の墓制の検証作業は第5章第1節で後述したい。

註
（1） 中野卓 1958：p.51 による。以下、本章で述べる「家」とは、中世的「家」をモデルに解釈された考えに従うものである。
（2） 註（1）で示したような経営単位としての「家」とは異なり、中村英重は律令政府の政策の一環として、7世紀後半に「律令制的家」が成立し（以下"家"と表現）、720年頃には"家"の継承が藤原氏など一部貴族で実現したことを論証した（中村英 1995）。しかし、9世紀前半には律令国家期に推進された"家"が変質・解体し、古代・中世の「家」とは必ずしも連続したものではないという（中村英 1995：pp.289・290）。いずれにせよ、墳墓経営という面からみれば、この段階の集団墓は終末期古墳と同様の集団構成を示しており、「家族墓」という概念に該当しないことは明らかである。
（3） 本節で取り上げた15例以外にも集団墓の事例は知れるが、実態不詳の資料が多く、残念ながら本書では触れることができなかった。これらの資料も含めた検討については、発掘調査報告書の刊行を待って後考に期したい。
（4） 藤沢一夫は古代墳墓の発掘資料で検出された「土砂」に着目し、光明真言土砂加持による「お土砂」との関連について述べた（藤沢 1970：pp.280-283）が、横田・小林 1997、小林義 2005 によれば、同様の視点は既に高橋・森本 1926・1927 で示されているという。
（5） 例外的な資料として岡本山・大坂城・土師の里古墓群を挙げることができるが、後述するようにいずれの資料も在地色の強い墳墓群と位置付けることができるものばかりである。
（6） 古墳の墓域に隣接するかどうかの判断は、前方後円墳や横穴式石室など古墳の存在が明確な場合を除けば、判断に苦しむ資料が多いのが実情である。例えば、古墳とは無関係に墓域が設定されたと考えた佐保山古墓群でも、隣接して古墳時代中期の木棺直葬墓が2基検出されたようだ。しかし、発掘調査報告書が未刊のため詳細が不明である。古墳再利用の事例を参考にすれば、前方後円墳や横穴式石室墳などと違い、木棺直葬墓の場合は奈良・平安期には古墳として意識されていない事例もあることから、上記のように位置付けた。なお、群集墳の場合はその墓域内であれば、古墳に隣接する資料と判断した。
（7） 当時の古墓の分布は「班田制などによる平地を有効利用しようとしたための、あくまでも自然の流れに沿った中での墓域設定としか思えてならない」という理解が岡本敏行によって示されており（岡本 2005：p.117）、多くの古墓群が群集墳とよく似た立地を示すことはその反映かもしれない。しかし、単独墓ならいざ知らず、集団墓の場合はある程度の面積の墓域が必要とされることはいうまでもない。さらに、本節で明らかにしたように、古墓群の立地条件そのものに大きな意義を見出せることから、何らかの規制に基づき古墓群が造営されたと判断した。なお、飛火野古墓群は群集墳と隣接するが、本節ではそれ以上に平城京との位置関係を重視して類型を設定した。
（8） 高安山古墓群と高井田古墓群からは時期不詳の土葬墓が検出されており、報告書ではいずれも火葬墓群に先駆ける資料と判断されているが、現段階ではこれらの資料と火葬墓群の直接的な系譜関係は不明といわざるを得ない。
（9） 伊藤勇 1984a：p.2 ならびに伊藤勇 1984b：p.63。これらの古墓群では出土遺物もほとんど検出されておらず、薄葬という当事の墓制の理念に合致することから、官人層の墳墓という推定の根拠の一つとなろ

う。ただ、横枕古墳群は不時発見に伴う資料が中心であり、また、佐保山古墳群についても発掘調査報告書がなされていないので、この類型の古墳群の正確な位置付けは今後の課題である。

(10) 8世紀中頃における火葬集団墓の成立に関して、拙稿（渡邊 2001b）では新興官人層輩出の要因として仲麻呂政権との関わりを指摘したが、これら集団墓の成立を考えるにはむしろ造墓の必然性＝律令官人層の大量死を想定する方が理にかなっていよう。その意味でも当該時期における天然痘の流行は重視しなければならない。

(11) ここでいう"家"とは註（1）で示した中世的「家」でなく、註（2）で示したものである。律令官制・位階制に基づく"家"は氏の中に導入された別個の概念であり、社会的構成単位が「氏」から"家"に移行しつつある状況を示しているという（村井康 1999：pp.37・38）。

(12) 当時、下級官人が任官するには新たに"家"を立てる必要があったという（村井康 1999：p.41）。

(13) 海邉 2003 は「同一の標高に沿うように墳墓が並列している状況が看取できる」との観点から、当古墳群を4つの群構造に細分した（p.941）。

(14) 安村俊史は高井田古墳群のような密集して存在する類型を現在での見通しと断りながら、僧侶等の集団墓である可能性を示唆した（安村 1997a：p.649）。土橋理子は本文でも示したように、高安山古墳群の被葬者が「信貴山寺の僧侶である可能性は高い」との考えを示したが、高安山古墳群の被葬者は「一つの有力な豪族の墓地」（河上 1983：p.281）、「血縁よりも組織的な関係者の墓地の可能性が高く」、「高安城に関連する人々」（佐々木好 1995a：p.70）という評価もある。

(15) 高井田古墳群の場合、後述のように3つの墓域に分けることができ、墓域間での階層性は認められるものの、同一墓域内の墳墓は等質的な在り方を示す。

(16) 『延喜式』「陵墓歴名」記載の陵・墓史料の検討を行った橋本義則によれば、平城京・長岡京時代には夫婦別々に埋葬されていた貴族が、平安京の時代になると、近接した地に葬られ、同氏夫婦の場合には夫婦同墓が営まれる場合もあったという（橋本 1999：p.127）。

(17) 中世墓の理解については、佐々木好 1995b による。

(18) 橋本 1999（p.123）によれば、平安京では貴族を山城国に埋葬するのが原則であったというが、これらの墳墓は単独で築かれた墓所であったと思われる。筆者は以前の論考で、平安京周辺では集団墓が未発見であり、今後の研究の進展に期したいと述べたことがあるが（渡邊 2000b）、本節の主旨に照らせば、平安京周辺には平城京周辺のような集団墓（横枕パターン）が築かれなかったことに歴史的意義を見出すことができよう。

(19) 古代においては、異常死に対する葬法として火葬を用いる場合があったことにも注意する必要がある（塩入 1988：p.126）。

(20) 土師の里古墳群以外にも円筒埴輪を骨蔵器に転用した事例として真福寺Ⅳ-3号土壙墓（火葬墓：森屋編 1997）を挙げることができる。

(21) 興善寺遺跡については橿原市教育委員会濱口和弘氏よりご教示を受けた。

(22) 川崎市域の火葬墓の検討では「年齢層が若年から成人まで万遍なく認められ、性別も男・女性がほぼ相半ばしている」ことから、群集する火葬墓は「家族墓的であって、必ずしも特定階級個人に限定された葬制ではない」と考えられている（村田・増子 1980：pp.31・32）。ただし、畿内ではこのような形態の古墳群の出現は9世紀後半以降に限られる（第4章第1節参照）。

(23) 奈良～平安時代初期の古墳群には「律令官人と共に一般の人々の墓」が混在する地縁集団の伝統的な葬地や「国家の規定により設けられた公の葬地」（鋤柄 1999：pp.258・259）などがあるが、8世紀後半に成立する古墳群は後者にほぼ限定できそうである。

(24) 銭貨と鏡では祭祀内容や目的が違う可能性もあるが、銭貨は火葬墓に多く、鏡は木棺墓からの出土が顕著なことから、両者の葬法において祭祀具の使い分けがあった可能性もある。筆者の集成し得た範囲で具体的な数値を示すと、火葬420基中、何らかの遺物が出土したものが147基で、そのうち銭貨を伴う墳墓が38例（26％）であるのに対して鏡は7例（5％）に過ぎない。一方、木棺墓の場合、無遺物12基を

除いた 52 基のうち、銭貨 6 例（12％）、鏡 11 例（21％）であり、両者の数字が逆転するのである。

(25) 概説書等を含めると当該時期の律令制度の変容を述べた文献は非常に多いが、拙稿（渡邊 2000b）で引用した以外に本書執筆に際して、村井章 1995、坂上 2001、吉川真 2002a・b 等を活用した。
また、「延喜諸陵寮式」などの文献史学の成果をもとに、同時期の陵墓制度の画期について述べた文献として、北 1996 がある。

(26) 本節では、律令期の墓制の葬送規制だけでなく、当時の人々の死体に対する忌避観などから 9 世紀後半までは集落などの平地空間に人を埋葬することはないと判断したが、そのように理解すると、『日本後紀』延暦 16 年正月 26 日条の「葬=家側=」という記事が問題となってくる。ただし、この「家側」とは建物群の側を意味するものではなく、一町二町という広大な面積をもつ「家一区」の外辺部を意味するという橘田正徳の意見（橘田 1991：p.248）が的を射たものであれば、本節の論旨に大きな影響はない。

(27) 本節では桓武朝における木棺墓の導入を密教など新たな仏教政策との関連でとらえたが、9 世紀段階の木棺墓には呪砂のような密教と直接的な関わりを示す副葬品はほとんど認めることはできない。唯一、「黒色」のみを手がかりに論旨を展開した点、一抹の不安を感じないでもない。ただ、「平安初期の空海とその弟子たちはあまり墳墓祭祀のことには関係しなかった」という指摘（田中久 1996：p.28）もあり、桓武朝の仏教革新政策と葬送儀礼の関係の追究は今後の課題である。

(28) ジェネップの通過儀礼に関する考えは大倉 2002：p.24 で示されたように、E. リーチ（Leach）が作成した図（リーチ 1981）が理解しやすい（図 43 参照）。

(29) 『続日本後紀』承和七年五月六日条。

(30) 律令体制の動揺は官人機構にも大きな変動をもたらした。9～10 世紀中頃にかけて君恩は縮小し、一般官人は君恩から排除され、諸司・諸家に分属したという（吉川真 1989：p.25）。この時期、火葬集団墓を造営した氏族の中にはこのような一般官人層も含まれる可能性が高い。なお、当該時期には最澄が『山家学生式』で示したように阿弥陀信仰の再生に伴い、「死」の国のイメージも大きく変化し（田中久 1983：p.364）、他界の実在が人々の意識の中に急速に広まりつつあったことも付け加えておく。

(31) 例えば『耳嚢』「巻之五　蘇生の人の事」（根岸 1991a：pp.266・267）や「巻之八　深情自然に通じ蘇生せし事」（根岸 1991b：pp.122・123）、「巻之十　蘇生せし老人の事」（根岸 1991b：pp.380・381）などの事例がある。

第5章 「律令国家」期の墓制の変遷

第1節 主要史料からみた墓制の変遷

1. 研究史

　本節では、7世紀中葉から10世紀初頭頃までの墳墓に関する主要史料をまとめ、それらをもとに墓制の変遷について論じたい。墓制に関する史料であれば荷前などの陵墓祭祀に関する史料も取り上げるべきであるが、余りにも数が多くなり煩雑になることから、本節では主要史料のみを取り上げた。陵墓祭祀に関しては文献史学による優れた業績があるので、詳しくは後掲の参考文献をあたっていただきたい[1]。

　まず、第1章でも取り上げたが、田中聡1995を紹介しよう。田中によれば、「陵墓」制度の先駆は推古28年（620）の「桧隈陵」の祭祀であり、「氏の秩序化政策の一環としての大王墓儀礼」（p.92）とされる。田中は陵墓祭祀の変遷を①天武朝の「陵墓」による天皇の超越性と礼的秩序の象徴的表現の成立、②8世紀前半の「薄葬」の遺命、③8世紀後半〜9世紀前半の壮大華麗な仏教儀礼の時期、④9世紀半ばの「薄葬」の遺命の時期、と位置付け、8世紀半ば以降の別貢幣の成立時期に「陵墓」祭祀が変化し、荷前使の確立は7世紀後半、常幣・別貢幣衰退後は臨時奉幣が中心となったという。そして、9世紀半ばの仁明〜文徳朝の時期の「薄葬」の遺命、郊祀の復活を古代陵墓制度の第二の転換期とした。

　服藤1987では、常幣の成立は大化前代に遡り、血縁原理の変化に伴い対象陵墓も拡大され、8世紀中頃に国忌に対応する先皇陵と不比等墓への奉幣使派遣が行われて別貢幣が成立したとする。そして、延暦十年の改革によって現実の近い祖先だけを祀るという国家的祭祀が成立する。桓武天皇はこれら一連の改革により、中国の天子七廟制（宗廟）を取り入れ、国忌や別貢幣対象陵墓を自己の直系祖先のみに限定し、天智天皇を始祖とする王統を確立したという。

　また、服藤1991では、三位以上の貴族は、集団の始祖となり得る人物であり、「後表」として可視的標識たる碑を備えた墓が必要とされたという。8世紀〜9世紀初頭の「氏墓」は氏の始祖が埋葬された墳墓で、一般の氏人は葬送や火葬・埋葬のみで営墓は許されなかった。荷前以外の墓参史料は10世紀初頭の上層貴族から現れ、一番身近な祖先である父への墓参が萌芽するが、それまでの「氏祖墓地」とは異質な「氏墓」が成立し、異氏夫妻の別墓制が萌芽する。この氏墓は父系直系子孫を一門とする成員のみを対象とするものであり、官職の父子継承を主軸として成立する私的所有主体としての家と対応すると位置付けた。

次に、大石雅章の一連の著作を取り上げたい。大石1990では、756年に没した聖武太上天皇は「仏に奉ずる葬送」が行われたと記されているものの、詳細は不明で、陵墓への仏教的要素が確実に認められるのは858年に没した文徳天皇の葬送儀礼であり、9世紀中頃には山陵で仏教的祭祀が実施されたと説く。陵墓祭祀である荷前祭祀の衰退と僧侶による仏事儀式の陵墓祭祀の増加は対応しており、延長8年（930）に没した醍醐太上天皇の陵墓には卒塔婆が存在し、史料上初めて葬送に僧が参加するなど、仏教的墓制が執り行われ、寺院周辺で葬送儀礼が実施されたという。大石1988では、醍醐太上天皇の葬送以前にも天安2年（858）に文徳天皇の陵辺で中陰の間転経念仏を行う沙弥の存在が確認され、10世紀初めには顕密の中核的寺院（延暦寺・興福寺・園城寺・東寺・仁和寺・醍醐寺）などの僧が葬送に携わるようになったと指摘した。大石2003では、殯宮での仏事は687年9月の天武天皇一周忌の僧尼による精霊廻向が最初であり、持統太上天皇の葬礼で七七日までの中陰仏事が史料上初めて確認できるという。文武天皇の葬礼では殯宮儀礼が消滅し、僧尼の参加による仏教儀礼の加わった殯宮儀礼と官寺での霊魂処理儀礼が終焉した。奈良時代の王家の葬礼は官寺での中陰仏事が盛大化することから霊魂処理儀礼は中陰仏事が担うこととなり、これらの変化の背景に、死生観の変化、蘇生を拒否するという死生観の浸透を考えた。

渡部1993は天皇喪礼儀礼の変遷を3つに大別した。①大化以降は喪礼と即位が分離する。②元明天皇の時期に殯中心の儀礼が短縮し、服喪期間も同様となる。③光孝天皇の崩御後は服喪期間も短縮し、諸儀礼との混在を弁別すると同時に中国の服喪施設「倚廬」が導入された。つまり、渡部の説によれば、天皇喪礼儀礼は政治的・国家的変動の中で、それらと共に大きく変化したということになる。

田中久1975は陵墓・墳墓に関する一連の文献記事をもとに考察を進めており、多くの啓示を受けた。承和6～10年（839～843）の記事にみられる「神功皇后陵」と「成務天皇陵」の取り違えをはじめ、墳墓の破壊に関する記事など多方面からの考察が行われている。

三橋1997は、仁明天皇による臨終出家の影響力の大きさを強調し、性別・身分関係なく臨終出家が貴族社会に受容されたと説く。「臨終出家」とは重病患者が自らの死を前に出家をすることで来世を仏教に託すという意思表示であった。伝統的な葬儀の在り方を批判するもので、薄葬の思想とも一体となり、淳和太上天皇により衝撃的に実行された。臨終出家は中国南朝の貴族社会で仏教に来世を託すという信仰と、薄葬が認められ、浄土信仰が浸透したことから広まったものであり、606年に没した陳の歴史家姚察は「西向きに正念して穏やかに」死んだという。9世紀中葉以降、木棺墓の埋葬頭位に西向きが増えてくる現象は、我が国にも浄土信仰が広がりつつあったことから臨終出家の影響を考慮に入れて理解すべきであろう。

岡野1979は、養老喪葬令を丁寧に分析し、造墓は国家が認定した限られた氏族のみに認められ、ほぼ五位以上に相当することを明らかにした。氏族を基準とした造墓制度は天智朝以降の氏族政策に基づき、持統5年（691）詔にみられる「祖等墓記」は造墓限定のための作業という。また、「別祖氏宗墓」は氏族墓であって氏宗墓ではないとする。

山田邦1994は、平安京に設定された墓地について解説した。鳥戸野は淳和天皇皇子恒世親王・嵯峨天皇皇女俊子内親王の陵墓が初出で、氏族の共同墓地が設置されており、藤原氏一門の墓地として有名な木幡の初出は冬嗣の後宇治墓である。北白河は村上源氏の墓地で、村上天皇皇子具平親王墓が営まれ、深草山は平安遷都以前の在地集団の墓地である。宇太野・神楽岡は平安中期以降の

葬送地であり、庶民は永続的な墓地を営まず、河原に死体が遺棄された。貞観 13 年（871）には庶民の無秩序な葬送を禁止し、葛野郡と紀伊郡に葬地を設定したが、いずれも桂川の河原およびその周辺の地であった。延暦 16 年（797）、愛宕・葛野郡の民衆に対して、家の側に死者を葬ることを禁止した記事があり、家側型の墓が存在したことが判明するが、これらの民衆主体ともいえる造墓活動は国家の規制対象となり、京周辺の墓地が再編成された。律令では京内の営墓は禁止されているが、平安京右京において律令に反する墓が発掘調査されている（右京七条四坊一町の合口甕棺墓：9 世紀の小児墓、右京三条三坊十町の木棺墓：10 世紀）。墓寺・陵寺に関しては、嘉祥寺が仁明天皇の山陵（850）のかたわらに内裏の清涼殿を移築して仏堂としたことに注目した。

山田邦 1996 では、森浩一による平安京とその周辺部の在地系住民集団の墓地の分析結果（森浩 1973）をもとに検討が深められた。平安京成立以前の在地集団の墓地は「旭山型」・「深草山型」・「家側型」に分類されるが、平安京成立により「深草山型」・「家側型」は制限され、これに替わり自然発生的に「佐比河原型」が成立したという。旭山型は旭山古墳群内に奈良〜鎌倉期まで造営された約 30 基の土壙墓をもとに設定された類型で、山科郷の地域集団の墓域とする。平安京造営に伴い大量に流入した都市民は当初、遺棄葬であり、都市内に遺棄することもあったが、「佐比河原型」が変質して「鳥部野型」が成立した。「鳥部野型」は被葬者の身分や特定の共同体に立脚しない大規模複合的葬地であるという。

北康宏の一連の著作も興味深い（北康 1996・1999）。律令期の墓制を 7 期に分け、第Ⅲ期（8 世紀前半）を律令陵墓制度の最盛期とし、即位天皇の葬地のみを陵と称し、三位以上や別祖・氏宗は営墓を許可されたとした。第Ⅳ期（8 世紀後半）の仲麻呂政権から桓武朝初年にかけては孝思想や祖先顕彰意識が高揚し、御墓の制度が成立、第Ⅴ期（790 年〜）の『弘仁式』完成頃には外祖父母墓制が成立したという。第Ⅵ期は律令陵墓制の解体期で、元慶 8 年（884）の十陵四墓制は天皇系譜の一系性から自立、個別化した近親祖先に対する祭祀を促すもので、藤原氏先祖墓の再興が図られることにより、天皇家と藤原太政大臣家は相互補完的なものという思想が生まれた。そして、第Ⅶ期、元慶 8 年（884）、『延喜式』編纂により律令国家陵墓制度は終焉期を迎えることとなったと論じた。

堀 1999 では、律令喪葬制度の特色は、喪葬の中で死体が中心的な位置を占めること（殯儀礼の存在）、官位官職に応じた慰霊が行われたことの 2 点であり、9 世紀前半頃から転換し 10 世紀後半に定着するという。9 世紀半ば、淳和太上天皇の喪葬に代表されるように、王家から官葬が停止し、従来の官葬を前提とした「薄葬」ではない、新たな「薄葬」が始まった。礼秩序・死生観の変貌が背景に認められ、浄土教的要素もみられるという。内裏・京内部での死体の排除・隠蔽が行われたことから、9 世紀半ば〜10 世紀後半にかけて、死体に対するケガレ観念が形成され、埋葬前の死体は慰霊の対象ではなくなり、「死体」の意識、ケガレたものとして忌避するようになる。そして 9 世紀半ば以降は、死後の世俗的政治的栄誉が拒否され、臨終出家が展開したという。

橋本 1999 は、営墓は貴族の家の自立が前提であり、律令制下の都城では、周辺に天皇や貴族・官人たちの公葬地が設定され、本貫地や在官地に葬られないという。さらに、貴族の葬地は遷都という極めて政治的な要因によって移動、新たに設定されたとする。奈良時代貴族は夫婦、本貫地や本拠地とも関わりなく、大和国の公的な葬地に営墓されるが、この原則は長岡京にも継承された。平安京における貴族の葬地は山城国愛宕・宇治・紀伊・葛野の四郡に設定されるが、深草山周辺に

集中し、同氏夫婦の場合は夫婦同墓が営まれ、「家」をなす貴族を個別に埋葬するという原則が夫婦を単位とする埋葬へ変化したことも指摘された。

　塩入 1988 は、軍防令・賦役令の規定による火葬記事をもとに、宗教的というより行政上・衛生上の処置としての火葬、すなわち、異常死者に対する特殊葬法としての火葬に着目した。火葬は仏教葬としての由来をもって伝来したが、仏教葬としての意味をもって普及したのではないことや、薄葬としての火葬から、上位者階層における特権的な文化葬法の意識のもとに受容されたことも指摘した（p.120）。また、9 世紀前後から僧侶は非業の死を遂げた者や国家の平安に関する場合、死者埋葬地において死霊を管理する役割を担うようになったという。やがて、浄土信仰の盛行を迎え、12 世紀頃には人間の死を最も明確にする火葬の場面を「成仏」の姿ととらえ、藤原良通の『玉葉』では「火葬は功徳あり。土葬は甘心せず」という言葉さえ使われるようになったと論じた。

　平安時代の天皇と貴族の葬送については、朧谷寿の著作（朧谷 2016）が至便である。桓武天皇から院政期までの天皇と代表的な貴族の葬送儀礼を当該時期の史料をもとに復元した意欲作である。

　さて、現代に生きる我々の感覚では、墓とは墓標を立てるものという認識がある。しかし、古代にあっては、墳墓に墓標を立てることは一般的でない。松原弘宣は喪葬令立碑条義解の「刻石銘文」という規定は新羅の影響と考えている（松原 2004）。古代墓制の墓碑は功績称賛を一切省略し、誰の墓かを明示する機能を有するもので、墓の所在地を明示するなど一定の社会的役割を果たしたものである。そして、古代の実例として、福山敏男は那須国造碑・山上碑・采女氏墓所碑・元明天皇陵碑・金井沢碑、今泉隆雄は那須国造碑・山上碑・元明天皇陵碑・阿波国造碑を挙げており、今泉は采女氏墓所碑を塋域碑、金井沢碑を供養碑と考えている。

2．7 世紀中葉から 10 世紀初頭頃までの墳墓に関する主要史料

　続いて、筆者の集成した墓制に関する史料を年代順に列記したい。
（1）646 年（大化 2）3 月 22 日：『日本書紀』［墓域の設定］
　　「凡自=畿内-。及=諸国等-。宜定=一所-。而使=収埋-。不レ得=汚穢散=埋處々-。」
（2）650 年 10 月：『日本書紀』※日付なし［墳墓の破壊］
　　「冬十月、為レ入=宮地-、所=壊丘墓-、及被レ遷人者、賜レ物各有レ差。」
（3）669 年 12 月 25 日：『寧楽遺文』［采女竹良塋域碑］
　　「飛鳥浄原大朝廷大弁官直大貳采女竹良卿所請造墓所。形浦山地四千代。他人莫上毀木犯穢傍地也。」
（4）691 年（持統 5）8 月 13 日：『日本書紀』［墓記の提出］
　　「八月己亥朔辛亥。詔=十八氏-。上=進其祖等墓記-。」
（5）691 年（持統 5）10 月 19 日：『日本書紀』［陵戸の設置］
　　「詔曰、凡先皇陵戸者、置=五戸以上-。自餘王等、有レ功者置=三戸-。若陵戸不レ足、以=百姓-充。免=其徭役-。三年一替。」
（6）700 年（文武 4）3 月 10 日：『続日本紀』［僧道昭火葬］
　　「道照和尚物化。（略）弟子等奉=遺教-。火=葬於粟原-。天下火葬従レ此而始也。」

（7）701年（大宝元）8月3日：『大宝律令』「賊盗律」

　　「凡穿レ地得二死人一。不二更埋一。及於塚墓燻二狐狢一。而焼二棺槨一者。杖一百。」

（8）702年（大宝2）12月22日：『続日本紀』［持統太上天皇遺詔］

　　「甲寅。太上天皇崩。遺詔。勿二素服挙哀一。内外文武官釐務如レ常。喪葬之事。務従二倹約一。」

（9）703年（大宝3）12月17日：『続日本紀』［持統太上天皇火葬］

　　「従四位上当麻真人智徳。率二諸王諸臣一。奉レ誄二太上天皇一。諡曰二大倭根子天之広野日女尊一。是日。火二葬於飛鳥岡一。壬午。合二葬於大内山陵一。」

（10）706年（慶雲3）3月14日：『続日本紀』［土地占有の禁止］

　　「但氏々祖墓及百姓宅辺。栽レ樹為レ林。幷周二三十許歩。不レ在二禁限一。」

（11）709年（和銅2）10月11日：『続日本紀』［墳墓の破壊］

　　「勅造平城京司。若彼墳壠。見二発堀一者。随即埋斂。勿レ使二露棄一。普加二祭酹一。以慰二幽鬼一。」

（12）712年（和銅5）正月16日：『続日本紀』［庶民の埋葬］

　　「詔曰。諸國役民。置レ郷之日。（略）如有二死者一。且加二埋葬一。録二其姓名一報二本属一也。」

（13）養老喪葬令（718年［養老2］）

　　「凡先皇陵。置二陵戸一令レ守。非二陵戸一令レ守者。十年一替。兆域内。不レ得二葬埋及耕牧樵採一。」

　　「凡皇都及道路側近。並不レ得二葬埋一。」

　　「凡三位以上。及別祖氏宗。並得レ営レ墓。以外不レ合。雖レ得レ営レ墓。若欲二大蔵一者聴。」

　　「凡墓皆立レ碑。記二具官姓名之墓一。」

　　※『令集解』

　　「古記云。以外不レ合。謂諸王諸臣四位以下。皆不レ得レ営レ墓。今行事濫作耳。」

　　◎賦役令

　　「凡丁匠赴レ役見死者。給レ棺。在レ道亡者。所在国司。以二官物一作給。並於二路次一埋殯。立レ牌幷告二本貫一。若無二家人来取者一。燒之。」

　　◎軍防令

　　「凡行軍兵士以上。若有二身病及死一者。行軍具録二随身資財一。付二本郷人一将還。其屍者。当処焼埋。」

　　「凡防人。（略）其身死者。随レ便給レ棺焼埋。」

（14）720年（養老4）10月8日：『公卿補任』［藤原不比等喪葬］

　　「火葬左保山椎山岡。従遺教也。」

（15）721年（養老5）10月13日：『続日本紀』［元明太上天皇火葬］

　　「詔曰。朕聞。万物之生。靡レ不レ有レ死。此則天地之理。奚可二哀悲一。厚レ葬破レ業。重レ服傷レ生。朕甚不レ取焉。朕崩之後。宜下於二大和国添上郡蔵宝山雍良岑一造竈火葬上。莫レ改二他処一。」

（16）721年（養老5）10月16日：『続日本紀』［元明太上天皇遺詔］

　　「太上天皇又詔曰。喪事所レ須。一事以上。准二依前勅一。勿レ致二闕失一。其轜車霊駕之具。不レ得下刻二鏤金玉一。繪中餝丹青上。素薄是用。卑謙是順。仍丘体無レ鑿。就レ山作レ竈。芟レ棘開レ場。即為二喪処一。又其地者。皆殖二常葉之樹一。即立二刻字之碑一。」

（17）721年（養老5）12月13日：『続日本紀』［元明太上天皇喪葬］

　　「太上天皇葬二於大倭國添上郡椎山陵一不レ用二喪儀一。由二遺詔一也。」

(18) 721年（養老5）12月13日：『寧楽遺文』［元明太上天皇陵碑］
「大倭國添上郡平城之宮馭宇八洲太上天皇之陵、是其所也。」
(19) 729年（天平元）2月13日：『続日本紀』［長屋王喪葬送］
「遣レ使葬ニ長屋王吉備内親王屍於生馬山一。仍勅曰。吉備内親王者無レ罪。宜ニ准レ例送葬一。」
(20) 734年（天平6）4月17日：『続日本紀』［地震に伴う陵墓などの損壊の有無の調査］
「詔曰。今日七日地震殊レ常。恐動ニ山陵一。宜下遣ニ諸王真人一。副ニ土師宿禰一人一。検中看諱所八處及有レ功王之墓上。」
(21) 737年（天平9）5月19日：『続日本紀』［庶民の埋葬］
「詔曰。四月以来。疫旱並行田苗燋萎。（略）掩レ骼埋レ胔。」
(22) 748年（天平20）4月21日：『続日本紀』［元正太上天皇崩御］
「太上天皇崩ニ於寝殿一。」
(23) 748年（天平20）4月25日：『続日本紀』［元正太上天皇法要］
「於ニ山科寺一誦經。」
(24) 748年（天平20）4月27日：『続日本紀』［元正太上天皇初七日］
「當ニ初七一。於ニ飛鳥寺一誦經。自レ是之後。毎レ至ニ七日一。於ニ京下寺一誦經焉。」
(25) 748年（天平20）4月28日：『続日本紀』［元正太上天皇喪葬］
「勅天下悉素服。是日火ニ葬太上天皇於佐保山陵一。」
(26) 754年（天平勝宝6）8月4日：『続日本紀』［安宿王喪葬］
「正四位下安宿王率ニ誄人一奉レ誄。（略）是日。火ニ葬於佐保山陵一。」
(27) 756年（天平勝宝8）5月19日：『続日本紀』［聖武太上天皇喪葬］
「奉レ葬ニ太上天皇於佐保山陵一。御葬之儀如レ奉レ佛。供具有ニ師子座香炉一。天子座。金輪幢。大小宝幢。香幢。花縵。蓋橵之類一。在レ路令ニ笛人一奉中行進之曲上。」
(28) 760年（天平寶字4）3月9日：『大日本古文書』［造南寺所解・墳墓の破壊］
「右、當東大寺南朱雀路壊平、為墓鬼霊、奉寫仏頂経一巻用度料、所請如件、以解。」
(29) 768年（神護景雲2）2月5日：『続日本紀』［父・夫への孝養］
「対馬嶋上縣郡人高橋連波自米女。夫亡之後。誓不レ改レ志。其父尋亦死。結ニ廬墓側一。毎日齋食。孝義之至。有レ感ニ行路一。表ニ其門閭一。復レ租終レ身。」
(30) 770年（宝亀元）8月17日：『続日本紀』［称徳天皇喪葬］
「葬ニ高野天皇於大和国添下郡佐貴郷高野山陵一。」
(31) 770年（宝亀元）10月9日：『続日本紀』［文室浄三喪葬］
「従二位文室眞人浄三薨。（略）臨終遺教。薄葬不レ受ニ鼓吹一。諸子遵奉。」
(32) 772年（宝亀3）3月7日：『続日本紀』［道鏡埋葬］
「下野国言。造薬師寺別当道鏡死。（略）死以ニ庶人一葬レ之。」
(33) 778年（宝亀9）4月30日：『続日本紀』［漂着民の埋葬］
「先レ是。宝亀七年。高麗使輩卅人。溺死漂ニ着越前國江沼加賀二郡一。至レ是。仰ニ當國一令レ加ニ葬埋一焉。」
(34) 780年（宝亀11）12月4日：『続日本紀』［墳墓の破壊の禁止］
「勅ニ左右京一。今聞。造レ寺悉壊ニ墳墓一。採ニ用其石一。非ニ唯侵ニ驚鬼神一。実亦憂ニ傷子孫一。

自レ今以後。宜レ加ニ禁断一。」

(35) 781年（天応元）6月24日：『続日本紀』［石上宅嗣喪葬］
「大納言正三位兼式部卿石上大朝臣宅嗣薨。（略）臨終遺教薄葬。」

(36) 781年（天応元）12月29日：『続日本紀』［光仁太上天皇初七日］
「當ニ太行天皇初七一。於ニ七大寺一誦経。自レ是之後。毎レ値ニ七日一。於ニ京師諸寺一誦経焉。又勅ニ天下諸国一。七々之日。令ニ国分二寺見僧尼奉為設レ齋以追福一焉。」

(37) 782年（延暦元）1月7日：『続日本紀』［光仁太上天皇喪葬］
「葬ニ於廣岡山陵一。」

(38) 784年（延暦3）12月13日：『続日本紀』［王臣家、諸司寺家の山林独占の禁止］
「山川藪澤之利。公私共レ之。具有ニ令文一。如聞。比来。或王臣家。及諸司寺家。包ニ幷山林一。独専ニ其利一。是而不レ禁。百姓何済。宜下加ニ禁断一。公私共レ之。如有ニ違犯者一。科ニ違勅罪一。所司阿縦。亦与同罪。其諸氏冢墓者。一依ニ旧界一。不レ得ニ斫損一。」

(39) 790年（延暦9）1月15日：『続日本紀』［皇太后高野新笠喪葬］
「葬ニ於大枝山陵一。」

(40) 790年（延暦9）閏3月28日：『続日本紀』［皇后乙牟漏喪葬］
「是日。葬ニ於長岡山陵一。」

(41) 792年（延暦11）7月27日：『類聚三代格』巻19禁制事［華美な葬送儀礼の禁止］
「豪富之室。市郭之人。猶競ニ奢靡一不レ遵ニ典法一。遂敢妄結ニ隊伍一仮設ニ幡鐘一。諸如レ此類不レ可ニ勝言一。貴賤既無ニ等差一。資財空為ニ損耗一。既空之後酣醉而帰。」

(42) 792年（延暦11）8月4日：『類聚国史』［深草山での埋墓の禁制］
「禁レ葬ニ埋山城國紀伊郡深草山西面一。縁レ近ニ京城一也。」

(43) 793年（延暦12）8月10日：『類聚国史』［京下諸山への埋葬の禁止］
「禁下葬ニ瘞京下諸山一及伐中樹木上。」

(44) 797年（延暦16）正月25日：『日本後紀』［家側での埋葬の禁止］
「山城国愛宕葛野郡人。毎レ有ニ死者一。便葬ニ家側一。積習為レ常。今接ニ近京師一。凶穢可レ避。宜下告ニ国郡一。厳加中禁断上。若有ニ犯違一。移ニ貫外国一。」

(45) 798年（延暦17）12月8日：『類従三代格』［寺幷王臣百姓山野藪澤濱嶋盡収ニ人公一事］
「墓地牧地不レ在ニ制限一。」

(46) 799年（延暦18）2月21日：『日本後紀』［和気清麻呂の薨伝］
「高祖父佐波良。曽祖父波伎豆。祖宿奈。父乎麻呂。墳墓在ニ本郷一者。拱樹成レ林。清麻呂被レ竄之日。為ニ人所ニ伐除一。」

(47) 799年（延暦18）3月13日：『日本後紀』［正四位下菅野朝臣真道の申請］
「己等先祖。葛井。船。津。三氏墓地。在ニ河内国丹比郡野中寺以南一。名曰ニ寺山一。子孫相守。累世不レ侵。而今樵夫成レ市。採ニ伐冢樹一。先祖幽魂。永失レ所レ歸。伏請依ニ旧令一レ禁。許レ之。」

(48) 806年（大同元）4月7日：『続日本紀』［桓武天皇喪葬］
「葬ニ於山城国紀伊郡柏原山陵一。」

(49) 806年（大同元）閏6月8日：『類従三代格』［土地占有の禁止］

「加以氏々祖墓及百姓宅辺栽レ樹為レ林等。所レ許歩數具在二明文一。」

(50) 806年（大同元）8月25日：『類聚三代格』［栽樹為レ林等事］

「右件案下太政官今年閏六月八日下二五畿内七道諸國一符上偁。氏々祖墓及百姓宅辺栽レ樹為レ林等。所レ許歩數具存二明文一者。去慶雲三年三月十四日詔旨偁。氏々祖墓及百姓宅辺栽レ樹為レ林幷周二三十許歩不レ在二禁限一者。」

(51) 806年（大同元）10月11日：『類聚國史』［桓武天皇改葬］

「改二葬皇統彌照天皇於柏原陵一。」

(52) 808年（大同3）正月28日：『類聚國史』［交野雄徳山での埋葬の禁止］

「禁レ葬二埋於河內國交野雄徳山一。以レ採下造二供御器一之土上也。」

(53) 808年（大同3）2月4日：『類聚國史』［庶民の喪葬］

「勅。今聞。往還百姓。在レ路病患。或因二飢渴一卽致二死亡一。是誠所司不レ存二格旨一。村里無レ意二看養一也。又頃者疫癘。死者稍多。屍骸無レ歛。露二委路傍一。其乖二掩骼埋胔之義一。宜レ令上諸國二巡撿看養一。一依二先格一。所レ有之骸皆悉收歛上焉。」

(54) 813年（弘仁4）6月1日：『類從三代格』［庶民の喪葬］

「病患之時卽出二路邊一。無二人看養一遂致二餓死一。」

(55) 813年（弘仁4）12月15日：『類聚符宣抄』［荷前］

「參議秋篠朝臣安人宣。承前之例。供奉荷前使五位已上。外記所レ定。今被二右大臣宣一。自今以後。中務省点定。永爲二恒例一者。但三位已上。外記申上可レ点者。」

(56) 816年（弘仁7）6月27日：『日本後紀』［賀陽豊年喪葬］

「播磨守贈正四位下賀陽朝臣豊年卒。（略）卒日有レ勅。許レ葬二陵下一。」

(57) 816年（弘仁7）12月17日：『類聚符宣抄』［荷前］

「右大臣宣。荷前使參二近處一者。當日二奏返事一。自今以後。爲二常例一者。」

(58) 824年（天長元）7月12日：『日本紀略』前篇十四［平城太上天皇喪葬］

「葬二楊梅陵一。」

(59) 824年（天長元）12月16日：『類聚符宣抄』［荷前］

「右大臣宣。奉レ勅。山階。後田原。大枝。柏原。長岡。後大枝。楊梅。石作等山陵厭荷前使。宜レ差二參議以上一若非參議。用二三位以上一。立爲二恒例一。」

(60) 824年（天長元）12月23日：『類聚符宣抄』［荷前］

「右大臣宣。厭荷前物山陵使。五位已上。六位已下。自今以後。定二辰一點一。」

(61) 828年（天長5）7月29日：『類從三代格』［庶民の喪葬］

「又収二葬道殘一。掩レ骼埋レ胔。」

(62) 839年（承和6）閏正月25日：『類從三代格』［勅旨幷親王以下寺家占地除二墾田地未開一之外不レ可二伐損一事］

「元來相傳加レ功成レ林。幷塩山墓地等之類。」

(63) 839年（承和6）4月25日：『續日本後紀』［神功皇后陵の樹木の伐採］

「丙子。遣二勅使於神功皇后山陵一。宣レ詔曰。天皇我恐恐美毛申賜閇止申久。比日御陵乃木伐止聞食尓依天。差レ使天檢見尓實尓有氣利。因レ茲天。恐畏已止。無レ極。御陵守等乎波犯狀乃隨尓勘尓勘賜牟止定太利。此過尓依天也。比日之間旱災有良止牟畏天。左右尓念賜尓。掛畏支天朝乃護賜比矜賜尓依

弓之。此穴波滅天。国家波平介久無ㇾ事久可ㇾ有止思賜天毛奈。」

(64) 840 年（承和 7）5 月 6 日：『続日本後紀』［淳和太上天皇遺命］

「辛巳。後太上天皇顧=命皇太子=曰。予素不ㇾ尚=華飾=。況擾=耗人物=乎。斂葬之具一切從ㇾ薄。朝例凶具。固辞奉ㇾ還。葬畢釈ㇾ縗。莫ㇾ煩=国人=。葬者蔵也。欲ㇾ人不ㇾ観。送葬之辰。宜ㇾ用=夜漏=。追福之事。同須=儉約=。又国忌者。雖=義在=追遠=。而絆=苦有司=。又歳竟分=綵帛=。号曰=荷前=。論ㇾ之幽明=。有ㇾ煩無ㇾ益。並須=停状。必達=朝家=。夫人子之道。遵ㇾ教為ㇾ先。奉以行ㇾ之。不ㇾ得=違失=。」重命曰。予聞。人歿精魂飯ㇾ天。而空存=家墓=。鬼物憑焉。終乃為ㇾ崇。長貽=後累=。今宜=砕骨為ㇾ粉。散ㇾ之山中=。」

(65) 840 年（承和 7）5 月 13 日：『続日本後紀』［淳和太上天皇喪葬］

「此夕。奉ㇾ葬=後太上天皇於山城國乙訓郡物集村=。御骨砕粉。奉ㇾ散=大原野西山嶺上=。」

(66) 840 年（承和 7）7 月 5 日：『続日本後紀』［庶民の喪葬］

「伊豆國地震為ㇾ變。（略）溺亡之徒。務從=葬埋=。」

(67) 840 年（承和 7）8 月 30 日：『続日本後紀』［安濃内親王喪葬］

「无品安濃内親王薨。不ㇾ遺=葬使=。為=彼家早葬=也。」

(68) 842 年（承和 9）7 月 15 日：『続日本後紀』［嵯峨太上天皇遺詔］

「丁未。太上天皇崩=于嵯峨院=。春秋五十七。遺詔曰。余昔以=不德=。久忝=帝位=。夙夜競々。思ㇾ濟=黎庶=。然天下者聖人之大寶也。豈但愚懸微身之有哉。故以=萬機之務=。委=於賢明=。一林之風。素心所ㇾ愛。思下欲無位無號詣=山水=而逍遥。無事無為翫=琴書=以澹泊上。後太上皇帝陛下。寄=言古典=。強=我尊號=。再三固辞。遂不ㇾ獲ㇾ免。生前為ㇾ傷。歿後如何。因ㇾ茲除=去太上之葬礼=。欲ㇾ遂=素懐之深願=。故因=循古事=。別為ㇾ之制=。名曰=送終=。「曰」夫存亡天地之定数。物化之自然也。送ㇾ終以ㇾ意。豈世俗之累者哉。余年弱冠。寒痾嬰ㇾ身。服ㇾ石變ㇾ熱。頗似ㇾ有ㇾ験。常恐夭傷不ㇾ期。禁ㇾ口無ㇾ言。是以略=陳至志=。凡人之所ㇾ愛者生也。所ㇾ傷者死也。雖ㇾ愛不ㇾ得ㇾ延ㇾ期。雖ㇾ傷誰能遂免。人之死也。精亡形銷。魂無ㇾ不ㇾ之。故気属=於天=。體歸=于地=。今生不ㇾ能ㇾ有=堯舜之徳=。死何用重=國家之費=。故桓司馬之石槨不ㇾ如=速朽=。楊王孫之贏葬不ㇾ忍ㇾ為ㇾ之。然則葬者蔵也。欲=人之不ㇾ得見也。而重以棺槨。繞=以松炭=。期=枯臘於千載=。留=久容於一壙=。已=乖歸眞之埋=。甚無ㇾ謂也。雖=流俗之至愚=。必将ㇾ咲ㇾ之。豈=財厚葬者。古賢所ㇾ譏。漢魏二文。是吾之師也。是以欲=朝死夕葬。夕死朝葬=。作ㇾ棺不ㇾ厚。覆ㇾ之以ㇾ席。約以=黒葛=。置=於床上=。衣衾飯唅。平生之物。一皆絶ㇾ之。復斂以=時服=。皆用=故衣=。更無=裁制=。不ㇾ加=纏束=。着以=牛角帯=。擇=山北幽僻不毛之地=。葬限不ㇾ過=三日=。無ㇾ信ㇾ卜筮=。無ㇾ拘=俗時=。謂=諡諱飯含咒願忌魂歸日等之事=。夜冠須ㇾ向=葬地=。院中之人可ㇾ着=喪服=而給中喪事上。天下吏民不ㇾ得ㇾ着ㇾ服。而供=事今上=者。一七日之間。得ㇾ服=衰絰=。過ㇾ此早釋。擇下其近臣出=入臥内=者上。癒ㇾ着=素服=。餘亦准ㇾ此。一切不ㇾ可ㇾ哀臨。挽ㇾ柩者十二人。秉ㇾ燭者十二人。並衣以=麁布=。從者不ㇾ過=廿人=。謂=院中近習者=。男息不ㇾ在=此限=。婦女一從=停止=。穿=阬淺深縱横。可ㇾ容ㇾ棺矣。棺既已下了。不ㇾ封不ㇾ樹。土与=地平。使=草生ㇾ上。長絶=祭祀=。但子中長者。私置=守冢=。三年之後停ㇾ之。又雖ㇾ無=資材=。少有=琴書=。處分具。遺ㇾ之戒ㇾ子。又釋家之論。不ㇾ可=絶弃=。是故三七。七七。各麁布一百段。周忌二百段。以ㇾ斯於=便寺=追福。佛布施絁細綿十屯。囊以=生絹=。可ㇾ置=素机上=。一切不ㇾ可ㇾ配=國忌=。每至=忌日=。今上別遣=人信於一寺=。聊修=誦經=。布綿之数同=

上齋_二_。終_一_一身_一_而即休。他兒不_レ_效此。後世之論者若不_レ_從_レ_此。是_二_戮屍地下_一_。死而重_レ_傷。魂而_レ_有_レ_靈。則冤_二_悲冥途_一_。長為_二_怨鬼_一_。忠臣孝子。善述_二_君父之志_一_。不_レ_宜_レ_違_二_我情_一_而已。他不_レ_在_二_此制中_一_者。皆以_二_此制_一_。以_レ_類從_レ_事。」

(69) 842年（承和9）10月14日：『続日本後紀』［庶民の喪葬］

「勅_二_左右京職東西悲田_一_。並給_二_料物_一_。令_レ_燒_二_歛嶋田及鴨河原等髑髏_一_。惣五千五百餘頭。」

(70) 842年（承和9）10月23日：『続日本後紀』［庶民の喪葬］

「太政官宛_二_義倉物於悲田_一_。令_レ_聚_レ_葬鴨河髑髏_一_。」

(71) 843年（承和10）4月21日：『続日本後紀』［神功皇后陵と成務天皇陵の取り違え］

「己夘。使_二_參議從四位上藤原朝臣助。掃部頭從五位下坂上大宿禰正野等_一_。奉_レ_謝_二_楯列北南二山陵_一_。依_二_去三月十八日有_一_奇異_一_。捜_二_探圖録_一_。有_二_二楯列山陵_一_。北則神功皇后之陵。倭名大足姫命皇后。南則成務天皇之陵。倭名稚足彦天皇。世人相伝。以_二_南陵_一_為_二_神功皇后之陵_一_。偏依_二_是口伝_一_。毎_レ_有_二_神功皇后之祟_一_。空謝_二_成務天皇陵_一_。先年縁_二_神功皇后之祟_一_。所_レ_作弓劔之類。誤進_二_於成務天皇陵_一_。今日改奉_二_神功皇后陵_一_。辛巳。參議正四位下三原朝臣春上上表致仕。許_レ_之。」

(72) 847年（承和14）10月26日：『続日本後紀』［有智子内親王喪葬］

「二品有智子内親王薨。遺言薄葬。」

(73) 848年（嘉祥元）7月26日：『続日本後紀』［庶民の喪葬］

「棲鳳樓閣道有_二_死人枯骨之連綴_一_。不_レ_辨_二_男女_一_。」

(74) 850年（嘉祥3）3月25日：『続日本後紀』［仁明天皇遺制］

「奉_レ_葬_二_天皇於山城國紀伊郡深草山陵_一_。遺制薄葬。綾羅錦繍之類。並以_二_帛布_一_代_レ_之。鼓吹方相之儀。悉從_二_停止_一_。」

(75) 850年（嘉祥3）4月18日：『日本文徳天皇実録』［墳墓に卒塔婆を建てる］

「深草陵卒堵婆所_レ_蔵陀羅尼。自發落_レ_地。」

(76) 850年（嘉祥3）5月5日：『日本文徳天皇実録』［嵯峨皇太后嘉智子喪葬］

「葬_二_太皇大后于深谷山_一_。遺令薄葬。不_レ_營_二_山陵_一_。」

(77) 850年（嘉祥3）11月23日：『日本文徳天皇実録』［庶民の喪葬］

「出羽州壊。（略）其被_レ_災尤甚。（略）崩壊毀屋之下。所_レ_有残屍露骸。官為収埋。」

(78) 852年（仁寿2）2月8日：『日本文徳天皇実録』［滋野朝臣貞主の卒伝］

「遺_二_戒子孫_一_云。殯歛之事。必從_二_儉薄_一_。徂歿之後。子孫齋伴而已。卒_二_于慈恩寺西書院_一_。」

(79) 853年（仁寿3）4月26日：『日本文徳天皇実録』［流行病の死者の埋葬］

「皰瘡之疫流行。（略）貴_レ_埋_レ_胔掩_レ_骸之仁_一_。」

(80) 857年（天安元）9月3日：『日本文徳天皇実録』［正四位下右京權大夫兼山城守長岑宿禰高名遺言］

「吾家清貧。曾無_二_斗儲_一_。至_二_於瞑目之日_一_。必從_二_薄葬之儀_一_。卒_二_於官_一_。」

(81) 858年（天安2）5月15日：『日本文徳天皇実録』［高枝王の喪葬］

「是日。宮内卿從三位高枝王薨。（略）遺令薄葬。」

(82) 858年（天安2）9月6日：『日本文徳天皇実録』［文徳天皇の喪葬］

「甲子。夜葬_二_大行皇帝於田邑山陵_一_。殯葬之礼。一如_二_仁明天皇故事_一_。但有_二_方相氏_一_。」

(83) 858年（天安2）9月7日：『日本紀略』［文徳天皇の法要］
　「安‒置十僧於近陵山寺‒。卌僧於廣隆寺。合五十口‒。始レ自‒今日‒。至于卌九日‒。轉経念佛。安‒置沙彌廿人於陵邊‒。」

(84) 858年（天安2）12月9日：『日本三代実録』［十陵四墓制］
　「九日丙申。詔定下十陵四墓可上獻‒年終荷前之幣‒。天智天皇山階山陵在‒山城國宇治郡‒。春日宮御宇天皇田原山陵在‒大和國添上郡‒。天宗高紹天皇後田原山陵在‒大和國添上郡‒。贈太皇大后高野氏大枝山陵在‒山城國乙訓郡‒。桓武天皇柏原山陵在‒山城國紀伊郡‒。贈太皇大后藤原氏長岡山陵在‒山城國乙訓郡‒。崇道天皇八嶋山陵在‒大和國添上郡‒。先太上天皇楊梅山陵在‒大和國添上郡‒。仁明天皇深草山陵在‒山城國紀伊郡‒。文徳天皇田邑山陵在‒山城國葛野郡‒。贈太政大臣正一位藤原朝臣鎌足多武峯墓在‒大和図十市郡‒。後贈太政大臣正一位藤原朝臣冬嗣宇治墓在‒山城國宇治郡‒。尚侍贈正一位藤原朝臣美都子次宇治墓在‒山城國宇治郡‒。贈正一位源朝臣潔姫愛宕墓在‒山城國愛宕郡‒。十日丁酉。神祇官所レ奏御躰御卜。大臣奏レ之。詔改‒眞原山陵‒為‒田邑山陵‒。」

(85) 862年（貞観4）12月5日：『類従三代格』［庶民の喪葬］
　「路頭多有‒人馬骸骨‒。」

(86) 863年（貞観5）2月2日：『日本三代実録』［朱雀門前での大祓］
　「大‒祓於朱雀門前‒。以下觸‒死穢‒人入中禁中上也。」

(87) 863年（貞観5）2月7日：『日本三代実録』［多武峯墓の整備］
　「於‒内殿‒修法。限‒七日‒。下‒知大和國‒。禁‒藤原氏先祖贈太政大臣多武峯墓四履之内部内百姓伐レ樹放牧‒。」

(88) 863年（貞観5）10月30日：『日本三代実録』［建礼門前での大祓］
　「大‒祓於建礼門前‒。以下犬噛‒死人骸‒入中神祇官上故也。」

(89) 864年（貞観6）8月3日：『日本三代実録』［藤原貞子の喪葬］
　「是日。仁明天皇女御正三位藤原朝臣貞子薨。勅贈‒従二位‒。葬‒深草山陵兆域之内‒。」

(90) 865年（貞観7）5月26日：『日本三代実録』［多武峯墓の整備］
　「勅。近士賢基。修行年久。居‒住多武峯墓辺山等‒。宜レ令‒大和國‒。以‒正税稲‒。日給‒米一升二合‒。充中其供料上。兼令‒賢基‒。挙‒沙弥等‒。撿中彼墓四至之内上。」

(91) 865年（貞観7）11月2日：『日本三代実録』［夫への孝養］
　「阿波国名方郡人忌部首眞貞子。儵儼亡後。経‒卅余歳‒。身臥‒冢側‒。心存‒念仏‒。遂不‒再醮‒。将レ終‒一生‒。」

(92) 866年（貞観8）6月29日：『日本三代実録』［神功皇后陵の陵木、陵守による伐採］
　「廿九日壬寅晦。先レ是。大和国言。楯列山陵守等多伐‒樹木‒。神祇官卜云。炎旱之灾。實因レ伐レ木。是日。遣‒使申謝‒。告文云。」

(93) 866年（貞観8）9月22日：『日本三代実録』［神楽岡での埋葬の禁止］
　「勅。禁レ葬‒歛山城國愛宕郡神楽岡邊側之地‒。以下与‒賀茂御祖神社‒隣近上也。」

(94) 866年（貞観8）9月22日：『日本三代実録』［紀夏井の母の死に対する行為］
　「夏井至孝冥発。居レ喪過レ礼。建‒立草堂‒。安‒置骸骨‒。晨昏之礼。無レ異‒生時‒自崇‒信仏理‒。至レ是於‒草堂前‒。毎日讀‒大般若経五十巻‒。以後‒三年之喪‒。」

(95) 866年（貞観8）9月25日：『日本三代実録』［伴善男の仏堂建立］
「又善男掛畏支山陵乃兆域乃内尓佛堂乎建天死屍乎埋世止申事在。」

(96) 866年（貞観8）10月14日：『日本三代実録』［天智・文徳天皇陵の陵木の伐採］
「遣レ使於山階。田邑等山陵一。申中謝陵中樹木多被二伐損一之状上告文曰。（略）天皇掛畏支田邑御陵尓恐ミ恐ミ毛申賜止申。掛畏岐御陵乃木乎陵守等數多伐損世利。依レ此天犯レ過留陵守幷能不二巡撿一留諸陵司等乎。」

(97) 867年（貞観9）10月10日：『日本三代実録』［右大臣正二位藤原良相遺言］
「臨レ終乃命ニ侍兒一扶起。正レ面西方一。作二阿弥陀佛根本印一俄薨。時年五十五。遺言令二薄葬一。単衾覆レ棺。」

(98) 868年（貞観10）閏12月28日：『日本三代実録』［左大臣源信の葬送］
「廿八日丁巳。左大臣正二位源朝臣信薨。（略）遺命薄葬。殯斂之日。人多不レ知。平生於二北山嶺下一。造二立一屋一。中置二一床一。居二棺其上一。固閉二四壁一。令レ人畜不レ據二犯之一。」

(99) 869年（貞観11）6月26日：『日本三代実録』［庶民の喪葬］
「令二左右職一収二葬道墐一。掩レ骼埋レ胔。」

(100) 869年（貞観11）10月23日：『日本三代実録』［庶民の喪葬］
「如レ聞。肥後國迅雨成レ暴。（略）所レ有残屍乱骸。早加二収埋一。不レ令二曝露一。」

(101) 869年（貞観11）12月8日：『日本三代実録』［庶民の喪葬］
「佐比大路南極橋。承二要路極一。在二曲流間一。體勢脆小。乗踏無レ力。四方負レ重之駕。急傾二鞍於水上一。九原送レ終之輩。更留二柩於橋頭一。」

(102) 871年（貞観13）4月21日：『日本三代実録』［賀茂祭の停止］
「停二賀茂祭一。依レ有二死穢一也。」

(103) 871年（貞観13）5月3日：『日本三代実録』［平野祭の停止］
「去四月上申當二平野祭一。而觸二人死穢一之人入二於内裏一。仍以停焉。」

(104) 871年（貞観13）5月16日：『日本三代実録』［庶民の喪葬］
「又冢墓骸骨汗二其山水一。由レ是發レ怒燒レ山。致二此災異一。若不二鎮謝一。可レ有二兵役一。是日下二知國宰一。賽二宿禱一。去二舊骸一。幷行二鎮謝之法一焉。」

(105) 871年（貞観13）閏8月28日：『日本三代実録』［庶民の葬送地の設定］
「廿八日辛未。制二定百姓葬送放牧之地一。其一處。在二山城国葛野郡五條荒木西里六條久受原里一。一處在二紀伊郡十條下石原西外里十一條下佐比里十二條上佐比一。勅曰。件等河原。是百姓葬送幷放牧之地也。而愚昧之輩不レ知二其意一。競好二占營一。専失二人便一。須令二国司一屢加二巡検一。勿レ令二耕営一。犯則有レ法焉。」

(106) 871年（貞観13）9月28日：『日本三代実録』［藤原順子喪葬］
「是日太皇大后崩。太皇大后。姓藤原氏。諱順子。（略）崩葬二山城國宇治郡後山階山陵一。」

(107) 871年（貞観13）10月5日：『日本三代実録』［藤原順子喪葬］
「葬二太皇大后於山城國宇治郡後山階山陵一。」

(108) 872年（貞観14）9月2日：『日本三代実録』［藤原良房喪葬］
「太政大臣從一位藤原朝臣良房薨二于東一條第一。」

(109) 872年（貞観14）9月4日：『日本三代実録』［藤原良房喪葬］

第5章 「律令国家」期の墓制の変遷　173

「是日。葬=太政大臣於愛宕郡白川邊-。」

(110) 872年（貞観14）12月9日：『日本三代実録』[十陵五墓制]

「天安二年十二月九日定=十陵四墓-。獻=年終荷前幣-。是日。十陵。除=贈太皇大后高野氏大枝山陵-。加=太皇大后藤原氏後山階山陵-。以足=其數-。在=山城國宇治郡=四墓。加=太政大臣贈正一位藤原朝臣良房愛宕墓-為=五墓-。在=山城国愛宕郡-。」

(111) 874年（貞観16）10月23日：『日本三代実録』[庶民の喪葬]

「其屍骸漂散。不レ得=主名-者。官為鈎求。加レ意埋掩。」

(112) 874年（貞観16）10月28日：『日本三代実録』[庶民の喪葬]

「詔書。其屍骸漂散。不レ得=主名-者。官為鈎求。加レ意埋掩。（略）無=人尋葬-者。總皆埋掩。」

(113) 879年（元慶3）3月25日：『日本三代実録』[淳和皇太后喪葬]

「葬=淳和太皇太后於嵯峨山-。」

(114) 880年（元慶4）12月4日：『日本三代実録』[清和太上天皇薄葬]

「命=近侍僧等-。誦=金剛輪陀羅尼-。正向=西方-。結跏趺座。手作=結定印-而崩。（中略）遺詔火=葬於中野-。下レ起=山陵-。使=百官及諸国-。不レ挙哀素服-。亦勿レ任=縁葬之諸司-。喪事所レ須。惣従=省約-。」

(115) 880年（元慶4）12月7日：『日本三代実録』[清和太上天皇喪葬]

「奉レ葬=太上天皇於山城國愛宕郡上粟田山-。奉レ置=御骸於水尾山上-。」

(116) 883年（元慶7）1月26日：『日本三代実録』[庶民の喪葬]

「廿六日癸巳。令=山城。近江。越前。加賀等國-。修=理官舎道橋-。埋=瘞路邊死骸-。以=渤海客可レ入レ京也。」

(117) 884年（元慶8）9月20日：『日本三代実録』[恒貞親王喪葬]

「恒貞親王薨。不レ任=葬司-。以下喪家不レ經=奏聞-。殯斂既訖上也。（略）時年六十。遺命薄葬。」

(118) 887年（仁和3）5月16日：『日本三代実録』[施薬院への勅]

「勅以=山城国愛宕郡鳥部郷奈原村地五町-賜=施薬院-。其四至。東限=徳仙寺-。西限=谷并公田-。南限=内蔵寮支子園并谷-。北限=山陵并公田-。施薬院使等奏。院所領之山。元在=彼村-。卽是藤原氏之葬地也。依=元慶八年十二月十六日詔-。被レ占=入中尾山陵之内-。由レ是。氏人送葬之事。既失其レ便-。請賜=此地-。依レ旧行レ事。許レ之。」

(119) 887年（仁和3）9月2日：『日本紀略』[光孝天皇喪葬]

「葬=光孝天皇於小松山陵-。」

(120) 902年（延喜2）3月13日：『類従三代格』[土地の占有禁止]

「其諸氏家墓者一依=舊堺-不レ得=斫損-者。」

(121) 918年（延喜18）10月26日：『扶桑略記』[三善清行喪葬]

「参議式部大輔三善朝臣清行薨。其子浄蔵参=詣熊野-。路間暗憶=父卿可レ赴=黄泉-。卽従=中途-退還。卒去以後。経=五箇日-。加持之處。棺中蘇生。善相公再得=活命-。為レ子礼拝。運命有レ限。歴=於七日-。十一月二日遂以卽世。洗レ手嗽レ口。對レ西念佛気絶。火葬灰燼之中。其舌不レ燒。」

(122) 927年（延長 5）12月26日：『延喜式』
「凡毎年十二月奉=幣諸陵及墓-。（以下略）」
「凡山陵者。置=陵戸五烟-令レ守之。有功臣墓者。置=墓戸三烟-。其非=陵墓戸-。差點令レ守者。先取=近陵墓戸-充之。」

(123) 930年（延長 8）10月10日：『扶桑略記』［醍醐天皇喪葬］
「葬=後山科山陵-。」

(124) 930年（延長 8）10月12日：『醍醐寺雑事記』［醍醐天皇陵に 3 基の卒塔婆］
「山作所於=山陵-立=卒都婆三基-。」

(125) 931年（延長 9）8月5日：『扶桑略記』［宇多天皇喪葬］
「火=葬山城國葛野郡大内山-。依=遺詔-不レ造=山陵-。不レ入=國忌-。」

(126) 932年（承平 2）12月8日：『貞信公記』［藤原忠平による墓参］
「参=向後山階山陵、宇治御墓-、為レ有レ慶也」

　筆者の集成し得た史料は以上であるが、個別史料に基づく墓制の研究は研究史で触れたように文献史学家による多大な成果がある。これらを個別検証することは筆者の手に余ることなので、先行研究の成果を踏まえた上で、次にこれら史料に基づく墓制の変遷について概観したい。

3. 史料からみた墓制の動向

　表22に、史料に基づく墓制の具体的状況を天皇喪葬、貴族などの喪葬、庶民その他の喪葬という 3 つのカテゴリーに分けてまとめた。
　庶民の喪葬に関する記事は史料12から史料116までの間に計20種確認できるが、それらは①墳墓の構築・埋葬方法の指示と②埋葬儀礼や墳墓造営に関する禁止事項の二者に大別できる。①は史料21、69、70、99、111、112、116であり、「掩レ骼埋レ胔」や「加レ意埋掩」からうかがえるように庶民の墓制は単に地面に穴を掘って遺骸を埋めるという土葬が原則であったことがわかる。
　もちろん、史料73の「棲鳳樓閣道有=死人枯骨之連綴-」や史料85の「路頭多有=人馬骸骨-」のように道端などに遺体が放置されることも多く、河原に死体を遺棄することもあった。勝田至が明らかにしたように、中世以前は血縁者（家族）以外の死者を穢れとして葬送に関わらない強い禁忌が存在したことから、このような死体遺棄が生まれたのであろう（勝田 1987）。史料69や70をみれば、これら放置死体を国家が鴨川の河原に埋葬したり、荼毘に付したりしたことがわかる。さらに史料105によれば、国家は庶民に対して無秩序な葬送を禁止し、葬地として葛野郡と紀伊郡を設定したが、これらはいずれも桂川の河原やその周辺地であった。
　これ以外にも漂着した溺死体（史料33）や地震による被害者（史料66・77）、疫病による病死者（史料21・53・54・79）、自然災害による死者（史料100）などの異常死者に対する事例が散見される。塩入伸一は異常死者に対する特殊葬法としての火葬に着目した（塩入1988）が、今挙げた史料に火葬という文字は使われていない。「掩骼埋胔」（史料21・53）や「貴埋胔掩骸之仁」（史料79）という言葉をみる限り、異常死者であっても土葬が一般的であったようだ。養老喪葬令「軍防令」・「賦役令」（史料13）に「其屍者。当処焼埋。」や「其身死者。随レ便給レ棺焼埋。」とあるよう

表22 史料にみる葬法の変遷

年号	天皇喪葬	貴族喪葬等	庶民その他
646			墓域の設定
650			墳墓の破壊
691	陵戸の設置		
700		道昭火葬	
703	持統太上天皇火葬		
706		氏々祖墓の墓域の設定	
709			墳墓の破壊
712			死者を埋葬する
718		養老喪葬令（三位以上別祖氏宗は造墓できる）	賦役令・軍防令火葬
720		藤原不比等火葬	
721	元明太上天皇火葬・碑を立てる		
729		長屋王埋葬	
737			掩骼埋胔（死体を埋める）
748	元正太上天皇法要　於山科寺 元正太上天皇火葬		
754		安宿王火葬	
756	聖武太上天皇喪葬　仏を奉る如し		
760			墳墓の破壊
770	称徳天皇喪葬	文室浄三、薄葬を命じる	
772		道鏡埋葬	
778			漂着民を埋葬させる
780			造寺の為に墳墓破壊
781	光仁太上天皇初七日	石上宅嗣、薄葬を命じる	
792			華美な葬送儀礼禁止 深草山での埋葬禁止
793			京下諸山での埋葬禁止
797			家側での埋葬禁止
808			交野雄徳山での埋葬禁止 掩骼埋胔（死体を埋める）
828			掩骼埋胔（死体を埋める）
839	神功皇后陵の樹木の伐採		
840	淳和太上天皇、薄葬と散骨を遺言で命じる		伊豆地震被害者の埋葬
842	嵯峨太上天皇遺詔に「棺槨」の表現		嶋田及鴨河原の髑髏を焼く
843	神功皇后陵と成務天皇陵の取り違え		
847		有智子内親王、薄葬を命じる	
848			遺体の放置
850	仁明天皇薄葬を遺言 深草陵に卒塔婆	嵯峨皇太后嘉智子、薄葬を遺言する	
852		滋野貞主、必ず薄葬するよう命じる	
853			疫病による死者の埋葬
857		長岑高名、薄葬を遺言する	
858	文徳天皇喪葬 文徳天皇法要　近陵山寺 十陵四墓制	高枝王、薄葬を遺言する	
862			遺体の放置
863		多武峯墓の整備	
865		多武峯墓の整備	
866	神功皇后陵の陵木伐採 天智・文徳陵の陵木伐採	紀夏井、草堂を建立する	神楽岡での埋葬の禁止
867		藤原良相薄葬を遺言、西向きに埋葬	
868		源信薄葬・小屋（墓）を作る	
869			掩骼埋胔（死体を埋める） 散乱する死体を早急に埋葬させる 庶民の埋葬地の設定
871	十陵五墓制		
872			埋掩（死体を埋める）
874			埋掩（死体を埋める）
880	清和太上天皇喪葬、西向き、火葬を遺言		
884		恒貞親王喪葬、薄葬を遺言する	死骸を道の側に埋葬する
887		施薬院への勅、藤原氏の葬地	
918		三善清行、西に向かい念仏する	
927		延喜式	
930	醍醐天皇陵に卒塔婆		
931	宇多天皇喪葬、山陵を造らせず		
932		藤原忠平による墓参	

に、本貫地から遠く離れた異国に赴任した防人が任期半ばで死亡した場合は遺体を本国に送り返す必要があり、実務的な観点から遺体を荼毘に付したのであろう。

一方、②の事例では、延暦11年から延暦16年にかけて相次いで出された一連の法令（史料41～44）が著名である。史料42は宮都に近いという理由から深草山での埋墓を禁止し、同様に史料43でも京下諸山への埋葬が禁止されている。史料44も宮都に近いという理由で、山城国愛宕葛野郡在住者に対して家側での埋葬を禁止する旨の法令を発している。これらはいずれも穢れの概念によるもので、長岡京～平安京の時代にかけて、貴族間に穢れ意識が高揚したことと無関係ではあるまい。このような当時の死体に対する忌避観から9世紀後半までは集落などの平地空間に人を埋葬することはない。しかし、穢れ意識の高揚期でありながら、史料44では「葬＝家側」とあるように、家側に人を埋葬する事例があったことが知れる。この事例については、第4章第3節で述べたように橘田正徳の意見に従いたい。すなわち、「家側」とは建物群の側を意味するものではなく、一町二町という広大な面積をもつ「家一区」の外辺部を意味するというものである（橘田 1991）。屋敷墓は10世紀後半代に平安京や近江において出現し、11世紀前半に大和に広がることから（西口圭 2009）、当該時期に家＝建物近辺に造墓することは想定しにくく、的を射た意見といえよう。

史料41では富豪の輩による華美な葬送儀礼を禁止するが、8世紀後半以降、富豪の輩と呼ばれる新たな富裕階層が急速に成長してきており、彼らはその財力を背景に過度な葬送儀礼を執行していた有り様が見てとれる(5)。これは藤原仲麻呂政権下で行われた「孝経」をもって統治の原則とするという政策が引き起こした「孝」の奨励により、墳墓儀礼の風習以外にも葬送儀礼の華美を生み出したことの帰結点であった。

なお、喪葬とは直接関係ないが、史料91に亡夫のために墓のそばに住み着き、一心に念仏を唱え続けた未亡人の記事が掲載されている。9世紀中葉には庶民の間にも仏教が浸透している様子がうかがえ、さらに、この史料は経典の読誦が死者の冥福を祈ることを意味するようになった可能性を示しており、仏教が死者祭祀にいよいよ関係し始めた初期の事例と位置付けられている（田中久 1975）。

次に天皇喪葬についてまとめてみよう。

北康宏の考えに従えば、史料13「養老喪葬令」の制定によって先皇陵の公的守衛管理システムも確立したが、持統五年詔（史料4・5）で天皇と皇族一般との区別を明らかにし、距離を拡大させようとする政策の萌芽が認められるという。8世紀後半に登場した「御墓制」は母系の祖に対する顕彰を意識した墓制であり、藤原仲麻呂政権下の政策に基づき導入された。そして、平安時代になると、嵯峨・淳和両帝の薄葬思想（史料64・68）を契機に、旧来の墓概念が大きく変化し、藤原良房によって血縁意識に基づく祖先祭祀である十陵四墓制（史料84）が生み出され、藤原氏先祖墓の再興が図られることとなった（史料87・90）。

『続日本紀』によれば大宝3年（703）12月17日、天皇経験者として初めて持統太上天皇が飛鳥岡において火葬に付され、その遺体は亡夫である天武帝の陵墓大内山陵に合葬された（史料9）。この後、文武・元明・元正と3代にわたって火葬が続くが、養老5年（721）の元明太上天皇遺詔（史料16）が当時の墓制に与えた影響は第3章で述べた通りである。ただ、持統・文武両帝の場合は、火葬という葬制を採用したものの、殯宮を設置し、造御竃司が任命されるなど、前代の葬送儀礼の伝統を引き継いだものであった。しかし、元明太上天皇は崩後わずか6日で荼毘に付され、殯

宮も設置しないなど、厚葬の戒め、つまり薄葬思想をより徹底したものとなった。元正天皇の場合も同じような薄葬志向が看取できる。元明太上天皇遺詔にある「立刻字之碑」は「埋葬地が個人の墓として理解され、祭祀されることを期待」（田中久 1978：p.34）したものであり、唐の皇帝陵の思想的影響を受け、山陵そのものは造営された（山田邦 1999）のである。

天平勝宝8年（756）5月19日に葬られた聖武太上天皇の葬儀は「奉レ葬＝太上天皇於佐保山陵＝。御葬之儀如レ奉レ佛。（以下略）」と記されており（史料27）、それまでの史料にあるような「火葬」という言葉が用いられておらず、火葬に替わって土葬が葬制として用いられた可能性が高い。葬送儀礼に仏教的な儀礼が用いられたと想像できるが、それまでの薄葬傾向から一転して厚葬の風を呈することは、古墳時代と同様に天皇喪葬が『劇場国家』的な意味合いをもっていたことの現れではないかと考えている（次節参照）。文化人類学において、支配的な地位や集団が、「権威の根源たる『正当性』イデオロギーを強調するとともに、このイデオロギーを可視化する行為形式に訴える」と考えられている（清水昭 1988：p.140）ことに基づく理解である。

これ以降も極端な薄葬ともいえる散骨を命じた淳和太上天皇遺命（史料64）以外は史料中の喪葬記事にすべて「葬」という文字が使われており、天皇喪葬は原則土葬であったと想定され、火葬によったことが明らかな事例は元慶4年（880）12月4日（史料114）の清和太上天皇の葬送儀礼を待つことになる。しかし、続く光孝天皇の葬送儀礼（史料119）では再び「葬」という言葉が用いられており、土葬の可能性が高い。このように聖武帝以降の歴代天皇の葬制は土葬を基本とし、薄葬というスタンスを明確に打ち出す場合には火葬が用いられることもあったようだ。しかし、淳和帝と同様、薄葬志向で有名な嵯峨太上天皇の喪葬では史料68にあるように墳墓の造営自体を否定した長大な遺詔にもかかわらず、実際の葬送儀礼は土葬による造墓が行われた可能性が高い。いずれにしろ、9世紀の天皇喪葬の原則は薄葬であり、葬制そのものにはあまり厳格な使い分けは行われていないといえよう。ただ、藤原仲麻呂や桓武天皇の時代に儒教の導入が図られたことや嵯峨天皇の時代には唐風化が進展したという事実を踏まえると、唐制や儒教の影響で火葬を嫌い、土葬を採用した可能性も考慮すべきかもしれない。

なお、嵯峨遺詔では山陵祭祀の継続を明確に否定したにもかかわらず、山陵遣使は継続した。これは身分の高い者の死骸は、周囲の人間に非常に大きな影響を与えるので、大きな墳墓を築いて「死をもたらすもの」の活動を封鎖する必要があったと考えられていた（田中久 1978：p.41）からであろう。山田邦和が示したように、先霊の祟りを肯定することは山陵祭祀の全面的な肯定を意味しており、仁明天皇によって嵯峨帝の山陵否定という政策は反転された。しかし、薄葬基調により大規模な山陵の造営行為は否定するものの、山陵祭祀そのものは必要であるという天皇喪葬に関する矛盾から、天皇の霊魂供養の場は山陵ではなく寺院がクローズアップされることとなり、山陵と一体化した「陵寺」が生み出されることになる（山田 1999）。

墳墓の構造に関しては史料75や史料124の記事に、仁明天皇陵や醍醐太上天皇陵に卒塔婆が立てられていたことが記されていることから、いよいよ墓標が用いられることとなったことがわかる。墳墓上の立碑に関しては既に史料16の「元明太上天皇遺詔」中に「立＝刻字之碑＝。」という文言があり、碑が立てられたことがわかるが、同時期の喪葬令立碑条義解の「刻石銘文」という規定が新羅の影響と考えられていることは既に述べた。しかし、仁明帝や醍醐帝の陵墓にみられる卒塔婆が仏教的な儀礼に伴うものであることはいうまでもない。

王権と仏教の関わりからいえば、伝来当初から仏教には国王擁護の機能、身体護持などの種々の祈願と追善の役割が期待されていた（本郷 2010）が、平安時代になって天皇の陵墓に関するイメージが変化すると、その追善を目的とする寺院が建立され、御願寺が誕生した。史料83にあるように、文徳天皇の法要は「近陵山寺」である広隆寺で行われた。近陵寺院での中陰仏事や葬送以後の陵墓での仏事のために新たな寺院が設けられるなど、陵墓仏事が形式上整うのは仁明朝からであり、やがて陵墓祭祀は荷前から追善菩提の仏事へと比重を移していくことになる（大石 2003）。

　儀礼内容では史料114の清和太上天皇に関する記事「命=近侍僧等-。誦=金剛輪陀羅尼-。正向=西方-。結跏趺座。手作=結定印-而崩。（以下略）」に注目したい。具体的には「正向=西方-」という言葉であるが、いわゆる西方浄土、浄土教の影響がいよいよ葬送儀礼の中に反映されたと考えられる。西向については、清和太上天皇に先駆けて右大臣藤原良相の遺言（史料97）に「正=面西方-。作=阿弥陀佛根本印-（以下略）」とあり、やや時代は下るが、史料121の三善清行に関する喪葬記事の中にも「對レ西念佛気絶」とあることから、貴族階級にも同じような喪葬儀礼観が広がっていたことがわかる。このように文献史料からは埋葬頭位の在り方に変化が生じている可能性がうかがえるが、実際の考古資料においても、第4章第2節で述べたようにそれまで北向きが中心であった埋葬頭位は、9世紀中葉以降西向きが増加する。このような変化の背景に浄土教の他界観が大きな影響を与えている可能性を指摘しておきたい。

　続いて貴族階級の喪葬の在り方について概観したい。

　一般氏族の造墓活動は史料4の持統五年詔で上級氏族に墓記の提出を求めて以降、国家による墓制への大々的な規制が実施され、史料13「養老喪葬令」では陵墓や官人墓に関する規制が徹底された。さらに、造墓に伴う広大な土地の独占の禁止が図られると同時に（史料10）、造墓を「三位以上、別祖氏宗」に限るなどの規制も実施されたが、ここでいう造墓とは墳丘を伴う墳墓のことであって、それ以外の人々は「掩レ骼埋レ胔」されたのである。墓地に関連して広大な土地や山林を独占することに対する禁令はこれ以降も史料38や49、120のように相次いで出されている。同時に百姓たちが墓地に侵入して樹木を伐採し（史料47）、陵守が山陵に侵入して樹木を伐採する記事（史料63や96）なども散見されるようになる。史料34や96のように寺院建立に際して古墳を破壊する事例や、宮都造営に際して古墳を破壊する事例（史料2・11）もあり、史料95の場合は伴大納言善男が柏原山陵の兆域内に仏堂を建立していた。このように、一般庶民はおろか、貴族階級においても墳墓が聖域であり、祖先の眠るところであるという考えが平安時代前期までは存在しなかったと考えられている（田中久 1978）。

　葬制に関しては、藤原不比等の喪葬記事（史料14）にみられるように上級氏族、貴族層の多くは茶毘に付された。彼らの多くは文室浄三の「臨終遺教。薄葬」（史料31）や石上宅嗣「臨終遺教薄葬」（史料35）、長岑宿禰高名「必従=薄葬之儀-」（史料80）、左大臣源信「遺命薄葬」（史料97）のように薄葬を志向し、その薄葬を体現する手段として火葬を採用したのである。高枝王（史料81）や恒貞親王（史料117）の史料をみる限り、皇族についても薄葬が基調であったことがわかる。

　さらに、左大臣源信の史料からは家屋の中に棺を置くという、家屋墓のような墓制が用いられたことがわかる（史料98）。同様の事例としては紀夏井が母の死に際して草堂を建立して遺骸を安置したことが確認でき（史料94）、当時の墓制の一端をうかがい知ることのできる貴重な史料といえ

よう。堅田修はこのような家屋墓を火葬より簡略で薄葬と位置付けており（堅田 1990）、田中久夫によれば、このような草堂を墳墓とする墳墓形式は、10・11 世紀以降も、玉屋・玉殿という呼称のもとに造営され続けるという（田中久 1975：p.100）。

　貴族喪葬に関しては藤原氏の宇治木幡の葬地が著名である（荒川 2005）。宇治木幡の浄妙寺にあった梵鐘の銘文に「永為一門埋骨之處」（『政事要略』巻 29）とあり、一定の範囲が墓所と決められていたようだ。『為左大臣供養浄妙寺願文』の一文に「古塚纍々、幽邃寂々、仏儀不見、只見春秋月、法音不聞、只聞渓鳥嶺猿」とあるように、「ひっそりとした墓道があるような丘陵部、あるいは森の中のような所にいくつかの墳墓がまとまって造られて」いたのである（狭川 2011：p.52）。史料 118 をみれば、施薬院が藤原氏の葬地の管理にあたっていたことがわかるが、史料 126 には藤原忠平が後山階山陵と宇治御墓に墓参したことが記されている。しかし、貴族層において墓詣の習慣が未発達であったことは 11 世紀頃に成立した『栄花物語』の「ただ標ばかりの石の卒都婆一本ばかり立てれば、又参り寄る人なし」という記述からも明らかであり、藤原忠平の場合は慶賀を報告するための特別な事情を有する墓参であった。木幡においても死体はいたる所に埋葬されるため、藤原伊周が父の埋葬地を探すにも非常に苦労したのである（田中 1978）。そこで、藤原道長は寛弘 2 年（1005）に藤原氏の共同墓地である木幡に浄妙寺の建立供養を行い、藤原氏の骨を弔う寺として発展していくことになる。なお、黒羽亮太の検討により、木幡山における藤原氏一門墓所の確立は 10 世紀後半と考えられており、道長は基経の後継にあたることを主張するため、浄妙寺を建立し摂関付属の家産としたという（黒羽 2015）。

4．考古資料からみた墓制の動向

　当時の墳墓史料の多くはその性格上、国家運営に直接関わる出来事、すなわち天皇家の歴史を取り扱ったものであり、史料にもとづく墓制の検討は天皇喪葬が中心とならざるを得ない。上級貴族層については史料中に来歴をとどめる者もおり、彼らの墓制についてもある程度の検証は可能である。一方、庶民の場合は個人名を特定できるような史料は皆無に等しく、政治的意図がない限り（史料 29 など）、特定個人に関する記述はまずあり得ないであろう。つまり、史料に基づく墓制の検証とは天皇喪葬が中心とならざるを得ない。

　一方、考古資料に基づき検証を行う場合は若干事情が異なってくる。地上に何ら痕跡を伴わず、めぼしい副葬品ももたない一般庶民の墳墓は考古資料においてもほとんど確認することはできないが、史料上では豊富な記載のある天皇陵も、現在の陵墓は参考地も含めて宮内庁の管轄下に置かれており、考古資料という観点からはほとんど検討が不可能なのである。

　勢い、考古資料に基づく検証は、骨蔵器や木棺など明確な墳墓の痕跡をとどめており、土器など様々な副葬品を伴うことの多い貴族階級の墳墓が中心となる。つまり、史料の示す様相と発掘調査などに伴う考古資料の示す様相とでは、そもそもの前提条件が異なっているのである。

　まず、庶民の墓制は史料によれば、地面に穴を掘り、死体を埋葬する土壙墓と河原などに遺棄する遺棄葬があった。しかし、明確な副葬品などを伴わない土壙墓を発掘調査などで検出し、墳墓と断定する作業は至難の業である。第 3 章第 2 節で述べた密集土壙墓は古墳時代以来の階層社会の底辺に位置付けられた、氏族社会における一般共同体成員の墳墓と位置付けられていたが、近年の研

究により、その多くは粘土採掘坑であると考えられるようになった（京嶋 1995）。しかし、宮の前遺跡における土壙の脂肪酸分析の結果ではヒト遺体を直接埋葬したことが判明しており（合田 1994）、別對道端遺跡の土壙内から人骨が出土した事例もあることから（大西 2003：p.137）、各地で検出されている密集土壙の中には、庶民を埋葬した土壙墓が含まれている可能性がある。

河原などへの遺棄葬を発掘調査等で検出することも不可能と思われるが、平城京の南で検出された奈良時代の川跡（稗田遺跡）から薦に包まれた小児の人骨が検出された事例（中井 1977：p.75）はこのような遺棄葬の実態を反映した資料といえるだろう。

史料からうかがえる貴族階級を中心とした喪葬は、以下のようにまとめることができる。

700 年の僧道昭火葬以来、有力氏族は荼毘に付されたが、中国にならって「文明化」を進める中央政府にとって墓制そのものに社会的立場の由来を求めるような前代以来の仕組みは時代遅れとなっており、墓制の基調は薄葬であった。この傾向は 9 世紀を通じて継続し、9 世紀中葉には家屋墓のような墓制も採用された。そして、10 世紀前半頃にようやく墓参の記事が確認でき、墳墓を祀る風習が定着する。(11) もっとも、本節で取り扱った時期の貴族喪葬が天皇喪葬の影響を受けていることからすれば、貴族喪葬は天皇喪葬の動向と表裏一体の関係にあるといっても差し支えない。

次に、具体的な史料に沿って、考古学的な検証を試みたい。史料 4、13 などにみられる 7 世紀末葉から 8 世紀初頭の造墓規制の実態は第 2 章をはじめ各章で述べたので、具体的な内容は各章をご覧いただきたい。ちなみに、筆者は「律令国家」期の墓制を考える上で、持統五年詔の影響は非常に大きいと判断している。

史料 2 を皮切りに、11、28、34 と墳墓の破壊に関する史料が散見されるが、史料 11 は平城京造営の際の古墳の取り扱いについて述べた史料である可能性が高い。今尾文昭は史料 13『養老喪葬令』「皇都条」の「凡皇都及道路側近。並不レ得ニ葬埋一」と同じような規定が持統三年に施行された飛鳥浄御原令にも存在した可能性を指摘しており、その造墓規制に基づいて新益京造成に際して日高山横穴群の改葬が行われたと論じた（今尾 2000：pp.156-158）。

古墳の破壊に関しては、平城京造営に伴う事例が有名である（市庭古墳や神明野古墳）が、第 1 章で述べたように山城の考古墳は恭仁宮造営に伴い削平され、「それに関連して須恵器が埋置された」と考えられている（中谷 1976：p.45）。しかし、これらは例外的な存在で、実際には特に慰霊などの儀礼を行わずに古墳などの墳墓を破壊するのが一般的であったことから、史料 34 のような規制が発せられたのであろう。

史料 6 の道昭火葬の記事は、「天下火葬従レ此而始也」とあるように当時の王権によるデモンストレーションの記録であり、これ以降、持統太上天皇をはじめ多くの皇族・貴族の「火葬」記事が史料で確認できるが、実際に飛鳥Ⅴ型式期以降、大和をはじめとする地域で古墳に替わり、火葬墓が造営されることになる（第 2 章参照）。特に、養老 5 年（721）の元明遺詔によって、薄葬の徹底と厚葬の払拭が明言され、律令官人は土葬ではなく、火葬を強要され、あるいは受け入れざるを得ない時代が到来し、「律令国家」期の墓制のスタンダードとしての火葬墓が完成することになる。

近年、7 世紀代に遡る時期に造営された可能性のある火葬墓の事例がいくつか報告されているが、これらの資料の意義は、第 2 章第 2 節で述べたように、道昭以降の火葬墓が仏教儀礼を伴い、骨蔵器を使用するのとは異なり、火葬骨を直葬するなど、墓制としての性格に大きな隔たりがある。なお、史料 7『大宝律令』賊盗律にある「焼ニ棺槨一者」という表現は、火葬がまだ一般的で

はなく、厳格な造墓規制の執行に伴い古墳そのものの造営も規制され、小石室や木棺墓、石棺タイプの横口式石槨が造営されていたという当時の墓制の状況と合致した事例といえよう（第2章参照）。

8世紀後半以降の史料をみれば、貴族を中心に薄葬が墓制の基調を占めるようになることがわかるが、火葬墓において前代の古墳時代的要素が払拭される時期と合致することは注目できる。具体的には木櫃・石櫃・金属製、ガラス製容器の使用が途絶し、金属製外容器もこれ以降みられなくなるという骨蔵器の材質の変化であり、外部構造としての周溝の存在や終末期古墳に特徴的な副葬品であった海獣葡萄鏡の副葬などの現象も8世紀中頃で途絶し、8世紀後半から末葉にかけて火葬墓の墳墓構造は簡素化していくのである（第3章第1節参照）。

史料27からうかがえる聖武太上天皇の喪葬は土葬によった可能性が高いと考えているが、次節で論証するように、その葬送儀礼は豪華絢爛なものであった。火葬墓が薄葬を志向する当時の傾向とは逆に、天皇喪葬の変化に対応して新たに導入された土葬を葬制とする木棺墓は棺構造や副葬品の様相をみる限り、厚葬化を志向していたと考えられる。具体的な事例は第3章第2節を参照してほしいが、木棺の大きさ（＝面積）や墓壙の大きさは9世紀前半がピークで、時代が進むにつれ縮小する。さらに、副葬品については何も持たないもの22％に対して、1種類のみ14％、2種類20％であり、複数種類を有するものが44％を占めるのである。これは副葬品を持たないものが65％に及ぶ火葬墓の事例と好対照を見せる。史料41はこのような木棺墓を中心とした墓制に対する規制を指しているのであろう。特に、史料68嵯峨太上天皇遺詔中に「重以=棺槨=。繞以=松炭=」という表現がみられ、当時の木棺墓の構造を示す記述として注目されていたが、実際に発掘調査で検出された木炭木槨墓の様相と合致することは興味深い。(12)

これ以降、天皇、貴族とも葬制は土葬・火葬の両者が併存するが、史料64「淳和太上天皇の遺命」や史料68「嵯峨太上天皇遺詔」にあるように、薄葬が墓制の基調であり、当該時期の史料をみれば貴族の多くが「遺命薄葬」などの言葉を用いたことがわかる。実際に9世紀中葉以降の木棺墓は直葬するタイプが主流を占めており当時の墓制に対する志向と合致する現象といえる。9世紀代の火葬墓も骨蔵器や副葬品の様相をみる限り簡素化が進んでいることは間違いない。

いずれにしろ、薄葬を基調としながらも土葬と火葬の両者が併存することに注目すれば、土葬と火葬という葬制に基づく他界観の違いが曖昧になったことや天皇喪葬の果たす役割が重要視されなくなったことを端的に示しているといえよう。

しかし、このような薄葬志向も長くは続かず、火葬墓は9世紀末葉以降急速になりを潜め、木炭で周囲を覆い、漆製品や施釉陶器を伴った木棺墓が盛んに造営されるようになる。当時の墓制に関する史料にはこのような厚葬化を指し示す記述が認められないことから、これら木棺墓に葬られた被葬者は従来の貴族などではなく、当時の史料で富豪の輩、雑色人と呼ばれた新興富裕層であった可能性が高い。ここに墓制は大きな転換期を迎えることとなった。

このような墓制の転換に穢れ観の拡大という時代背景を指摘することもできる。貞観13年（871）の史料104は、住民が河原に墓を設置し、骸骨が山水を汚したので、出羽国飽海郡の大物忌神社が爆発するという災異を起こしたと記す。同年閏8月の太政官符（史料105）でも庶民の葬送地を制限するなど、骨を穢れと見なす思想の発生と同様に、9世紀後半以降の穢れ観の拡大という今までにない変化が生まれ、死そのものを穢れとする死穢観が広がるという（小林茂 1994：p.

331)。このような穢れ意識の変化が貴族層の墓制に何らかの影響を与え、旧来の貴族層の墓制と新興富裕層の墓制の間に大きな変化が生まれることとなったのであろう。

第2節　8・9世紀の墓制の変遷

　文武4年（700）3月、『続日本紀』は以下のような記事を掲載し、一つの時代が終わったことを宣言した。すなわち、「道照和尚物化する。（略）弟子等遺教を奉じて粟原に火葬す。天下の火葬此より始れり」。ここに400年以上の永きにわたって営まれ続けた古墳という巨大な政治的モニュメントがその歴史的な意味を喪失し、新たに律令体制を導入した中央集権国家にふさわしい墓制が望まれることとなったのである。

　文献史学における国家論では9世紀末葉から10世紀初頭の時期に転換期を想定し、「律令国家」が解体し王朝国家へ変貌すると説明されることも多い。しかし、ここまでの各章で論じたように墓制の上では9世紀末葉というより、9世紀中葉以降に大きな画期が存在することが判明した。9世紀中葉は仁明朝、承和年間に該当するが、近年、この承和期は「承和転換期」として文献史学はもとより、考古学、美術史学など様々な分野から検討が進められており、仁明朝を中心とする時代を様々な視角から読み解き、その様相を明らかにしようとする試みも行われている[13]（角田編 2011）。

　本節ではこのような政治史上の画期において果たした墓制の意味を改めて検討し直し、律令期の墓制の成立と展開という歴史事象の意義を明確にすることを目的としている。7世紀後半から10世紀初頭までの墓制の変遷を概観し、それぞれの時期で墓制の果たした意義を検討するが、なかでも9世紀中葉～後半の墓制の画期に着目し、その意義を明らかにしたいと思う。

1.「律令国家」期の墓制の成立

　僧道照火葬という墓制上の一大変革期に比定し得る飛鳥Ⅴ型式期[14]は古墳と火葬墓の二大墓制（葬制）の過渡期にあたり、墓誌などから判明する限り律令官人層は火葬墓に葬られた。これに対して、キトラ古墳や高松塚古墳などが8世紀代の古墳であり、被葬者が高級官僚という仮説が成り立つと考えると（白石 2000、渡邊 2003）、飛鳥Ⅴ型式期にほぼ最上級氏族に限られていた高塚墳墓の造営が、平城Ⅱ型式期の時間幅で完全に終焉することが確認できる。つまり、不比等の死を待つかのように発布された元明遺詔のもつ意味は非常に大きい（上林 2004：p.70）。この結果、律令政府の目指すべき葬制は名実ともに火葬墓と定まったのであり、特権的葬法としての火葬が導入されたのである。

　もちろん、被葬者像の比定を前提に立論することは方法論として問題があるが、上記した被葬者像にこだわるつもりはなく、僧道照の火葬以降も畿内地域において前代と変わらず土葬墓が造営された事実さえ確認できれば十分であり、ここでは和同開珎を副葬した京都府城陽市の尼塚5号墳（山田・中谷・杉原・高橋・堤 1969）の存在を示しておくことにしたい（図4）。つまり、僧道照の火葬をして、墓制・葬制が激変したわけではないのである。そして、このような厚葬の風が元明遺詔によって払拭され、葬法が火葬に収斂する事実が確認できれば論旨に影響はない。

筆者は「律令国家」期の墓制を拙稿で「律令墓制」と名付け、土葬と火葬という葬法の違いが社会構造の上で一定の意味をもち、特定の葬法が特権的葬法として社会的立場と結びつくと評価した（渡邊 2004a）。葬法の違いは葬送儀礼の違いを意味し、その背景に他界観の違いを想定したのである。もちろん、新しい墓制の成立は一挙に進んだのではなく、様々な造墓規制を伴いながら段階的に進んだものと理解する。具体的には当該時期の史料を手がかりに以下のような段階を想定したい。

　第一段階として、須恵器編年飛鳥Ⅳ型式期、持統朝の造墓規制を挙げたい。持統5年（691）の詔で造墓は氏々祖墓のみに限定され、墓地の一系的再編成が行われたが（北 1999）、天武天皇陵（野口王墓）古墳のような仏舎利塔をイメージした新しい墳墓スタイル（小林・海邉 2000：pp.47・48）の登場は特筆される。横口式石槨墓も上級官僚層や有力氏族に小口山タイプが採用され、皇族にはマルコ山タイプが創設された。この時期に先駆的に築造された火葬墓は仏教的儀礼にかなった骨蔵器を有さず、直葬するものが大半を占めることから、渡来系氏族など一部の階層に限定された葬制であろう。いずれにしろ、畿内とその周辺では多くの群集墳が新たな古墳の造営を停止しており、厳格な造墓規制が存在したことがうかがえる。

　第二段階の造墓規制は飛鳥Ⅴ型式期に相当し、大宝律令の制定という「律令国家」の成立を名実ともに知らしめるエポックメーキングな出来事に伴うものである。古墳造営が一握りの上級氏族と皇族に限定され、畿内とその周辺地域では播磨など一部地域を除き、ほとんどの群集墳が断絶し、造墓活動の空白期を迎えた。この新しい国家体制の完成に伴う墓制上の大事件が、僧道昭の記事に仮託された火葬の導入であった。火葬とは死骸を荼毘に付し、強制的に骨化する行為である。死体を損壊し、身体から霊魂を分離することで生と死の区別を明確にする刺激的な葬法であり、「律令国家」は火葬を流布するために広く火葬を官人層に強要した（小林義 1998a：pp.46・47）。火葬の浸透という国家的命題に即して、大宝令では造墓規制が緩和され、三位以上、別祖氏宗と被葬者層が拡大されるが、この場合の造墓とは火葬墓に他ならず、もはや古墳という高塚墳墓の築造は認められなかったと考えられる。なお、この時期の火葬墓はそのほとんどが単独墓であり、専用の骨蔵器を使用するなど、まさに「仏教的儀礼にかなった火葬」（安井 1987：p.283）である。

　そして、平城Ⅱ型式期の第三段階の造墓規制で「律令国家」にふさわしい新しい墓制が完成した。高松塚古墳や石のカラト古墳、より確実には尼塚5号墳を最後に、畿内では伝統的な高塚墳墓の造営は完全に終焉し、一般官人層はもとより上級貴族も火葬墓に葬られることになる。養老5年（721）の元明遺詔によって、薄葬の徹底と厚葬の払拭が明言されたが、火葬が薄葬と言い切れるかどうかはさておき、律令官人は土葬ではなく、火葬を強要され、あるいは受け入れざるを得ない時代が到来し、「律令国家」期の墓制のスタンダードとしての火葬が完成したのである。西日本の終末期古墳～古墓を視野に入れて当時の墓制を検討した下原幸裕によって、8世紀代の火葬墓は被葬者の身分が高いほど簡単な埋葬施設を採用したことが判明している（下原 2006：p.374）。薄葬という当時の葬制上の理念が如実に現れた現象といえよう。

　この時期、律令政府は様々な手段で新しい国家体制の理念を浸透させることに心血を注いだ。例えば、養老4年（720）、『日本書紀』が編纂されたが、より安定したヒエラルヒィを作り上げるためには別の世界のヒエラルヒィによって正当化され、合法化される必要があり、神話的世界にはそうした機能があったというコムストックの指摘を参考にすれば、神話体系の構築が該期に進められ

表23　8・9世紀の葬法の変遷

階層	8世紀	9世紀	10世紀
天皇・皇族	☆→■　702・07・28・48，756？	→☆　■　806？　840　842？	→☆　■　880　887？　→
中央氏族	■717　☆→　707　720　　770？　781？	→・815？　868■→　☆→　841？	→ 918
下級官人？の墳墓群			
岡本山		■　■	☆→
大坂城	☆	■	
土師の里	◆　◆　☆■◆	←■→　◆　■　◆	☆◆
立部	☆	◆	■
飛火野	☆　☆		
佐保山	☆→		
横枕	☆→		
三ッ塚（東）		☆	
（中）	☆	☆■　☆→	
（西）	☆	■	

［凡例］　■木棺（土葬）　◆土器棺・土壙墓　☆火葬墓
［没年詳細］　702（持統太上天皇）、707（文武天皇・威奈大村・文忌寸禰麻呂）、717（石上麻呂）、720（藤原不比等）、721（元明太上天皇）、728（基皇子）、748（元正太上天皇）、756（聖武太上天皇）、770（文室浄三）、781（石上宅嗣）、806（桓武天皇）、815（賀陽豊年）、840（淳和太上天皇）、841（安濃内親王）、842（嵯峨太上天皇）、868（源信）、880（清和太上天皇）、887（光孝天皇）、918（三善清行）

た必然を理解することができる。記紀神話で語られるヨモツ国訪問譚はナカツ国とヨモツ国との往来が不可能となったこと、すなわち生と死の区別が明確になったこと（川村　1995：p.624）を明示しており、火葬の導入によって霊魂観・他界観は急速に変容していったのである。

2.「律令国家」期の墓制の展開

　「律令国家」期の墓制のスタンダードとして完成した火葬は、聖武太上天皇自身が土葬された可能性が高いことから、早くも特権的葬法としての火葬の意義は揺らぎ始めた。ただ、律令官制の整備によって官人機構は五位以上の特権階級とそれ以下の下層官人層に明確に区分されたことから、墓制においても特権階級の土葬に対して、官人層の葬法として火葬墓が位置付けられたのかもしれない。六位以下の官人は体制を支える者としての立場から律令国家における墓制上の理念＝薄葬を率先して実行したといえるだろう（表23）。
　聖武太上天皇の葬法については『続日本紀』に火葬の記述がみられないことなどから土葬の可能性が説かれている。[20] 本節でも土葬を前提に論を進めたいと考えるが、何ゆえ天皇の葬法が持統以来四代にわたった火葬から土葬へと回帰したのであろうか。
　中央集権体制樹立に心血を注いだ天武天皇の遺志を受け継ぎ、軽皇子へ血統を引き継ぐために即位した持統天皇であったが、軽皇子すなわち即位した文武帝が若くして崩御するとその後も二代にわたって女帝が続いた。「律令国家」が完成をみた8世紀初頭は、天皇家にとって男系の皇位継承

という面からは受難の時期であり、天皇権の空白を生み出す殯をはじめとする葬送儀礼は可能な限り省略すべきであった。火葬という薄葬が望まれた所以である。

　聖武天皇の登場は、まさに待望久しい男性天皇の誕生であった。しかし、天平年間の相次ぐ社会異変が契機となり、国分二寺の建立に代表される仏教興隆事業が相次いで出されるなど、聖武天皇によって「神祇に基づく祭祀権者としての能力に限界を自覚し、新たな宗教的権威を構築」しようとする政策（本郷 1997：p.319）が展開された。聖武天皇は男性天皇として初めて生前譲位を行い、太上天皇となった。皇位に就いた孝謙女帝は高貴な血統と軍事的実力において、空前の専制権力を掌握したといわれている（吉川 2006：p.155）。そして、安定した政治体制を樹立し、天皇権威を高め、後継者としての立場を強化するために、聖武太上天皇の葬送儀礼にはギアツが提唱した「劇場国家」としての役割（ギアツ 1990）が期待されたのではないだろうか。『続日本紀』の「御葬之儀如奉佛」という記述からもうかがえるように、従来の薄葬志向とは正反対の、視覚効果を伴う盛大な葬送儀礼が必要とされたのであろう。権力の意味はともすれば日常生活に埋没するが、人間は儀礼を通して権力を正当化し、確認するという（藤田 1993：pp.120・121）。儀礼とはそれを確認する壮大な記念碑的舞台装置であり、文字通り、孝謙女帝の治世を盤石なものとするため、国を挙げた盛大な葬送儀礼が実修されることとなった。

　この時期、律令政府は新羅の征討準備を進めており、対新羅外交が大きな転機を迎えていた。中国をはじめとする東アジア世界では儒教道徳などの影響で遺体を損壊する火葬は忌避され、支配者層の葬法は土葬が中心であった。例外的に支配者層が火葬を受け入れたのが古代日本と新羅であり、そもそも日本に火葬が浸透したのは新羅墓制の影響とさえ考えられている（網干 1979）。対新羅関係の悪化と唐風文化の積極的な受容という当時の中央政府の意向により、葬制の上で新羅との差別化を明確にする目的で、土葬の導入が志向された可能性もあろう[21]。ただ、先にも触れたように、この時期前後に律令官人層の墳墓とみられる火葬集団墓が相次いで造営されることから、葬法の変化は一部の支配者層のみを対象としたものであった。

　このように考えると、桓武朝前後の汎畿内的な葬法の変化も郊祀制の導入などと同様、中国志向の一環といえよう。新たな王統の継承者として登場した桓武天皇であったが、その治世は藤原緒嗣の徳政相論の上奏でも知られるように、社会不安を抱え、決して安泰なものではなかった。不安定な治世ゆえ、その葬儀には聖武太上天皇の場合と同様、視覚効果を伴う儀礼としての役割が必要とされたのであろう。さらに桓武朝に断行された長岡・平安遷都によって、貴族層の京貫が進められ、いわゆる都市貴族が誕生した（仁藤 1994：p.19）。在地における勢力基盤を失った彼らの多くは、『新撰姓氏録』の編纂に象徴されるように氏族としての系譜を改めて主張する必要に迫られており、古墳再利用などを行った（第3章第3節参照）。墓制によって社会的立場を体現し得る時代が再び到来し、彼らは天皇喪葬に準ずることで自らの権威を高めていったのである。その結果、火葬から土葬という葬法の変化が遍く社会の広い範囲にまで及ぶこととなった。

　このことからも明らかなように、「律令国家」期の墓制として一括りにされるような明確な墓制上の規定があるのではなく、様々な政治状況や社会環境の中で天皇を中心とする葬送儀礼の在り方が絶えず変化し、そうした墓制の変化が当時の社会の中である程度の位置を占め、必要に応じて特定の階層にまで影響を与えた事実が重要といえよう。

3.「律令国家」期の墓制の意義

　9世紀中葉以降、浄土教の浸透に伴い顕密仏教的来世観への変貌が進むと（平 1992a：pp. 63-65・1992b：p.99）、葬法の違いによる葬送儀礼の差別化はもはや無意味となり、ここに「律令国家」期の墓制は終焉することとなった。具体的には河内地域の火葬集団墓に代表されるように共同体レベルでの葬送儀礼の地域色が顕在化し、奈良時代以来の社会的次元における儀礼の共有化は志向されなくなったのである（渡邊 2004a：pp.55・56）。これは、第4章第2節で触れたような葬法による副葬品の使い分け、例えば黒色土器・須恵器瓶子・水晶玉などの区別が土葬墓と火葬墓の間でなくなったことからもうかがい知ることができる。

　また、東アジアに君臨する世界帝国唐の威厳は安史の乱以降著しく低下し、もはや単なる唐王朝に過ぎなくなった。その後、政治・社会・経済の仕組みなどが変化し、9世紀後半の黄巣の乱で唐王朝はその命運が尽きることとなる。[22]唐にならって律令制度を構築し、新たな墓制を模索した日本においても、9世紀後半以降、律令官人制が有名無実化し、墓制における中央志向が急速に薄れ、政治性が払拭されることは非常に興味深い現象といえよう。[23]

　政治性や経済的側面を重視する筆者の古代墳墓論に対して、海邉博史は古墳とは異なり、政治性を脱却したものを古代墳墓と位置付けるという見解を示した（海邉 2003：p.941）。また、小林義孝のように政治性よりも社会性を重視すべきという意見もある。[24]しかし、橋本義則の指摘にもあるように、律令政治の展開した8・9世紀の墳墓に政治性が反映されていた可能性は大きいといわざるを得ない。むしろ、政治性の有無という二者択一的な発想ではなく、古墳に代表されるような墳墓に具現化されていた政治性が、いつ、いかなる過程を経て失われていくかを検証することを課題とすべきであろう。『延喜式』「陵墓歴名」にもとづく橋本の研究成果によれば、8世紀から9世紀の貴族の葬地は都城の移動とともに所在を移す政治的な存在で、遅くとも長岡京の時代までは奈良時代の葬地の在り方が維持された（橋本 1999）。墓誌の検討を進めた田中和弘も、墓誌には法量以外にも一定の共通性・規格性が認められ、長方形板類型片面刻字墓誌は、個人用に作られたのでなく、「律令国家」中枢部の墓制の一要素として、一定の約束事の中で生み出されたという説を提唱している（田中和 2005：p.153）。

　ただ、政治性の有無という議論はさておき、筆者が提唱した「律令墓制」の概念規定が必ずしも適切ではないことが明らかとなった。天皇喪葬の影響のみでは解決できない階層に基づく葬法の違いなどにも注目する必要があり、その一端は前章で開陳したが、8・9世紀を通じてあらゆる場面で特定の葬法が社会的立場と直接的に結びついていたと断言できないのである。

　これらの点を踏まえれば、「律令国家」期の墓制とは、墳墓に具現された政治性が脱却していく過程そのものと意義づけるのが適切であろう。当初は明確な規制を伴って成立した墓制が、徐々に変質・解体していき、最終的には政治性を見出すことができなくなる過程が、税制や官人機構の変遷、あるいは律令政治の在り方そのものの変容過程と密接に連動する以上、単なる流行や宗教観・習俗の違いに儀礼行為の選別を帰結させることは困難といわざるを得ない。「律令国家」期の墓制に着目した所以である。そして、古墳時代や王朝国家期の墓制との相違点も明確にする必要があろう。

西暦		700年			800年			900年	
長期持続		墳墓の構築に政治的イデオロギーが具現化された時代						政治性からの脱却	
時代名	盛況期＝古墳時代			解体過程＝「律令国家」の墓制の時代				王朝国家の時代	
景況			成立期	完成期	変質期		再編期	解体期	
事件	689 浄御原令 庚寅年籍	691 持統五年詔 700 道照火葬	721 元明遺詔	756 聖武帝没	784 長岡・平安京遷都 791 延暦十年の改革	794	842 承和の変 嵯峨遺詔	858 十陵四墓制	927 延喜式編纂

図44　「律令国家」期の墓制の概念図

　律令体制の整備という国家的命題に即して様々な政策が打ち出されていく中で、薄葬の徹底と厚葬の払拭という「近代」国家にふさわしい墓制の構築を目指した中央政府は新たな陵墓の形を模索して試行錯誤を繰り返した。葬送儀礼とは最も保守的でかつ氏族の独自性を明示する機能を有するゆえ、一片の法規制で築き上げることができるような代物ではなかった。律令制的「家」制度の創出を目指した一連の政策にもかかわらず、従来からの氏族という意識に根ざした伝統的な手法に依存する行為があったことは、数々の禁令にもかかわらずモガリ行為が払拭されずに平安時代前期になっても依然として実修されていたという事実（川村　1995：p.626）が物語っていよう。この伝統的な手法とはヤマトを中心とした古墳の築造企画や葬送儀礼が核となって周辺地域に波及していった、前代の古墳儀礼の在り方に他ならない。桓武朝を中心とした時期の古墳再利用の様相は、この時代になっても依然人々が墳墓を介した系譜意識に縛られていた有り様を具体的に物語っている。

　文書に基づく法制整備の進展した律令体制下においても、葬送儀礼という、氏族あるいは個々人の内面に関わる私的行為に対しては法規制という国家的強力をもってしても画一的に普遍化することはかなわなかった。むしろ、墓制に社会的・政治的意味があればこそ、造営者側の主体的意志によってあるべき葬送儀礼が執行されたといえよう。もちろん、その背後には彼らのもつ儀礼観も大きな意味をもっていたと考えられる。

　以上を考慮すると墳墓の構築に政治的イデオロギーを注ぎ込んだ古墳時代から、浄土教の普及によって現実世界と死後の世界、つまり、この世とあの世が明確に切り離された時代の出現までを一つの大きな時代の枠組みとしてとらえ、その盛況期を古墳時代、その解体していく過程を「律令国家」期の墓制の時代と呼ぶのはいかがだろう。フェルナン・ブローデルの示した概念（井上編1989）を援用すれば、墓制が政治性を有した時代の成立と発展、終焉という「長期持続＝ longue durée」の中に「律令国家」期の墓制を位置付けることが可能となる。

　もちろん、古墳時代についても前方後円墳を中心に大型古墳が造営された時代と、7世紀以降の終末期古墳の時代とでは古墳のもつ意義が大きく変容しており、これらを無視して古墳時代を盛況期と一括りにするのは無理があるが、本書は主に8・9世紀の墳墓の検証を目的としていることから、古墳時代の墳形などの意義については触れないでおく。

　古墳時代が前期・中期などの「景況＝ conjoncture」に分類できるのと同様、「律令国家」期の墓制も、成立期（8世紀前半）、完成期（8世紀中葉）、変質期（8世紀後半）、再編期（9世紀前半）、解体期（9世紀中葉以降）などの「景況」にあてはめることができる。さらに、それぞれの時間枠の中で、「僧道照の火葬」や「元明遺詔」という「事件＝ événement」に層分けできよう。

ブローデルの概念に基づく層分けそのものは着眼する観点によって様々な階層化が可能で、本節では図44で示したような概念規定を行った。「政治性の有無」という長期持続の下に、上層の長期持続を細分した時代名を設定するという二重構造をもつものであり、厳密な意味でのブローデル理論の適用とはいえない。本節では古墳時代を視野に入れてブローデルの理論を4層構造に拡大解釈したが、図48は墓制における政治性の有無という長期持続と、日本史における時代名称を組み合わせていると考えていただければ幸いである。

4.「律令国家」期の墓制の変容過程

「律令国家」期の墓制を5つの景況に区分した際の事件とは何であろうか。それらの事件によって、墓制に関わる具体的な考古学的事象が変動した過程を跡づけることは可能なのであろうか。

考古学的検証を積み重ねても残念ながら具体的な歴史事象の完全な復元はかなわない。そこで、逆説的であるが、考古学的検証によって帰納される墓制の変容過程を跡づけるため、文献史学の成果を援用し、具体的な史料の中に「事件」を求めたい。ただ、「律令国家」期の墓制成立期の様相をみればわかるように、一片の歴史事象によって墓制そのものがドラスティックに変化するとは考えられず、様々な立場の人々の思惑が複雑に交錯する中で徐々に変化しており、本項の「事件」はその要因の一つに過ぎない。法的規制を伴わない「律令国家」期の墓制ならではの特質ともいえよう。

文献史料などを手がかりに具体的な出来事を「事件」として設定し、時期区分のメルクマールとすると、当然、考古学的な事象との厳密な意味での整合性が問題となってくる。しかしながら、それこそ1日単位で示された文献史料に基づく「事件」とリアルタイムに対応できるような考古学的な時間尺度、例えば須恵器編年などの手段を残念ながら筆者は持ち合わせていないので、考古学的事実から帰納される事象は〇世紀〇半程度の時間幅しか示すことはできない。

例えば、米田雄介は『郡司の研究』「第三章　郡司制の展開」の中で、「ところで天平七年格は藤原氏の主導によると考えられるが、(中略) 郡司の銓擬を通して在地豪族を掌握しようとしたのであった。しかし藤原四兄弟は天平九年の天然痘のために倒れ、政権は橘諸兄の掌握するところとなった。彼は藤原氏に対して保守的・伝統的である。(後略)」(米田 1976：p.192) と述べた。米田の指摘によれば、政権担当者の交代でわずか1～2年という短いスパンで国政の方針が180度変わることとなった。本章の主旨に沿えば、政治の在り方の変化が墓制に影響を与えることになり、天平7・8年に造営された墳墓と天平9年に造営された墳墓では、その性格に何らかの相違点があるはずである。しかし、現実問題として前者と後者の墳墓の築造年代を、考古学的手法を用いて厳密に区別することは墓誌でも出土しない限り不可能である。つまり、墓制から政治や国家の在り方を読み取ろうとする場合、上記のような限界があることを理解した上で検証する必要がある。

以下に示す「事件」によって時期区分された「律令国家」期の墓制の変容過程とは、ほぼ同時期の考古学的事象の意義を確認する上での、いわば演繹的な仮説に過ぎないものであって、「事件」によって示された暦年代で明白に分離できるものではない。図44の区切りを斜線にしている所以である。むしろ、様々な階層の、様々な人々の思惑が複雑に絡まり合う葬送儀礼であればこそ、そうすべきではないことを確認しておきたい (表24)。

表24 畿内とその周辺における8・9世紀の墓制の変遷

	飛鳥Ⅲ	飛鳥Ⅳ	飛鳥Ⅴ	平城Ⅱ	平城Ⅲ	平城Ⅳ	平城Ⅴ	長岡京期	9C前	9C中	9C後	9C末
古墳単独墳	横口式石槨	横口式石槨	横口式石槨									
	横穴式石室											
龍王山パターン	横穴式石室											
田辺パターン				小石室								
状覚山パターン	横穴式石室	横穴式石室	横穴式石室									
丹後地域横穴墓	横穴墓	横穴墓	横穴墓	横穴墓	火葬骨追葬	火葬墓						
火葬墓（骨蔵器）		火葬墓	火葬墓	火葬墓	火葬墓	火葬墓	火葬墓	火葬墓	火葬墓	火葬墓	火葬墓	火葬墓
火葬直葬墓		火葬墓	火葬墓	火葬墓	火葬墓	火葬墓	火葬墓	火葬墓	火葬墓	火葬墓	火葬墓	火葬墓
火葬官人墓				火葬墓	火葬墓	火葬墓	火葬墓	火葬墓	火葬墓		火葬墓	火葬墓
火葬集団墓				火葬墓	火葬墓	火葬墓	火葬墓	火葬墓	火葬墓	火葬墓	火葬墓	火葬墓
木棺墓							木棺墓	木棺墓	木棺墓	木棺墓	木棺墓	木棺墓
木棺直葬墓		木棺直葬墓	木棺直葬墓	木棺直葬墓	木棺直葬墓				木棺直葬墓	木棺直葬墓	木棺直葬墓	木棺直葬墓

［凡例］ 横口式石槨　横穴式石室　小石室　横穴墓　火葬墓　火葬骨追葬　木棺墓　木棺直葬墓

（1）成立期

　古墳という墓制に体現された政治性が、位階制の導入など、律令制的な枠組みの完成・整備に伴い急速に失われていく時代である。古墳の築造そのものより葬送儀礼を重視する傾向は既に7世紀中葉にその萌芽が認められるが、天武天皇陵と目される野口王墓古墳は全面貼石と垂直に近い段築を有しており、もはや古墳と呼ぶことすら躊躇させる幾何学的モニュメントであった。

　本項では墓制により大きな影響を及ぼした出来事を「事件」として取り上げたいと思うが、国家による墓制への直接的・大々的な規制という観点（北 1996：p.12）から「持統五年詔」（691）を重視したのである。ただ、同様の造墓規制は飛鳥浄御原令（持統3年）段階で発布されたという意見もあり（稲田 2002：p.283）、その場合は689年が定点となろう。いずれにしろ、7世紀第4四半期の中で実質上の古墳時代は終焉を迎えることになる。

　つまり、「律令国家」期の墓制とは、その成立当初に明確な法規制を伴い、日本の墓制史上でも特筆すべきものである。しかし、8世紀以降は律令政府による数々の規制にもかかわらず、庶民に至るまでその造墓活動を完全に掌握することはできず、なし崩し的な規制へ変質する。ちなみに、『令集解』喪葬令の分析結果をもとに「律令国家」と喪葬集団の関係を考えた石井輝義は大宝令の施行という社会的な変化は、喪葬という面では画期になり得ないと論じており（石井 1996：p.25）、「僧道照火葬」を時代区分の指標にしないという筆者の考えを補足するものである。

　さて、古墳に替わる新たな墓制として律令政府の着目したものが仏教的儀礼にかなった「火葬」であり、700年の僧道照の「火葬」はまさにデモンストレーションであった。火葬という行為は強制的に遺体を骨化するという刺激的な葬法であるが、理念としては薄葬思想の究極的な形態に他な

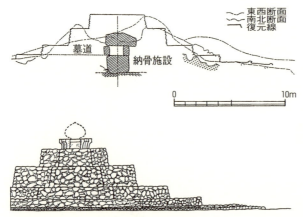
図45 中尾山古墳の外観復元図（小林・海邉2000より引用）

らない。薄葬思想はすでに7世紀中葉以降の墓制の共通理念となっており、道照の火葬とは薄葬という墓制上の理念をより一層貫徹するための必然的な選択であった。道照以降、持統太上天皇や、威奈大村（717没、水木1913：pp.20-22)・文禰麻呂（717没、森本1985：pp.226-248）など多くの律令官人が荼毘に付された。もちろん、導入期の火葬墓の多くはガラス製・金銅製など豪華な骨蔵器を有し、小さいとはいえ墳丘を伴うなど、薄葬というより古墳時代以来の厚葬の風を志向しているようにみえる墳墓が多いことは注意を要する。

　一方で大和や山城では高塚墳墓の造営も続いており、畿内においてもすべての墳墓が火葬墓に統一されたわけではない。播磨の一部では状覚山古墳群のように飛鳥Ⅴ型式期になっても前代と同様の横穴式石室を造り続けており、古墳時代の遺制を依然として保持している地域もある。むしろ、この時期の火葬墓が確認されるのは大和、河内、摂津と播磨の一部であり、それ以外は丹後で火葬を採用した横穴墓が確認されるに過ぎない。火葬という葬制の採用が階層性に基づく薄葬志向の段階にあると位置付けることが可能であろう。

　そこで、本節では「僧道照の火葬」という事件は重視するが、この事件をもって景況は区分しなかった。新しい葬制としての火葬墓以外にも、中尾山古墳（網干1975）をはじめ、兵家古墳（伊藤勇1978）や出口山古墳（河上1992）で想定されるように従来の横口式石槨内に骨蔵器を包蔵した形態のものが知られ、中尾山古墳の場合は3段築成の八角形の墳丘を有するなど、まさに古墳から火葬墓への過渡期の墳墓であった(26)（図45）。このように、成立期では造墓規制の貫徹と薄葬思想の徹底＝土葬墓としての高塚墳墓を造営することの否定が目指されたのである。

（2）完成期

　養老5年（721）の元明遺詔により厚葬の風は強く戒められ、畿内では薄葬が徹底することとなった。道照火葬以降もキトラ古墳、高松塚古墳、石のカラト古墳など8世紀代の古墳が想定されており、尼塚5号墳のように8世紀代の築造と認めざるを得ない資料もある。丹後など畿内周辺部では葬法こそ火葬であるが、7世紀以降に築造された横穴墓群を利用し続ける集団も存在した。(27)しかし、現在のところ畿内では平城Ⅱ型式期以降に築造された高塚古墳（土葬墓）の存在は確認されておらず、元明遺詔によって少なくとも畿内においては高塚古墳の造営は完全に終結したと判断してよい。

　ここに葬制はほぼすべて火葬に統一されたのであり、これ以降様々なタイプの火葬墓が造営された。大和と河内地域を中心に多くの火葬墓が造営されたが、山城、和泉、但馬各地域でも火葬墓の造営が始まった。逆に前代では火葬墓の造営が認められた播磨はこの時期に該当する墳墓が確認されておらず、造墓活動の空白期となるなど、何らかの造墓規制が行われた可能性がある。

当該時期に属する火葬墓の例として天理市杣之内古墓（置田編 1983）を挙げたい。杣之内古墓は半径6m弱の整地した範囲内に方1.3mの墓壙を掘り、その中にコウヤマキ製の木櫃を骨蔵器として納め、その側面に海獣葡萄鏡を立てかけていた。被葬者として天応元年（781）に没した石上宅嗣をあてる説がある（近江昌 1983：pp.65-70）が、海獣葡萄鏡の副葬が8世紀中葉までに限られていることから、杣之内古墓の築造時期も当期に含まれる可能性が高いと思われる。

当期は薄葬思想に基づく火葬墓の最盛期であり、前代までの葬制における階層性も払拭された。当期までの火葬墓には溝による墓域区画や木炭の利用、海獣葡萄鏡の副葬など古墳時代の遺制と見なせる要素があったが、次の段階には受け継がれず、墓制としての火葬墓が完成した時期である。金属製・ガラス製骨蔵器の使用もほぼこの時期までに限定され、火葬という葬制が社会的上位の階層から一気に貫徹していった様子がうかがえる。このことは当該時期の火葬墓が単独立地のものばかりで、火葬集団墓の出現は次の変質期を待たねばならなかったことからも理解できよう（渡邊 2007）。

田中和弘の墓誌に関する研究成果を参照すれば、長方形板類型・長型の墓誌と有蓋椀形類型は成立期に集中し、完成期に入ると幅広型が出現するなど、中国の墓誌との類似性をより強める傾向を見せる（田中和 2005：p.145）。前代の遺制が払拭されると同時に多様性を見せていた火葬墓の在り方が、この時期を境に徐々に規格化していくのである。さらに、これ以降の火葬墓では豪華な骨蔵器の使用がほとんど認められなくなり、造墓に関する薄葬の理念がようやく浸透していったと考えられる。

（3）変質期

自らを三宝の奴と称し、仏弟子となって大仏に北面対像するなど、「律令国家」の宗教政策を根本から揺るがした聖武太上天皇が天平勝宝8年（756）、ついにその生涯を終えた。『続日本紀』は、その葬礼が仏を供養するがごとくであったと伝える。しかし、既に触れたように聖武太上天皇は荼毘に付されなかった可能性が高い。半世紀にわたって火葬という究極の薄葬を推し進めてきた律令政府はここにその葬制を大きく転換したのである。

もちろん、聖武太上天皇が土葬に付されたかどうかが問題なのではなく、この時期以降、土葬墓である木棺墓が突如増加し、同時に横枕古墳群のような律令官人墓と考えられる火葬集団墓が造営される事実が重要なのであり、階層に基づく葬法の弁別が復活した可能性を指摘しておきたい。出現期の木棺墓は山城の沓掛古墓、向井古墓などが知られる。前者からは銅瓶、銅椀、水晶玉、木製丸玉、漆箱などが出土しており、豊富な副葬品と木炭槨という丁寧な主体部構造が特徴といえよう。

この時期に造墓を開始した火葬集団墓として佐保山古墓群（伊藤勇 1984a・b）と横枕古墓群（島本 1936、末永 1955、小島 1962）があるが、両者は出土遺物の様相や立地条件から平城京に関わる律令官人層の墳墓群と考えられている。

これらの事例を踏まえると、当期には従来の薄葬傾向から一転して、墓制における厚葬化の進展と葬制における階層性の復活という転機を見出すことができる。もちろん、火葬集団墓の成立に関しては、異常死に対する火葬という観点から、天平7年（735）以降の天然痘大流行に伴う律令官人層の大量死も重視しなければならない（塩入 1988：p.110）。

その他の傾向として、火葬墓から出土する墓誌が、銅製のものから石・塼製、鉄製のものへと変化し、鉄板と称される遺物（小林義 1997）も出土するようになるが、これらの材質の変化については東大寺大仏造立の影響が指摘されている（田中和 2004：p.102）。

文献史学の成果によれば、近陵制という祖先祭祀的な陵墓祭祀が孝謙朝から弘仁初年頃に整備されていったという（北 1999：p.91）。当期は中国的な律令制が最も機能していた時期で、墓制における中国志向という側面も見過ごすことはできまい。「律令国家」展開説を重視すれば、日本各地で在地首長の没落に伴い、「律令国家」が未開な社会に浸透していく画期にあたり（佐藤泰 1995：p.118）、東日本では8世紀前半頃の火葬墓が極端に少なく、8世紀中葉以降増加するが、このような墓制上の動きも同様の観点から理解することができよう。

（4）再編期

延暦3年（784）の長岡京遷都、794年の平安京遷都によって、いわゆる都市貴族が誕生した。また、791年、桓武天皇は中国の天子七廟制を取り入れ、天智天皇を祖とする直系祖先陵墓祭祀を行うなど新しい祖先祭祀の在り方を天下に示した（服藤 1987：p.18）。この祖先祭祀の転換に伴い、各氏族は自己の出自の再確認を迫られ、古墳再利用を積極的に行った。8世紀代の再利用では主に須恵器が用いられたが、この時期以降は土師器杯・皿が中心となる。同様の傾向は木棺墓など土葬墓でも認められ、祖先祭祀専用容器として須恵器瓶子が使用された可能性も大きい。ただ、火葬墓では土器組成の変化が約半世紀遅れることは注意を要する。この時期に造営された木棺墓は規模・構造、副葬品の種類・内容などの面からみて厚葬化を極め、最盛期を迎えたことがわかる。

このように当該時期の墓制のスタンダードはあくまでも土葬墓であり、山城を中心に展開した。一方、大和では火葬墓が造営され続けており、地域によって採用される葬制の相違が目立つ時期でもある。これは古墳再利用でも顕著で、山城では古墳再利用の際も木棺墓を多用するが、大和、河内では火葬が主流になるという明確な違いが認められるのである。

桓武朝の仏教政策は、8世紀後半に入唐した僧侶行賀の存在に象徴されるように、最澄・空海以前の中国仏教の影響を受けたものである（佐藤泰 2000：p.70）。国家が総体的に自立した教団の存在を認可するなど、宗教政策の上から「律令国家」仏教の終焉と新しい教団仏教の成立という画期と位置付けることができる。つまり、宗教政策での断絶と継続という二重構造をとるものであった（本郷 2004：p.216）が、8世紀後半以降、墓制において大きな断絶が認められないことと宗教政策の二重構造には何らかの関係があるのかもしれない。

当該時期の末期には淳和（840）・嵯峨（842）両帝の薄葬遺詔が出され、墓制の上でも空白期を迎えるが、嵯峨遺詔に基づく造墓否定の傾向は嵯峨太上天皇を中心とする人々の間だけのことであり（田中 1996：p.26）、その崩御後まもなく起こった承和の変（842）によって否定された（遠藤 2000：p.47）。嵯峨―仁明朝は嵯峨太上天皇の家父長的権威のもと、皇位継承が最も安定して行われた時期（水谷 2003：p.203）であったがゆえに、薄葬＝火葬が流布したのであり、中国志向という点を除けば、8世紀初頭の薄葬と事情が異なることはいうまでもない。

（5）解体期

承和9年（842）に起こった承和の変により、嵯峨朝以来活躍した文人、近臣が一掃され、時代

は新たな転機を迎えた（玉井 1964：pp.22・23）。文献史学において承和年間を中心とする9世紀中葉は政治・社会・文化の大きな転換期とされ、考古学の分野でも田中広明は、金属製の腰帯から石製腰帯への全面転換、国司館や国庁の急速な整備、富裕な開発拠点集落の登場、緑釉・灰釉陶器の急速な普及など、10・11世紀に続く消費生活がスタートした古代最大の転換期と位置付けた（田中広 2003：p.359）。田中のフィールドは関東地域であるが、平安京における土器・陶磁器類の流通・消費を検証した高橋照彦の研究（高橋 1999）でも9世紀中頃は京とその近郊との生活落差が顕著になる時期と位置付けており、大きな転換期であったことは疑いない。この点については後述したい。

幼帝清和の即位（858）に象徴されるように、この時期以降、天皇の存在が官人機構から遊離し、一部貴族による特権集団の中心としての存在へと矮小化され（笹山 1976：p.257）、同年に成立した十陵四墓制は血縁的に遠い天皇陵より、血縁的に近い外祖父母の墓を重視するという血縁意識に基づく祖先祭祀の実態を明確に示したものであった。ここに国家は「律令陵墓制度」の枠組みを実質的に解体したのである（北 1999：p.88）。そして、仁和3年（887）、宇多天皇の時代には、摂関など天皇と私的関係のある政治機構が発達して、律令官僚機構を凌駕するに至り、ついに天皇との私的関係を構成原理とする宮廷社会が成立することとなった（西本 2004：p.184）。

青木保によれば、「劇場国家」の場合は王が神であり、王宮が「模範的中心」となって、国家と国民の「モデル」となり、社会の様々なレベルを通して、「モデルとコピー」という関係が生まれるという（青木保 2006：p.45）。この「劇場国家」の概念を援用すれば再編期に中央貴族はもとより、地方豪族も天皇喪葬の影響を受けて葬法を選択した社会的背景として評価することができよう。しかし、9世紀中葉以降の解体期には天皇の社会的地位の変化に伴い、天皇の存在が人々のモデルとなることはなくなったのである。

葬送儀礼は前代の淳和・嵯峨両帝ほど極端ではないものの薄葬が主流であり、嘉祥3年（850）の仁明天皇遺制をはじめ、天安元年（857）の正四位下長岑宿禰高名の遺言、貞観9年（867）右大臣正二位藤原良相の遺言、翌貞観10年の右大臣正二位源信の遺言にみられるように薄葬志向が相次いだ。

このような時代の波は墓制にも影響し、土葬と火葬で区別されていた葬送儀礼が大きく変質し、両者の間に顕著な差異が見出せなくなった。ただ、前代と同じく畿内であっても令制国単位で土葬と火葬という葬制が選択されるという傾向は継続する。特に9世紀後半以降、河内では古墳再利用は火葬が葬制の中心を占めるのに対して、大和では現在の宇陀市を中心とする地域で鄭重な木棺墓を用いた葬送儀礼が繰り広げられた。一方、山城には当該時期の墳墓はほとんど確認されていないが、陵墓祭祀に仏教的儀礼が導入されたことが契機となり、墓堂や墓寺の建立を通して墳墓儀礼が行われるようになったことが要因であろう。

当該時期の墓制の内容をまとめておくと、木棺墓は埋葬頭位が変化し、副葬品の出土が棺内から棺外・棺上中心となること、土器の大量副葬の開始（加藤 1997：p.208）、槨構造をもつ木棺墓が激減し、木棺直葬墓が主流となるなどの変化がある。また、従来は単独で造営された小児用とみられる土器棺墓や小型の土壙墓も激減するが、彼らは玉手山古墳群のような火葬墓を主体とした集団墓に取り込まれていった可能性がある。奈良時代に顕著であった汎畿内的な葬送儀礼の在り方、例えば和同開珎に代表される銭貨の使われ方などの規範が失われ、同一墳墓群内での共通儀礼が顕著

となる。火葬墓の骨蔵器埋納状況をみると、9世紀中葉以降も正位中心の大和に対し、河内は逆位が増加し、9世紀末葉にはその割合が逆転する。さらに、河内では9世紀後半以降、施釉陶器製骨蔵器が出現し、甲田南火葬墓(今村 1982、北野・井上編 1985、小林義 1994、尾上 1981)のような平地での造墓も始まった。骨蔵器も薬壺に代表される専用容器がなりを潜め、土師器壺を中心とする日常雑器の使用が顕著となった。先に触れた一部木棺墓などでの厚葬化とともに、造営主体層の拡大・変質は律令官人層を中心とする従来の墓制の枠組みが大きく転換したことを示している。

こうした墓制の変化には小林が指摘するように「墓に対する観念が大きく変化した」ことが想定され(小林義 1994：p.49)、山陵での仏教祭祀が始まるなど、天皇喪葬において仏教と僧侶が大きな位置を占め始めたこと(新谷 1996：p.249)や、浄土教をはじめとする仏教儀礼の民間への流布と無関係ではあるまい。つまり、これまでの他律的な造墓体系とは異なる造墓集団の自主性の萌芽を見出すことができる。そして、当該時期の政治体制の変質の中で、墓制そのものが社会において果たす役割は大きく後退していき、延長5年(927)の『延喜式』の編纂をもって名実ともに「律令国家」期の墓制は終わりを告げることになる(北 1996：p.41)。

このような墓制の変遷を政治的「事件」と結びつけて説明するのであれば、当時の中央・地方官制や宗教制度の変遷など、様々な観点からの検討が必要である。当該時期の史料に基づく墓制の検証は本章第1節で概観したが、続いて、9世紀中葉という特定時期に絞って、文献史学や文学史など各分野の研究成果を援用し、墓制の変化に体現された歴史上の意義を明らかにしていきたい。

5. 歴史の転換点としての「9世紀中葉」

僧道昭の火葬というデモンストレーションを用いて新たな葬制を創出した「律令国家」は古墳造営を否定し薄葬を基調とする火葬墓という墓制を作り上げた。成立当初の火葬墓は厳格な造墓規制が存在していたが、導入期の火葬墓は律令政府によって志向された薄葬思想と相容れない墓制であった可能性もある。金銅製金属器などの豪華な骨蔵器の数々は薄葬思想の究極的な表現という火葬墓の評価を躊躇させるものであり、特権階級の墓制として火葬墓が採用されたのであろう。

8世紀中葉から9世紀初頭にかけてはギアツが提唱した「劇場国家」において儀礼が果たした役割と同じ意味を当時の鄭重な葬送儀礼が担ったと考えた。当該時期の墓制の検討を行う際に「劇場国家」という用語を多用することについては異論もあろう。中沢新一によれば、劇場国家とは構造的国家のことで、王や司祭を中心に象徴的に秩序づけられた統一体としての国家、上部構造と下部構造、舞台と舞台裏という二元論によって自らを思考する国家、そして、様々な二元論を変奏した劇場のモデルを通して、自分を全体化して理解しようとする装置を政治のメカニズムの重要な位置に組み込んでいる国家という特徴を有する(中沢 1984)。

また、宇波彰も演劇国家論は権力構造の中の支配・被支配の関係を無視しており、儀礼を通して同一化する住民の意識を当然のこととして前提としていると批判した。さらに、「王権の側の儀礼を、いわば上からみた考察であって、その権力支配の対象の側が儀礼とどう関わったという論点が脱落している」と指摘する(宇波 1984：p.157)。

8～9世紀の「律令国家」は天皇を中心とした各種イデオロギーに裏打ちされた権力構造をもち、中央政権が地方人民を支配するという二重構造を有すると考えれば、構造的国家と似たような位置

付けができるかもしれない。しかし、畿内と畿外という中心—周縁関係をもつことや位階制というヒエラルヒィを有する点はギアツが示した劇場国家の概念と微妙にニュアンスが異なるものである。さらに宇波の指摘についても、「儀礼を通して同一化する」のは本書の主旨からすれば支配される側＝住民ではなく、あくまでも支配する側の階層を対象としており、彼らの同一化意識に注目した意義付けであることから、厳密な意味での劇場国家論と明らかに相違する使用法である。

以上の点からも明らかなように、「劇場国家」という用語を安易に使用することは学問的な姿勢からは不適切といえる。しかし、「政治の宇宙はいかなるものであれ、すべて一つの舞台であり、より一般化していえば、さまざまな効果が創出される演劇空間である」というバランディエの言葉（バランディエ 1982：p.151）に代表されるように、政治史上において儀礼の果たした役割が非常に大きかったことを端的に示す比喩的な表現として使用したい。

では、墓制における9世紀中葉以降の画期であるが、天皇喪葬が果たす社会的役割が著しく形骸化し、土葬と火葬という葬制の違いが葬送儀礼の上でもはや何の意味ももたなくなったという点に尽きる。つまり、前述したように天皇の存在が当時の社会において果たした役割が変質したことから、時代の一つの転換期になったことが予想されるのである。[31]

試しに、各分野の研究成果に基づいて9世紀中葉という時期の意義について概観しよう。

先に田中広明による9世紀中葉の意義について簡単に触れたが、同じ考古学の立場から、高橋照彦は皇朝十二銭において仁明朝の銭貨規格が一つの規範となったことや土器供膳具の側面でも奈良時代的様相が払拭され、平安時代的な土器の構成が安定する時期と評価した。施釉陶器の流通や土師器も同様の位置付けが可能なことから仁明朝頃は古代から中世に向けての重要な変換点とする（高橋照 2011）。古代寺院の動向を検討した菱田哲郎も平城宮・京系の瓦を受容し、定額寺に列せられたと推測できた寺院が9世紀中葉に廃絶しており、白鳳寺院にとって9世紀中葉を中心とする時期は大きな壁となる時代と考えた（菱田 2011）。国家的土地管理の面では9世紀中葉、承和年間の後半頃に、班田政策の放棄という大きな画期も明らかにされている（西別府 2002a）。

法制史という観点からは川尻秋生の論考を紹介しておこう。9世紀中葉に中国的礼秩序の一端が、日本の法に組み込まれ（川尻 2003：p.55）、律の運用が可能になったのが9世紀半ばであり、それ以前は複雑な律の体系を日本の明法家は理解しておらず、格についての理解と時期的にほぼ一致するなど、この時期に至って律令格式すべてが理解されるようになった。つまり「九世紀半ばが、日本の法運用の上で、大きな画期となった」（川尻 2003：p.80）というものである。

木村茂光は承和期に転換の端緒を求め、日本社会がいかに律令制社会を克服し、新たな国家体制と社会、文化を生み出したのかという点に着目した。地方社会では、律令制的な制度・組織に依拠せず、自分の権益を守る主体的な行為が現れ始め、古代対外関係史では840年代初頭から閉鎖性と排外性が顕著になり、新羅や唐の商人によって私的貿易が活発化する。その変化の背景に「中世的な王土王民思想」が形成されたことを指摘し、在地支配・都市対策・外交方針という多様な側面における変化が、貞観年間から始まったという認識が支配者階級のなかに成立していたことを明らかにした（木村茂 1997：p.237）。美術史では、根立研介が、奈良時代後半からみられる乾漆併用木彫像が承和期あたりから新たな装いで登場している点について、彫刻史における画期と述べた（根立 2011）。

文献史学の分野では吉川真司の研究（吉川真 2011a）従ってまとめておきたい。王朝貴族にとっ

て承和期は「王朝文化の淵源をなす聖代」というイメージがあった。楽舞の隆盛・変容がみられ、日本独自の奏楽システムと楽曲が生み出された。仏教史では密教修法の隆盛と浄土信仰に基づく臨終出家が始まった。政治史では嵯峨朝以来の30年に及ぶ政治秩序の安定が失われ、承和の変が発生した。また、それが東アジア情勢に視野を広げると、ウイグル・吐蕃王権の崩壊や張宝高の反乱とともに、東部ユーラシアの政治変動の一環と見なせる可能性がある。さらに政治秩序の貴族化・門閥化が進展し、「院宮王臣家」と呼ばれる上級貴族の家政機関が新しい政治秩序の中心をなし、王権を核とする集権的秩序に替わり、院宮王臣家が並び立つ分権的秩序に移行していくなどの変化（吉川真 2011a）である。

天皇喪葬に関しても山田邦和は、平安初期の山丘型陵墓から薄葬を経て、仁明天皇陵から仏教色を強め天皇陵に「陵寺」と呼ばれる寺院が付設されるようになったことや、それに伴い寺院近辺に墓地空間が成立した可能性があることなど、仁明朝から光孝朝に至る9世紀中葉から後半の段階が転換期であったと論じた（山田邦 2011）。天皇が仏教政策を積極的に推進した時代であり、僧侶が国家の社会政策の一環としてはっきりと位置付けられ、宗教・政治両面にわたって大きな影響を及ぼすこととなったのである。

思想・信仰の面では貴族社会にケガレ意識が急速に広まり、モノノケが跋扈し始め、方違えが貞観5年（863）に始まるなど、様々な呪術的観念も拡大したという。また、平安京の都市化が疫病の蔓延をもたらし、御霊会を朝廷が主催するのも貞観5年である（吉川真 2011a）。

外交に着目すれば、遣唐使・遣新羅使などの国家的使節団のかたちをとらなくとも、民間貿易船に便乗することにより海域を往来できるようになるのも9世紀中葉であった（山内晋 2011：p.23）。

文化史上の仁明朝の意義は、和歌復活の動きがみられるなど文学様式における転換期であり、宮廷中心の文化主義を開いた時代と位置付けられており、さらに宮廷行事に着目すれば、釈奠論議、大嘗会和歌、仏名懺悔、灌仏会などが承和期に起源をもつという。そして、承和期は「後代の人々にとって、現在につながる、ある特別の意味を持った存在」（後藤 1982：p.276）であったらしい。

なお、従来の学説では仁明朝・承和年間は庸調制変容の画期と考えられていたが、吉川真司は「王朝国家体制」につながるような「国政基調の転換」を見出すことはできず、「承和の転換」の前史をなす9世紀前半の画期を重視しており（吉川真 2011b）、9世紀という時期はどういう変化を重視するかで時代の転換点としての位置付けが変わってくる可能性がある。しかし、本書は墓制に焦点をあてて歴史の流れを考察する立場をとっており、墓制のより大きな転換点である9世紀中葉に注目したものである。

いずれにしても、承和の変以降、天皇の存在が社会で果たす役割が変質したことが要因となり、葬送儀礼も含め、文化・政治をはじめとする社会の多くの面で変化が生じ、国家の在り方そのものが9世紀後半にかけて大きく変化していくと考えることができよう。

このような9世紀半ば頃の国制の転換は東国地域でも広く認められており、『類聚三代格』における争乱記事や集落の居住形態の変化、その背景としての自然災害の多発を指摘する意見もある（有富 2009）。そして、このような変化は広く畿内や瀬戸内地域にも認められることから、吉川真司が提唱した「地域ブロック化」（吉川真 2002a：pp.95-98）の萌芽を9世紀半ば頃に求めた（有富 2009）。

幼帝清和の即位と藤原良房の摂政就任という歴史事象に代表されるように9世紀中葉はその後に続く摂関期の国家への幕開きにふさわしい時代の大きな転換期と位置付けることが可能であるが、こうした政治上の変動に対応するかのように墓制も大きな転換期を迎えることは重要な意味があったと考えたい。

6. 墓制からみた時代の転換期

本節では「律令国家」期の墓制の変容過程を検討し、墳墓に具現された政治性が脱却していく過程そのものを「律令国家」期の墓制の特徴と意義付けた。そして、フェルナン・ブローデルの示した概念を援用し、墓制が政治性を有した時代の成立と発展、終焉という「長期持続」の中に「律令国家」期の墓制を位置づけた。さらに、当該時期の墳墓の様相をもとに、成立期（8世紀前半）、完成期（8世紀中葉）、変質期（8世紀後半）、再編期（9世紀前半）、解体期（9世紀中葉以降）という5つの「景況」に区分し、具体的な変容過程を示した。

古墳に替わる新たな墓制の創出を目指した律令政府によって、飛鳥Ⅴ型式期の僧道照火葬を皮切りに、官人層を中心に火葬が広く流布することとなった（成立期）。平城Ⅱ型式期には伝統的な高塚墳墓が造営されなくなり、「律令国家」期の墓制のスタンダードとして火葬墓が完成した（完成期）が、聖武帝の崩御によって、視覚効果を伴う儀礼としての役割を期待された葬送儀礼は、対新羅関係の悪化と唐風文化の積極的な受容という律令政府の意向によって土葬に回帰した可能性が高い。しかし、律令官人層は依然として火葬墓に葬られており、厚葬化の進展と階層性の復活という転機となった（変質期）。桓武天皇によって新しい祖先祭祀の在り方が志向されると、中央氏族は墓制によって社会的立場を体現する道を見出し、土葬墓をスタンダードとする墓制が畿内各所で展開した。まさに、王宮が「模範的中心」となって、国家と国民の「モデル」となり、社会の様々なレベルを通して、「モデルとコピー」という関係が生まれ、「劇場国家」的な在り方が志向されたのである（再編期）。このような墓制の動きも、文献史学において政治・社会・文化の大きな転換期とされる承和の変以降は大きく様変わりした。政治体制の変化の中で、墓制そのものが社会において果たす役割は大きく後退し、『延喜式』の編纂をもって名実ともに「律令国家」期の墓制は終わりを告げることになる（解体期）。

このように、墓制の上で律令体制という政治の仕組みの影響が看取できるのは7世紀末葉から9世紀前半までの時期であり、天皇という存在と切り離して考えることができないので、この時間幅を古墳時代に続く一つの大きな時代の枠組みとして包括できるのではないかということが本書の結論である[32]。端的にいえば、時代を動かしていたのはあくまでも天皇の存在であり、決して律令がその中心にあったわけではない。古墳時代以降の歴史を単純化しすぎる嫌いはあるが、古墳時代から「律令国家」の時代、そして王朝国家の時代へと変遷する中で、墓制の在り方からすればこの時期の国家の有り様は王朝国家より、古墳時代的な在り方との類似点が多いと考えられる。つまり、「律令国家」とは古墳時代以来の支配者層が目指した国家の在り方の到達点としてとらえるべきであり、9世紀中～後半以降の王朝国家の時代とは歴史的な段階が異なるものであると考えたい。

註
（1） 本章で取り上げた以外にも古代の天皇喪葬に関する研究は数多く存在する。例えば、荷前に関する二星祐哉の著作（二星 2009・2010）、平安期の天皇陵に関する黒羽亮太の概説（黒羽 2016）や天皇陵に関する専論（黒羽 2013・2015 など）、天皇服喪に関する小倉久美子の著作（小倉 2012）、平安期の宗廟に関する佐野真人の著作（佐野 2012・2015）などである。また、西口順子は天皇の死について、天皇として死んでも、直ちに譲位し、すでに天皇ではない人＝ただ人として葬られたという（西口 1989）。
（2） 今泉説は今泉 1988 の pp.506・507 掲載の「表3　古代の碑」、福山説は福山 1979 による。
（3） 墳墓に関する史料で引用した文献名は以下の通り。

井上光貞・関晃・土田直鎮・青木和夫編　1976『日本思想大系3　律令』岩波書店

黒板勝美編　1987『新訂増補国史大系　令集解第四』吉川弘文館

黒板勝美編　1987『新訂増補国史大系　延喜式　中篇』吉川弘文館

黒板勝美編　1988『新訂増補国史大系　令集解第三』吉川弘文館

黒板勝美編　1988『新訂増補国史大系　類聚三代格　後篇・弘仁格抄』吉川弘文館

黒板勝美編　1988『新訂増補国史大系　續日本後紀』吉川弘文館

黒板勝美編　1988『新訂増補国史大系　日本文德天皇實錄』吉川弘文館

黒板勝美編　1988『新訂増補国史大系　公卿補任　第一篇』吉川弘文館

黒板勝美編　1989『新訂増補国史大系　續日本紀　前篇』吉川弘文館

黒板勝美編　1989『新訂増補国史大系　日本後紀』吉川弘文館

黒板勝美編　1989『新訂増補国史大系　日本三代實錄　前篇』吉川弘文館

黒板勝美編　1989『新訂増補国史大系　日本三代實錄　後篇』吉川弘文館

黒板勝美編　1999『新訂増補国史大系　新抄格勅符抄　法曹類林　類聚符宣抄　續左丞抄　別聚符宣抄』吉川弘文館

黒板勝美編　1999『新訂増補国史大系　扶桑略記　帝王編年記』吉川弘文館

黒板勝美編　1999『新訂増補国史大系　日本書紀　前篇』吉川弘文館

黒板勝美編　2000『新訂増補国史大系　日本書紀　後篇』吉川弘文館

黒板勝美編　2000『新訂増補国史大系　日本紀略　前篇』吉川弘文館

黒板勝美編　2000『新訂増補国史大系　類聚国史　後篇』吉川弘文館

黒板勝美編　2000『新訂増補国史大系　日本紀略　前篇』吉川弘文館

黒板勝美編　2000『新訂増補国史大系　日本紀略　後篇』吉川弘文館

国書刊行会編　1969「貞信公記」『続々群書類従　第五』続群書類従完成会

竹内理三編　1962『寧樂遺文　下巻』東京堂出版

東京大学史料編纂所編　1982『大日本古文書　編年之14』東京大学出版会

塙保己一編　1932「醍醐寺雑事記」『群書類従・第二十五輯　雑部』続群書類従完成会

（4） 各史料の見出しは原則として内容を考慮して、筆者が作成した。
（5） これらの新興富裕層の実態については市 1999 や笹山 1976 を参照のこと。
（6） 山田 1999 によれば、淳和太上天皇の極端な薄葬志向とは異なり、嵯峨太上天皇は、散骨で山陵を造らないのではなく、「不レ封不レ樹」という山陵を目指したのであり、「淳和上皇の先例に学びながら、薄葬思想と現実との妥協点を巧妙に見極めた結果の産物」（山田 1999：p.75）と評価されている。
（7） 平安時代の天皇・太上天皇の葬送儀礼を検討した谷川愛は、仁明天皇以降、天皇が在位中に崩御したか、譲位後に亡くなったかによって葬送儀礼に大きな差が出てくるようになり、在位中に崩御した天皇は土葬されたが、太上天皇は喪葬儀礼を行わずに火葬され、山陵も造られないという（谷川 1999）。さらに、平安時代の「薄葬」とは太上天皇の喪葬のことを指すと考えた。
（8） 吉澤悟は儒教思想の高揚から火葬が否定されるのは宋代以降であり、唐代は肉体が腐朽するまで「魄」が残っているという古来からの魂魄説に従い、土葬が理想とされたという（吉澤 1995：pp.149・150）。

（9）聖武太上天皇の法要は官大寺で実施され、山陵での仏事ではないが、これらを陵寺と見なすことはできない（菱田 2013）。陵寺の成立は仁明天皇陵に設けられた嘉祥寺が起点と考えられている（西山 1997）。

（10）浄土教が普及していく歴史の流れの中で、9世紀中葉は浄土教がまだ一般に流布していない段階なので、西向きに座ったまま臨終を迎えたという現象と浄土教に基づく西方浄土の考えを直接結びつけることは慎重を要する。三橋正によれば、7世紀初頭の中国では西向きに坐して臨終する事例があり、浄土信仰と結びついた葬送儀礼観によるものであるが（三橋 1997）、日本の事例と250年ほどの年代差があり、この事例をもって浄土教の影響を強調するのは難しい。ただ、菱田哲郎は7世紀中葉に浄土信仰の根本経典の一つである無量寿経を読んだ恵隠という人物に注目し、西方浄土の阿弥陀仏という方位性に言及しており（菱田 2005）、百橋明穂も奈良時代には阿弥陀如来の西方極楽浄土が人々を魅了し、大きな信仰を得ていたと考えている（百橋 2010：p.133）。両氏の意見を参照すれば、西方浄土という仏教観が葬送儀礼に影響を与えた可能性も想定すべきであろう。

（11）服藤早苗は9世紀末葉に「家」成立の端緒が認められ、10世紀初頭にはより狭い父系親族集団が成立し、11世紀末葉に官職の父子継承を原理とする「家」が確立したとする（服藤 1987：p.33）。このような「家」意識の萌芽が墓参という行為に影響を与えたことはいうまでもない。

（12）安祥寺下寺跡木炭木槨墓（高・平方 1996）を解説したリーフレット（財）京都市埋蔵文化財研究所・京都市考古資料館 1994）の中で紹介されている。

（13）これ以前にも承和期後期を中心に政治の基調が、従来の律令制的政治基調から国司請負的政治基調に転換し、承和期を平安初期政治史上の一画期ととらえる西別府の説（西別府 1976・2002b）などがあった。

（14）近畿地方における奈良～平安期の土器編年は、大川・鈴木・工楽編 1997：pp.794-817によった。

（15）古墳の終焉から「律令国家」成立期の墓制については、拙稿（渡邊 2003）で概要を述べたが、発掘調査例の増加に伴い新たに該期の墳墓の集成を行った（第182回ナベの会発表資料 2007.1.20）。なお、前節でも触れたように、具体的な歴史事象と考古学的現象が厳密に対応するかどうかの証明は現状では困難であり、ここでは具体的な史料が発布された暦年代にほぼ相当する時期の考古学的現象を例示することとしたい。

（16）小口山古墳の築造は7世紀中葉まで上がる可能性があるが、ここでは家形石棺の系譜を引き、石槨部分を石棺と意識して礫などで囲繞するタイプの横口式石槨をこう呼びたい。これにひきかえマルコ山タイプは石槨部分をあくまでも石室と意識して造営されたものであり囲繞施設は設けられない。

（17）飛鳥Ⅳ型式期の火葬墓は、久米ジカミ子古墳、五条野内垣内古墳、原山4号墓などの例が知られるが、専用の骨蔵器を用いず、人骨を直葬するものが多数を占めている。

（18）前園実知雄も、規制対象となったのは墳丘を伴う高塚古墳のみであったと考えた（前園 1991：p.69）。

（19）車崎 2002：pp.158・159参照。コムストックについてはコムストック 1976：pp.73・74を参照した。

（20）黒崎 1980：pp.106・107参照。なお、聖武太上天皇が土葬へと回帰した理由について、和田萃は新しい葬法に対する反動と、唐において火葬を禁じた影響を考えた（和田萃 1973：p.331）。

（21）天皇の火葬採用の要因に新羅墓制の影響を考えた網干善教も、聖武天皇の土葬について征新羅の軍派遣計画に代表される新羅と日本の関係悪化を想定している（網干 1981）。

（22）吉川真司も唐王朝は9世紀後半を通じて衰退し、弱小地方政権として最後を迎えたことから907年に唐が滅亡したことを過大評価すべきでないとする（吉川真 2006：p.179）。

（23）吉川真司も日本の律令体制は9世紀中葉から衰退過程に入り、律令体制の解体がアジア東方の変動期と一致することに注目している（吉川真 2006：p.178）。

（24）小林義孝による発表レジュメ（「西暦2004年の古代墳墓研究」シンポジウム『古代墳墓は何を語るのか』2004.6.5）などによる。

（25）本章で「長期持続」という概念を援用したのは、ブローデルが歴史的時間における重層性を発見し、歴

史を動かす本質的な要因としての構造に着目したからである（カルロス 2003）。後述するように9世紀中〜後半の墓制の画期に注目すると、古墳時代成立以降、平安時代前期までの時期は大王あるいは天皇を中心とする中央の墓制が社会のある程度の階層まで影響を及ぼしており、一つの大きな構造としての時間幅ととらえることができた。

(26) 古墳と火葬墓を対立する墓制ととらえると、中尾山古墳のような形態の墳墓を何と呼ぶべきか問題となるが、本書では火葬墓は葬制上の用語、古墳は墓制上の用語として扱っており、直接対比すべきではないと考えている。中尾山古墳については、葬制上は火葬墓であるが、墓制としては古墳と考えて差し支えない事例といえよう。

(27) 左坂横穴墓群B支群、大田鼻横穴墓群など、7世紀後半以降に盛行する丹後地域の横穴墓群については渡邊2004bで概略を述べた。

(28) 当該時期の郡司任命における才用主義への転換、つまり、富豪の輩への非難をやめ、積極的に利用するという政策の転換（青木和 2007：p.269）も後述する墓制の変化に影響した可能性がある。

(29) このような承和年間の王家の在り方については、王権と臣下の間に仕奉の命令形が登場し、宝亀年間から承和年間にかけて定型化することから、「この間に『王家』が新たな段階に入ったことを示唆している」という松下正和の意見（松下正 1998：p.124）もある。

(30) 当時の日常容器における施釉陶器の占める位置を考慮すれば、このような高価な骨蔵器を使用できる造墓集団の階層性に注目する必要がある。具体的には官人層を中心とした被葬者集団とは異なり、富裕層を主体とした造墓集団の台頭という歴史意義を見出すことができよう。

(31) 荒木敏夫は、「日本の王権の歴史にとっての大きな画期が『譲位』と『幼帝』を『制度化』した時期にあることを確認し」、「日本の九世紀の国家・王制・社会が、大きな『うねり』をともない変化した」可能性を指摘した（荒木 2013c：pp.304・305）が、同書で述べたように、このような日本の王権の歴史を「時代区分論」に反映させる試みは喫緊の課題といえよう。

(32) 奈良・平安時代の葬送儀礼を検討した島津毅は8〜9世紀中頃まで中国思想や儀礼の影響下にある「喪葬令」的葬送が行われていたが、9世紀後半から葬送儀礼の仏教化が進展すると考えた（島津 2015）。「中世」の定義の一つに宗教の時代という考えがあるが（石井進 2002）、9世紀中頃を区切りにいよいよ葬送儀礼においても仏教の時代が始まることになろう。

第6章　墓制からみた「律令国家」と「王朝国家」

第1節　「律令国家」とは何か

1. 墓制にみる「律令国家」成立の意味

　権力とは中心とともに周縁を造りだす装置である（山口 2000：p.172）。滝村隆一は「諸個人が生活の生産において直接・間接にとり結んだ関係を基礎にしてつくりだされた規範としての共通意志による支配・服従関係を本質とした支配力」（滝村 1971：p.28）と規定した。

　古代国家が成立する過程において王権の伸長が図られることは多言を要すまい。その王権という概念について荒木敏夫は「王の権力、王を王たらしめている構造・制度、時代を支配する者・集団の権力」（荒木 2013a：p.29）と述べ、山口昌男は「中心化の極と非中心化の極を一つの射程に収め、それぞれの文化が有するコスモスを呼び起こす装置。つまり、王権はコスモロジーの絵解きであり、あらゆる側面に演劇的表現を与える」（山口 2000：pp.172・173）と考えた。この山口の述べた「演劇的表現」という理解については、政治が演劇化を通して支配を拡大しているというバランディエの評価（バランディエ 1982）を重視し、本書では墓制がギアツのいう「劇場国家」（ギアツ 1989）的役割を果たしたという視点から論述を進めてきた。

　一方、王権に対する上野千鶴子の考えも興味深い。すなわち「王権とは中心―周縁関係でとらえるものではなく、〈周縁〉を否定して〈内部〉を〈中心〉のもとに均質化し、その〈中心〉だけが〈外部〉との通路になる」（網野・上野・宮田 1988：p.95）という考えであり、第2章第2節で触れたように、墓制からみた国家の領域を考えるうえで重要な指摘と考えている。

　本書では古代国家を「律令国家」という側面より「天皇制国家」としての性格が強いと位置付けたが、天皇制という言葉を用いるのであれば、その意味を明確にする必要があろう。ここでは安良城盛昭が定義した概念を提示しておきたい。

　安良城によれば天皇制とはツァーリズム、カイザートゥムと並ぶ後進資本主義権力の一類型で、日本のみに成立した独自な権力でありながら、世界史的範疇たり得る政治制度であるという。歴史的な天皇制の基準は、①支配階級の最高の地位にあって支配階級編成の要となっている、②被支配階級を支配するための究極的権威であること、③その社会における最大の剰余労働搾取者であること、という3点を満たすことが必要であり、古代・近代天皇制を論じることはできるが、中世・近世・現代に天皇制は認めることができないとする（安良城 1989：p.54）。もちろん、古代の天皇制と明治維新によって成立した近代天皇制の間には天皇の在り方や政治の仕組みなど大きな隔たりが

ある。しかし、天皇の立場、社会に対する影響力の有無という面では有効な基準といえよう。

　次に国家概念についても検討する必要があるが、本節では国家とは何かについて、寺澤薫の考えを引用したいと思う（寺澤 2013）。寺澤によれば、歴史的国家誕生の契機は内的・外的国家の二面性から追求しなければならないという。エンゲルス『反デューリング論』（エンゲルス 1960）の第二の道に対する第一の道、つまり滝村隆一のいう〈狭義の国家〉に対する〈広義の国家〉の先行性は明らかで、エンゲルスが『家族・私有財産・国家の起源』（エンゲルス 1965）で提唱した国家概念とその規定(1)によらない国家起源論を展開する必要があるという。滝村は狭義の国家を共同体内部における第三権力としての国家権力ととらえ、社会構成体内部において、諸階級・階層の社会権力に君臨し、それを政治的＝イデオロギー的に支配・統制する特殊な公的強力と位置付けた。そして、近代的発展段階に初めて国家が支配権力・被支配権力から独立するという。これに対して広義の国家は「国家は全社会の公式の代表者であり、目にみえる一団体に全社会を総括したものであった」（寺澤 2013：p.8）という『反デューリング論』の規定に基づき、国家的支配の及ぶ全対象、すなわち狭義の国家から市民社会に至る全領域を、一つの全体的な連関において把握したものとする。もちろん、どちらか一つの道が国家の発生につながるわけでも、二つが文字通り「二重」であってどこまでも常に重なっているわけでもない。吉田晶が論じたように、「両者が重なりあいながらも、アジアの場合には第一の道を中心とする」という理解（吉田晶 1970：p.80）がわかりやすいだろう。

　序章で「律令国家」は『日本書紀』的言説に媒介された一種の「想像の共同体」であったという小路田泰直の言葉を挙げた（小路田 2002：p.222）。同様の主旨はアンダーソンも「国民とはイメージとして心に描かれた想像の政治共同体である」（アンダーソン 1997：p.24）と述べているが、国家という概念は目にみえないものであり、歴史学者が国家概念についてあれこれ議論したとしても、その時々の国民一人一人の国家への帰属意識はまさに想像の産物に過ぎない。古墳時代が首長制社会なのか、初期国家なのか、あるいは部族的国家なのかなどという議論とは別次元で、当時の人々の思いを直接うかがい知ることはできないのである。ただ、伝統は創り出されるという文化人類学の成果を援用し、「共同体主義的」な創り出された伝統を基本型と見なすことが可能ならば、通過儀礼が特定の集団の伝統を特徴づける（ホブズボウム 1992：p.21）という観点に基づいて墓制の意義を考えてみることも可能であろう。墓制から「律令国家」像の見直しを意図した所以である。

　さて、律令制度に基づく国家が「律令国家」であるとすれば、制度とは何かについても概念の整理をしておきたい(2)。

　制度という概念については、経済史の分野で制度変化について検討したノースならびにグライフの学説を提示しておこう。ノースによれば、制度とは、社会におけるゲームのルールで、人々によって考案された制約である。そして、制度は人々の相互作用を形づくり、政治的、社会的、経済的交換におけるインセンティヴ構造を与える。制度変化は社会の時間的変化の様式を形づくり、それゆえ、歴史変化を理解する鍵となる。そして、制度は日常生活に構造を与えることで不確実性を減少させるなど、人々の相互作用にとっての指針となる。また、制度にはフォーマルな制約（法律などのルール）とインフォーマルな制約（慣習や行為コード）があり、制度変化は不連続的ではなく、徐々に変化するという（ノース 1994）。

これに対して、グライフは、制度とは行動に一定の規則性を与えるルール・予想・規範・組織のシステムであり、ルールは人々の間に認識の共有をもたらし、情報を提供し、行動を調整し、行動を指示すると考えた。予想と規範は人々にルールに従う動機を与え、組織はルールを形成し、流布し、予想と規範を維持し、実現可能な予想の範囲に影響を与えるものである。また、制度は制度的要素が集合して構成される。制度は人々に動機づけを与え、行動が再生産されることで制度は維持される。しかし、制度が外生的な要因・内生的な要因により人々の行動が再生産されなくなると制度は崩壊する。そして、これらのことを勘案し、制度が生成する出発点はそれ自体、ナッシュ均衡を反映している可能性が高いという（グライフ 2009）。

　ナッシュ均衡とはゲーム理論に基づく概念である。ナッシュ均衡はどう行動するかについて人々が共通の理解をもち、しかも自分一人だけが行動を変えても得をしないような状態、つまり、一度その状態に到達したら、互いにその選択を変えたくないような安定した状態のこと（川越 2012）を指すが、制度がうまく機能し、安定した行動パターンが定着していれば、そうした条件を満たすとされる（岡崎・神取 2009：p.390）。ただし、グライフはどのような制度的な行動（ナッシュ均衡）が定着するかについて、ただ一つの予測を与えることは不可能で、複数のナッシュ均衡行動のなかから、一つのものを定着させるメカニズムの複合体を制度ととらえている（岡崎・神取 2009：p.391）。

　先に引用したノースによれば、「国家やフォーマルなルールがない場合、緊密な社会的ネットワークが大きな安定性をもつインフォーマルな構造の発展を導く」という（ノース 1994：p.51）。本書で取り上げた墓制に関しては、国家的な規範によるものか、例えば流行のような緊密な社会的ネットワークが生み出したものなのかという見極めは困難である。ただ、グライフの説くように制度の成立にナッシュ均衡が反映していると考えた場合、「律令制度」という制度が社会的に有意味と考えられており、その制度の構成要素の一つとして墓制が何らかの意味を果たしていたのであれば、特定の墓制が採用される理由は、ポランニーのいう「暗黙知」の概念（ポランニー 2003）を引用すれば理解しやすいだろう。「暗黙知」とは、経験や勘に基づく知識のことで、個人のものの見方や洞察が当てはまる。ポランニーは言葉にすることができない知識と考えた。ゲーム理論が有効に機能するためにはゲームに参加するプレーヤー間で知識や情報の格差がないという前提がクリアされているかが重要で、このようなプレーヤー同士が共有している知識や情報を共有知識というが（川越 2012：p.90）、「暗黙知」には問題を妥当に認識し、未だ定かならぬ暗示＝含意を妥当に予期する（ポランニー 2003：p.50）という機能が想定されており、国家的規範がなくとも、葬送儀礼を行う者が必要と考えれば特定の墓制を採用するだろうし、その必要がなくなれば、一定の墓制が採用されることはなくなるだろう。「律令制度」という仕組みも国家＝支配者階級だけでなく、地方の支配者層の立場から、これに与する方が自分に都合がよいと判断すれば採用するだろうし、それが列島規模で普遍化すれば、まさにナッシュ均衡的様相を示すものといえよう。今さらの感があるが、エンゲルスが国家の要件として掲げた国家的強力を介在させることなく、「律令国家」の成立と展開を理解することができるのである。

　このことをゲーム理論に基づいて図示したものが図46である。ゲーム理論におけるナッシュ均衡は同時ゲームの場合、囚人のジレンマのような表形式で表される。しかし、律令制度の成立期のような状況下では中央政府側と地方の支配者層で二つの選択肢が交互に繰り返されることになる

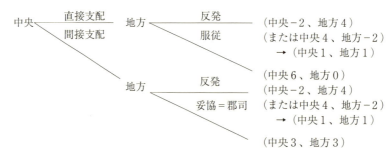

註）ただし、全体の利益を 6 とし、戦乱に伴う損失を −2* とする。
また、地方と中央の戦乱時の勝敗の確率は半々とする。
＊戦乱に伴う損失は戦乱の規模によって変動しうる数値である。

図 46 律令制下の地（樹状図）

中央＼地方	服従 妥協	反発
直接	6、0	1、1
間接	3、3	1、1

図 47 ナッシュ均衡としての律令制下の地方制度（同時ゲームの場合）

（交互ゲーム）。すなわち、第 1 の選択として、中央は各地域に対して直接支配と間接支配の二つの選択肢が想定できる。これに対して、地方の支配者層は前者に対して服従し、自らの権力を放棄するという選択肢と、これを拒絶して闘うという選択があり得るだろう。後者に対しても同様に郡司という地位を受け入れる場合と反発するという 2 種類の選択肢が考えられる。これを図に示したものが樹状図（逢沢 2012：pp.102・103）である。この場合、全体の利益を 6 とし、反発時の戦乱の勝率をそれぞれ 50％ずつ、戦乱に伴う損失を −2 と仮定すると、中央による直接支配、間接支配の意志の如何にかかわらず戦乱状態になった場合の利益は中央 1、地方 1 となる。戦乱以外の場合、直接支配を地方が受け入れると利益は中央 6、地方 0、間接支配を受け入れた場合は中央 3、地方 3 となる。

　戦乱状態になれば、両者に損害が生じ、ゲーム理論でいうところのパレート効率的（川越 2012：pp.39・40）でなくなることから両者が戦乱を選択することはない。ナッシュ均衡は、参加者が自分の利益だけを考えることが前提とされるが、利己的な人間にとっての最善の意思決定は、相手の利益と必ずしも一致しない場合がある。つまり、お互いが自分の利益だけを優先するとうまくいかない結果になるが、お互いがそれぞれの利益を考えて協力するとうまくいくことがある。このように自分と相手の双方にとって最善の結果となることをパレート効率的という（川越 2012：pp.16・17）。そうすると中央は地方に直接支配を受け入れさせて利益を上げたいのに対して、地方の側では利益が 0 となるので、この選択を受け入れる余地はない。その結果地方がとるべき手段は郡司の道しかないことになる。さらに、直接支配を中央が意図した場合、地方側が反発する素振りを見せれば、つまり、ゲーム理論の「脅しのゲーム」（天谷 2011：pp.106・107）の手法を用いれば、必然的に地方の有力層を郡司に任命して間接支配を行う仕組みを採用することになろう(5)。なお、本書では律令制度成立の過程を交互ゲーム（参加者が順番に行動できるゲームのことで、オークションなどが例として挙げられる）と想定したが、個別地域での在り方は同時ゲーム（相手と同時に行動するゲームで、ジャンケンが代表例である）の累積と考えることも可能であり、その場合は図 47 のような表形式で表現することもできる。

2. 墓制からみた8・9世紀の国家像

　本書の目的の一つは序章でも示したように、墓制という考古資料を用いて、「律令国家」像を解明し、「律令国家」の変遷と歴史的意義を明らかにすることである。上記課題について各章で検討した成果に基づいて、検証してみよう[6]。

　「律令国家」の性格を検証するのであれば、その成立から終焉までの変遷を検証し、それぞれの段階における国家の意義を確認する必要がある。このような試みは吉田孝（吉田孝 1983a・b）や野村忠夫（野村 1968）の著作をはじめとして、日本歴史に関する概説書では一般的な手法であり、筆者も多くの類書を参照させていただいた。例えば、野村はその著書の中で「わが国の本格的な律令体制は、壬申の乱後の天武朝での急速な展開を経て、浄御原令で基本的に成立した」（野村 1968：p.96）と結論付けた。もし、この想定が妥当であれば、飛鳥Ⅳ型式期に相当する時期の古墳の造営状況などを手がかりにすると、第2章第2節で示したように、この時期の政権は「大和・河内政権」として成立したと意義付けることが可能である。そして、第3章以下で示した墳墓の状況から判断すれば、同じ畿内国であっても大和・河内が他国に比べて優位な状況は奈良時代を通じて崩れることはなかったので、畿内政権という言葉からイメージされがちな、畿内が一枚岩となって地方と対峙するという「律令国家」のイメージを思い浮かべることはできない[7]。

　しかし、9世紀中葉頃に墓制の状況が急速に変化した。中心―周縁関係、あるいは「劇場国家」を念頭に置いた概念であるが、モデルとコピーで表現されるような墓制の動態をリードする地域が認められなくなったのである。筆者はこの現象の背景に天皇の歴史的存在意義の変化を想定している。黒崎が明らかにしたように墓制の変化は天皇喪葬が大きく影響しており（黒崎 1980）、当時の人々が重視したのは律令ではなく天皇の存在であった。そして、墓制が変容した要因が国家的強力や法的規制によるものではないことからすれば、当該時期の国家的性格として「天皇制国家」という側面をより重視したいのである。しかし、天皇制とはいうものの、政権を主導したのはあくまでも畿内の豪族・貴族層であり、「天皇制国家」という言葉で一括りにできる状況にはなかった。畿内政権論の立場からみれば、「墓制に基づく限り」という条件付きであるが、古墳再利用の在り方など墓制の動態に中央政権の意向が行き届く範囲こそが「畿内」であり、それ以外の地域は各地域の有力首長に依存する体制であった。

　墓制の変遷は少なくとも9世紀中葉まで天皇喪葬の影響を受けており、天皇制国家といえる様相を呈している。しかし、その影響力が明確に看取できる範囲は文字通りの「畿内」地域であり、まさに字義通りの意味で"畿内政権"なのである。しかも、時期によっては"畿内"の範囲が大和と河内、あるいは大和に限定されるなど、墓制からみる限り、"畿内"の範囲は変動しているようにみえる。

　専制国家論の前提は前代（古墳時代）との断絶といわれるが、墓制に関しては飛鳥Ⅴ型式期にほとんどの地域で一世代程度の空白期が認められた。終末期群集墳から墓域が継続し、火葬墓群が造営される事例はほとんど存在しない。一方、火葬墓では8世紀中頃まで周溝や海獣葡萄鏡の副葬など古墳時代の遺制と見なせるような墓制が展開していた。つまり、墓制の断絶といっても何をもって評価するかという判断が重要となる。土葬から火葬という葬法の変化を墓制の断絶ととらえると

大和とその他の畿内地域、さらに周辺地域では変化する時期に微妙な差異が認められ、この時期差を生み出した各地域の事情こそが当時の国家像を構想する場合の重要な視点になると考えられる。

　火葬墓が前代の遺制を払拭し、新たな墓制として完成する8世紀中葉は政治史上では墾田永年私財法の発布に代表されるように、律令政治の動揺あるいは衰退時期と評価されることもあった。しかし、近年は律令制が最も機能していた時期と考えられており（吉田孝 1983b）、政治と墓制の動向が見事に一致するのである。8世紀末葉から9世紀初頭に木棺墓を中心とする土葬墓が隆盛を極め、豪華な副葬品を伴うなど厚葬化が際立つようになるが、これも桓武天皇の登場に伴う一連の政治改革と歩調を合わせた現象と見なすことができよう。特に、火葬墓と木棺墓では副葬品の使い分けが行われており、この時期までは墓制が政治的社会的意義を担っていたと考えられる。そして、9世紀中葉の薄葬遺詔を受けて墓制が大幅に衰退し、政治的・社会的意義を失った結果、中央の墓制の動向には連動しない新しい造墓主体が登場した。この時期の墓制は藤原氏による新しい墳墓祭祀と評価でき、第3章でも触れたように、承和の変で旧来の貴族勢力を追い落とし、権力を掌握した藤原良房が「十陵四墓制」（858）を制定することで近親祖先墓の再興を図るなど、名実ともに律令制はその役割を終えたのである。墓制に基づく限り、律令という仕組みが社会的に一定の役割を果たしていたのは、8世紀中葉から9世紀中葉までの約100年間に限定できるといえよう。

3.　比較制度分析からみた「律令国家」

　律令制度という新たな政治体制の成立に伴い、日本列島の広範囲にわたって中央政府の意向が浸透し、郡司を介在するものの国司による個別人身支配がある程度達成されたことは否定できまい。もちろん、地方はもとより、平城京内においても律令規制が貫徹したわけではなく、例外規定が存在したことはいうまでもない。序章で述べた吉田一彦の「古代国家にとって律令は全面的というよりむしろ部分的なものに過ぎず、この国家を根底で規定するものとはみなしがたい」（吉田一 2008：p.28）という評価は尊重されるべきであろう。

　8世紀初頭、大宝律令の成立によって律令制の仕組みが完成した。しかし、実際に「律令」が政治の根幹として機能していたのは8世紀を中心とする100年間あまりに過ぎないのではないか。そして、律令支配の特徴とされる一般民衆の個別人身支配も中央政府による直接支配というより、郡司など在地の有力者に依存した間接支配であった。これらのことを勘案すれば、国家的強力によって新しい制度が完成したととらえるより、在地の有力者の立場や事情によって在地勢力の側から主体的に制度を導入したというゲーム理論に基づく理解に整合性があるというのが本書の立場である。

　そのように考えてよければ、律令そのものの実効性にあまりこだわる必要もなかろう。前代からの地方支配の在り方を受け継いだ地方制度の上に、律令制という官僚制の仕組みが覆いかぶさった二重構造の国家像を想定すれば、当時の政治の実態は理解できるのではないだろうか。

　ただ、ゲーム理論では制度変化のプロセスを自己完結的に理解することはできず、比較情報と歴史情報に依拠しなければならない（青木昌 2003：p.6）ことから、本書では墓制という考古学上の成果に基づいて制度変化の在り方を検討したのである。

　青木昌彦によれば、制度変化のプロセスを理解するためにはゲームに参加するプレイヤー（本書

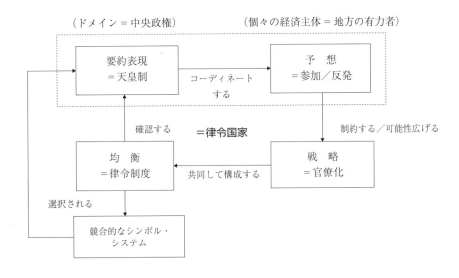

図48 均衡の要約表現と共有予想としての「律令制度」
(青木 2003：p.17 掲載の図をもとに作成)

では「律令国家」を編成する中央貴族と地方の有力者のことを指す）が「それぞれの予想を斉合的な形で修正するプロセスを理解する」（青木昌 2003：p.6）必要がある。そのために用いられる方法が比較制度分析である。青木のいう制度とは「集団的に共有された予想の自己維持的システム」（青木昌 2003：p.33）であり、前述したように制度は均衡状態であるが、「均衡状態は、社会的に構築された現実であるので、ドメインにとって内生的で」あり、「要約表現—暗黙的およびシンボル的なもの—を通じて、経済主体の予想をコーディネイト」（青木昌 2003：p.16）することになる。律令制度の成立に関して、青木の説を取り入れれば、要約表現として"天皇"がシンボルとして選ばれ、「律令」に基づく制度が成立したと考えることができよう（図48）。

比較制度分析によれば、制度変化は経済主体たちの予想がクリティカル・マス（新しい仕組みが社会に定着するかどうかの分かれ目となる普及率のことをさす）で変更される状況であり、環境ショック（外的要因）やドメイン（本書では中央政権に該当）の内的危機、それらの結合によって引き起こされる認知的不均衡に反応して、経済主体たちが新しい方法を発見しようと努めるプロセスである（青木昌 2003：pp.252・253）。また、制度変化の在り方は「漸次的なダーウィン的プロセスではなく」、古生物学者ナイルズ・エルドリッジとスティーヴン・ジェイ・グールドによって概念化された断続平衡説に基づく生物学的進化プロセス、すなわち「長期の停滞状態が短期の急速な種形成のエピソードによって破られるようなもの」（青木昌 2003：p.265）という。このようなシステム変化は、「内部変化の活性化の引き金となる大きな外部ショックによって開始される可能性が高い」（青木昌 2003：p.265）が、天武・持統朝前後の外的危機や内乱を乗り越えて、一気に中央集権体制を樹立しようとした当時の政治動向と見事に符合しているのではないだろうか。

さらに制度が進化する基本的な理由を個々の経済主体の限定合理性に求め、「制度は情報の非対称性と不完備性という不可避の制約の下で、経済主体の選択を導く有用な情報を縮約された形態で伝達している」（青木昌 2003：p.302）からと考えた。ただ、制度をナッシュ均衡でとらえた場合、ナッシュ均衡は制度が安定的・固定的な性質を有することを説明するが、長期的に制度が変化する

ことを説明するものではないという植竹晃久の指摘にも耳を傾ける必要がある。植竹は、進化ゲーム理論に基づき、限定合理性を有するプレーヤーが学習と経験を通じて新たな要因を取り入れることで、より適合的な行動を選択し、制度に変化が生じると説いたが（植竹 2000）、律令制下では、天皇の存在意義が変化することで、ナッシュ均衡としての制度が変化していくことになるのだろう。

クレプスは制度を限定合理的かつ反省的な個人によって構成された社会の長期的経験が生み出した産物（Kreps 1990）と考えたが、ナッシュ均衡の前提である限定合理性を、律令制の導入過程でどのように普遍化させるかという課題も検討する必要がある。限定合理性とはサイモンによると「外的状況と意思決定主体の能力の限界という制約の下で適応的に行動すること」（Simon 1985）であるが、近年、この限定合理的な意思決定過程に関するモデル化の研究も進んでいる（町野 1997）。

ゼルテン（Selten 1990）は生物学や心理学などの研究成果を踏まえ、人間行動を決定する動的プロセスの階層を4つに分けて提示し、模倣を含む学習と世代間の文化的継承を変化の速い順に示した（岡田章 2008）。この模倣という行為に着目すると、情報伝達の不十分さや未知の文化儀礼を導入する不安などから、畿内周縁部においては旧来の墓制である横穴墓に火葬骨が埋納されたと考えられ、この現象を説明する際に有効な視点が「限定合理性」という概念ではないだろうか。平城Ⅰ～Ⅲ型式期に畿内とその周辺部で時期差を伴いながら、火葬墓が採用されていく過程も「限定合理性」という制約により、各地の墓制が個別的な適応行動をとった結果と見なすことができよう。

墓制の検討結果に基づいて、本書では時代の転換期を9世紀中葉から後半の時期に求めた。制度として律令制が崩壊したわけではないにもかかわらず、9世紀中葉以降に社会が変質し、墓制が大きく変容する現象は、天皇の存在をキーワードに据えたナッシュ均衡的な在り方が意味をなさなくなり、新たな要約表現としての新制度＝摂関政治が選択されたからと考えることができる。

律令の運用という側面からみれば、奈良時代から平安時代初期にかけては、律が適切に運用されておらず、律が承和年間（834～848）、格についての法意識が全官人に定着したのは『貞観格』施行（869）直後からであり、法制的には9世紀半ばを律令制国家の完成とみることもできるという意見（川尻 2008：p.84）もあるように、律令官人制の縮小再編などを伴いながら（吉川 2002a：p.94）、前期摂関政治の開始以降も律令格式に基づく政治体制は維持されていた。しかし、天皇制は消滅しないで存続していくものの、「天皇制を前提として政治の実権は摂関が握る」ことになり、「摂関政治によってその後の日本の政治権力の枠組みが出来上がった」（古瀬 2011：p.216）という評価もあるように、9世紀中葉以降を時代の転換期と位置付けたいというのが本書の主旨である。

第2節　王朝国家と中世の幕開き

1.　王朝国家とは

制度変化のプロセスを理解するために、本書では8・9世紀の墓制という歴史情報を利用して検討を進めてきたが、従来の時代区分論によれば中世への移行期は11世紀、いわゆる後期王朝国家

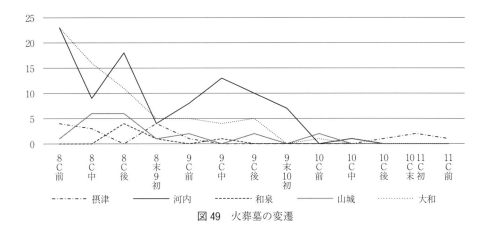

図 49　火葬墓の変遷

段階以降という理解が一般的であろう。本書のように中世への胎動期を 9 世紀中〜後半に求めるのであれば、少なくとも墓制に関しては 8〜11 世紀までの資料を俎上に載せて検討しなければなるまい。事実、畿内における 8〜13 世紀の墳墓を集成し、古代墳墓の様相を検討した海邉博史は 11 世紀前後に各地において造墓の停止や火葬墓の消滅が確認され、大きな画期と位置付けている（海邉 1999）。しかし、8 世紀から 11 世紀にかけての火葬墓の動向を改めて調べると、10 世紀前半から中葉にかけて墳墓数が激減すると同時に、墳墓数減少の端緒は 9 世紀中葉にあることがわかり（図 49）、9 世紀中葉から後半以降に大きな変化があったことは間違いないと判断したのである。

第 5 章第 2 節で述べたように、本書では 8・9 世紀の墓制の意義を墳墓に表出されていた政治性が解体されていく過程と位置付けており、中世への胎動という移行期を重視して墓制の検討を進めてきた。すなわち、墳墓の消失という歴史事象よりも、天皇という要約表現のシンボルが墓制において果たした役割の変化を重視し、古代的な在り方の終焉と考えたのである。いずれにしろ、10 世紀後半以降の墳墓の在り方については不明な点も多く、第 4 章第 1 節で玉手山古墳群の評価を保留したように今後に期すべき課題は多い。

さて、9 世紀後半以降に成立した王朝国家は初期封建国家であり、「律令国家」の解体の後に生まれた中世国家の原型（伊藤喜 1995：pp.14・15）と考えられている。王朝国家は高尾一彦によって提唱された体制概念で、名田（田刀）経営に注目し、封建的な色彩を帯びた 9〜12 世紀に及ぶ律令貴族の連合政権と定義されたが（高尾 1956：pp.82-83）、戸田芳実は負名体制をとる 10 世紀初頭以降の国家が「律令国家」とは歴史的段階が異なると規定し、初期封建国家と意義付けた（戸田 1967b）。さらに、王朝国家論は坂本賞三によって土地制度史の面から裏付けられた（坂本 1970・1972）。坂本は負名体制の成立を「律令国家」と王朝国家を区別する重要な指標と考えたが、中世的所領の成立する 11 世紀中頃を境にして、王朝国家を前期・後期に二分した（坂本 1972：p.10）。

中野栄夫は、王朝国家を律令国家から中世国家へ移行する過渡期に現れた国家と考えており、国司が国内支配の実権を中央政府から委任され、律令政府の人民支配の基礎的単位が「戸」であるのに対して、王朝国家では「名」が支配単位であったとする（中野栄 1986）。また、9 世紀後半頃から国内支配では律令制的税制名目を使わず、官物と臨時雑役に分かれ、11 世紀中葉に中世的な国衙領が形成され、院政の開始をもって荘園制社会が成立したと意義付けた。

佐々木宗雄は王朝国家を宇多朝の画期を経て成立する、律令国家とは違う基盤をもった中央集権

国家と位置付け、一国内の全権を掌握した受領が直接百姓を把握し、その受領を通じて中央政府が諸国を支配する体制と考えた。12世紀初頭に王朝国家体制から荘園公領制を基軸とする体制への転換が行われ、院政が成立し、中央集権国家から一種の封建国家に転換するという（佐々木宗 2001）。勝山清次の言葉を借りれば、王朝国家とは「九世紀末から一〇世紀前半にかけて」成立した、国司を中心とした「支配システムを有する国家」（勝山 1995：p.151）ということになろう。

上島享は王朝国家という用語を用いず、天皇の臣下たる立場から離脱した藤原道長が、天皇とは異質な権力たる〈道長の王権〉を形成しようとしたと説く。権門の系列化が完成し、天皇とは異なる権力形態を志向したことから、王権分裂の可能性を秘めていたが、院政の成立によって、王権分裂の危機は回避され、天皇・院・摂関が相互補完的に王権を構成するという中世王権構造が定着したとする（上島 2010）。

ただ、北山茂夫の「摂関政治は、古代的デスポティズムの衰頽期の、門閥的寡頭制の変貌に過ぎず、八世紀以後九世紀末近くまでの政治形態とのあいだに、質的な転化は見出しえない」という意見（北山 1970：pp.308・309）からもわかるように、王朝国家をめぐる議論は必ずしも定見化しているわけではない。

王朝国家の意義や成立時期は本書の結論部分に関わる重要な問題であるが、本書は墓制という考古資料に基づく歴史像の解明を目指しており、天皇喪葬と墓制の関わりを第一義と考えている。つまり、墓制において天皇喪葬が大きな役割を果たさなくなった時期を重視したいと考えるが、それが幼帝清和の即位に象徴されるように天皇の存在価値が大きく変動した時期と重なることから、前期摂関政治の成立をもって前期王朝国家への移行期と位置付けたい。

摂関政治という用語は天皇の位置づけが正当ではなく、摂関を同一視しているという点において適当でないとする佐々木宗雄の指摘がある（佐々木宗 1994b：p.265）。佐々木の指摘に従えば、摂関政治と王朝国家を同一視する筆者の見解は厳密な検証が必要である。しかし、藤木邦彦の論考（藤木 1991）によれば、「名は異なっても内容は、天皇に代って執政することは両者同じ」であり（p.38）、摂政は天皇の代理的行為を行い、天皇そのものといえる地位にあるが、関白はあくまでも臣下たる地位を出ることはできなかったといわれる両者の違いも、実は後世の事であり、「摂政と関白は元来は同義異語であった」（p.38）という。

なお、王権を考える場合、統治の形態と国家の機構上の国王の地位とは厳密に区分する必要があり（伊藤喜 1995：p.209）、10世紀を転機として天皇が政治的実権を喪失したにもかかわらず、「天皇は中世においても形式的には一貫して最高次の統治機能の保有者＝国王とみなされていた」（佐藤弘 1998：p.221）ように、王権の真の掌握者が天皇である（伊藤喜 1995：p.209）ことに変わりはない。しかし、前述した安良城盛昭の定義によれば、王朝国家の仕組みを天皇制と位置付けることはできない。

2. 中世をめぐる諸説

日本の中世はもともと日欧比較法制史的観点から検討され、日本の主従制を西欧のレーエン制に、日本の荘園をイギリスのマナー（manor）、ドイツのグルントヘルシャフト（grundherrschaft）、フランスのセニューリ（seigneurie）に対応させ、鎌倉幕府の成立をもって、日本の封建

制の成立とみる考えが定説化していた。その後、10世紀以降を王朝国家＝初期封建国家、院政以降を中世国家＝封建国家とみる立場がほぼ定説化した。

　黒田俊雄は権門勢家が国政を支配する権門体制という国家形態を日本における最初の封建国家と規定し、11世紀後半に登場した院政を国家形態における権門体制の成立と位置付けた（黒田1963）。佐藤進一は弁官局・外記局・使庁などの中央主要官衙において、特定氏族による官司請負制の成立した12世紀初〜中期を王朝国家の成立と見なし、中世国家の第一の型、そして、新興の領主層武士集団を支配者とする政権が東国に誕生した鎌倉幕府を第二の型と考えた（佐藤進1983）。

　また、石井進は、中世の目安として、①政治権力の分散化、②軍事専門家層の優越、③御恩と奉公という「封建制」の成立、④荘園公領制の成立、⑤仏教を中心とする宗教の時代という5つの視点を挙げ、以上の要素が出揃う11世紀半ば以降を中世とすべきと考えた（石井進 2002）。

　河音能平は11世紀中葉に各国内の国衙領・荘園を問わず平均に賦課される一国平均役が成立し、この新しい中世的租税を支えた理念こそ中世的王土思想であったとする（河音 1984）。この王土王民思想は9世紀後半以来、崩壊しつつある律令制支配に替わる新たな支配体制を模索してきた貴族政権が獲得した国政の基本理念であり、10世紀以降の変化が社会構造まで含めて大きな政治的・社会的矛盾として現出したのが貞観年間（9世紀後半）であったという（木村 2004）。

　寺内浩は10世紀後半頃の摂関期の画期性を強調する。王権と摂関家が一体化し、封禄の未支給など律令官僚制が変容し、「個別人身支配」から土地の編成による支配への転換が行われたが、摂関期は律令制の時代との連続面よりも断絶面が多く、院政期とつながる時代であり、摂関期はあくまでも過渡期であるとする（寺内 2004）。

　この過渡期という考えに関して、石田一良の説を紹介したい。「わたくしは日本には今まで考えられているような、古代、中世、近世とならび称されるような意味の中世はない、と考えている。もし中世という時代をたてるとすれば、前半が古代の続きであり、後半が近世の始まりである、ひとつの過渡期としてである」（石田 1968）というものである。これを受けて、新田一郎も「日本の中世は、古代とのあいだに明確な切断面をもたないままに、古代から継承された資源を元手にして自己像を形成したのであろう。古代の否定としての中世が明確な形で存在しないならば、『日本に中世はない』とした石田一良の指摘は、正鵠を射ていたというべきかもしれない。日本では中世は、古代からの連続、古代の展開型として、存立したのである」（新田 2004：pp.87・90）と述べた。

　では、考古学の分野で中世はどのように考えられているのだろうか。

　土器は平安京を中心とした土器の流通・消費動向に着目した高橋照彦の研究が参考になる（高橋照 1999）。天皇権威の安定化により9世紀中葉に京とその近郊の生活格差が顕著になり、緑釉瓦が平安宮内の殿舎で使用されなくなるなどの画期が認められた。11世紀中葉以前は京外にあたる「もろもろの辺地」と京中という二重の空間構造や認識が存在し、11世紀中葉頃の施釉陶器の途絶や供膳具の95％以上が土師器になるという変化を重視して、11世紀中葉以降を中世ととらえた。

　飯村均は中世奥羽の土器や陶器の検討から1050年頃に中世的土器様式が成立したとする（飯村 2004）が、1150年頃には中世的土器様式が確立し、その前提、底流に900年代の変化と画期が存在したという。

官衙遺跡では、国庁の機能は出土遺物からみれば8世紀に始まり、10世紀前半に終わるが、これは国司の受領化に応じて、国務の場が国庁から国司館へ移行することが要因とされる（佐藤信 2007）。国庁を伴う国府の全国的な成立は8世紀第2四半期で、10世紀終わり頃に構造が変化し、11世紀には廃れていく（江口 2014）。また、9世紀中葉に国家の徴税制度の動揺や中央の王臣家の地方進出、国司の受領化が進展し（森公 2009）、11・12世紀には在庁官人制が展開して新たな地方政治の体制が構築されるが、摂関政治と院政は連続するという（森公 2013）。

本書は墓制を中心として扱ったため、寺院址や瓦についてはまったく検討していないが、古代寺院の動向を検討した菱田哲郎は平城宮・京系の瓦を受容し、定額寺に列せられたと推測できた寺院が9世紀中葉に廃絶しており、いわゆる白鳳寺院にとって、9世紀中葉を中心とする時期は大きな壁となる時代と考えた（菱田 2011）。また、時枝務は古代寺院の多くは、律令制の弛緩による経済基盤の喪失に伴い10世紀頃に廃絶するが、9世紀頃に創建された山岳寺院には中世寺院に発展する例が多いという（時枝 2006）。

集落は原口正三が古代から中世の集落遺跡は10世紀後半から11世紀前半に変革期があると考え（原口 1977）、服部昌之は令制郡の細分が実施された10世紀中葉をもって歴史的領域から歴史的地域へと転化したという（服部昌 1969）。

広瀬和雄は7～9世紀の集落遺跡の分析を通じて古代の集団関係を論じ、律令制的地域支配の構造を論究した。6世紀末～7世紀初頭頃に畿内において集落が再編成され、廃絶期は法則性がないものの、9世紀前葉を画期とする。また、古代集落の変遷からみた画期を7世紀初頭と8世紀初頭という二つの時期に設定した（広瀬 1989）が、10世紀末から11世紀初頭に建物群の主軸方位が条里地割の方向に合致し、単独の建物群だけで一つの集落を形成するなど、散村が支配的な景観になるという（広瀬 1994）。

川尻秋生は畿内の集落がいずれも9世紀前半に消滅する傾向が高いとし、「場所によって早晩の違いがあるが、九世紀から一〇世紀にかけて、全国規模で集落の様子が大きく変化したことは間違いない。その理由はいまのところ不明である」とする（川尻 2008）。

筆者は現在、畿内とその周辺地域の8・9世紀の集落資料を集成しており、既にその一端を披露したことがあるが[9]、筆者の分析では、諸先学の検討結果とは異なり、9世紀後半頃に集落の廃絶という大きな画期が認められた。

このように、考古学からみた中世の画期は9世紀中葉から11世紀中葉までの各期に及んでおり、研究者によって様々な見方とその根拠が提唱されている状況にある。

3. 過渡期としての中世の位置付け

考古学の立場から社会変化のモデルを考察した酒井龍一は、社会変化の仕組みの中に過渡期を設定した（酒井 1996）。「時代区分に関する一般モデルでは、各境目に格別な過渡期を設定しないのが原則」であり、「これだと理屈上、各社会は瞬時に変身する」ことになるので、「各種社会の構造維持と構造変成の繰り返しとみる新モデル」を提唱したのである（酒井 1996：p.54）。さらに、「過渡期に発生する諸現象の中から、いわば根幹を特定する作業が不可欠」であり、「根幹の『イニシャルキック』（Maruyama 1963：p.166）が、新社会生成の実質的な開始点となる」（酒井 1996：

p.59）という理解を示した。ただ、何を根幹として理解するかは各観察者で異なることになろう。例えば、古墳社会生成時の「巨大前方後円墳造営」、古代国家社会生成における「都城造営」などは比較的わかりやすいが、弥生社会生成における「稲作農耕」のように評価が分かれるものもある。社会変化を認定する場合、諸現象観察・時間的特定・発生順序把握・根幹抽出・イニシャルキック確認等の作業が必要となる（酒井 1996：p.59）。

　酒井のモデルでは、社会構造変化は、A点—A過程—B点—B過程—C点を経過し実現する。開始A点は、根幹のイニシャルキックを考古学的に認定し、決定する。過程全体は、先行社会の解体A現象が顕著な前半期（A—B点）と、後出社会の形成B現象が顕著な後半期（B—C点）に区分でき、途中に両者の比重が逆転する中間B点が存在する。終了C点は、後出社会の構造維持の根幹のセトルダウン（落ち着く＝定着・安定）を認定し、決定するというものだ。

　酒井の説に基づけば、過渡期の中でA・B・C点のどの時点を新しい時代の起点とするかが評価の分かれるところであろう。例えば、古墳時代の始まりを最古の古墳の築造期（A点）とするか、列島内のほぼ半分の地域で古墳が築造された時期（B点）ととらえるか、ほぼ全域で古墳が造られるようになった時点（C点）とするかという違いである。同じことを鎌倉幕府の成立にあてはまると、源頼朝の鎌倉入府（1180）や東国支配の事実上の承認、いわゆる寿永二年十月宣旨（1183）の時期がA点、守護・地頭の任命権（1185）、奥州藤原氏平定による武力統一（1189）などがB点になろう。1192年に頼朝は征夷大将軍に任ぜられるが、この段階は公武二元支配といわれるように幕府の影響力は東国、あるいは御家人に限られており（つまりB点に過ぎない）、鎌倉幕府の影響力が西国や非御家人に及ぶようになり、文字通りの全国政権として確立するのは1221年の承久の乱以降である（C点）。

　時代区分において、C点を重視するのであれば、鎌倉時代の始まりは1221年以降とすべきである。しかし、筆者は鎌倉に拠点を定めた武士政権がそのまま全国政権として発展したという連続性を重視して、1180年あるいは1183年以降を鎌倉幕府の成立、鎌倉時代の始まりと見なすべきだと考えたい。すなわち、新しい時代の幕開きを象徴する現象がすべて出揃った時期ではなく、新しい時代の到来を予感させる歴史事象の登場を一つの契機として時代が変革していく過程そのものを重視する立場である。同じことを中世の始まりについても適用したい。

　吉川真司の言葉を借りれば、9世紀後半から10世紀にかけて、東アジアは「唐宋変革」と呼ばれる大変動を経験したが、東アジアにあって日本王朝だけが分裂・滅亡をまぬがれた。しかし、このような環境ショック、外部ショックは、日本社会にも大きな影響を与え、律令制度は変質し、人身支配の在り方も「天皇・太政官—国郡司—公民」という構造から「院宮王臣家・諸司—富豪層—〈非公民〉」という関係に置換されていった（吉川真 2002a：p.94）。「律令体制とともに誕生した郡司」も「郡司という衣を脱ぎ捨て、富豪層の一部として院宮王臣家に結びつくか、受領に寄生して国衙官人となって」いくなど、それぞれの道を選ぶことになる（吉川真 2002a：p.95）。特に、「承和年間から院宮王臣家（および諸司）が在地社会に対し、直接かつ強力に働きかけ」始めており（吉川真 2002b：p.154）、郡司層を取り込むことで、彼らは社会集団としての成長を始めたのである。つまり、郡司・富豪層による庸調京進請負方式によって、彼らと王臣家の利害が一致することとなり、「郡司・富豪層の王臣家人化を促し、彼等の『田宅』を『王臣家荘』に転化する運動」が展開することとなった（下向井 1995：p.184）。

この一連の動きをゲーム理論と比較制度分析の手法に基づいて読み解けば、以下のようになろう。東アジア情勢の変動に伴う環境ショックや班田制の崩壊に伴う収入減などのドメインの内的危機という認知的不均衡に反応して、新たに摂関政治という仕組みが登場すると、郡司層は天皇（天皇制）に替わる新たな均衡と要約表現を自己組織化する道を探り始めることになる。その結果、院宮王臣家や受領を要約表現のシンボルとして選択し、富豪層として院宮王臣家と結びついたり、国衙官人という地位に配置されたりしたのである。
　このようにして、「律令制度」に替わる「摂関制度」という新しい均衡状態が生まれ、多くの郡司層が院宮王臣家と直接、あるいは間接的に結びつく社会システムが実現し、ドメイン＝国家にとって客観化されたものとなった。要約表現の変化は社会に様々な影響を及ぼしたが、墓制で絶対的な要約表現・シンボルであった天皇喪葬が社会的な意味を急速に失い、畿内各地で共同体レベルの共有知識に基づく葬送儀礼が展開することになり、汎畿内的斉一性は失われていったのである。
　結局のところ、「律令国家」とは天皇をシンボルとした「想像の共同体」に過ぎず、律令というフォーマルな制約以外にも、在地の伝統や慣習というインフォーマルな制約が幅を利かせ、中央政府と在地の有力者による妥協の産物以外の何ものでもなかった。畿内政権論的な発想になるが、当時の人々の意識は前代の古墳時代と大きく変わるものではなかったと筆者は判断している。
　しかし、9世紀中葉以降の東アジア情勢の変革と天皇の存在意義の変化やそれに伴う社会の変化によって誕生した王朝国家は天皇を直接的なシンボルとして抱くことはせず、在地勢力も院宮王臣家などと結びつくこととなった。王朝国家は初期封建国家であるという歴史意義も与えられており、「律令国家」の時代とは歴史段階が異なる時代と見なすべきであろう。このような仕組みを構成する要素が登場する9世紀中葉以降、前期摂関政治の成立をもって、新しい時代の区切りとするというのが筆者の考えである。すなわち、古代が終わり、いよいよ中世の扉が開かれたのである。

註
（1）　エンゲルスがエンゲルス1965で示した国家成立の具体的表象は①領域的区分支配、②官僚機構、③常備軍などの公的強力、④租税の4つである。
（2）　原秀三郎によれば「律令体制」という概念は、学問的分析の結果導き出されたカテゴリーではなく、「時代区分上の一時期として指定さるべき特定段階の特徴的な政治的ないし社会的表象をもって、便宜的に命名されたものである」という（原1970：p.149）。そうであれば、時代規定として「律令」の概念を使用することの是非について検討することは無意味ではない。
（3）　フォン・ノイマンのカードゲームの分析に端を発したゲーム理論は人間行動の原理や意思決定の原則を分析する学問であり、ビジネスや日常生活、さらに生物学、心理学、政治学、社会学など多くの分野に応用されている。ゲーム理論そのものは膨大な研究史を有しており、その研究項目も多岐にわたるが、本書執筆に際しては逢沢2012、天谷2011、川越2012、川西2013、チウェ2003を引用、参照した。
（4）　囚人のジレンマとはナッシュ均衡を理解するために提唱されたゲーム理論の代表例で、2人の囚人に与えられた黙秘と自白という2つの選択肢を2×2の表で表したものである。4通りの選択肢の中から、「相手の出方に応じた最適な行動」を考え、結局、両者とも自白することになるというものである（川西2013：pp.46-56）。
（5）　相手から少しでも有利な条件を引き出すために、実効性のある「脅し」を相手にかけることをいう。例えば、家電量販店などで、「他店より1円でも高い商品があれば、必ず値引きする」というチラシの文言は、ライバル店の値下げを思いとどまらせる戦略と言える（天谷2011：p.108）。

（6）本書の内容は、墳墓という考古資料に限定し検討を行った成果に基づくものである。いわゆる歴史考古学と呼ばれる時代を対象としているが、寺院址や瓦等の遺物、官衙遺跡や集落についての考古学的成果は一切考慮していない。当該時期の官衙遺跡や集落遺跡については現在検討を進めており、それらの成果を含めた総合的な時代規定論や評価は今後の課題である。

（7）古墳再利用の在り方をみれば、8世紀から9世紀中葉まで、令制国単位でその様相に顕著な差異が認められ、再利用に関して何らかの規制があったような印象を受ける。当該時期の古墳再利用はもともと政治性を帯びた墓制・儀礼であることからすれば当然といえるかもしれない。

　特に大和と河内は通常の墓制の動向が類似しているにもかかわらず、再利用では明確な差別化が行われており興味深い。古墳再利用には墓域の継承、すなわち、土地の占有という意識が付きまとうことを考慮すれば、公葬化の進んでいた大和と私的占有地の多い河内という、墓域をめぐる両地域の意識の違いを反映している可能性もあろう。

（8）前期摂関政治の時代は律令格式の理解が進んだので、ようやく天皇の存在に左右されることなく、律令に基づく国家の運営が可能になったと考えることもできる。なお、佐々木宗雄は一連の著作において、王朝国家は初期中世ではなく、10・11世紀が特有の国家体制・制度をもつ中央集権国家体制の時代であること（佐々木宗 1994a：p.11）、中世は院政期以降であること（佐々木宗 2001）、そして、10・11世紀は律令制ではないこと（佐々木宗 2011）などを論じている。

（9）「畿内とその周辺地域における8・9世紀の集落」（第231回ナベの会資料、2013年2月23日）。

結　語

　本書は墓制という考古学的資料を用いて、8・9世紀の社会の仕組みを読み取り、時代規定を行うと同時に時代区分に関する提言を行うことを目的としたものである。

　本書で取り扱う時代は「律令国家」の時代と規定されるが、日本の律令制が模範とした中国は専制君主制であり、律令法とは専制君主制を維持し、強化するための法であったことから、「律令国家」の性格を「天皇制国家」と想定し、以下の検証を進めた。

　飛鳥Ⅴ～平城Ⅱ型式期に律令政府は墓制に対する方針を大きく変更し、その結果、古墳時代的な墓制は払拭されたが、その規制の及んだ地域こそが畿内であり、大和を中心とする一部地域では飛鳥Ⅲ型式期に造墓規制が実現したことがわかった。また、律令制下の畿内においても、墳墓の造営状況に違いがみられ、少なくとも墳墓の造営状況からうかがい知ることのできる政権の実態は、「畿内政権」というより、「大和（・河内）政権」と呼ぶべき状況にあった。

　次に、8・9世紀の墓制の実態を検証すると、終末期古墳の墓域が火葬墓に継続される事例は畿内ではほとんど認められず、墓制の断絶があることや火葬と土葬という葬法の違いが9世紀前半までは葬送儀礼観の違いとして明確に区別されており、9世紀後半以降、大和と河内などで葬制の地域色が発現することもわかった。畿内各地の共同体レベルで葬送儀礼の地域色が顕在化すると、中央の墓制は各地域に対する影響力を失い、汎畿内的斉一制を示すことはなくなったのである。

　つまり、墓制からみて律令体制という政治の仕組みの影響が看取できるのは7世紀末葉から9世紀中葉までの時期であり、この時期の墓制が天皇の存在と切り離して考えることができないことから、この時間幅を古墳時代に続く一つの大きな時代の枠組みとして包括したいと考えた。時代を動かしていたのはあくまでも天皇の存在であり、律令が中心にあったわけではない。「律令国家」とは古墳時代以来の支配者層が目指した国家の在り方の到達点であり、9世紀後半以降の王朝国家とは歴史的な段階が異なることを強調したい。

　これらのことをゲーム理論と比較制度分析の手法に基づいて読み解くと、「律令国家」は天皇をシンボルとした「想像の共同体」に過ぎず、中央政府と在地の有力者による妥協の産物であったといえる。しかし、9世紀中葉～後半に誕生した王朝国家は天皇をシンボルとせず、在地勢力も院宮王臣家などの権門勢家と結びついた。古代以来、全国土に君臨していた天皇の存在意義が大幅に変質したことから、「律令国家」の時代と歴史段階が異なると見なすべきであろう。このような仕組みを構成する要素が登場する9世紀中葉以降を新しい時代の区切り、すなわち「中世」の始まりと規定したいというのが本書の主張である。

　もちろん、この結論に対しては多くの異論や疑問をもたれるに違いない。例えば、墓制についても、9世紀中葉が最大の画期といえるかという疑問である。この点は第6章の比較制度分析に基づいた考察をへて、天皇喪葬の影響の有無という点に最大の画期を見出すことができた。当時の墳墓に関する史料では「遺命薄葬」という記述が頻出し、貴族層の墓制は薄葬が基本と考えられる。実

表25　平安時代の変遷

	前期　8世紀末〜	中期　9世紀後〜	後期　11世紀末〜
政治の仕組み	天皇親政	摂関政治	院政・平氏政権
政権担当者	天皇	藤原氏	上皇・平氏
外交など	遣唐使	民間貿易	日宋貿易
土地制度	院宮王臣家領荘園	免田型荘園	領域型荘園・荘園公領制
税制など	班田収授・直営田租・庸・調・雑徭	負名体制官物・臨時雑役	知行国制年貢・公事・夫役
地方の有力者	国司・郡司	受領・田堵	国司(受領)・名主・開発領主
文化	弘仁・貞観文化	国風文化	院政期の文化

際、当時の平安京周辺の墳墓は木棺直葬墓が主体で副葬品もほとんど伴わない。しかし、河内を中心とする地域には同じ木棺墓でありながら、土器をはじめとして豊富な副葬品を有する墳墓が出現し、天皇喪葬の在り方とは大きく異なるのである。また、黒色土器の使用、火葬と土葬（木棺墓）の混在などそれまでの墓制では認められなかった現象が9世紀中葉以降に顕在化するようになり、葬送儀礼観が大きく変化したことは間違いない。文献史学などの成果によれば、時代の大きな変化は9世紀末葉から10世紀初頭であるが、墓制に着目することで、そのような変化の始点、過渡期としての9世紀中葉に注目した次第である。

　墓制以外の考古学的事象の動向についても懸念をもたれるかもしれない。集落の動向は顕著な変化が認めにくく、研究者によって集落の画期の時期は相違するが、畿内各国では9世紀前半から中葉頃に集落の途絶という大きな変化があったとされている。しかし、筆者が行っている畿内とその周辺地域の8・9世紀の集落の集成作業に拠れば、諸先学の検討結果とは異なり、集落の変遷は9世紀後半頃に大きな画期が認められた。ただ、官衙については9世紀より8世紀に大きな変化があり、土器も9世紀中葉と11世紀中葉という2つの画期が存在する。

　寺院は創建時期に着目すれば9世紀中葉に大きく変化するといえる。しかし寺辺領や寺内組織は9世紀ではまだ寺田支配の編成が不十分であり、10世紀以降に荘園支配機構が整備された（久野1978）。東大寺では11世紀末に寺院組織が再編され（佐藤泰 2001）、12世紀を転換期として荘園制を基盤とする組織の再編成が行われる（稲葉1976）など、すべての資料の動向が筆者の結論と一致するわけではない。荘園制も、王朝国家段階は免田型にとどまり、11世紀前半までは荘園が社会全体を規制するまでになっておらず、荘園公領制は成立していない（勝山2002）。しかし、表25にまとめたように、9世紀中葉以降に始まった様々な要素が11世紀以降の社会に受け継がれていくことは間違いない。多少の前後はあるものの、過渡期という概念に着目すれば、変化の起点が9世紀中葉頃に存在すると考えられることから、王朝国家の段階以降を時代の転換期と位置付けたい。

　もちろん、歴史時代を扱うのであれば、瓦などの遺物の変化や墓制と並んでマジカルな存在である祭祀遺構の変化との対比なども必要で、やり残した作業は多い。特に、集落の変化と墓制の動向は同時並行ではなくタイムラグがある可能性があり、生と死という人間の本質に関わる二項対立の観点からも興味深い検討課題である。これ以外にも、本書で対象とした考古資料は畿内とその周辺地域であるが、周辺地域とした対象資料は西側に偏在しており、近江、伊賀、伊勢、紀伊などの資料を一切扱っていないことは残された大きな課題の一つである。本書の内容を他地域の動向と比較検討し、普遍化させていく作業も必要となろう。

　このように課題山積ではあるが、本書が古代〜中世史をめぐる議論に少しでも寄与できれば幸いである。諸学兄のご批判とご叱責を乞う次第である。

引用文献

逢沢　明　2012『直観でわかるゲーム理論』東洋経済新報社
相原嘉之　2005a「キトラ古墳とその時代」『飛鳥の奥津城　キトラ　カラト　マルコ　高松塚』（飛鳥資料館図録第 43 冊）飛鳥資料館　pp.26・27
相原嘉之　2005b「終末期古墳のなかのキトラ・カラト・マルコ・高松塚古墳」同上　pp.31-37
青木和夫　2007（初出 1974）「時代の転換」『古代豪族』講談社学術文庫　pp.252-295
青木　保　2006（初出 1984）『儀礼の象徴性』（岩波現代文庫）岩波書店
青木昌彦（瀧澤弘和・谷口和弘訳）　2003『比較制度分析に向けて【新装版】』NTT 出版
明石一紀　1979「日本古代家族研究序説―社会人類学ノート―」『歴史評論』347　校倉書房　pp.47-64
赤田光男　1981「葬送習俗にみえる蘇生・絶縁・成仏・追善の諸儀礼」『東アジアにおける民俗と宗教』吉川弘文館　pp.73-146
秋山浩三　1995「故郷に葬られたある平安女性」『大阪文化財研究』9　（財）大阪府文化財調査研究センター　pp.1-28
秋山浩三　1997「奈良・平安時代における墳墓と珠玉（上）」『古代文化』49-12　（財）古代学協会　pp.16-25
秋山浩三　1998「奈良・平安時代における墳墓と珠玉（下）」『古代文化』50-1　（財）古代学協会　pp.31-39
秋山浩三ほか　1988『物集女車塚』向日市埋蔵文化財調査報告書 23　向日市教育委員会
東潮・西藤清秀　1983「高取町の古墳発掘調査概報」『奈良県遺跡調査概報（第二分冊 1982 年度）』奈良県立橿原考古学研究所　pp.331-334
阿部武彦　1984「上代氏族の祖先観について」『日本古代の氏族と祭祀』吉川弘文館　pp.125-187
網干善教　1975『史跡中尾山古墳環境整備事業報告書』明日香村教育委員会
網干善教　1979「日本上代の火葬に関する二、三の問題」『史泉』53　関西大学史学会　pp.1-20
網干善教　1981「古代の火葬と飛鳥」『講座飛鳥の歴史と文学』②　駸々堂出版　pp.273-310
網干善教　1995「高松塚出土の遺物」『日本の古代遺跡を掘る』6：高松塚古墳―飛鳥人の華麗な世界を映す壁画　読売新聞社　pp.142-162
天谷研一　2011『図解で学ぶゲーム理論入門』日本能率協会マネジメントセンター
網野善彦・上野千鶴子・宮田登　1988「後醍醐の親政と民族史的転換」『日本王権論』春秋社　pp.55-102
新井喜久夫　1966「古代陵墓制雑考」『日本歴史』222　日本歴史学会　pp.16-33
荒川　史　2005「浄妙寺と宇治陵墓群」『佛教藝術　特集：宇治の考古学・藤原氏別業の世界』279　佛教藝術學會　pp.24-35
荒木敏夫　1977「律令制下の皇太子制」『日本史研究』177　日本史研究会　pp.17-45
荒木敏夫　2013a「王権とはなにか―王権論への誘い」『日本古代の王権』日本歴史：私の最新講義 05　敬文舎　pp.17-32
荒木敏夫　2013b「研究小史―王権研究と日本古代史」同上　pp.277-303
荒木敏夫　2013c「おわりに」同上　pp.304-309
安良城盛昭　1989「歴史からみた天皇制」『天皇・天皇制・百姓・沖縄―社会構成史研究よりみた社会史研究批判―』吉川弘文館　pp.45-59
有賀祥隆　2007「高松塚古墳壁画制作年代再考」『佛教藝術』290　佛教藝術學會　pp.25-32
有坂隆道　1999「高松塚の被葬者をめぐって―特に蚊屋皇子説について」『古代史を解く鍵　暦と高松塚古墳』講談社学術文庫　pp.221-249

有富純也　2009「九世紀後期における地方社会の変転過程」『日本古代国家と支配理念』東京大学出版会　pp.111-132
安斎正人編　1999「社会集団」『用語解説　現代考古学の方法と理論』Ⅰ　同成社　pp.105-114
アンダーソン、ベネディクト（白石沙耶・白石隆訳）　1997「序」『増補　創造の共同体　ナショナリズムの起源と流行』（ネットワークの社会科学）NTT出版　pp.17-29
飯村　均　2004「土器から見た中世の成立―その連続性と非連続性の視点から―」『考古史研究1　中世の系譜』高志書院　pp.169-178
石井　進　2002「気候の長期変動と中世の始まり」『日本の中世1　中世のかたち』中央公論新社　pp.9-22
石井清司・伊賀高広ほか　1991『京都府遺跡調査報告書第15冊　上人ヶ平遺跡』（財）京都府埋蔵文化財調査研究センター
石井輝義　1996「律令国家の喪葬―豪族の喪葬権の行方―」『史苑』立教大学史学会　pp.7-26
石上英一　1996『律令国家と社会構造』名著刊行会
石田一良　1968「日本の開花」『大日本史12　日本の開花』文芸春秋　p.11
石野博信　1973「三、四世紀の集団墓」『考古学研究』78　考古学研究会　pp.49-64
石部正志　1961「歴史時代における古墳の再利用」『同志社考古』1　同志社大学考古学研究会　pp.3-12
石村喜英　1968「古代火葬墓の研究と二・三の問題点」『日本歴史考古学論叢』二　雄山閣　pp.118-120
石母田　正　1971『日本の古代国家』岩波書店
泉森　皎　1975「大和の土馬」『橿原考古学研究所論集』創立三十五周年記念　吉川弘文館　pp.399-422
泉森　皎　1976「フジヤマ古墳群」『奈良県文化財調査報告書第28集―奈良県古墳発掘調査集報Ⅰ―』奈良県立橿原考古学研究所　pp.31-42
五十川伸矢　1996「古代・中世の京都の墓」『国立歴史民俗博物館研究報告』68（財）歴史民俗博物館振興会　pp.51-76
市　大樹　1999「九世紀畿内地域の富豪層と院宮王臣家・諸司」『ヒストリア』163　大阪歴史学会　pp.31-61
市川理恵　1998「京貫記事の基礎的考察」『古代文化』50-8　（財）古代学協会　pp.29-41
出田和久　2005「畿内の四至に関する試考―その地理的意味に関連して―」『古代日本と東アジア世界　奈良女子大学21世紀COEプログラム報告集』6　奈良女子大学21世紀COEプログラム　pp.249-263
伊藤　循　1984「日本古代における身分と土地所有」『歴史学研究』534　青木書店　pp.27-35
伊藤　循　2008「畿内政権論争の軌跡とそのゆくえ」『歴史評論』693：特集／古代国家論の新展開　校倉書房　pp.14-26
伊藤勇輔　1978「兵家古墳の調査」『兵家古墳群』奈良県史跡名勝天然記念物調査報告37　奈良県立橿原考古学研究所　pp.159-170
伊藤勇輔　1984a「佐保山遺跡群」『奈良県観光』330　奈良県観光新聞社　p.2
伊藤勇輔　1984b「佐保山遺跡群」『大和を掘る　1983年度発掘調査速報展』奈良県立橿原考古学研究所附属博物館　p.62・63
伊藤勇輔　1984c「横枕火葬墓群」『大和の古墳を語る』六興出版　p.115
伊藤喜良　1995『AOKI LIBRARY 日本の歴史　中世王権の成立』青木書店
稲田奈津子　2002「喪葬令と礼の受容」『日中律令制の諸相』東方書房　pp.283-309
稲田奈津子　2004「古代の都城と葬地」『日本史の研究』205　山川出版社　pp.45-53
稲田奈津子　2015「日本古代の火葬―文献史料から見た」『歴史と民俗』31　神奈川大学日本常民文化研究所　pp.41-65
稲葉伸道　1976「中世東大寺寺院構造研究序説」『年報　中世史研究』創刊号　中世史研究会　p.2-38
井上幸治編　1989「長期持続」『フェルナン・ブローデル』新評論　pp.15-68
井之口章次　2002『日本の葬式』ちくま学芸文庫

猪熊兼勝　1995「飛鳥時代の天皇陵の成立序説」『文化財論叢』Ⅱ　同朋舎出版　pp.209-222
今泉隆雄　1972「八世紀郡領の任用と出自」『史学雑誌』81-12　史学会　pp.1-42
今泉隆雄　1988「銘文と碑文」『日本の古代』14：ことばと文字　中央公論社　pp.475-526
今尾文昭　2000「京と横穴―都市におけるケガレ観念形成の考古学的検討―」『百樹―松村隆文さん追悼集―』同刊行会　pp.143-162
今村仁司・今村真介　2007『儀礼のオントロギー　人間社会を再生産するもの』講談社
今村道雄　1982『一般国道309号建設に伴う甲田南遺跡発掘調査概要報告書』大阪府教育委員会
井山温子　1996「古代の祭祀・信仰と女性―女性為政者の仏教信仰に視点をおいて―」『ヒストリア』153　大阪歴史学会　pp.26-46
岩崎敏夫　2001「生と死の民俗」『東北民俗学研究』7　東北学院大学民俗学OB会　pp.1-4
上島　享　1997「平安初期仏教の再検討」『仏教史学研究』40-2　仏教史学会　pp.38-68
上島　享　2010「藤原道長と院政」『日本中世社会の形成と王権』名古屋大学出版会　pp.147-227
上田　睦　1998「出土古瓦からみた河内の古代寺院と氏族（一）―西琳寺式軒丸瓦と古代氏族―」『網干善教先生古稀記念　考古学論集』下巻　同刊行会　pp.1107-1132
植竹晃久　2000「企業観の変容と企業システム再構築の視点（1）」『三田商学研究』43 特別号　慶應義塾大学商学会　pp.1-13
上野利明　1979「宅地造成工事に伴う墓尾古墳群隣接地の試掘調査」『調査会ニュース』11・12　東大阪市遺跡保護調査会　pp.1-11
上村和直　1997「長岡京における祭祀」『堅田直先生古希記念論文集』同刊行会　pp.415-448
内堀基光　1995「儀礼とパフォーマンス」『岩波講座文化人類学』9　岩波書店　pp.71-104
宇波　彰　1984「演劇政治論の陥穽」『現代思想』1984-4　青土社　pp.153-165
宇根俊範　1983「律令制下における改賜姓について―宿祢賜姓を中心として―」『ヒストリア』第99号　大阪歴史学会　pp.74-88
宇野隆夫　1985「古代的食器の変化と特質」『日本史研究』280　日本史研究会　pp.3-28
梅川光隆　1997「史料に見える黒色の土器」『立命館大学考古学論集』Ⅰ　同刊行会　pp.411-421
江口　桂　2014「国府」『考古調査ハンドブック11　古代官衙』ニュー・サイエンス社　pp.242-275
榎本淳一　2011「『東アジア世界』における日本律令制」『律令制研究入門』名著刊行会　pp.2-23
エルツ、ロベール（吉田禎吾・板橋作美・内藤莞爾訳）　2001「死の宗教社会学」『右手の優越』ちくま学芸文庫　pp.37-138
エンゲルス（村田陽一訳）　1960「暴力論（結び）」『反デューリング論2』国民文庫　pp.340-355
エンゲルス（戸原四郎訳）　1965「未開と文明」『家族・私有財産・国家の起源』岩波文庫　pp.224-230
遠藤慶太　2000「『続日本後紀』と承和の変」『古代文化』52-4　(財)古代学協会　pp.42-50
近江俊秀　1994「古代末期における粗製坏の展開―河内中南部を中心として―」『橿原考古学研究所論集』12　吉川弘文館　pp.213-226
近江昌司　1983「奈良時代官人と杣之内火葬墓―被葬者の問題―」『奈良県天理市杣之内火葬墓』考古学調査研究中間報告7　埋蔵文化財天理教調査団　pp.65-70
大石雅章　1988「顕密体制内における禅・律・念仏の位置」『中世寺院史の研究』上　法藏館　pp.116-158
大石雅章　1990「平安期における陵墓の変遷―仏教とのかかわりを中心に―」『日本古代葬制の考古学的研究』大阪大学文学部考古学研究室　pp.59-84
大石雅章　2003「葬礼にみる仏教儀礼化の発生と展開」『仏教の歴史的地域的展開』法藏館　pp.201-229
大江　篤　1985「天暦期の御願寺」『人文論究』35-4　関西学院大学人文学会　pp.17-49
大川清・鈴木公雄・工楽善通編　1997『日本土器事典』雄山閣
大倉　潤　2002「墓前祭祀に関する一考察」『秦野市立桜土手古墳展示館研究紀要』3　秦野市立桜土手古墳展示館　pp.23-36

大阪府教育委員会編　1977『大阪府文化財地名表』大阪府教育委員会
大阪府文化財センター編　2005『財団法人大阪府文化財センター・日本民家集落博物館・大阪府立弥生文化博物館・大阪府立近つ飛鳥博物館　2003年度　共同研究成果報告書』（財）大阪府文化財センター
大隅清陽　2011a「律令と礼制の受容」『律令制研究入門』名著刊行会　pp.75-102
大隅清陽　2011b『律令官制と礼秩序の研究』吉川弘文館
大津　透　1993（初出1985）「律令国家と畿内」『律令国家支配構造の研究』岩波書店　pp.3-74
大津　透　1997「天皇制と律令・礼の継受」『日中文化交流史叢書』2：法律制度　大修館書店　pp.100-142
大津　透　2011「律令制研究の流れと近年の律令制比較研究」『律令制研究入門』名著刊行会　pp.180-209
大津　透　2013a「古代日本律令制の特質」『思想』1067　岩波書店　pp.27-51
大津　透　2013b『律令制とはなにか』日本史リブレット73　山川出版社
大津透編　2008『史学会シンポジウム叢書　日唐律令比較研究の新段階』山川出版社
大槻真純　1982「内山田古墳発掘調査概要」『京都府遺跡調査概報』4　（財）京都府埋蔵文化財調査研究センター　pp.72-77
大西貴夫　2003「別對道端遺跡　第1・2次調査」『奈良県遺跡調査概報（第一分冊）2002年度』奈良県立橿原考古学研究所　pp.133-156
大林　元　2005「律令期祭祀と井ノ内稲荷塚古墳出土製塩土器」『井ノ内稲荷塚古墳の研究』大阪大学文学研究科考古学研究報告3　大阪大学稲荷塚古墳発掘調査団　pp.357-370
大町　健　1991「律令国家は専制国家か」『争点日本の歴史』三：古代編Ⅱ　新人物往来社　pp.238-253
岡崎哲二・神取道宏　2009「解説」『比較歴史制度分析』（叢書　制度を考える）NTT出版　pp.389-397
岡崎正雄編　1991『高川古墳群―近畿自動車道舞鶴線関係埋蔵文化財調査報告書（XV）』兵庫県文化財調査報告書97　兵庫県教育委員会
岡田　章　2008「ゲーム理論の成立と展開」『現代思想　特集＝ゲーム理論　非合理な世界の合理性』2008年8月号　青土社　pp.1-19
岡田晃治ほか　1987「国営農地開発事業関係遺跡　2大田鼻横穴群」『埋蔵文化財発掘調査概報（1987）』京都府教育委員会　pp.77-153
岡田精司　1970「律令的祭祀形態の成立」『古代王権の祭祀と神話』塙書房　pp.139-177
岡田精司　1991「律令制祭祀の特質」『律令制祭祀論考』塙書房　pp.5-31
岡野慶隆　1979「奈良時代における氏墓の成立と実態」『古代研究』16　（財）元興寺文化財研究所考古学研究室　pp.1-25
岡野慶隆　1981「書評　黒崎直『近畿における8・9世紀の墳墓』」『関学考古』7　関西学院大学考古学研究会　pp.24-32
岡本健一　2004「左大臣石上麻呂の数奇な生涯―『高松塚の被葬者』再考―」『京都学園大学人間文化学会紀要　人間文化研究』13　京都学園大学人間文化学会　pp.245-296
岡本健一　2008「高松塚の主石上麻呂」『蓬莱山と扶桑樹―日本文化の古層の探究』思文閣出版　pp.300-355
岡本敏行　2005「古代律令国家の形成と墓制の変革―古墳から奈良時代墳墓へ―」『財団法人大阪府文化財センター・日本民家集落博物館・大阪府立弥生文化博物館・大阪府立近つ飛鳥博物館2003年度　共同研究成果報告書』（財）大阪府文化財センター　pp.111-126
置田雅昭編　1983『奈良県天理市杣之内火葬墓』考古学調査研究中間報告7　埋蔵文化財天理教調査団
奥田智子　2009「三田盆地の横穴式石室」『南所3号墳』大手前大学史学研究所オープン・リサーチ・センター研究報告第8号　大手前大学史学研究所オープン・リサーチ・センター　pp.81-100
奥田　尚　1998「日本墓誌と『続日本紀』薨卒記事にみる系譜（血統）意識」『古代・中世の社会と国家』大阪大学文学部日本史研究会創立50周年記念論文集：上巻　清文堂　pp.185-201
小倉久美子　2012「日本古代における天皇服喪の実態と展開」『日本歴史』773　吉川弘文館　pp.1-17
小田裕樹　2008「奈良県葛城市三ツ塚古墳群・古墓群の形成過程―古代氏族墓地の基礎的研究―」『九州と東

アジアの考古学　九州大学考古学研究室50周年記念論文集』同刊行会　pp.429-450
小田裕樹　2011「日韓古代火葬墓の比較研究―日本古代火葬墓の系譜をめぐって―」『日韓文化財論集Ⅱ』奈良文化財研究所学報87　奈良文化財研究所　pp.55-97
尾上　実　1981『甲田南遺跡発掘調査概要・Ⅰ』大阪府教育委員会
朧谷　寿　2016『平安王朝の葬送―死・入棺・埋骨―』思文閣出版
海邉博史　1999「畿内における古代墳墓の諸相」『古代文化』51-11　(財)古代学協会　pp.48-67
海邉博史　2003「古代墳墓の一形態」『関西大学考古学研究室開設五拾周年記念　考古学論叢』同刊行会　pp.919-942
堅田　修　1990「王朝貴族の喪葬」『古代學研究所　研究紀要』1　(財)古代學協會　pp.31-39
片山昭悟　1994「Ⅴまとめ　3比治里の山部と安師里の山部」『塩野六角古墳』安富町文化財調査報告2　安富町教育委員会　pp.29-32
勝田　至　1987「中世民衆の葬制と死穢―特に死体遺棄について―」『史林』70-3　史学研究会　pp.358-392
勝山清次　1995「収取体系の転換」『岩波講座　日本通史』6：古代5　岩波書店　pp.141-174
勝山清次　2002「荘園制の形成」『日本の中世8　院政と平氏、鎌倉政権』中央公論新社　pp.286-320
加藤謙吉　2002「蘇我氏の台頭と渡来人」『大和の豪族と渡来人』吉川弘文館　pp.156-224
加藤真二　1997「木棺墓SX6428について」『平城京左京七条一坊十五・十六坪発掘調査報告』奈良国立文化財研究所学報56　奈良国立文化財研究所　pp.206-210
金子裕之　1984「平城京と葬地」『文化財學報』三　奈良大学文学部文化財学科　pp.67-103
金子裕之　1985a「平城京と祭場」『国立歴史民俗博物館研究報告』7　国立歴史民俗博物館　pp.219-290
金子裕之　1985b「奈良県」同上：祭祀関係遺物出土地地名表　pp.464-518
金子裕之　1996「水辺の祭祀―律令期―」『日本考古学協会1996年度三重大会　シンポジウム1　水辺の祭祀』日本考古学協会三重県実行委員会　pp.185-202
鎌田元一　1977「共同研究報告　評の成立と国造」『日本史研究』176　日本史研究会　pp.54-79
亀田　孜　1956「信貴山縁起虚実雑考」『季刊　佛教藝術』27　佛教藝術学会　pp.3-26
亀田　博　1982「西乗鞍古墳南遺跡発掘調査報告」『奈良県遺跡調査概報（第一分冊）1981年度』奈良県立橿原考古学研究所　pp.79-109
カルロス・アントーニオ・アギーレ・ロハス（浜名優美監修、尾河直哉訳）　2003「長期持続と全体史」『入門・ブローデル』藤原書店　pp.13-66
河内一浩　2007「小口山古墳と小口山東古墳」『羽曳野市内遺跡調査報告書―平成16年度―』羽曳野市埋蔵文化財調査報告書59　羽曳野市教育委員会　pp.35-48
河音能平　1984「王土思想と神仏習合」『中世封建社会の首都と農村』東京大学出版会　pp.1-42
河上邦彦　1983「高安城跡調査概報2―1982年度―」『奈良県遺跡調査概報（第二分冊）1982年度』奈良県立橿原考古学研究所　pp.277-284
河上邦彦　1992「飛鳥時代の石造物三題」『阡陵　関西大学博物館学課程創設三十周年記念特集』関西大学考古学等資料室　pp.147-151
河上邦彦　1995『後・終末期古墳の研究』雄山閣
河上邦彦・松本百合子　1993『龍王山古墳群』奈良県史跡名勝天然記念物調査報告68　奈良県立橿原考古学研究所
川越敏司　2012『はじめてのゲーム理論』ブルーバックス　講談社
川尻秋生　2003『日本古代の格と資材帳』吉川弘文館
川尻秋生　2008「古代国家の変容」『全集日本の歴史』4：揺れ動く貴族社会　小学館　pp.53-98
川西　諭　2013『ゲーム理論の思考法』中経の文庫　中経出版
川村邦光　1995「モガリ（殯）と他界観」『西谷真治先生古稀記念論文集』勉誠社　pp.617-638
上林史郎　2004「古墳の終焉と古代の木棺墓」『古墳から奈良時代墳墓へ　古代律令国家の墓制』大阪府立近

つ飛鳥博物館　pp.70-79
上林史郎　2005「寛弘寺古墳群にみられる古代の墓」『財団法人大阪府文化財センター・日本民家集落博物館・大阪府立弥生文化博物館・大阪府立近つ飛鳥博物館 2003 年度　共同研究成果報告書』（財）大阪府文化財センター　pp.127-142
ギアツ、クリフォード（小泉潤二訳）　1989『ヌガラ　19 世紀バリの劇場国家』みすず書房
岸　俊男　1987「日本都城制総論」『日本の古代』9：都城の生態　中央公論社　pp.9-80
北　康宏　1996「律令国家陵墓制度の基礎的研究—『延喜諸陵寮式』の分析からみた—」『史林』79-4　史学研究会　pp.1-45
北　康宏　1999「律令陵墓祭祀の研究」『史学雑誌』108-11　史学会　pp.63-94
北野耕平　1994「小口山古墳」『羽曳野市史』第三巻史料編 1　羽曳野市　pp.436-440
北野耕平・井上薫編　1985「歴史考古学からみた富田林」『富田林市史』一　富田林市役所　pp.568-570
北野　重　1990「玉手山遺跡 89—1 次調査」『柏原市埋蔵文化財発掘調査概報 1989 年度』柏原市文化財概報 1989—Ⅰ　柏原市教育委員会　pp.22-40
来村多加史　2004『風水と天皇陵』講談社現代新書　講談社
北山茂夫　1970「受領による強力支配への動向」『日本歴史叢書　王朝政治史論』岩波書店　pp.207-346
北山峰生　2009「古代火葬墓の導入事情」『ヒストリア』213（2008 年度大会特集号）大阪歴史学会　pp.1-38
北山峰生　2013a「東中谷遺跡の調査」『東中谷遺跡・松山城跡』奈良県文化財調査報告書 158　奈良県立橿原考古学研究所　pp.17-46
北山峰生　2013b「総括」同上　pp.97-104
橘田正徳　1991「屋敷墓試論」『中近世土器の基礎研究』7　日本中世土器研究会　pp.245-280
ギデンズ、アンソニー（松尾精文・西岡八郎・藤井達也・小幡正敏・立松隆介・内田健訳）　1992「用語解説」『社会学』而立書房　pp.1-35
木下保明　1985「『7 世紀型古墳群』について」『考古学論集』1　考古学を学ぶ会　pp.157-166
木下保明　1993「"7 世紀型古墳群"再論」『平安京歴史研究』杉山信三先生米寿記念論集刊行会　pp.428-434
木下　良　1992「『大化改新詔』における畿内の四至について—『赤石の櫛淵』の位置比定から—」『史朋』27　史朋同人　pp.1-17
木下　亘　1997「阪原阪戸遺跡」『古墳文化研究部会　第 100 回最終記念シンポジウム　王権祭祀と水』帝塚山考古学研究所　pp.16-29
木村茂光　1997「終章『国風文化』から院政期の文化へ」『AOKI LIBRARY 日本の歴史「国風文化」の時代』青木書店　pp.237-243
木村茂光　2004「一〇世紀の転換と王朝国家」『日本史講座』3：中世の形成　東京大学出版会　pp.1-33
木村泰彦　1984「長岡京跡右京第 106 次調査概要」『長岡京市埋蔵文化財調査報告書』1　（財）長岡京市埋蔵文化財センター　pp.133-148
京嶋　覚　1995「群集土壙の再評価」『大阪府埋蔵文化財協会研究紀要』3　（財）大阪府埋蔵文化財協会　pp.123 144
（財）京都市埋蔵文化財研究所・京都市考古資料館　1994「木炭木槨墓を発見」『リーフレット京都』61
楠元哲夫　1986「平安時代前期の埋葬」『能峠遺跡群Ⅰ（南山編）』奈良県史跡名勝天然記念物調査報告 48　奈良県立橿原考古学研究所　pp.113-121
楠元哲夫　1987「古墳終末への一状況—終末期群集墳をめぐって—」『能峠遺跡群Ⅱ』奈良県史跡名勝天然記念物調査報告 51　奈良県立橿原考古学研究所　pp.156-185
楠元哲夫編　1986『能峠遺跡群Ⅰ（南山編）』奈良県史跡名勝天然記念物調査報告 48　奈良県立橿原考古学研究所
久世康博　1988「平安京跡の祭祀資料の検討」『考古学論集』2　考古学を学ぶ会　pp.169-192
熊谷公男　1988「古代王権とタマ（霊）」『日本史研究』308　日本史研究会　pp.1-23

グライフ、アブラー（岡崎哲二・神取道宏監訳）　2009『比較歴史制度分析』（叢書　制度を考える）NTT出版
栗田薫編　2003『新堂廃寺跡　オガンジ池瓦窯跡・お亀石古墳』富田林市埋蔵文化財調査報告35　富田林市教育委員会
車崎正彦　2002「古墳とクニ」『弥生の「ムラ」から古墳の「クニ」へ』学生社　pp.146-164
黒板勝美編　1987「諸陵寮」『延喜式』中篇　吉川弘文館　pp.554
黒崎　直　1980「近畿における8・9世紀の墳墓」『奈良国立文化財研究所学報第38冊　研究論集』6　奈良国立文化財研究所　pp.89-126
黒田俊雄　1963「中世の国家と天皇」『岩波講座日本歴史』中世二　岩波書店（1975『日本中世の国家と宗教』岩波書店、再録　pp.3-46）
黒羽亮太　2013「〈円成寺陵〉の歴史的位置」『史林』96-2　史学研究会　pp.38-65
黒羽亮太　2015「円融寺と浄妙寺」『日本史研究』633　日本史研究会　pp.1-25
黒羽亮太　2016「平安時代の天皇陵—「山陵」から〈寺陵〉へ」『古代史研究の最前線　天皇陵』洋泉社　pp.144-155
桑野一幸編　1989『平尾山古墳群—雁多尾畑49支群発掘調査概要報告書—』柏原市文化財概報1988-7　柏原市古文化研究会
小泉道校注　1984『日本霊異記』（新潮日本古典集成）新潮社
高正龍・平方幸雄　1996「安祥寺下寺跡1」『平成5年度京都市埋蔵文化財調査概要』（財）京都市埋蔵文化財研究所　pp.87-90
合田幸美　1994「蛍池遺跡（1・2）」『宮の前遺跡・蛍池東遺跡・蛍池遺跡・蛍池西遺跡　1992・1993年度発掘調査報告書—大阪モノレール蛍池東線・西線建設に伴う発掘調査—』（財）大阪文化財センター　pp.117-133
国立歴史民俗博物館編　1992『国立歴史民俗博物館研究報告』44：東国における古墳の終末《本編》国立歴史民俗博物館
小路田泰直　2002「『日本』の成立をめぐって」『日本古代王権の成立』青木書店　pp.201-224
小島俊次　1960「天理市岩屋領西山　銀製墓誌」『奈良県史跡名勝天然記念物調査抄報』13　奈良県教育委員会　pp.47-51
小島俊次　1962「桜井市大字笠字横枕出土骨壷」『奈良県文化財調査報告書』（埋蔵文化財編）5　奈良県教育委員会　pp.22・23
後藤昭雄　1982「承和への憧憬—文化史上の仁明朝の位置—」『今井源衛教授退官記念　文学論叢』九州大学文学部国語学国文学研究室　pp.263-278
小林茂文　1994「境界領域にみる古墳と死」『周縁の古代史　王権と性・子ども・境界』有精堂出版　pp.293-336
小林敏男　1994「『神』概念と祖霊・祖先神—研究史の整理を通して—」『古代天皇制の基礎的研究』校倉書房　pp.289-335
小林義孝　1990「〈資料調査より〉馬谷古墓と出土鏡」『泉北考古資料館だより』42：活動の記録'88・'89　大阪府立泉北考古資料館　pp.14-16
小林義孝　1992「灰を納めた土壙」『究班—埋蔵文化財研究会15周年記念論文集—』埋蔵文化財研究会　pp.367-374
小林義孝　1994「甲田南古墓の性格」『甲田南遺跡発掘調査概要』大阪府教育委員会　pp.39-50
小林義孝　1995「古代火葬墓における銭貨の出土状況」『摂河泉文化資料』44　摂河泉文庫　pp.77-95
小林義孝　1997「古代墳墓から出土する「鉄板」について」『立命館大学考古学論集』I　同刊行会　pp.389-410
小林義孝　1998a「丙の年の人の故に焼き失わず」『歴史民俗学』12　批評社　pp.42-61

小林義孝　1998b「『歴史民俗学』からみた"あの世への想い"」『歴史民俗学』第11号　批評社　pp.82-103
小林義孝　1999a「古代墳墓研究の分析視角」『古代文化』51-12　(財) 古代学協会　pp.2-21
小林義孝　1999b「古代の個人墓と集団墓地―河内土師の里古墓の検討から―」『瓦衣千年　森郁夫先生還暦記念論文集』同刊行会　pp.498-512
小林義孝　2005「古代墳墓研究の第一段階」『財団法人大阪府文化財センター・日本民家集落博物館・大阪府立弥生文化博物館・大阪府立近つ飛鳥博物館2003年度　共同研究成果報告書』(財) 大阪府文化財センター　pp.89-100
小林義孝　2009「(関連報告) 火葬導入事情をめぐる覚書」『ヒストリア』213　大阪歴史学会　pp.39-51
小林義孝・海邉博史　2000「古代火葬墓の典型的形態」『太子町立竹内街道歴史資料館　館報』6　太子町立竹内街道歴史資料館　pp.31-54
駒見和夫　1992「井戸をめぐる祭祀―地域的事例の検討から―」『考古学雑誌』77-4　日本考古学会　pp.78-109
コムストック、W. R. (柳川啓一監訳)　1976『宗教　原始形態と理論』東京大学出版会
小森俊寛・上村憲章　1996「京都の都市遺跡から出土する土器の編年的研究」『研究紀要』3　(財) 京都市埋蔵文化財研究所　pp.187-272
西光慎治　2002「今城谷の合葬墓」『明日香村文化財調査研究紀要』2　明日香村教育委員会　pp.1-32
斎藤　忠　1978「火葬の初め」『日本史小百科』4：墳墓　近藤出版社　pp.54・55
坂井信三　1989「宗教と世界観」『現代社会人類学』弘文堂　pp.159-184
酒井龍一　1996「考古学的社会変成過程観察モデル」『文化財学報』第十四集　奈良大学文学部文化財学科　pp.53-62
栄原永遠男　1993『日本古代銭貨流通史の研究』塙書房
栄原永遠男　2004「延喜式にみえる銭貨」『出土銭貨』20　出土銭貨研究会　pp.40-59
坂上康俊　1994「古代の法と慣習」『岩波講座　日本通史』3：古代2　岩波書店　pp.199-229
坂上康俊　2001『日本の歴史05』：律令国家の転換と「日本」講談社
阪倉篤義・本田義憲・川端善明校注　1981『新潮日本古典集成　今昔物語集本朝世俗部』三　新潮社　pp.287・288
坂本賞三　1970「王朝国家体制」『講座日本史』2：封建社会の成立　東京大学出版会　pp.47-73
坂本賞三　1972「序説」『日本王朝国家体制論』東京大学出版会　pp.1-15
狭川真一　1998「古代火葬墓の造営とその背景」『古文化談叢』41　九州古文化研究会　pp.113-155
狭川真一　2011「墳墓の供献形態―古代末から中世前期の様相―」『中世墓の考古学』高志書院　pp.41-60
佐々木高弘　1986「『畿内の四至』と各都城ネットワークから見た古代の領域認知―点から線 (面) への表示」『待兼山論叢』史学篇20　大阪大学文学部　pp.21-38
佐々木宗雄　1994a「序章」『日本王朝国家論』名著出版　pp.3-16
佐々木宗雄　1994b「王朝国家期の王権」同上　pp.253-272
佐々木宗雄　2001『平安時代国制史研究』校倉書房
佐々木宗雄　2011『日本古代国制史論』吉川弘文館
佐々木好直　1995a「高安城と古代の墓」『久安寺モッテン墓地跡』奈良県文化財調査報告書70　奈良県立橿原考古学研究所　pp.61-70
佐々木好直　1995b「中世の開発と墓地」同上　pp.70-85
笹山晴生　1976「平安初期の政治改革」『岩波講座日本歴史』3：古代3　岩波書店　pp.233-269
佐藤進一　1983「第一章　王朝国家」『日本の中世国家』岩波書店　p.62
佐藤宗諄　1977「終章　律令国家と貴族政権」『平安前期政治史序説』東京大学出版会　pp.361-378
佐藤　隆　2015「難波地域から出土する土器の特徴とその暦年代」『季刊　明日香風』134：特集「飛鳥のものさし」古都飛鳥保存財団　pp.29-34

佐藤弘夫　1998（初出1994）「中世の天皇と仏教」『神・仏・王権の中世』法藏館　p.221
佐藤　信　2007「国府の機能と在地社会」『日本史リブレット8　古代の地方官衙と社会』山川出版社　pp.44・45
佐藤泰弘　1995「律令国家の諸段階」『日本史研究』400　日本史研究会　pp.115-130
佐藤泰弘　2000「桓武朝の復古と革新」『年報　都城』12　（財）向日市埋蔵文化財センター　pp.63-73
佐藤泰弘　2001（初出1997）「東大寺の組織と財政」『日本中世の黎明』京都大学学術出版会　p.265
佐野真人　2012「山陵祭祀より見た天智・光仁・桓武三天皇への追慕意識」『神道史研究』60-1　神道史学会　pp.32-54
佐野真人　2015「古代日本の宗廟観―「宗廟」＝「山陵」概念の再検討―」『神道史研究』63-1　神道史学会　pp.24-37
佐原　真　1970「大和川と淀川」『古代の日本』5：近畿　角川書店　pp.24-43
沢井浩三　1975「古代史料」『柏原市史』四：史料編1　柏原市　pp.61-114
ジェネップ、A．V．（秋山さと子・彌永信美訳）　1977『通過儀礼』新思索社
塩入伸一　1988「葬法の変遷―特に火葬の受容を中心として―」『仏教民俗学大系』4：祖先祭祀と葬墓　名著出版　pp.109-140
設楽博己　2008「弥生時代の儀礼の諸相」『弥生時代の考古学』7：儀礼と権力　同成社　pp.3-13
篠原豊一　1990「平城京の井戸とその祭祀」『奈良市埋蔵文化財調査センター紀要1990』奈良市教育委員会　pp.1-23
芝田和也　1990『立部3丁目所在遺跡発掘調査現地説明会資料』松原市教育委員会
島　五郎　1972「高松塚古墳出土人骨について」『壁画古墳　高松塚調査中間報告』奈良県教育委員会・奈良県明日香村　pp.193-198
島津　毅　2015「奈良・平安時代の葬送と仏教」『日本史研究』637　日本史研究会　pp.16-45
嶋根克己　2005「社会的行為としての死者の追悼」『死そして生の法社会学』法社会学62　有斐閣　pp.99-109
島本　一　1936「火葬墳墓に於ける一二の共伴遺物」『考古学』7-5　東京考古学会　pp.202-205
清水昭俊　1988「儀礼の外延」『儀礼―文化と形式的行動』東京大学出版会　pp.117-145
清水真一　1989『阿部丘陵遺跡群』桜井市教育委員会
地村邦夫　1995「大阪府における古代・中世の木棺墓について」『大阪府埋蔵文化財協会研究紀要』3　（財）大阪府埋蔵文化財協会　pp.215-233
下大迫幹洋　1994『高山火葬墓・高山石切場遺跡発掘調査報告書』香芝市文化財調査報告書1　香芝市二上山博物館　pp.9-28
下出積與　1972「祖先神信仰と道教」『日本古代の神祇と道教』吉川弘文館　pp.1-89
下原幸裕　2006「古代墓制への推移」『西日本の終末期古墳』中国書店　pp.360-416
下向井龍彦　1992「律令軍制と民衆」『歴史評論』511　校倉書房　pp.12-23
下向井龍彦　1995「国衙と武士」『岩波講座　日本通史』6：古代5　岩波書店　pp.175-211
白石太一郎　1982「畿内における古墳の終末」『国立歴史民俗博物館研究報告』1　国立歴史民俗博物館　pp.79-120
白石太一郎　1999「古墳からみた古代豪族」『考古資料と歴史学』吉川弘文館　pp.61-97
白石太一郎　2000「キトラ古墳と高松塚古墳」『古墳の語る古代史』岩波書店　pp.261-271
白石太一郎・亀田博　1984『平隆寺』奈良県史跡名勝天然記念物調査報告47　奈良県立橿原考古学研究所
新海正博編　1996『大坂城跡の発掘調査』6：大坂城跡発掘調査概要11　（財）大阪府文化財調査研究センター　pp.17-19・25・26
新谷尚紀　1996「火葬と土葬」『民衆生活の日本史　火』思文閣出版　pp.229-269
末永雅雄　1955「磯城郡上之郷村大字笠字横枕　火葬墳墓」『奈良県史跡名勝天然記念物調査抄報』5　奈良

県教育委員会　pp.17-24
菅原正明　1980「付論Ⅲ　東山遺跡の古墳時代、奈良時代の遺構」『東山遺跡』大阪府教育委員会　pp.14・15
菅谷文則編　1975『宇陀・丹切古墳群』奈良県史跡名勝天然記念物調査報告30　奈良県教育委員会　pp.128-140
鋤柄俊夫　1999「聖武朝難波京の構造と平安時代前期の上町台地」『文化学年報』四十八　同志社大学文化学会　pp.245-271
杉山　洋　1999「墳墓副葬の鏡」『日本の美術』393：古代の鏡　至文堂　pp.63-69
鈴木裕篤・関野哲夫ほか　1990『清水柳北遺跡発掘調査報告書　その2』沼津市文化財調査報告48　沼津市教育委員会
角南聡一郎　2007「土師器使用土器棺について―近畿地方を中心とした検討―」『元興寺文化財研究所創立40周年記念論文集』（財）元興寺文化財研究所・元興寺文化財研究所民俗文化財保存会　pp.183-197
関　晃　1952「律令支配層の成立とその構造」『新日本史大系』2　朝倉書房　pp.15-47
関川尚功編　1976『斑鳩町瓦塚1号墳発掘調査概報』奈良県立橿原考古学研究所
関本優美子　2006「横口系埋葬施設に関する試論―河内の事例を中心に―」『大阪文化財研究』30（財）大阪府文化財センター　pp.43-55
千田　稔　1999「被葬者は百済の王族か」『歴史と旅　特集：飛鳥ミステリー　古墳の被葬者は誰か』1999年3月号　秋田書店　pp.62-67
平　雅行　1992a「浄土教研究の課題」『日本中世の社会と仏教』塙書房　pp.44-72
平　雅行　1992b「中世移行期の国家と仏教」同上　pp.75-109
平良泰久　1974「京都府下『馬』出土地一覧」『京都考古』1　京都考古刊行会　pp.9・10
高尾一彦　1956「荘園と公領」『日本歴史講座』2　東京大学出版会　pp.49-83
高島信之　2010「神戸層群の凝灰質砂岩を使った三田市域周辺の古墳について」『市史研究　さんだ』12　三田市　pp.21-25
高瀬一嘉・西口圭介ほか　1995『西脇古墳群―山陽自動車道建設に伴う埋蔵文化財発掘調査報告書ⅩⅤ―』兵庫県文化財調査報告141　兵庫県教育委員会
高槻市教育委員会　1982『岡本山古墓群発掘調査概要（現地説明会資料）』
高取正男　1976「釈服従吉」『柴田實先生古稀記念　日本文化史論叢』柴田實先生古稀記念会　pp.478-490
高取正男　1979「屋敷付属の墓地―死の忌みをめぐって―」『葬送墓制研究集成』五：墓の歴史　名著出版　pp.115-130
高野政昭　1997「古代火葬墓の一形態について―天理市西山火葬墓群を中心として―」『宗教と考古学』勉誠社　pp.287-314
高橋克壽編　2005「結語」『奈良山発掘調査報告Ⅰ―石のカラト古墳・音乗谷古墳の調査―』奈良文化財研究所学報72　奈良文化財研究所　p.149
高橋健自・森本六爾　1926・1927「墳墓」『考古学講座』雄山閣（のちに森本六爾　1987「奈良・平安時代の墳墓」『日本の古墳墓』木耳社　所収　p.157）
高橋照彦　1999「土器の流通・消費からみた平安京とその周辺」『国立歴史民俗博物館研究報告』78　国立歴史民俗博物館　pp.33-67
高橋照彦　2004「貨幣とケガレと呪力」『出土銭貨』20　出土銭貨研究会　pp.64-75
高橋照彦　2011「銭貨と土器からみた仁明朝」『仁明朝史の研究―承和転換期とその周辺』思文閣出版　pp.141-188
高橋浩明　1993「国郡制支配の特質と古代社会」『歴史学研究』651　青木書店　pp.59-67
高橋美久二　1985「京都府」『国立歴史民俗博物館研究報告』7：祭祀関係遺物出土地地名表　国立歴史民俗博物館　pp.390-422
高橋美久二ほか　1969「尼塚古墳群発掘調査概要」『埋蔵文化財発掘調査概報（1969）』京都府教育委員会

pp.66-100

高橋美久二編　1980「長岡京跡右京第 26 次発掘調査概要」『埋蔵文化財発掘調査概報（1980）』第 2 分冊　京都府教育委員会　pp.1-265

滝村隆一　1971「第Ⅰ部　制度」『マルクス主義国家論』三一書房　pp.1-94

竹田聴洲　1978「先祖祭と追善供養」『日本祭祀研究集成』2：祭祀研究の再構成　名著出版　pp.136-146

竹田正則編　1995「興善寺遺跡」『図録　橿原市の文化財』橿原市教育委員会　pp.103

竹原一彦・石崎善久・村田和弘　1996「左坂墳墓群・左坂墳墓群・左坂横穴群」『京都府遺跡調査概報』第 71 冊　（財）京都府埋蔵文化財調査研究センター　pp.37-40

辰巳和弘・山田邦和・鋤柄俊夫　1985「京都府下における横穴式石室の再利用」『下司古墳群』同志社大学校地学術調査委員会調査資料 No.19　同志社大学校地学術調査委員会　pp.110-118

伊達宗泰　1986「珠城山 3 号墳の再検討」『花園史学』7　花園大学史学会　pp.1-14

田中和弘　2004「日本古代の墓誌とその周辺」『古墳から奈良時代墳墓へ　古代律令国家の葬制』大阪府立近つ飛鳥博物館　pp.97-103

田中和弘　2005「日本古代の墓誌」『財団法人大阪府文化財センター・日本民家集落博物館・大阪府立弥生文化博物館・大阪府立近つ飛鳥博物館 2003 年度　共同研究成果報告書』（財）大阪府文化財センター　pp.143-157

田中　聡　1995「『陵墓』にみる『天皇』の形勢と変質―古代から中世へ」『「陵墓」からみた日本史』青木書店　pp.85-144

田中久夫　1975「文献にあらわれた墓地―平安時代の京都を中心として―」『日本古代文化の探究　墓地』社会思想社　pp.77-121

田中久夫　1978「陵墓祭祀の風習」『祖先祭祀の研究（日本民俗学研究叢書）』弘文堂　pp.27-44

田中久夫　1983「他界観―東方浄土から西方浄土へ―」『日本民俗文化大系』2：太陽と月―古代人の宇宙観と死生観―　小学館　pp.311-388

田中久夫　1996「祖先崇拝」『国立歴史民俗博物館研究報告』68　国立歴史民俗博物館　pp.3-38

田田広明　2003「結び」『地方の豪族と古代の官人』柏書房　pp.353-360

田中　琢　1991「支配する倭人、される倭人」『集英社版日本の歴史』②：倭人争乱　集英社　pp.175-216

田中　惠　1979「春泰のこと―室生寺史に関する一視点―」『岩手大学教育学部研究年報』39　岩手大学教育学部　pp.11-18

棚橋利光　1998「高安山の遺跡（2）」『高安城と古代山城』八尾市立歴史民俗資料館　pp.34・35

谷川　愛　1999「平安時代における天皇・太上天皇の喪葬儀礼」『国史学』169　國學院大學国史学会　pp.119-133

玉井　力　1964「承和の変について」『歴史学研究』286　青木書店　pp.22・23

チウェ、マイケル・S-Y.（安田雪訳）　2003『儀式は何の役に立つか：ゲーム理論のレッスン』新曜社

津川ひとみ　1994『史跡梶山古墳発掘調査報告書：史跡梶山古墳保存修理事業に伴う発掘調査報告書』国府町教育委員会

土橋理子　2003「やまとの遺宝」『読売新聞』2003 年 1 月 22 日付記事

筒井崇史　1994「左坂横穴群（B 支群）」『京都府遺跡調査概報』60　（財）京都府埋蔵文化財調査研究センター　pp.63-112

角田文衞編　2011『仁明朝史の研究―承和転換期とその周辺』思文閣出版

寺内　浩　2004「貴族政権と地方支配」『日本史講座』3：中世の形成　東京大学出版会　pp.35-64

寺沢　薫　1985「梨本東遺跡発掘調査報告書」『奈良県遺跡調査概報（第一分冊）1984 年度』奈良県立橿原考古学研究所　pp.131-166

寺澤　薫　2013「日本列島における国家形成の枠組み―纒向遺跡出現の国家史的意義―」『纒向学研究センター研究紀要　纒向研究』1　纒向学研究センター　pp.5-30

天坊幸彦　1947「阿武山古墳」『上代浪華の歴史地理的研究』大八洲出版株式会社　pp.385-393
土井卓治　1983「葬りの源流」『日本民俗文化大系』2：太陽と月　小学館　pp.257-310
土井　實　1955「大和土製馬考」『古代學』4-2（財）古代學協會　pp.195-204
藤堂かほる　1998「天智陵の営造と律令国家の先帝意識」『日本歴史』602　日本歴史学会　pp.1-15
東野治之　1983「平城京への単身赴任」『木簡が語る日本史』岩波書店　pp.22-40
東野治之　2004「墳墓と墓誌の日唐比較」『古墳から奈良時代墳墓へ　古代律令国家の葬制』大阪府立近つ飛鳥博物館　pp.7-16
遠山美都男　1996「結び―リメンバー・壬申の乱」『壬申の乱』中央公論社　pp.272-277
時枝　務　2006「中世寺院の諸問題」『季刊考古学』97　特集：中世寺院の多様性　雄山閣　pp.14-16
時野谷勝　1931「加茂町出土の和同開珎」『京都府史蹟名勝天然記念物調査報告』18　京都府　pp.121・122
戸田芳実　1967a「平安初期の国衙と富豪層」『日本領主制成立史の研究』岩波書店　pp.14-44
戸田芳実　1967b「国衙領の名と在家について」同上　pp.241-277
栃木県考古学会第5回東日本埋蔵文化財研究会栃木大会準備委員会編　1995『第5回　東日本埋蔵文化財研究会　東日本における奈良・平安時代の墓制―墓制をめぐる諸問題―』第Ⅰ分冊～第Ⅳ分冊　東日本埋蔵文化財研究会栃木大会準備委員会
百橋明穂　2010「彩られる寺院の内部」『古代壁画の世界　高松塚・キトラ・法隆寺金堂』吉川弘文館　pp.127-150
直木孝次郎　1972「被葬者を推理する」『飛鳥高松塚古墳』学生社　pp.241-246
直木孝次郎　1990「亀虎古墳の被葬者をめぐって」『飛鳥　その光と影』吉川弘文館　pp.286-297（原著：「キトラ古墳の被葬者をめぐって」『明日香風』10　1984　公益財団法人古都飛鳥保存財団）
直木孝次郎　1999「被葬者は阿倍御主人か」『歴史と旅　特集：飛鳥ミステリー　古墳の被葬者は誰か』1999年3月号　秋田書店　pp.50-55
直木孝次郎　2008「摂津国の成立再論」『橿原考古学研究所論集』十五　八木書房　pp.405-420
中井一夫　1977「稗田遺跡発掘調査概報」『奈良県遺跡調査概報1976年度』奈良県立橿原考古学研究所　pp.67-80
中沢新一　1984「劇場国家批判（南方熊楠論ノート）」『現代思想』1984-4　青土社　pp.189-201
中谷雅治　1976「恭仁京跡昭和50年度発掘調査概要」『埋蔵文化財発掘調査概報（1976）』京都府教育委員会　pp.36-47
中野　卓　1958「家と基礎的な家連合」『日本社会要論』東京大学出版会　pp.37-70
中野栄夫　1986「王朝国家」『日本中世史入門』雄山閣　pp.19-33
中村太一　2004「日本古代の交易者」『国立歴史民俗博物館研究報告』113　国立歴史民俗博物館　pp.11-32
中村典男　1981「村岡町の古墳」『探訪日本の古墳　西日本編』〈有斐閣選書R〉有斐閣　pp.268-275
中村春寿　1981『春日大社古代祭祀遺跡調査報告』（財）春日顕彰会
中村英重　1995「律令国家と『家』」『日本古代の社会と政治』吉川弘文館　pp.275-314
中村　浩　1981『和泉陶邑窯の研究』柏書房
中村　浩　1990『研究入門　須恵器』柏書房
仲山英樹　1995「古代東国における墳墓の展開とその問題点」『第5回　東日本埋蔵文化財研究会　東日本における奈良・平安時代の墓制―墓制をめぐる諸問題―』《第Ⅳ分冊　問題点の整理―総括討議に向けて―》』東日本埋蔵文化財研究会栃木大会準備委員会　pp.2-17
長山泰孝　1970「畿内制の成立」『古代の日本』5：近畿　角川書店　pp.234-240
長山泰孝　1981「古代貴族の終焉」『続日本紀研究』214　続日本紀研究会　pp.1-19
長山泰孝　1983「律令国家と王権」『続日本紀研究』237　続日本紀研究会　pp.1-15
奈良国立文化財研究所飛鳥資料館編　1979『日本古代の墓誌』同朋舎
新野直吉　1981「陵戸論」『日本歴史』393　日本歴史学会　pp.1-19

西　弘海　1978「土器の時代区分と型式変化」『飛鳥・藤原宮発掘調査報告』Ⅱ　奈良国立文化財研究所学報第31冊　奈良国立文化財研究所　pp.92-100
西　弘海　1988『土器様式の成立とその背景：西弘海論文集』真陽社
西口圭介　2009「近畿の中世墓」『日本の中世墓』高志書院　pp.3-22
西口順子　1989「天皇の死と葬送」『仏教』別冊2　法藏館　pp.83-89
西別府元日　1976「九世紀中葉における国政基調の転換について」『日本史研究』169　日本史研究会　pp.30-54
西別府元日　2002a「国家的土地支配と班田制」『律令国家の展開と地域支配』思文閣出版　pp.133-171
西別府元日　2002b「転換期としての『承和期』」同上　pp.334-359
西本昌弘　1997「補論　近年のおける畿内制研究の動向」『日本古代儀礼成立史の研究』塙書房　pp.96-115
西本昌弘　2004「古代国家の政務と儀式」『日本史講座』2：律令国家の展開　東京大学出版会　pp.153-190
西山良平　1997「〈陵寺〉の誕生」『日本国家の史的特質　古代・中世』思文閣出版　pp.361-384
新田一郎　2004「近世国家への道」『中世に国家はあったか』日本史リブレット19　山川出版社　pp.87-94
仁藤敦史　1991「律令国家論の現状と課題—畿内貴族政権論・在地首長制論を中心として—」『歴史評論』500　校倉書房　pp.3-21
仁藤敦史　1994「初期平安京の史的意義」『歴史評論』533　校倉書房　pp.11-25
仁藤敦史　2002「律令国家の王権と儀礼」『日本の時代史』4：律令国家と天平文化　吉川弘文館　pp.82-112
仁藤敦史　2004「『長屋王家』の家産と家政機関について」『国立歴史民俗博物館研究報告』113　国立歴史民俗博物館　pp.215-229
根岸鎭衛　1991a（長谷川強校注）『耳嚢（中）』岩波文庫
根岸鎭衛　1991b（長谷川強校注）『耳嚢（下）』岩波文庫
根立研介　2011「承和期の乾漆併用木彫像とその後の展開」『仁明朝史の研究―承和転換期とその周辺』思文閣出版　pp.239-261
ノース、ダグラス・C.（竹下公規訳）　1994『制度・制度変化・経済成果』晃洋書房
野家啓一　2005「序『歴史の終焉』と物語の復権」『物語の哲学』岩波現代文庫　岩波書店　pp.1-14
野村忠夫　1968『律令政治の諸様相』（塙選書）塙書房
橋口定志　1985「平安期火葬墓の性格について」『生活と文化』研究紀要1　豊島区立郷土資料館　pp.37-60
橋本義則　1999「古代貴族の営墓と『家』」『公家と武家Ⅱ「家」の比較文明史的考察』思文閣出版　pp.112-132
服部伊久男　1988「終末期群集墳の諸相」『橿原考古学研究所論集』9　吉川弘文館　pp.241-281
服部伊久男　1997「大和における群集墳の終焉」『第41回埋蔵文化財研究集会　古墳時代から古代における地域社会　発表要旨資料』埋蔵文化財研究会　pp.19-44
服部昌之　1969「令制郡崩壊過程の地域的考察」『人文地理』21-3　人文地理学会　pp.249-272
花田勝広　1987『田辺古墳群・墳墓群発掘調査概要』柏原市文化財概報1986—Ⅳ　柏原市古文化研究会
花田勝広　1988「律令制の確立にみる葬地の変革」『信濃』40-4　信濃史学会　pp.67-90
羽曳野市教育委員会　1998『河内飛鳥と終末期古墳　横口式石槨の謎』吉川弘文館
早川庄八　1986『日本古代官僚制の研究』岩波書店
早川庄八　1987「律令国家・王朝国家における天皇」『日本の社会史』3：権威と支配　岩波書店　pp.43-81
林紀昭・西弘海・和田萃ほか　1971『嵯峨野の古墳時代　御堂ヶ池群集墳発掘調査報告』京都大学考古学研究会
原　秀三郎　1970「律令体制の成立」『講座日本史』1：古代国家　東京大学出版会　pp.149-180
原口正三　1977「古代・中世の集落」『考古学研究』92　考古学研究会　pp.16-23
原田　修　1976「心合寺山古墳出土の蔵骨器」『大阪文化誌』2-2　（財）大阪文化財センター　p.74
バランディエ、ジョルジュ（渡辺公三訳）　1982『舞台の上の権力―政治のドラマトゥルギー』平凡社選書

　　　　　　　　平凡社
久野修義　1978「中世寺院成立に関する一考察」『史林』61-4　史学研究会　pp.38-75
菱田哲郎　2005「古代日本における仏教の普及」『考古学研究』52-3　考古学研究会　pp.29-44
菱田哲郎　2011「定額寺の修理と地域社会の変動」『仁明朝史の研究―承和転換期とその周辺』思文閣出版　pp.215-238
菱田哲郎　2013「奈良・平安時代の陵墓」『季刊考古学　特集：天皇陵古墳はいま』124　雄山閣　pp.51-54
日野　宏　1997「木棺直葬墳に構築された横穴式石室について―古墳破壊の視点から―」『宗教と考古学』勉誠社　pp.155-176
兵庫県教育委員会　1969「東大谷古墳」『兵庫県埋蔵文化財特別地域遺跡分布地図及び地名表』4　p.42
平尾政幸編　1990『平安京右京三条三坊』（財）京都市埋蔵文化財研究所調査報告10　（財）京都市埋蔵文化財研究所　pp.36・37
平山和彦　1992「民俗学における方法論の課題」『伝承と慣習の論理』吉川弘文館　pp.3-20
広瀬和雄　1989「畿内の古代集落」『国立歴史民俗博物館研究報告』22　国立歴史民俗博物館　pp.29-110
広瀬和雄　1994「考古学から見た古代の村落」『岩波講座　日本通史』3：古代2　岩波書店　pp.127-162
福尾正彦・清喜裕二　2003「鳥戸野陵の墳丘外形調査」『書陵部紀要』54　宮内庁書陵部　pp.1-14
服藤早苗　1987「山陵祭祀より見た家の成立過程―天皇家の成立をめぐって―」『日本史研究』302　日本史研究会　pp.10-34
服藤早苗　1991「墓地祭祀と女性―平安前期における貴族層―」『家成立史の研究―祖先祭祀・女・子ども―』校倉書房　pp.76-99
福山敏男　1979「墓碑」『新版考古学講座』7：有史文化〈下〉遺物　雄山閣　pp.126-130
福山敏男　1983「中尊寺金色堂の性格」『寺院建築の研究』下　中央公論美術出版　pp.207-235
藤井直正　1975「山岳寺院」『新版仏教考古学講座』2：寺院　雄山閣　pp.242-245
藤木邦彦　1991（初出1965）「摂関政治」『平安王朝の政治と制度』吉川弘文館　p.38
藤沢一夫　1970「火葬墳墓の流布」『新版考古学講座』6：有史文化〈上〉雄山閣　pp.273-292
藤田弘夫　1993「上演されるドラマ」『都市の論理』中公新書　pp.119-162
二星祐哉　2009「大宝令施行と荷前常幣」『古代史の研究』15　関西大学古代史研究会　pp.18-34
二星祐哉　2010「桓武朝における荷前別貢幣の発展とその史的意義」『古代文化』62-1　（財）古代学協会　pp.39-54
佛書刊行会　1915「信貴山資財寳物帳」『大日本佛教全書』pp.5-9
フリードマン、ジョナサン（山崎カヲル訳）　1980「マルクス主義・構造主義・俗流唯物論」『マルクス主義と経済人類学』柘植書房　pp.127-168
古瀬奈津子　2011「おわりに―『古代貴族』と『律令国家』の終焉」『シリーズ日本古代史』6：摂関政治　岩波新書　pp.215-218
ホブズボウム、エリック（前川啓治訳）　1992「序章―伝統は創り出される」『創られた伝統』紀伊國屋書店　pp.9 28
ポランニー、マイケル（高橋勇夫訳）　2003『暗黙知の次元』ちくま学芸文庫
堀　一郎　1953「萬葉集にあらはれた葬制と他界観、霊魂観について」『萬葉集大成』八：民俗篇　平凡社　pp.29-57
堀　裕　1999「死へのまなざし―死体・出家・ただ人―」『日本史研究』439　日本史研究会　pp.3-29
堀池春峰　1961「佐井寺僧道薬墓誌に就いて」『日本歴史』153　日本歴史学会　pp.2-17
堀池春峰　1993「古代村落と氏族」『榛原町史』本編　榛原町役場　pp.440-469
本位田菊士　2003「公葬制の成立と王権（上）」『古代学研究』160　古代学研究会　pp.1-14
本郷真紹　1993「古代王権と宗教」『日本史研究』368　日本史研究会　pp.1-28
本郷真紹　1997「古代寺院の機能」『日本国家の史的特質　古代・中世』思文閣出版　pp.311-345

本郷真紹　2004「奈良・平安時代の宗教と文化」『日本史講座』2：律令国家の展開　東京大学出版会　pp.191-222

本郷真紹　2010「『御願寺』再考」『律令国家史論集』塙書房　pp.519-541

前園実知雄　1991「古代都市と墓」『季刊考古学』34　雄山閣　pp.66-70

前園実知雄　1999「マルコ山古墳に眠るのは川島皇子か」『歴史と旅　特集：飛鳥ミステリー　古墳の被葬者は誰か』1999年3月号　pp.80-87

間壁葭子　1981「岡山県下奈良・平安期墳墓に見る二・三の問題」『倉敷考古館集報』16（財）倉敷考古館　pp.76-94

間壁葭子　1982a「8世紀における古墳継続使用について」『倉敷考古館研究集報』17（財）倉敷考古館　pp.36-49

間壁葭子　1982b「八・九世紀の古墳再利用について」『日本宗教社会史論叢』国書刊行会　pp.53-90

枡本哲・森川祐輔　2009「シシヨツカ古墳」『加納古墳群・平石古墳群』大阪府教育委員会　pp.82-171

町野和夫　1997「限定合理性のゲーム理論と集合意思決定」『経済学研究』47-2　北海道大学大学院経済学研究科　pp.239-252

松下正和　1998「古代王権と仕奉」『王と公―天皇の日本史』柏書房　pp.90-131

松下　勝　1984「播磨の地理的環境と考古学」『日本の古代遺跡』3：兵庫南部　保育社　pp.102-106

松永博明　1989『イノヲク古墳群発掘調査報告』高取町文化財調査報告8　高取町教育委員会・奈良県立橿原考古学研究所

松永博明　1990「飛火野発掘調査報告書」『奈良県遺跡調査概報（第二分冊）1987年度』奈良県立橿原考古学研究所　pp.309-326

松原弘宣　2004「国造と碑」『文字と古代日本』1　吉川弘文館　pp.43-58

松村恵司編　2006『高松塚古墳の調査　国宝高松塚古墳壁画恒久保存対策検討のための平成16年度発掘調査報告』奈良文化財研究所

丸山竜平ほか　1976「大津市瀬田若松神社境内古墳調査報告」『昭和四十九年度　滋賀県文化財調査年報』滋賀県教育委員会　pp.1-41

三木　弘　1999『土師の里遺跡―土師氏の墓域と集落の調査―』大阪府埋蔵文化財調査報告1998-2　大阪府教育委員会　pp.101-118

水木要太郎　1913「威奈大村墓」『奈良県史蹟勝地調査会報告書』一　奈良県　pp.20-22

水谷千秋　2003『女帝と譲位の古代史』文藝春秋

三橋　正　1997「臨終出家の成立とその意義」『日本宗教文化史研究』1-1　日本宗教文化史学会　pp.42-66

宮崎市定　1995「中国火葬考」『中国文明論集』岩波書店（初出1961）pp.221-254

宮野淳一・山川登美子編　1990a「原山古墳群の調査」『陶邑Ⅶ』大阪府文化財調査報告書37　大阪府教育委員会　pp.105-136

宮野淳一・山川登美子編　1990b「檜尾第3地点」同上　pp.185-193

宮原晋一編　1993『福ヶ谷遺跡・白川火葬墓群発掘調査報告書』奈良県文化財調査報告書73　奈良県立橿原考古学研究所

宮原晋一編　2002『三ツ塚古墳群』奈良県立橿原考古学研究所調査報告81　奈良県立橿原考古学研究所　pp.210-232

三好孝一　1997「第Ⅰ調査区の調査成果」『真福寺遺跡』（財）大阪府文化財調査研究センター調査報告書19　大阪府教育委員会・（財）大阪府文化財調査研究センター　pp.12-14

三好美穂　1995「南都における平安時代前半期の土器様相―土師器の供膳形態を中心とした編年試案―」『奈良市埋蔵文化財調査センター紀要1995』奈良市教育委員会　pp.1-42

村井章介　1995「王土王民思想と九世紀の転換」『思想』847　岩波書店　pp.23-45

村井康彦　1999「氏上から氏長者へ」『公家と武家Ⅱ「家」の比較文明史的考察』思文閣出版　pp.29-52

村田文夫・増子章二　1980「南武蔵における古代火葬骨蔵器の一様相」『川崎市文化財調査集録』15　川崎市教育委員会　pp.22-40

森　郁夫　1984「古代の地鎮・鎮台」『古代研究』28・29　特集：地鎮・鎮台（財）元興寺文化財研究所　pp.1-17

森　公章　2002「倭国から日本へ」『日本の時代史』3：倭国から日本へ　吉川弘文館　pp.7-131

森　公章　2009「古代文献からみた郡家」『日本古代の郡衙遺跡』雄山閣　pp.3-29

森　公章　2013「神護の後裔―エピローグ」『古代豪族と武士の誕生　歴史文化ライブラリー 360』吉川弘文館　pp.217-222

森　浩一　1973（初出 1970）「古墳時代後期以降の埋葬地と葬地―古墳終末への遡及的試論として―」『論集　終末期古墳』塙書房 pp.35-78

森　隆　1991「西日本の黒色土器生産（下）」『考古学研究』148　考古学研究会　pp.59-81

森　正　1996「丹後地域横穴墓の変質と終焉―律令期地域支配の一側面―」『京都府埋蔵文化財論集第 3 集―創立十五周年記念誌―』（財）京都府埋蔵文化財調査研究センター　pp.441-453

森岡秀人　1985「城山南麓遺跡 A 地点」『兵庫県埋蔵文化財調査年報　昭和 57 年度』兵庫県文化協会　pp.40-42

森岡秀人　1995「報道合戦の前後と墳丘調査の成果」『日本の古代遺跡を掘る』6：高松塚古墳―飛鳥人の華麗な世界を映す壁画　読売新聞社　pp.90-107

森岡秀人編　1983『八十塚古墳群発掘調査概報―岩ヶ平支群 F 小支群西地区の緊急調査成果概要―』芦屋市文化財調査報告 13　芦屋市教育委員会

森岡秀人・坂田典彦編　2009『旭塚古墳　城山古墳群発掘調査報告書―第 1・2 次確認調査結果の概要と多角形終末期横穴式石室墳の保存調査―』芦屋市文化財調査報告 77　芦屋市教育委員会

森川　実　2015「飛鳥の土器と『飛鳥編年』」『季刊　明日香風』134：特集「飛鳥のものさし」古都飛鳥保存財団　pp.16-21

森下衛・森正　1993「左坂横穴」『埋蔵文化財発掘調査概報（1993）』京都府教育委員会　pp.106-127

森田克行　1985「岡本山古墓群」『昭和 56・57・58 年度　高槻市文化財年報』高槻市教育委員会　pp.6・7

森田克行　1986「大阪府・岡本山古墓群」『月刊　歴史手帖』14-11　名著出版　pp.82-90

森田克行　2012「秘匿された鎌足墓」『阿武山古墳と牽牛子塚古墳』高槻市立今城塚古代歴史館　pp.102-105

森田克行・橋本久和　1996「宮田遺跡」『嶋上遺跡群 20』高槻市教育委員会　pp.29-34

森本　徹　1991「火葬墓と火葬遺構―群集墳周辺にて確認される『焼土壙』の検討―」『大阪文化財研究』2（財）大阪文化財センター　pp.11-25

森本　徹　1992「火葬墓と火葬遺構 2」『大阪文化財研究』3（財）大阪文化財センター　pp.29-36

森本　徹　1995a「中央と地域における群集墳終焉の様相」『大阪文化財センター研究助成報告書研究紀要』2（財）大阪文化財センター　pp.101-115

森本　徹　1995b「古墳終焉における地域性の研究」同上　pp.116-130

森本　徹　1997「摂・河　泉地域の群集墳の終焉」『第 41 回埋蔵文化財研究集会　古墳時代から古代における地域社会　発表要旨資料』埋蔵文化財研究会　pp.3-18

森本　徹　1998「韓国における初期火葬墓の研究」『青丘学術論集』13　韓国文化振興財団　pp.7-48

森本　徹　1999「群集墳の変質からみた古代墳墓の成立過程」『古代文化』51-11（財）古代学協会　pp.20-28

森本　徹　2000「付章　北摂地域における栗栖山南古墳群の位置づけ」『栗栖山南墳墓群』（財）大阪府文化財調査研究センター調査報告書 57（財）大阪府文化財調査研究センター　pp.399-424

森本　徹　2007「日本における火葬墓の始まりをめぐって」『郵政考古紀要』40　大阪郵政考古学会　pp.19-35

森本六爾　1985『日本考古学選集 23　森本六爾集』築地書館　pp.226-248（初出 1926「文忌寸禰麻呂の墳墓（上）（下）」『中央史壇』12-4・5）

森本六爾　1987『日本の古墳墓』木耳社
森屋美佐子編　1997『真福寺遺跡』(財) 大阪府文化財調査研究センター調査報告書19　大阪府教育委員会・(財) 大阪府文化財調査研究センター　p.49
森屋美佐子・瀬戸哲也編　2000『栗栖山南墳墓群』(財) 大阪府文化財調査研究センター調査報告書57 (財) 大阪府文化財調査研究センター
安井良三　1960「日本における古代火葬墓の分類─歴史考古学的研究序論─」『西田先生頌寿記念日本古代史論叢』古代学協会（1987『日本考古学論集』6：墳墓と経塚　吉川弘文館　再録　pp.214-240）
安井良三　1987「持統天皇の葬礼について」『日本書紀研究』16　塙書房　pp.275-289
安井良三編　1994『河内愛宕塚古墳の研究』八尾市立歴史民俗資料館
安田龍太郎　1995「黒い色の食器」『奈良国立文化財研究所創立40周年記念論文集　文化財論叢』Ⅱ　同朋舎出版　pp.617-628
安村俊史　1987a「土壙墓」『高井田横穴群Ⅱ』柏原市文化財概報1986-Ⅶ　柏原市古文化研究会　p.24
安村俊史　1987b「古墓群」『高井田横穴群Ⅱ』同上　pp.25-57
安村俊史　1991「終末期群集墳の一形態」『柏原市歴史資料館館報』1　柏原市歴史資料館　pp.61-71
安村俊史　1997a「河内における奈良・平安時代の火葬墓」『堅田直先生古希記念論文集』同刊行会　pp.631-657
安村俊史　1997b「畿内における火葬墓の出現─終末期群集墳から火葬墓へ─」『第41回埋蔵文化財研究集会　古墳時代から古代における地域社会　発表要旨資料』埋蔵文化財研究会　pp.45-63
安村俊史　1999「火葬墓を内包する終末期群集墳」『古代文化』51-11　(財) 古代学協会　pp.29-38
安村俊史　2006「河内の終末期古墳再検討─シショツカ古墳を中心として─」『喜谷美宣先生古稀記念論文集』同刊行会　pp.221-230
安村俊史　2008「終末期群集墳の特質」『群集墳と終末期古墳の研究』清文堂出版　pp.281-284
安村俊史　2009「（関連報告）古代火葬墓の変遷─河内の事例を中心に─」『ヒストリア』213　大阪歴史学会　pp.52-66
山内晋次　2011「九世紀東部ユーラシア世界の変貌─日本遣唐使関係史料を中心に─」『仁明朝史の研究─承和転換期とその周辺』思文閣出版　pp.3-30
山内紀嗣　1988「天理市岩屋谷の古墓をめぐって」『天理大学学報』157　天理大学学術研究会　pp.267-284
山内紀嗣ほか　1992『岩屋町西山・ヲイハナ地区の調査　杣之内町元山口方地区の調査』考古学調査研究中間報告18　埋蔵文化財天理教調査団　pp.20-22
山折哲雄　1976「遊離魂と殯」『日本人の霊魂観』河出書房新社　pp.35-108
山口昌男　2000「権力のコスモロジー」『天皇制の文化人類学』岩波現代文庫　pp.169-202
山下普司　1987「葬制と他界観」『日本の古代』13：心のなかの宇宙　中央公論社　pp.231-280
山田邦和　1994「墓地と葬送」『平安京提要』角川書店　pp.593-601
山田邦和　1996「京都の都市空間と墓地」『日本史研究』409　日本史研究会　pp.3-25
山田邦和　1999「淳和・嵯峨両天皇の薄葬」『花園史学』20　花園大学史学会　pp.65-88
山田邦和　2011「平安時代前期の陵墓選地」『仁明朝史の研究─承和転換期とその周辺』思文閣出版　pp.263-288
山田邦和編　1994『平安京出土土器の研究』古代学研究所研究報告4　(財) 古代学協会
山田良三・中谷雅治・杉原和雄・高橋美久二・堤圭三郎　1969「尼塚古墳群発掘調査概要」『埋蔵文化財発掘調査概報（1969）』京都府教育委員会　pp.66-100
山本　昭　1969「瑞花蝶鳥鏡」『柏原市史』一・文化財編　柏原市役所　pp.28・29
山本　彰　1998「河内二子塚古墳とその類例」『大阪府立近つ飛鳥博物館　館報3』大阪府立近つ飛鳥博物館　pp.20-23
山本幸司　1986「貴族社会に於ける穢と秩序」『日本史研究』287　日本史研究会　pp.28-54

横田明・小林義孝　1997「光明真言と葬送儀礼」『歴史民俗学』8　批評社　pp.214-247
義江明子　1983「橘氏の成立と氏神の形成」『日本史研究』248　日本史研究会　pp.38-67
義江明子　1985「古代の氏と共同体および家族」『歴史評論』428　校倉書房　pp.21-39
吉川聡　1996「畿内と古代国家」『史林』79-5　史学研究会　pp.43-77
吉川真司　1988「律令太政官制と合議制―早川庄八著『日本古代官僚制の研究』をめぐって」『日本史研究』309　日本史研究会　pp.27-42
吉川真司　1989「律令官人制の再編」『日本史研究』320　日本史研究会　pp.1-27
吉川真司　2001「後佐保山陵」『続日本紀研究』331　続日本紀研究会　pp.18-33
吉川真司　2002a「平安京」『日本の時代史』5：平安京　吉川弘文館　pp.7-100
吉川真司　2002b「院宮王臣家」同上　pp.145-185
吉川真司　2006「律令体制の展開と列島社会」『列島の古代史』8：古代史の流れ　岩波書店　pp.133-202
吉川真司　2007「近江京・平安京と山科」『皇太后の山寺―山科安祥寺の創建と古代山林寺院―』柳原出版　pp.75-80
吉川真司　2011a「はしがき―仁明朝という時代―」『仁明朝史の研究―承和転換期とその周辺』思文閣出版　pp.i-viii
吉川真司　2011b「九世紀の調庸制―課丁数の変化と偏差―」同上　pp.31-53
吉崎伸・上村和直・木下保明・南孝雄　1994「長岡京左京六条二・三坊・七条二・三坊・水垂遺跡」『平成2年度京都市埋蔵文化財調査概要』（財）京都市埋蔵文化財研究所　pp.68・69
吉澤悟　1995「煙の末々」『企画展　東国火葬事始―古代人の生と死―』栃木県立博物館　pp.148-160
吉澤悟　2001「穿孔骨蔵器にみる古代火葬墓の造営理念」『日本考古学』12　日本考古学協会　pp.69-92
吉田晶　1970「古代国家論」『講座日本史』1：古代国家　東京大学出版会　pp.67-93
吉田一彦　2006『民衆の古代史』風媒社
吉田一彦　2008「古代国家論の展望」『歴史評論』693：特集／古代国家論の新展開　校倉書房　pp.27-40
吉田孝　1983a「律令時代の氏族・家族・集落」『律令国家と古代の社会』岩波書店　pp.123-197
吉田孝　1983b「律令国家の諸段階」同上　pp.411-446
吉田孝・大隅清陽・佐々木恵介　1995「9―10世紀の日本―平安京」『岩波講座　日本通史』5：古代4　岩波書店　pp.1-33
吉村幾温・千賀久編　1988『寺口忍海古墳群』新庄町文化財調査報告書1　新庄町教育委員会・奈良県立橿原考古学研究所
吉村博恵　1988「塚と社2」『東大阪市文化財協会ニュース』4-1（財）東大阪市文化財協会　pp.19-24
吉村武彦・吉岡眞之編　1991『争点日本の歴史』三：古代編II　新人物往来社
吉本昌弘　1979「摂津国有馬郡を通る計画古道と条里」『歴史地理学会会報』104　歴史地理学会　pp.13-17
米田雄介　1976「郡司の出自と任用」『郡司の研究』法政大学出版局　pp.185-209
リーチ、E.（青木保・宮坂敬三訳）　1981『文化とコミュニケーション　構造人類学入門』紀伊国屋書店
レヴィ＝ブリュル（山田吉彦訳）　1953『未開社会の思惟（上）』岩波文庫
若井敏明　1998「仏教受容と霊魂観」『古代中世の社会と国家』大阪大学文学部日本史研究室　pp.59-74
和田萃　1973「殯の基礎的考察」『論集終末期古墳』塙書房　pp.285-385
和田萃　1996「文献から見た祭祀」『日本考古学協会　1996年度三重大会　シンポジウム1　水辺の祭祀』日本考古学協会三重県実行委員会　pp.214-218
和田軍一　1936「上代に於ける薄葬思想の発展」『史学雑誌』47-4　史学会　pp.436-462
和田晴吾　1992「群集墳と終末期古墳」『新版古代の日本』5：近畿I　角川書店　pp.325-350
和田晴吾　1995「棺と古墳祭祀―「据えつける棺」と「持ちはこぶ棺」―」『立命館文学』542　立命館大学人文学会　pp.37-42
渡邊邦雄　1995「石鏃を副葬したる古墳」『ETUDE』17　大阪市立生野工業高等学校　pp.47-62

渡邊邦雄　1996「横穴式石室の前庭部構造と墓前祭祀」『ひょうご考古』2　兵庫考古研究会　pp.1-34
渡邊邦雄　1998「横穴式石室における墓前祭祀」『ひょうご考古』5　兵庫考古研究会　pp.1-22
渡邊邦雄　1999a「終末期古墳の外部構造（上）―段築を有する古墳を中心として―」『古代学研究』147　古代学研究会　pp.1-20
渡邊邦雄　1999b「8・9世紀の古墳祭祀（上）」『古代文化』51-11　（財）古代学協会　pp.3-19
渡邊邦雄　1999c「8・9世紀の古墳祭祀（下）」『古代文化』51-12　（財）古代学協会　pp.43-58
渡邊邦雄　2000a「列石からみた西脇古墳群の支群構造」『ひょうご考古』6　兵庫考古研究会　pp.70-82
渡邊邦雄　2000b「律令墓制における古墳の再利用―近畿地方の8・9世紀の墳墓の動向―」『考古学雑誌』85-4　日本考古学会　pp.1-75
渡邊邦雄　2001a「律令墓制における土葬と火葬」『古代学研究』154　古代学研究会　pp.37-52
渡邊邦雄　2001b「畿内における8・9世紀の火葬墓の動態」『実証の地域史　村川行弘先生頌寿記念論集』大阪経済法科大学出版部　pp.425-435
渡邊邦雄　2003「天武・持統朝の墓制」『古代学研究』161　古代学研究会　pp.9-28
渡邊邦雄　2004a「畿内における律令墓制の展開と終焉過程」『日本考古学』17　日本考古学協会　pp.43-65
渡邊邦雄　2004b「墓前祭祀から見た丹後地域の横穴墓」『古代文化』56-2　（財）古代学協会　pp.1-17
渡邊邦雄　2007「古代の集団墓」『考古学雑誌』91-4　日本考古学会　pp.1-32
渡邊邦雄　2008「墳丘を伴わない古墳時代の墓制」『古代学研究』180（森浩一先生傘壽記念）古代学研究会　pp.337-344
渡邊邦雄　2012「古墳時代終末期の小石室の位置付け」『蒐原Ⅱ』（森岡秀人さん還暦記念論文集）蒐原刊行会　pp.553-562
渡辺　昇　1992「兵庫県の律令期祭祀遺跡について」『兵庫県の歴史』28　兵庫県　pp.28-43
渡辺昇・長濱誠司編　2012『上エ山古墳群・内高山古墳群』兵庫県文化財調査報告429　兵庫県教育委員会
渡部真弓　1992「古代喪葬儀礼の研究―奈良時代における天皇喪葬儀礼の変遷―」『神道史研究』40-2　神道史學會　pp.28-52
渡部真弓　1993「日・中喪葬儀礼の比較研究：日本古代及び中国唐代を中心に」『國學院大學日本文化研究所紀要』71　國學院大學日本文化研究所　pp.27-61
王仲殊　1981「関于高松塚古墳的年代問題」『考古』1981年3期　科学出版社　p.277
王仲殊　1982「关于高松塚古墳的年代和被葬者」（「高松塚古墳の年代と被葬者について」菅谷文則訳）『橿原考古学研究所要　考古学論攷』8　奈良県立橿原考古学研究所　pp.1-8（pp.9-14）
王仲殊　1983「関于高松塚古墳的年代和被葬者―為高松塚古墳発掘十周年而作」『考古』1983年3期　科学出版社　pp.410-413
王仲殊（桐本東太訳）　1992「高松塚古墳」『中国からみた古代日本』学生社　pp.218-225

Kreps, David M. 1990 *Game Theory and Economic Modelling*. Oxford University Press.
Simon, Herbert A. 1985 "Human Nature in Politics: The Dialogue of Psychology with Political Science" *The American Political Science Review*, Vol. 79, Issue 2, Cambridge University Press. pp.293-304.
Selten, Reinhard 1990 "Evolution, Learning, and Economic Behavior" *Adenauerallee*, 24-42, Department of Economics, University of Bonn, pp.3-24
Maruyama, Magoroh 1963 "The Second Cybernetics : Deviation―Amplifying Mutual Causal Processes" *American Scientist*, 5-2, American Scientist, pp.164-179.

付　表

付表　凡例　240

付表1　畿内とその周辺地域の8・9世紀における古墳再利用一覧（墳墓以外の再利用）　242

付表2　畿内とその周辺地域の8・9世紀の火葬墓一覧　246

付表3　畿内とその周辺地域の8・9世紀の木棺墓一覧　262

付表4　畿内とその周辺地域の8・9世紀の古墓一覧（土壙墓・土器棺墓ほか）　266

付表5　畿内とその周辺地域の8・9世紀における墳墓としての古墳再利用一覧　270

付表　引用文献　274

付表 凡例

付表1
1. 原則として横穴式石室における再利用例を集成したが、一部それ以外の主体部を有する古墳も含めた。
2. 「参考」欄には7世紀末葉並びに10世紀初頭頃の再利用例を示したが、近隣に8〜9世紀の再利用を行う古墳が存在するものに限った。
3. 各項目の記号は以下の通り。
   - 墳形（＊）＝外部構造として列石を有するもの
   - 石室型式（＊）＝石室内に石棺（家形又は箱式）を内蔵するもの
   - 再利用時期（＊）＝他時期の再利用を有するもの
4. 類型欄の記号の意味は以下の通り。
   - A：継続使用──┬──追葬：A
   　　　　　　　　└──築造：A′
   - B：墳墓としての再利用
   - C：律令祭祀──┬──水源・水霊祭祀　：Ca
   　　　　　　　　├──（破壊に伴う）地鎮：Cb
   　　　　　　　　└──その他・不詳　　：C
   - D：他目的での再利用
   - E：祖霊祭祀（追善供養）
   - F：混入・投棄
5. 遺物に関する凡例は以下の通り。
   - a．須恵器　杯：①＝杯B
   　　　　　　　　セ＝セット関係を有する個体
   - b．土師器　杯：①＝高台を有するもの
   　　　　　　　　壺：①＝長頸壺
   - c．古　銭　和＝和同開珎（708）　神＝神功開寳（765）　隆＝隆平永宝（796）
   　　　　　　　富＝富寿神宝（818）　承＝承和昌宝（835）　長＝長年大宝（848）
   　　　　　　　貞＝貞観永宝（870）　※（　）内は初鋳年代

付表2
〔左側〕
1. 須は須恵器、土は土師器、把は把手付土器をそれぞれ示す。また、「有蓋」は各骨蔵器専用の蓋を有することを示す。
2. 表の「状態」欄の記号の意味は以下の通り。
   正：正位、斜：斜位、横：横位、逆：逆位、での骨蔵器の出土を示す。
3. 表の「種類」欄の記号の意味は以下の通り。
   1は埋葬地、1′は火葬地（火化地）に近接して埋葬地が営まれた可能性がある墳墓、2は火葬地をそのまま墳墓として利用したもの、3は火葬地（火化地）の遺構であり埋葬を伴わないもの、4は「火葬灰埋納土壙」などの火葬墓に伴う施設であり本来墳墓とは呼べないもの、をそれぞれ示す。
4. 各表の「類型」欄の記号の意味は以下の通り。
   〔大別類型〕
   Ⅰ：単独立地の墳墓、Ⅱ：数基程度の墳墓が散在するもの、Ⅲ：数十基の墳墓が群集するもの、Ⅳ：100

基以上の墳墓が密集するもので、いわゆる「群集土壙」を含む。
［細分類型］
　　アルファベットの大文字：同種類の墳墓のみで構成される墳墓群
　　　　　　　　　　　小文字：異なった種類の墳墓で構成される墳墓群
　　A（a）：同時期に複数の墳墓が一定の墓域内に存在するもの
　　B（b）：単独の墳墓が継続して一定の墓城内に造営され続けるもの
　　C（c）：複数の墳墓が継続的に一定の墓城内に造営され続けるもの
〔右側〕
1. 灰は灰釉陶器、長壺は長頸壺、短壺は短頸壺、広壺は広口壺、小壺は小型壺をそれぞれ示す。
2. 各項目の○は数量が不明であるが、存在が確認されていることを示す。また、各遺物名の横にある数字は出土した個数を示すが、数量が不明なものは遺物名のみを記した。
3. 石帯の項目は部位にかかわりなく出土した個体の総数を示した。
4. 墓誌の項目はそれぞれ材質を示した。また、銘文は確認されていないが、墓誌あるいは買地券の可能性のある「鉄板」も取り上げた。
5. 古銭の項目の略称は以下の通り。
　　和＝和同開珎（708）、和銀＝和同開珎銀銭（708）、万＝万年通宝（760）、神＝神功開宝（765）、隆＝隆平永宝（796）、富＝富寿神宝（818）、饒＝饒益神宝（859）、寛＝寛平大宝（890）、延＝延喜通宝（907）　※（　）は初鋳年代。
6. 木炭の項目は埋土内に炭や灰の確認された事例も含めた。
7. 集成表の対象は京都・大阪・兵庫・奈良4府県の8～9世紀の墳墓であるが、一部、7世紀後半と10世紀前半までの資料も含めた。なお、本表は黒崎1980、地村1995、五十川信矢1996、安村1997、海邉博史1999所収の地名表をもとに改訂・増補した。各資料の時期は原則として集成表記載の年代を採ったが、一部の資料で筆者の年代観に従い、変更したものもある。

付表3

1. 「類型」欄の記号の意味は以下の通り。
　　Ⅰ：単独立地の墳墓、Ⅱ：数基程度の墳墓が散在するもの、Ⅲ：数十基の墳墓が群集するもの、Ⅳ：100基以上の墳墓が密集するもので、いわゆる「群集土壙」を含む。
2. 古銭の項目は付表2と同じ。

付表4

1. 「類型」欄の記号の意味は付表2の凡例〔左側〕の4と同じ
2. 古銭の項目は付表2と同じ

付表5

1. 各項目の記号は付表1の凡例の3と同じ。
2. 「類型」欄の記号の意味は以下の通り。
　　B1：火葬墓、B2：木棺墓、B3：不明、a：墳丘利用、b：石室内利用、c：不明。
3. 古銭の項目は付表2と同じ。
4. 遺物欄については以下の通り。
　a. 須恵器　杯：①＝杯B、1＝セット関係を有する個体、壺：①＝長頸壺
　b. 土師器　杯・椀：①＝高台を有するもの
　c. ［1］：骨蔵器として利用されたもの

付表1　畿内とその周辺地域の8・9世紀における古墳再利用一覧（墳墓以外の再利用）

	古墳名	所在地	墳形・規模	石室型式・規模	時期	追葬	再利用時期	類型
	京都府・丹後							
1	高山4号墳	京丹後市徳光	円墳11	右片 6.3×1.4	6C後	～7C中	8C前	A
2	〃 12号墳	同上	円墳18	右片 12.2×2.3	7C初	～7C後	8C前	A
	京都府・丹波							
3	下山1号墳	福知山市和久寺	方墳5.4×6※	無袖 2.4×0.9	不明	不明	8C初	E
4	〃 70号墳	同上	円墳8	無袖 3.8×0.9	7C初	不明	7C末	E
5	高谷10号墳	綾部市舘町高谷	楕円15×10	無袖 9×1.1	7C前	○	8C前	A
6	小金岐3号墳	亀岡市大井町土田	不明　※	右片 6.3×1.5	7C初	○	8C※	A？
7	〃 71号墳	亀岡市千代川町小林	楕円17×22※	両袖 13.6×2.4	7C前	～7C後	8C初※	A？
8	国分33号墳	亀岡市千歳町	円墳11～13	無袖か？	7C前	～7C後	8C初	E
9	〃 36号墳	同上	円墳10	無袖 6.2×1.0	7C中	×？	8C初	E
10	〃 56号墳	同上	不明	無袖 8.5×1.6	7C前	～7C中	8C後	F
	京都府・山城							
11	御堂ヶ池21号墳	京都市右京区梅ヶ畑	円 15×16※	両袖 8.3×2.1※	7C初	×	平安	E？
12	旭山E-2号墳	京都市山科区上花山	方墳9×10	両袖 5.9×1.2	7C前	×	8C前※	E
13	隼上り2号墳	宇治市菟道	円墳30	右片 9.2×2.0	6C後	～7C前	8C前※	A
14	上人ヶ平5号墳	木津川市市坂	円墳25	未調査	5C前	×	8C後	D
15	〃 6号墳	同上	方墳11	不明	6C後	×	8C後	D
16	〃 14号墳	同上	方墳7.6	不明	5C後	×	8C後	D
17	〃 15号墳	同上	方墳10.4	不明	6C中	×	8C後	D
18	〃 16号墳	同上	方墳6.5	木棺直葬	5C後	×	8C後	D
19	〃 20号墳	同上	円墳26	不明	5C？	○	8C後	D
20	考古墳	木津川市岡崎	円墳25	不明	6C前	×？	8C中	Cb
21	尼塚5号墳	城陽市寺田	楕円？	無袖残 3.1×1.1	8C前	×	－ / 8C末※	A' / F
22	物集女車塚古墳	向日市物集女町南条	前方後円45	右片 11×2.8※	6C中	～7C初	8C※ / 8C末※	E / F
23	井ノ内稲荷塚古墳	長岡京市井ノ内小西	前方後円46	右片 10.1×2.2	6C中	～7C初	8C末	Cb
24	走田9号墳	長岡京市奥海印寺明神前	円墳12	両袖残 5.4×1.9※	7C初	不明	8C末※	Cb
25	今里車塚古墳	長岡京市今里	前方後円98	不明	5C後	不明	8C末	Cb
	大阪府・河内							
26	垣内3号墳	八尾市垣内	円墳15	右片 6.5×1.35	7C前	～7C後	8C※	A1
27	雁多尾畑6-13号墳	柏原市雁多尾畑	円墳14	両袖 12.4×2.1	7C初	7C初	8C初	A
28	一須賀P3号墳	南河内郡河南町平石	方墳8	両袖残 4.5×1.4	7C後	×	8C前	AかE
	大阪府・和泉							
29	桧尾塚原2号墳	堺市新桧尾台	円墳13×14	無袖 3.7×1.3	7C前	×	8C前	A
30	桧尾塚原4号墳	同上	方墳10.8	木棺直葬	6C中？	×	8C後	EかF
31	下代2号墳	和泉市池田下町	円墳12	両袖 6.4×1.5	7C初	○	8C	AかB
32	〃 3号墳	同上	円墳12	両袖 5.1×1.6	7C前	○	8C	AかB
	大阪府・摂津							
33	塚穴1号墳	高槻市南平台	円墳12	無袖残 6.1×1.1	6C後	～7C初	8C前※	A
34	塚脇10号墳	高槻市塚脇	円墳16×16	両袖 9.8×1.8	7C中	～7C中	8C中※	E？
35	〃 12号墳	同上	方墳22×21	両袖 12.9×2.1※	7C前	～7C前	8C※	A？
36	〃 D-1号墳	同上	方墳5	無袖 2.7×0.8	7C中	×	8C※	E
37	堂山4号墳	大東市寺川	不明	T字形 2.3×2.9	7C中	不明	8C前	A'
	兵庫県・摂津							
38	雲雀山東尾根B18号墳	宝塚市切畑	円墳7	無袖 3.0×0.05	7C後	×	8C前	A
39	中山荘園古墳	宝塚市中山荘園	多角形13×14	両袖 4.6×1.3	7C後	×	8C前※	E？
40	双子塚2号墳	三田市末野	円墳15	左片残 7.2×1.95	6C後	～7C初	8C	AかE
41	落合古墳	三田市末	円墳8.8×9	無袖残 4.7×1.1	7C中	×	8C前※	A
42	高川1号墳	三田市藍本	円墳11	右片 7.4×1.5	6C後	不明	8中後※	E
43	〃 2号墳	同上	円墳9×10	右片？ 5.7×1.6	6C後	不明	8C初※	E
	兵庫県・播磨							
44	ヤクチ2号墳	加西市大内町	不明	無袖残 4.6×0.95	7C初	～7C前	8C前	AかE
45	〃 4号墳	同上	円墳19×19	右片 10.7×1.65※	6C後	～7C前	9C※	F？
46	東山1号墳	多可郡多可町	円墳25	左片 12.5×2.8	6C後	～7C後	9C	F？
47	印南野12号墳	加古川市又平新田	円墳12	右片 6.8×1.8	7C中	～7C中	8C前	A
48	〃 17号墳	加古川市又平新田	円墳9.5	両袖 8.7×1.7	7C初	～7C前	8C前	A
49	西脇A-26号墳	姫路市西脇	楕円6×6.5	無袖 2.5×0.55	7C前	不明	8C前	A
50	〃 C-13号墳	同上	円墳7.5※	無袖 3.8×0.9	7C中	×	8C前	A？
51	〃 D-90号墳	同上	楕円5.6	無袖残 2.2×0.96	不明	不明	8C前	F？
52	〃 D-104号墳	同上	円墳4.4	無袖残 1.02×?	7C後	×	8C前	F？

付表1　畿内とその周辺地域の8・9世紀における古墳再利用一覧

須恵器						土師器					その他			文献	
杯	蓋	セ	瓶子	壺	その他	杯	皿	椀	壺	その他	土器	古銭	その他		
京都府・丹後															
	2	①			平瓶1									305	1
					平瓶1	1								305	2
京都府・丹波															
○														148	3
②			①											149	4
	1													323	5
			1				1				製塩土器			204	6
													遺物なし	14	7
	②													19	8
①	②													19	9
1														68	10
京都府・山城															
						2								104	11
1	3	1		1					甕				2箇所で出土	116	12
②					鉢1								2箇所で出土	12	13
													瓦磚類	18	14
				○					○				瓦磚類	18	15
													瓦磚類	18	16
													瓦磚類	18	17
													瓦磚類	18	18
								○			瓦磚類			18	19
					1(薬壷)									230	20
											和1		木炭	194	21
①			1	1								和1	複数箇所で出土	2	22
	2②		2	①					1		軒平瓦	神1			
①1(墨書)						1	1	1	1	高坏1			土壺は墨書人面専用	220	23
							2	2	1	2				328	24
①2(墨書)		1		2		皿1 平瓶甕	2			鉢5(墨書人面3)			木製品(人形、皿など)	198	25
大阪府・河内															
①			2				1							162	26
							4							200	27
①														48	28
大阪府・和泉															
①			②											301	29
①	1		1①											301	30
①			①											36	31
○		○		甕									不詳	36	32
大阪府・摂津															
3	1		1			1(1)	1	1			土鈴?			114	33
①	1			①										244	34
①	2					①2	2							244	35
⑤														67	36
	3		1											293	37
兵庫県・摂津															
						(1)								22	38
	1		1											227	39
①														334	40
1	1	①												262	41
②														69	42
①		②												69	43
兵庫県・播磨															
②	2													205	44
			①											205	45
	①													259	46
①	1													161	47
①														46	48
①	2													188	49
②														188	50
			1											188	51
			①											188	52

	古墳名	所在地	墳形・規模	石室型式・規模	時期	追葬	再利用時期	類型
53	中井2号墳	たつの市龍野町	円墳20×17	右片11.1×2.1	7C初	○	8C前※	E
54	龍子向イ山1号墳	たつの市揖西町	楕円13×11	右片6.8×1.6	6C後	～7C中	E
55	龍子長山1号墳	同上	円墳10	左片6.5×1.6	7C初	～7C前	9C前※	E？
56	タイ山1号墳	同上	円墳15	不明残2.6×2.5	6C中	～7C中	8末9C初※	E？
57	袋尻浅谷3号墳	たつの市袋尻	円墳16	左片9.3×2.3	6C後	～7C中	8C初	A・E
兵庫県・但馬								
58	城ヤブ1号墳	朝来市竹田	円墳17×18	両袖残8.6×2.35	7C中	不明	8C前	E
59	箕谷2号墳	養父市小山	円墳12×14	無袖8.6×1.2	7C初	～7C後	8C中※	E
60	〃 4号墳	同上	円墳5.6×7	無袖3.6×0.8	7C中	×	8C前	EかF
61	〃 5号墳	同上	円墳6	無袖3×0.7	不明	不明	8C前	A′
62	二見谷1号墳	豊岡市二見上山	円墳20	両袖8.2×2.1※	7C初	～7C中	8C初 / 9C前	A？ / BかE
奈良県・大和								
63	春日山1号墳	奈良市春日野町	楕円4.5×4	竪穴小石室2.7	7C中	×	8C	C
64	〃 2号墳	同上	円墳3	竪穴小石室2.7	7C前	×	9C中後	C
65	〃 3号墳	同上	円墳5	竪穴小石室2.6	7C前	×	9C	C
66	梨本1号墳	生駒郡平群町梨本	不明	右片残10×1.3	7C前	不明	8C※	F
67	仏塚古墳	生駒郡斑鳩町平尾	方墳23	両袖残9.4×2.15	7C初	～7C後	8C後※	E
68	和爾小倉谷3号墳	天理市和爾町	方墳7	不明5.8××1.4	7C後	～8C初	8C初	A
69	東乗鞍古墳	天理市乙木町	前方後円墳72	右片7.6×2.4	6C前	○	8C初	E
70	龍王山B-8号墳	天理市渋谷	不明	無袖3.4×1.0	6C後	×	8C初	F
71	〃 B-9号墳	同上	不明	無袖残4.4×1.2	6C末	×	9C？	F
72	〃 C-7号墳	同上	楕円6.5×8※	両袖4.6×1.45	6C後	不明	8C前※	A？
73	〃 E-5号墳	同上	方墳3×2.5※	無袖1.75×0.75	7C中	×	8C前	AかF
74	〃 E-12号墳	同上	方墳6.5×8※	横口式石槨？6.5×8	7C前	～7C中	8C前	Ca
75	〃 E-13号墳	同上	円墳10以上※	無袖7.2×1.2	6C中	×	8C初	A
76	〃 E-18号墳	同上	羨道付横穴	－	7C中	～7C末？	7C末 / 8C前	Ca / Ca
77	〃 E-20号墳	同上	羨道付横穴	－	7C中	×	8C初※	Ca
78	珠城山1号墳	桜井市穴師	円墳21	右片残4.7×1.7※	7C初	○	9C前※	BかE
79	中山2号墳	桜井市阿部	円墳18	右片推6.1×1.6	7C前	不明	8C	Ca
80	コロコロ山古墳	同上	方墳30	両袖11.0×2.5	6C後	～7C中	8C初	A
81	神木坂1号墳	宇陀市下井足	円墳	木棺直葬	6C中	～6C中？	8C	E
82	〃 2号墳	同上	方墳14×13	塼槨式6.1×1.2	7C中	×	9C前※	E
83	丹切34号墳	同上	墳丘なし	両袖4.6×1.55※	7C初	～7C中	9C前	BかE
84	〃 38号墳	同上	円墳7	箱式石棺直葬	5末6初	×	9C中後	Cb
85	鴨池古墳	宇陀市野依	前方後円墳46	不明	4C後	－	8C	Ca
86	新沢212号	橿原市川西町	前方後円墳212	木棺直葬	6C後	－	8C後	C？
87	〃 319号	同上	円墳8×9	不明	6C前？	－	8C	C？
88	〃 330号	同上	円墳13	木棺直葬	6C前	－	8C	C？
89	市尾墓山古墳	高市郡高取町市尾	前方後円66	右片9.5×2.6※	6C初	×	8C※	E
90	首子1号墳	葛城市当麻	円墳18～20	両袖5.95×1.5※	7C初	○	8C前※	A
91	〃 4号墳	同上	方墳26	右片残6.4×2.5	7C初	不明	8C中	E
92	〃 8号墳	同上	円墳12	左片残7.4×1.4	7C初	～7C中	8C初※	AかE
93	平林古墳	葛城市兵家	前方後円62	両袖20.1×3.35※	6C後	～7C中	9C後※	E
94	三ツ塚7号墳	葛城市竹内	方墳5.4×6.4	左片4.65×1.15※	7C後	×	8C後※	E
95	〃 8号墳	同上	方墳11×13.5	両袖 残8×1.5※	7C前	7C中	9C※	E？
96	〃 13号墳	同上	不明市	両袖8.9×？4	7C前	7C中	9C※	F？
97	〃 小石室12号墳	同上	－	小石室残1.2×0.6	？	×	8C中	E？
98	寺口忍海E-12号墳	葛城市寺口	円墳8×10.5	両袖残6.8×2.5	7C前	～7C中	7末8初	A1
99	〃 H-17号墳	同上	円墳10	無袖4.56×0.95	6C後	×	8C後	E
100	〃 H-29号墳	同上	楕円10×16※	両袖7.55×2.2※	7C初	○	8C前	A
101	〃 H-30号墳	同上	円墳9※	無袖6.8×1.1	7C中	～7C中	8C前	A1
102	石光山31号墳	奈良県御所市元町	円墳16×17	両袖9.5×2.0	7C前	○	8C前	A1
103	〃 47号墳	同上	円墳13	埴輪棺・土壙墓	6C前	6C前	8C初※	Ca
参考								
	岡1号墳	京丹後市小浜	不明	無袖10.8×2.3	7C前	○	7C末	A
	みかん山10号墳	東大阪市東豊浦町	楕円15.2×16.9	右片10.3×1.9	7C前	○	10C前	F
	中山1号墳	奈良県桜井市阿部	円墳16	右片？推4×1.3	7C中	～8C前	7後8前	A′
	寺口忍海H-34号墳	奈良県葛城市寺口	円墳15※	右片8.1×2.1※	6C後	～7C前	7C中後	A
	石光山38号墳	奈良県御所市元町	円墳14	竪穴・木棺直葬	6C前	○	7C後	A
	〃 41号墳	同上	円墳10	割竹木・埴輪棺・甕棺	6C初	○	7C中後	A
	龍王山E-19号墳	奈良県天理市渋谷吉野	横穴	－	6C後	～7C前	10C前	C

付表1　畿内とその周辺地域の8・9世紀における古墳再利用一覧　245

須恵器						土師器					その他			文献	
杯	蓋	セ	瓶子	壺	その他	杯	皿	椀	壺	その他	土器	古銭	その他		
	2				皿1盤1高杯1壺?									335	53
			1		三耳壺1									333	54
①														336	55
②	1													47	56
②	1					○							2箇所で出土	290	57
兵庫県・但馬															
①														270	58
		①									黒色土器			209	59
	1		1											209	60
	1													209	61
①								5			黒色土器			260	62
奈良県・大和															
													土馬1	178	63
		2												178	64
		○									土塔群			178	65
												和1	不明土製品1?	218	66
							1	1		三釉壺1			土馬1	95	67
						○							(破片多数)	39	68
													土馬1	89	69
①			1											96	70
											黒色土器皿1			96	71
							1							96	72
		①												96	73
①							2(1)			甕10高杯1 その他多数		和1	鉄釘鉄板片	96	74
③	4											和1	複数箇所で出土	96	75
①	2	①						3					土馬1	96	76
	1	①			鉢2	1		1	2				土馬3	96	
									1				銅板6、鉄板34	96	77
						6		器台6		黒椀4(墨1)	承8		複数箇所で出土	207	78
													土馬1	166	79
		①				①	2					和1		166	80
	1		1(蓋付)			1	2							286	81
			平瓶1			1								320	82
			平瓶1								黒色土器椀6			180	83
							4							180	84
													土馬1	249	85
													土馬5	208	86
													土馬2	208	87
													土馬1	208	88
			○									和10		97	89
1							2							30	90
			①		高杯1台部2									30	91
③	1		②			2								30	92
											黒色土器椀			253	93
			甕											303	94
							1							303	95
								1						303	96
							1						神	303	97
1														331	98
							1(墨書)							331	99
			平瓶1						1	甕1			釘、鉄滓	331	100
										甕・蓋1				331	101
		①					5(墨書1)					和1		172	102
													土馬1	172	103
参考															
		①		①										255	
											黒色土器椀			76	
○			平瓶・高杯					2		鉢・甕			複数箇所で出土	166	
○		○	高杯			○	○			鉢				331	
2		2												172	
○			杯蓋			○				高杯				172	
		1					5							96	

付表2 畿内とその周辺地域の8・9世紀の火葬墓一覧

	古墓名	所在地	主体部 本体	主体部 蓋	状態	類型	時期	外容器	外部施設	種類	敷石	炭敷	木炭
	京都府・山城												
1	長刀坂古墓	京都市右京区嵯峨野	金銅薬壷	有蓋	?	I	8C後	?	?	1			
2	音戸山古墓	〃鳴滝音戸山町	土師甕	土皿2	?	I	9C中	?	?	1			○
3	仁和寺裏山古墓	京都市右京区御室	須恵薬壷	有蓋	?	I	8C後	?	?	1			
4	右京五条二坊SK1	京都市中京区壬生西桧町	須長頸壷	?	斜	I	9C	なし	石組	1			
5	清水寺裏山古墓	京都市東山区清水寺	灰釉四足壷		?	?	9C後						
6	地蔵山古墓	〃今熊野日吉町	?		?	?	8C後						
7	仁明陵北辺古墓	京都市伏見区深草瓦町	?		?	?	?						
8	中ノ郷山古墓	京都市伏見区深草	土師壷	?	逆	I	10C?	?	?	1			
9	大日寺古墓	京都市山科区勧修寺北	緑釉薬壷	なし	?	?	9C後	?	石組	?		○	
10	宇治宿弥墓	京都市西京区塚原	銅製盒子	ー	?	?	8C中	石櫃	なし	1'	○		○
11	大枝古墓(沓掛古墓)	京都市西京区大枝	須恵薬壷	なし	?	I	8C中	?	?	1			
12	井ノ内古墓	長岡京市井ノ内	須恵把手付薬壷		?	I	8C後						
13	回向場古墓	同上	?	?	?	?	8C末	?	?	?			
14	不動尊古墓	長岡京市粟生	須恵薬壷	有蓋	?	I	10C前	なし	なし	1'	○	○	
15	平尾火葬墓	長岡京市長法寺平尾	土師甕	土師皿	逆	I	8C後	なし	なし	1			
16	大極殿古墓	向日市鶏冠井町	甕		?	?	9C前						
17	銭原古墓	乙訓郡大山崎町銭原	須恵薬壷	有蓋	?	I	8C中			1			
18	山城城跡古墓	乙訓郡大山崎町大山崎	猿投壷	有蓋	正	I	9C	?	?	1?			○
19	妙見古墓	宇治市菟道妙見	須恵薬壷		?	I	8C	?	石囲	1?			
20	広野古墓	宇治市広野町	?	?	?	I	8中?		石櫃	?			1
21	木幡古墓	宇治市木幡南山	須恵薬壷	有蓋	?	I	8C後	なし	なし	1'			○
22	広岡古墓	宇治市五ヶ荘	須長頸壷		?	I	8中?			1'			○
23	西薪古墓	京田辺市薪大欠	須恵大甕	?	?	I	8C?	?	?	1	○		
24	御所内古墓	京田辺市普賢寺	土師広口		?	I	8中?	?	?	?			
25	蓮池古墓	相楽郡山城町上狛	須有蓋壷	有蓋	?	I	平安	?	?	?			
26	大木屋古墓	相楽郡加茂町高田	?	?	?	I	8中?	?	?	?			○
27	猪ノ谷古墓	相楽郡和束町高田	?	?	?	I	?	?	周濠	1?			
	京都府・丹波												
28	南条山古墓	亀岡市曾我部町	土師甕形	?	?	I	8C後	?	石組	1			
29	横尾古墓	福知山市梅谷	須恵器	?	?	I	9C前	?	石室	1			
	京都府・丹後												
30	裾谷横穴群2号墳	中郡大宮町字口大野	小横穴	ー	ー	Ⅱb	8C前	ー	ー	1			
31	〃 SX01	同上	直葬	ー	ー	Ⅱb	8C	なし	なし	1			
32	左坂横穴群B1号墳	中郡大宮町字周枳	小横穴	ー	ー	ⅡA	8C前	ー	ー	1			
33	〃 B2号墳	同上	小横穴	ー	ー	ⅡA	8C前	ー	ー	1			
34	〃 B6号墳	同上	小横穴	ー	ー	ⅡA	8C前	ー	ー	1			
35	〃 火葬墓	同上	須恵器鉢	須恵蓋	正	I	8C中	なし	なし	1			
	大阪府・摂津												
36	梶原遺跡人葬墓	高槻市梶原	須双耳壷	?	正	I	9C中	なし	なし	1			
37	古曽部土器棺墓K1	高槻市古曽部町	土師甕	土師皿	斜	I	8C前中	なし	なし	1			
38	〃 K2	同上	土師甕	?	正	I	8C?	なし	なし	1			
39	芝谷土器棺墓S1	高槻市真上町	土師甕	土師杯	正	I	9C後	なし	なし	1			
40	〃 S2	同上	須恵壷	?	正	I	9C?	なし	なし	1			
41	〃 S3	同上	須恵薬壷	有蓋	正	I	9C中	なし	なし	1			
42	石川年足墓	高槻市月見町	木櫃	ー	ー	I	8C中	ー	なし	1			○
43	岡本山古墓1号火葬墓	高槻市岡本町	灰釉薬簿	?	?	Ⅲc	10C前	?	?	1			○
44	〃 2号火葬墓	同上	須恵広壷	?	?	Ⅲc	8C後	?	?	?			
45	〃 3号火葬墓	同上	土壷須蓋	?	?	Ⅲc	8C後	?	石組	1			
46	〃 1	同上	須恵横瓶	須恵杯	?	Ⅲc	8C	?	石組	1			
47	〃 2	同上	須恵横瓶	須恵壷	?	Ⅲc	8C	?	石組	1			
48	〃 3	同上	須恵壷	土師皿	?	Ⅲc	8C	?	石組	1			

付表2　畿内とその周辺地域の8・9世紀の火葬墓一覧

須恵器	土師器	銅製品	石帯	武器	鏡・玉類	鉄釘	墓誌	古銭	その他	備　考	文献	
京都府・山城												
									佐波理椀2		221	1
									無釉壺		108	2
											236	3
								古銭1			278	4
											25	5
○								万			121	6
○	○								緑釉、瓦		121	7
											74	8
											272	9
									銅製1		59	10
									ガラス器蓋1		155	11
											216	12
								和3万1神21			222	13
											159	14
											118	15
								富5			196	16
											221	17
					水晶2						147	18
											82	19
											236	20
											171	21
											324	22
											119	23
								和5			139	24
											119	25
								和≧91			223	26
											119	27
京都府・丹波												
											314	28
											120	29
京都府・丹後												
											214	30
○	○										257	31
長頸壺1	杯2蓋1									B1とB2は同一前庭部を共有する	213	32
	杯1皿1甕1			鉄鏃1							213	33
杯1長頸壺2	杯1甕2										213	34
○											213	35
大阪府・摂津												
									壺打ち欠き		98	36
											300	37
									甕打ち欠き		300	38
				鉄鏃1							300	39
											300	40
											300	41
		釘14							銅製1		56	42
						1					189	43
											189	44
	鉢1										189	45
										敷石をもつものを含む	190	46
										敷石をもつものを含む	190/307	47
										敷石をもつものを含む		48

	古墓名	所在地	主体部 本体	主体部 蓋	状態	類型	時期	外容器	外部施設	種類	敷石	炭敷	木炭
49	岡本山古墓 4	同上	?	?	?	Ⅲc	8C	?	石組	1			
50	〃 5	同上	土短頸壺	土杯蓋	?	Ⅲc	8C	?	石組	1			
51	〃 6	同上	(土師甕合口)		?	Ⅲc	8C	?	石組	1			
52	〃 1	同上	須四環壺	緑釉椀	?	Ⅲc	9C	?	?	1		○	
53	〃 2	同上	黒色椀	緑釉椀	?	Ⅲc	9後10前	?	?	1			
54	今城古墓	高槻市今城町	土師甕形	?	?	ⅡB	8C後	?	?	1			
55	〃	同上	土師甕形	?	?	ⅡB	8C中	?	?	1			
56	将軍山古墓	高槻市安威将軍山	三彩薬壺	有蓋	?	Ⅰ	8C中	石櫃	?	1			
57	宿久庄古墓	茨木市宿久庄	須恵薬壺	?	?	Ⅰ	8C中	なし	なし	1			
58	栗栖山南火葬墓1432	茨木市佐保	土師甕	須杯蓋	正	Ⅰ	8C前	なし	なし	1			
59	吉志部古墓	吹田市小路	?	?	?	?	8C後	?	?	?			
60	上津島南蔵骨器	豊中市上津島	須長頸壺	土師皿	正	Ⅰ	9C後	なし	なし	1			
61	寺山古墓	豊中市南刀根山	須恵薬壺	有蓋	?	Ⅰ	8C前	?	?	1			
62	野畑古墓	豊中市野畑	須恵薬壺	なし	?	Ⅰ	9C前	?	?	1			
63	山崎古墓	三島郡島本町山崎	須四環壺	?	?	?	9C	?	?	1			
大阪府・河内													
64	藤阪宮山火葬墓	枚方市藤阪天神町	須四耳壺	蓋	正	Ⅰ	8C末	瓦槨	なし	1			
65	月の輪古墓	交野市私市	土師甕	土高坏	正	?	9C?	?	?	1			
66	石宝殿古墳	寝屋川市打上	金銅壺	?	?	Ⅰ	8C?	横口式石槨		1			
67	高柳古墓	寝屋川市長栄寺町	凝灰岩櫃	-	-	Ⅰ	8C後	?	?	1			
68	太鼓山古墓	大東市中垣内	骨壺	?	?	Ⅲ	9C	?	?	?			
69	大坂城跡 2	大阪市中央区大手前	須短頸壺	?	正	Ⅱb	8C中	なし	なし	1		○	○
70	〃 4	同上	木櫃	-	-	Ⅱb	8C	なし	なし	1		○	○
71	長原火葬墓 1	大阪市平野区長吉	土師甕	土師皿	逆	ⅡA	8C後	なし	なし	1			
72	長原火葬墓 2	大阪市平野区長吉	土師甕	土師皿	逆	ⅡA	8C後	なし	なし	1			
73	正法寺山古墓	東大阪市日下町	須恵薬壺	?	?	Ⅰ	8C中	なし	なし	1'			○
74	千手寺山古墓	東大阪市東石切町	須恵薬壺	有蓋	?	ⅡB	8C前	?	?	1			
75	〃	同上	須恵双耳	?	?	ⅡB	9C後	?	?	1			
76	辻子谷古墓	東大阪市中石切町	凝灰石櫃	-	?	Ⅰ	8C後	?	?	1?			
77	辻子谷東古墓	東大阪市石切町	土師壺形	?	?	Ⅰ	8C前	?	?	1?			
78	石切古墓	東大阪市石切町	土把薬壺	有蓋	?	Ⅰ	8C中	?	?	1'			○
79	坊主山古墓	東大阪市北石切町	須把壺	?	?	?	8C前	?	?	1?			
80	正興寺山古墓	東大阪市上石切町	土把壺	土師杯	?	Ⅰ	8C後	?	?	1?			
81	墓尾古墳群隣接地	東大阪市上石切町	土師杯	土杯蓋	正	Ⅱc	8C前	なし	石組	1	○		
82	墓尾古墳群古墓 5	東大阪市上石切町	須恵広口壺	?	?	Ⅱ?	8C前	?	?	1?			
83	神感寺跡周辺火葬墓 1	東大阪市上四条町	須有蓋壺	?	?	Ⅰ	9C前	?	石囲	1?			
84	神感寺跡周辺火葬墓 2	東大阪市上四条町	土把壺	?	?	Ⅰ	9C前	?	?	1?			○
85	善根寺町火葬墓	東大阪市善根寺町	須有蓋壺	有蓋	正	Ⅰ	8C前	なし	なし	1			
86	花岡山古墓	八尾市楽音寺	土師薬壺	有蓋	?	?	8C中	?	?	?			
87	平野古墓	柏原市平野	須恵薬壺	有蓋	?	Ⅰ	8C後	?	?	?			
88	船橋遺跡	柏原市安堂町	土師短壺	?	?	Ⅰ	8C	?	?	1			
89	太平寺・安堂古墓 1	柏原市安堂町	須恵壺	緑釉椀	逆	Ⅰ	9C後	なし	なし	1			○
90	〃 2	同上	直葬	-	-	-	9C前	なし	なし	4?			○
91	〃 3	同上	直葬	-	-	-	8C後	なし	なし	4?			○
92	〃 4	同上	直葬	-	-	-	8C前	なし	なし	4?			○
93	高井田遺跡	柏原市高井田川	直葬	-	-	Ⅰ	不明	なし	なし	1			
94	高井田古墓群古墓 1	柏原市高井田	須恵壺	緑釉椀	逆	ⅢC	9C後	なし	なし	1			○
95	〃 2	同上	須恵壺	?	正	ⅢC	9C	なし	墓標?	1	○		
96	〃 3	同上	須恵壺	土杯椀	逆	ⅢC	9C後	なし	なし	1			○
97	〃 4	同上	須広口壺	?	正	ⅢC	9C後	なし	なし	1			○
98	〃 5	同上	須短頸壺	灰釉皿	逆	ⅢC	9C中	なし	なし	1			○
99	〃 6	同上	土師甕	?	逆	ⅢC	9C後	なし	なし	1	○		○
100	〃 7	同上	須広口壺	?	正	ⅢC	9C後	なし	なし	1			○

付表2　畿内とその周辺地域の8・9世紀の火葬墓一覧

須恵器	土師器	銅製品	石帯	武器	鏡・玉類	鉄釘	墓誌	古銭	その他	備考	文献	
		鉸具								敷石をもつものを含む		49
										敷石をもつものを含む	190	50
											307	51
												52
				刀子								53
								和2			189	54
								和4		穿孔	189	55
											221	56
											169	57
										棺台の石有り	185	58
											245	59
											37	60
											272	61
											272	62
											164	63

大阪府・河内

須恵器	土師器	銅製品	石帯	武器	鏡・玉類	鉄釘	墓誌	古銭	その他	備考	文献	
											53	64
								富50			143・150	65
											183	66
										茨田親王塚の別称	184	67
											245	68
					海獣葡萄鏡1(木箱)						173	69
					水晶製丸玉1						173	70
											40	71
											40	72
	皿2										266	73
											266	74
											266	75
○	○						土板2			1枚は墨書	266	76
								和銀1			269	77
											266	78
											51	79
											51	80
										周辺に甕棺・土壙墓など	50	81
											51	82
											51	83
									丸鞆		51	84
						1				マウンド(高さ15cm)	267	85
											272	86
											272	87
											236	88
瓶子1	杯1皿1				ガラス丸玉1	7			砂		316	89
								富2		墓1に伴う火葬灰埋納土壙か？	316	90
						8		神1	鉄滓1	墓1に伴う火葬灰埋納土壙か？	316	91
								和2		墓1に伴う火葬灰埋納土壙か？	316	92
	破片2					7					319	93
	杯9					2				壺は打ち欠き	317	94
											317	95
					水晶切子玉1					壺は打ち欠き	317	96
	杯2										317	97
						10					317	98
						14					317	99
	杯7					4					317	100

	古墳名		所在地	主体部		状態	類型	時期	外容器	外部施設	種類	敷石	炭敷	木炭
				本体	蓋									
101	高井田古墳群古墓 8		同上	直葬	−	−	ⅢC	不明	なし	なし	1?			○
102	〃	9	同上	須恵壺	?	正	ⅢC	不明	なし	なし	1			
103	〃	10	同上	直葬	−	−	ⅢC	不明	なし	なし	1?			○
104	〃	11	同上	須恵壺	土杯3	正	ⅢC	9C後	なし	石組	1			○
105	〃	12	同上	須恵壺	土杯2	逆	ⅢC	9C中	なし	石敷	1			○
106	〃	13	同上	須三耳壺	有蓋	正	ⅢC	9C中	なし	なし	1			
107	〃	14	同上	土師壺	土杯2	逆	ⅢC	9C後	なし	なし	1			○
108	〃	15	同上	土無頸壺	有蓋	正	ⅢC	9C	なし	なし	1			○
109	〃	16	同上	直葬	−	−	ⅢC	9C〜	なし	なし	1			○
110	〃	17	同上	直葬	−	−	ⅢC	不明	なし	なし	4?			
111	〃	18	同上	土師甕	土師杯	逆	ⅢC	9C末	なし	なし	1			
112	〃	19	同上	須恵薬壺	?	正	ⅢC	9C後	なし	なし	1			○
113	〃	20	同上	須恵薬壺	有蓋	正	ⅢC	8C後	なし	なし	1			○
114	〃	21	同上	直葬	−	−	ⅢC	不明	なし	なし	4?			○
115	〃	22	同上	土師甕	?	正	ⅢC	不明	なし	なし	1	○		
116	〃	23	同上	土師甕	土師杯	逆	ⅢC	9C末	なし	なし	1			
117	〃	24	同上	須恵瓶子	木製蓋	正	ⅢC	9C前	なし	なし	1			
118	〃	25	同上	直葬	−	−	ⅢC	10C初	平瓦	なし	1			
119	〃	26	同上	直葬	−	−	ⅢC	不明	なし	なし	4?			
120	〃	27	同上	須広口壺	土師杯	逆	ⅢC	9C後	なし	なし	1			
121	〃	28	同上	直葬	−	−	ⅢC	不明	なし	なし	4?			
122	〃	29	同上	直葬	−	−	ⅢC	不明	なし	なし	4?			
123	高井田横穴群火葬墓		同上	直葬	−	−	Ⅰ	8C中?	なし	なし	1?			
124	平尾山雁多尾畑墓 1		柏原市雁多尾畑	須恵薬壺	有蓋	斜	ⅡC	8C中	石組	周溝	1	○		
125	〃	2	同上	土把手甕	土皿4	−	ⅡC	8C前	なし	なし	1			
126	〃	3	同上	土把手甕	?	正	ⅡC	8C前	なし	なし	1			
127	〃	4	同上	土把手甕	?	?	ⅡC	8C中	なし	なし	1	○		
128	〃	5	同上	直葬	−	−	ⅡC	8C	なし	なし	4?			○
129	玉手山古墳群古墓 9		柏原市玉手山	須恵壺	?	正	ⅢC	9C中	なし	なし	1			○
130	〃	13	同上	須恵壺	?	正	ⅢC	9C後	なし	なし	1			
131	〃	14	同上	土師鉢	土師椀	正	ⅢC	9C中	なし	なし	1			○
132	〃	15	同上	須恵薬壺	土鉢皿	正	ⅢC	9C後	なし	なし	1			
133	〃	18	同上	須恵平瓶	土杯	逆	ⅢC	9C前	なし	なし	1	○		
134	〃	22	同上	須恵器壺	土師器	正	ⅢC	9C後	なし	なし	1			
135	〃	25	同上	須長頸壺	土師器	?	ⅢC	9C前	なし	なし	?			
136	〃	27	同上	土師器甕	土師皿	正	ⅢC	9C後	なし	なし	1			
137	〃	29	同上	直葬	−	−	ⅢC	8C	なし	なし	1?			
138	〃	34	同上	緑釉壺	土皿2	?	ⅢC	9C前	なし	なし	1?			
139	〃	43	同上	直葬	−	−	ⅢC	8C	なし	なし	1?			○
140	〃	47	同上	須恵長壺	?	逆	ⅢC	9C中	なし	なし	1			
141	〃	48	同上	須恵器壺	?	正	ⅢC	9C中	なし	なし	1			
142	玉手山遺跡		同上	土師器甕	土師杯	逆	Ⅰ	9C後	なし	なし	1			○
143	玉手山遺跡（5基）		柏原市旭ヶ丘	須短壺・甕等		?	ⅡC	8C〜平安	?	?	?		○	○
144	円明遺跡古墳群		同上	土師壺等			Ⅲ	8C〜平安	?	?	?			○
145	黄金塚古墓		柏原市玉手	金銅箱形	同左	?	Ⅲ	8C前	?	?	1			
146	国分古墓		柏原市国分芝山	?	−	−	Ⅰ	8C	?	石組	1			
147	田辺古墳群古墓 4		柏原市田辺	木櫃	−	−	ⅡC	8C前	なし	なし	1			○
148	〃	7	同上	木櫃	−	−	ⅡC	8C前	なし	周溝	2			○
149	〃	8	同上	須恵器甕	同左	逆	ⅡC	8C前	なし	なし	1	磚4		○
150	〃	9	同上	須恵薬壺	有蓋	正	ⅡC	8C中	瓦槨	なし	1			
151	雨ヶ池古墓		羽曳野市はびきの	骨壺	?	?	Ⅰ	8C	?	?	?			
152	西浦古墓 1		羽曳野市西浦	凝灰石櫃	蓋?	−	ⅡC	8C中	なし	なし	1			
153	〃	2	同上	凝灰石櫃	−	−	ⅡC	8C後	なし	なし	1			

付表2　畿内とその周辺地域の8・9世紀の火葬墓一覧　251

須恵器	土師器	銅製品	石帯	武器	鏡・玉類	鉄釘	墓誌	古銭	その他	備　　考	文献	
										「火葬灰埋納土壙」か？	317	101
											317	102
										「火葬灰埋納土壙」か？	317	103
					水晶涙滴形玉1					壺は打ち欠き	317	104
	○			刀子1		2			緑釉椀1		317	105
											317	106
						1					317	107
						3					317	108
○	○					21					317	109
											317	110
	杯1										317	111
						3					317	112
					ガラス玉24	2				洗骨	317	113
										98の火葬灰埋納土壙か？	317	114
											317	115
											317	116
						7					317	117
	杯破片					10			平瓦片2		317	118
										墳墓？	317	119
破片	杯1破片					1				壺打ち欠き	317	120
	破片					1					317	121
						1					317	122
薬壺1	甕1小片									「火葬灰埋納土壙」か？	318	123
平瓶1	杯1							和銀1和銅4			126	124
										隣接	126	125
										隣接	126	126
有蓋短頸壺1											126	127
杯身1	杯1					4					126	128
						3				以下、総数58基の墳墓群	113	129
											113	130
					瑞花双鳳八稜鏡1						113	131
											113	132
											113	133
	○									「火葬杯埋納土壙」を複数含む	113	134
	○										113	135
											113	136
	皿1			刀子1						木棺墓の可能性あり	113	137
											113	138
杯1	小壺2										113	139
										壺は打ち欠き	113	140
	○										113	141
											125	142
											228	143
											84	144
										「和銅三年」墨書	326	145
											272	146
鉢1						6			鉄滓1		250	147
壺	壺	鉸具1				1				火化地の可能性あり	250	148
						3		和11	磚4	磚敷	250	149
											250	150
											203	151
											111	152
											111	153

	古墓名	所在地	主体部 本体	主体部 蓋	状態	類型	時期	外容器	外部施設	種類	敷石	炭敷	木炭
154	西浦古墓3	羽曳野市西浦	凝灰石櫃	須恵蓋	−	ⅡC	8C後	なし	なし	1			
155	蔵の内古墓	羽曳野市蔵の内	凝灰石櫃	有蓋	正	Ⅰ	8中?	?	?	1			
156	悲田院古墓	羽曳野市伊賀	須恵蓋壺	有蓋	正	Ⅰ	8C後	なし	なし	1?			○
157	野中寺古墓	羽曳野市野々上	須広口壺	なし	正	Ⅰ	8C後	なし	なし	1			
158	埴生野古墓	羽曳野市埴生野	土師蓋壺	有蓋	正	Ⅰ	8C中	なし	石組	1			
159	石曳火葬墓	羽曳野市はびきの	木櫃	同左	正	Ⅰ	8C?	なし	なし	1			○
160	土師の里SK-9	藤井寺市道明寺	須小陶棺	−	?	Ⅲ?	不明	なし	なし	1			
161	土師の里墓17	同上	?	−	−	Ⅲ	8C前?	なし	なし	1?			
162	〃 24	同上	土師器甕	土師皿	正	Ⅲ	8C後	なし	なし	1			
163	〃 15	同上	須恵器甕	?	?	Ⅲ	8C	なし	なし	1			
164	〃 22	同上	円筒埴輪	−	正	Ⅲ	?	?	?	1			
165	〃 埴輪転用墓(14基)	同上	円筒埴輪	−	横	Ⅲ	?	なし	なし	1			
166	立部古墳群跡火葬1	松原市立部	須恵横瓶	なし	?	Ⅱb	8C	なし	なし	?			○
167	〃 2	同上	須恵壺	有蓋	正	Ⅱb	9C初	なし	なし	1		○	○
168	嶽山山頂火葬墓	富田林市龍泉	須恵鉄鉢	須恵皿	正	Ⅰ	9C前	なし	なし	1			
169	硯石古墓	富田林市竜泉	須恵薬壺	有蓋	正	Ⅰ	9C前	須甕2	なし	1′			○
170	錦ヶ丘古墓	富田林市錦ヶ丘町	土師甕3	須杯蓋	?	?	8C後	?	?	1?			
171	板持古墓	富田林市東板持	須恵壺	?	?	Ⅰ	8C後	なし	なし	1			
172	櫟坂古墓	富田林市高辺台	凝灰石櫃	同左	正	Ⅰ	8C後	なし	なし	1			
173	甘山古墓	富田林市甘山	凝灰石櫃	同左	正	Ⅰ	8C後	なし	なし	1			
174	大伴古墓	富田林市大伴	須恵器	?	?	Ⅰ	?	?	?	1?			
175	鍋塚古墓	富田林市宮町	石櫃	?	正	Ⅰ	8C	?	?	1			
176	甲田南1号墓	富田林市双葉町	土師甕	?	正	ⅡA	9後〜10初	なし	なし	1			
177	〃 2号墓	同上	土師甕	?	正	ⅡA	9後〜10初	なし	なし	1			
178	〃 3号墓	同上	土師甕	?	正	ⅡA	9後〜10初	なし	なし	1			
179	〃 4号墓	同上	土師甕	?	正	ⅡA	9後〜10初	なし	なし	1			
180	宮林古墓	富田林市甲田	直葬	なし	−	Ⅰ	8C	なし	周溝	1?	○		
181	松山山城SK-1	南河内郡河南町葉室	土師甕	?	正	Ⅰ	9C中〜後	なし	なし	1			○
182	松山山城SK-2	南河内郡河南町葉室	土師薬壺	有蓋	?	Ⅰ	8C前	?	?	?			○
183	東山火葬墓	南河内郡河南町東山	須恵薬壺	有蓋	正	Ⅱa	8C中	なし	なし	1			
184	東山遺跡86年度調査区	同上	須恵薬壺	土師鉢	正	Ⅰ	?	なし	なし	1			
185	〃 94年度A調査区	同上	須恵薬壺	有蓋	?	Ⅰ	8C前	なし	なし	1			
186	〃 94年度C調査区	同上	土師薬壺	有蓋	?	?	8C	?	?	?			
187	一須賀古墳群Ⅰ支群	同上	土師甕2口	−	横	Ⅰ	8C前	なし	なし	2			○
188	寛弘寺火葬2001	南河内郡河南町寛弘寺	須鉄鉢	土高盤皿	正	ⅡB	9C初	なし	なし	1			
189	〃 7001	同上	木櫃	−	−	ⅡA	9C前	なし	なし	1		○	
190	〃 7002	同上	木櫃	−	−	ⅡA	9C前	なし	墓標	1	○	○	
191	〃 7003	同上	須恵壺	?	横	Ⅰ	9C	なし	なし	1			○
192	東丘陵火葬墓	南河内郡太子町野畑	土師甕	?	?	Ⅰ	9C中	なし	なし	1′			
193	吉田山火葬墓	南河内郡太子町太子	?	?	?	Ⅰ	8C	なし	石櫃	1			
194	千軒堂火葬墓(3基)	南河内郡太子町千軒堂	須短頸壺	?	正	ⅡA	8C	なし	石櫃	?			
195	春日山火葬墓	南河内郡太子町春日	須恵壺	?	?	Ⅰ	?	なし	石櫃	1			
196	紀吉継墓	同上	?	?	?	Ⅰ	8C後	?	?	1?			
197	田須谷火葬墓1	同上	須恵薬壺	土皿?	正	Ⅰ	8C前	なし	なし	1′		○	○
198	高屋枚人墓	南河内郡太子町叡福寺	?	?	?	Ⅰ	8C後	?	?	1?			
199	采女竹良の墓	南河内郡太子町山田	?	?	?	Ⅰ	7C末	?	?	1?			
200	小山田古墓1	河内長野市小山田	須恵蓋壺	有蓋	?	Ⅰ	8C中	なし	石組	1			
201	〃 2	同上	不明	?	?	Ⅰ′	8後?	なし	石組	1?		?	○
大阪府・和泉													
202	高蔵寺古墓	堺市高蔵寺	須恵蓋壺	有蓋	正	Ⅰ	9C中	須甕	なし	1			
203	原山2号墓(2基)	堺市庭代台	須恵薬壺	?	正	Ⅱc	8C後	なし	なし	1			
204	原山3号墓	同上	須恵薬壺	有蓋	正	Ⅱc	8C後	なし	なし	1			
205	〃 4号墓(2体合葬)	同上	須恵有蓋土器2		横	Ⅱc	7C後	なし	周溝	1			

須恵器	土師器	銅製品	石帯	武器	鏡・玉類	鉄釘	墓誌	古銭	その他	備考	文献	
長壺1 四壺1	甕										111	154
										もう1基あり	272	155
									金製五花形肩覆		272	156
											271	157
											272	158
						鉄板2					246	159
○	○									周辺の土壙から骨蔵器出土	6	160
								和7		「火葬灰埋納土壙」?、他に10基あり	292	161
						1					292	162
											292	163
											292	164
壺1											292	165
											158	166
											158	167
						1				周辺に土壙墓の可能性あり	71	168
											233	169
										だいだい池の別称	283	170
											112	171
											112	172
											112	173
											5	174
											112	175
								和他			112	176
											80	177
	皿1							○			41	178
	皿1									皿は甕を転用	144	179
壺又は甕2	甕1									周辺から土師器甕出土	231	180
											103	181
											103	182
											179	183
											1	184
											1	185
											1	186
											43	187
											100	188
	皿2					5					102	189
細頸壺1						5				壺は打ち欠き	102	190
											99	191
											103	192
											49	193
											77	194
											17	195
							磚製1				156	196
平瓶・皿1	皿3			刀子1				和7	骨角製品		62	197
							砂岩1				156	198
							石碑1			現存せず	64	199
											177	200
				直刀2							177	201

大阪府・和泉

須恵器	土師器	銅製品	石帯	武器	鏡・玉類	鉄釘	墓誌	古銭	その他	備考	文献	
											272	202
										2個体隣接	301	203
									窯壁片		301	204
杯蓋24 身2	土製品2 筒形土製品15								鴟尾片1		301	205

	古墓名	所在地	主体部		状態	類型	時期	外容器	外部施設	種類	敷石	炭敷	木炭
			本体	蓋									
206	桧尾第3地点火葬墓群（Ⅰ群27、Ⅱ群80）	堺市新桧尾台	土坑群	−	?	Ⅳ	8C〜平安	?	?	14			○
207	美木多地区SX11	堺市美木多上	須恵甕	?	正	ⅡA	8C	なし	なし	1			
208	〃 13	同上	須恵甕	?	正	ⅡA	8C	なし	なし	1			
209	野々井西遺跡火葬墓	堺市菱木	須恵薬壺	有蓋	正	Ⅰ	8C後	なし	なし	1	○		
210	殿山古墓	南河内郡美原町菅生	須恵獣脚付壺	?	?	Ⅰ	8C後	?	?	?			
211	真福寺Ⅳ-3土壙墓	南河内郡美原町真福寺	円筒埴輪転用	−	横	Ⅱ	8C	なし	なし	1'			○
212	東野古墓	大阪狭山市東野	須恵薬壺	有蓋	正	Ⅰ	8C中	?	?	1			
213	伯太古墓	和泉市伯太	須有蓋壺	有蓋	?	Ⅰ	?	?	?	1			
214	和泉向代4号墳火葬墓	和泉市万町	土師甕	黒色杯	正	Ⅰ	10C	なし	なし	1	○	○	
215	久米田古墓	岸和田市池尻町	骨壺	?	?	Ⅰ	9C	?	?	1			
216	海岸寺山古墓	貝塚市半田町	骨蔵器	?	?	Ⅰ	8C	?	石囲	1			
217	男里遺跡古墓	泉南市男里	須恵薬壺	?	?	Ⅰ	8C	?	?	1			
兵庫県・摂津													
218	北米谷古墓	宝塚市中山寺	銅製有蓋壺	有蓋	正	Ⅰ	8C前	石櫃	石組	1			
219	奈カリ与5号土器棺	三田市貴志	土師甕	?	正	Ⅰ	8C末	なし	なし	1			
220	藤ヶ谷古墓1	芦屋市山手町	土師器?	?	?	ⅡA	8C前〜中	なし	瓦?	1'	○		
221	藤ヶ谷古墓2	芦屋市山手町	須短頸壺	?	?	ⅡA	8C前〜中	なし	瓦?	1'	○		
兵庫県・播磨													
222	北別府遺跡火葬墓	神戸市西区伊川谷	土師甕	?	正	Ⅰ	9C中	なし	なし	1			
223	西神第48号遺跡	神戸市西区平野町	須短頸壺	土師器	?	?	8末〜9初	?	?	?			
224	西神第89号遺跡	同上	須短頸壺	須恵杯	?	?	8末〜9初	?	?	?			
225	城ヶ谷ST301	神戸市西区櫨谷町	須恵薬壺	土師杯	正	Ⅰ	8C前	なし	なし	1			
226	城ヶ谷ST302	同上	須恵薬壺	須恵杯	正	ⅡA	8C前	なし	なし	1			
227	城ヶ谷ST303	同上	土師甕	?	正	ⅡA	8C前	なし	なし	1			
228	助谷古墓	加古川市上荘	土師甕	?	?	Ⅲ	8C	石櫃	?	1			
229	谷川生田坪遺跡	氷上郡山南町	三釉小壺	?	?	Ⅰ	8C後	?	?	1?			
230	梶原遺跡火葬墓	氷上郡市島町柏野	木棺	−	−	Ⅰ	8C	なし	なし	2			
231	仏心寺古墓	姫路市別所町	石製合子	−	正	Ⅰ	8C後	なし	なし	1			
232	辻井古墓	姫路市辻井町	?	?	?	Ⅰ	8C後	?	石櫃	1			
233	西脇1号火葬墓	姫路市西脇	須恵壺	須恵甕	正	ⅡA	9C初	なし	石組	1			
234	〃 2号火葬墓	同上	須短頸壺	灰釉皿	逆	ⅡA	9C初	なし	なし	1			
235	〃 1号火葬墓状遺構	同上	?	須壺蓋	?	ⅡA	9C初	なし	石組?	1?			
236	〃 2号火葬墓状遺構	同上	須長頸壺	?	逆	Ⅰ	8C	なし	なし	1?			
237	原古墓1	揖保郡太子町原	須恵薬壺	有蓋	?	ⅡB	8C後	?	?	1			
238	原古墓2	同上	須恵薬壺	有蓋	?	ⅡB	9C前	?	?	1			
239	宮野尾裏山火葬墓	相生市若狭野町	須恵壺	?	?	Ⅰ	8C?	なし	なし	1			
240	三軒家火葬墓	赤穂市有年楢原	須恵甕	?	?	Ⅰ	8C	なし	なし	1			
兵庫県・淡路													
241	同谷古墓	津名郡一宮町江井向谷	骨蔵器	?	?	Ⅰ	平安	?	?	1?			
242	赤金遺跡	三原郡西淡町松帆櫟田	?	?	?	Ⅰ	平安	?	?	1?			
兵庫県・但馬													
243	観音寺古墓	城崎郡日高町観音寺	須恵薬壺	有蓋	?	Ⅰ	8C中	?	?	1			
244	香住エノ田墓	豊岡市香住	須恵杯身	須杯蓋	正	Ⅰ	8C中	なし	なし	1			○
245	神美小学校火葬墓	豊岡市三宅	須恵壺	?	?	Ⅰ	8C	なし	なし	1			
246	出石神社古墓	出石郡出石町宮の内	陶製薬壺	有蓋	?	Ⅰ	10C	なし	なし	1			○
奈良県・大和													
247	押熊古墓	奈良市押熊町	土師薬壺	?	?	Ⅰ	8C中	須甕	?	1			
248	西山古墓	奈良市秋篠町	土師器壺	有蓋	?	Ⅰ	8後?	?	?	1			
249	歌姫町火葬墓	奈良市歌姫町	須短頸壺	土師皿	正	Ⅰ	9C初	須壺底	なし	1			
250	鳶ヶ峯古墳西南古墓	同上	須恵長壺	?	?	Ⅰ	8C後	?	?	1			
251	宇和奈辺古墓	奈良市法華寺町	須恵薬壺	有蓋	?	Ⅰ	8C後	?	?	1			
252	奈良山古墓	奈良市奈良阪町	須恵薬壺	有蓋	?	Ⅰ	8C後	?	?	1			○

付表2　畿内とその周辺地域の8・9世紀の火葬墓一覧

須恵器	土師器	銅製品	石帯	武器	鏡・玉類	鉄釘	墓誌	古銭	その他	備考	文献	
杯身1壺12台壺4長壺1短壺2鉢1横瓶1甕1									窯壁片	「火埋土壙」含む。周辺に土器埋納土壙。いずれも人骨未検出。	301	206
											301	207
										2基隣接	301	208
											241	209
											203	210
											310	211
								10以上			298	212
											272	213
											170	214
											203	215
											203	216
											276	217
兵庫県・摂津												
平瓶1	2							和6			176	218
											66	219
											306	220
											306	221
兵庫県・播磨												
											211	222
											81	223
											81	224
											329	225
											329	226
											329	227
								和2			330	228
			纓珞状1					和5		胞衣壺か？	87	229
杯1										木棺を火葬化	31	230
						鉄片1		甕(材質不明)1		小型石棺と併存、仏心寺境内	4	231
											88	232
										壺打ち欠き	239	233
											239	234
											239	235
瓶子1										壺は打欠き、祭祀土壙か？	239	236
											289	237
											289	238
										壺打ち欠き	284	239
										甕打欠、穿孔	285	240
兵庫県・淡路												
											72	241
											72	242
兵庫県・但馬												
								和6			226	243
										杯蓋打ち欠き	186	244
											186	245
											65	246
奈良県・大和												
	高杯1										311	247
								和2			129	248
										壺打ち欠き	92	249
											181	250
											174	251
								万2神3	墨片		154	252

	古墓名	所在地	主体部 本体	主体部 蓋	状態	類型	時期	外容器	外部施設	種類	敷石	炭敷	木炭
253	飛火野蔵骨器1	奈良市春日野町	土師薬壺	有蓋	正	Ⅱb	8C前	なし	なし	1			
254	〃 2	同上	須恵杯	須恵蓋	?	Ⅱb	8C中	なし	なし	1			
255	平城京右京一条四坊六坪SX1074	奈良市西大寺	?	?	?	ⅡA	9C前	須甕	なし	1			○
256	〃 SX1075	同上	灰釉壺	?	正	ⅡA	9C前	木櫃	地上施設	1		○	○
257	五条山火葬墓	奈良市五条町	須恵薬壺	有蓋	正	Ⅰ	8C後	木箱?	なし	1			
258	太安萬侶墓	奈良市比瀬町	木櫃	−	−	Ⅰ	8C前	木炭槨	周溝	1		○	○
259	円照寺古墓（2基）	奈良市山村町	須恵薬壺	有蓋	?	ⅡA	8C後	?	石室?	1			
260	平城京SX215	奈良市八条	合口甕棺		横	ⅡA	8C後	なし	なし	1?			
261	〃 SX316	同上	合口甕棺		横	ⅡA	8C後	なし	なし	1?			
262	〃 SX317	同上	土師甕	土師	横	ⅡA	8C後	なし	なし	1?			
263	〃 SX446	同上	土師甕	?	横	ⅡA	8C後	なし	なし	1?			
264	佐保山遺跡群（計42基）	奈良市佐紀町他	木櫃中心、須壺土甕、合口甕棺など	?	Ⅲc	8中〜9C	?	?	1'中心				
265	僧道薬墓	天理市岩屋町	須恵薬壺	有蓋	正	Ⅰ	8C前	須甕	石組標石	1	○		
266	岩屋火葬墓	同上	須恵薬壺	有蓋	?	Ⅰ	8C前	なし	なし	1			
267	西山火葬墓1号墓	同上	須三耳壺	緑釉椀	正	ⅡC	9C中	なし	なし	1			
268	〃 2号墓	同上	須恵壺	緑釉皿	正	ⅡC	9C中	なし	なし	1			○
269	〃 3号墓	同上	土師甕	土師蓋	正	ⅡC	8C前	なし	なし	1	○		○
270	〃 4号墓（2基）	同上	土師壺	土師鉢	正	ⅡC	9C?	なし	集石	1			
271	〃 5号墓	同上	木櫃?	−	−	ⅡC	9C?	なし	なし	?			○
272	〃 6号墓	同上	土師甕	土師杯	正	ⅡC	9C前	なし	なし	1			
273	鈴原古墓1	天理市福住町	須恵薬壺	有蓋	?	Ⅲ	8C前	?	?	1			
274	〃 2	同上	土師甕	須恵鉢	?	Ⅲ	8C初	?	?	1			
275	白川火葬墓1号墓	天理市楢町	木櫃?	−	−	ⅡA	9C前	木炭槨	なし	1		○	
276	〃 2号墓	同上	緑釉椀	?	?	ⅡA	9C前	なし	なし	1			○
277	〃 3号墓	同上	灰釉壺	?	正	ⅡA	9C前	木炭槨	なし	1		○	○
278	〃 4号墓	同上	須恵器	?	?	ⅡA	9C前	なし	なし	1			○
279	〃 5号墓	同上	土師甕	土師甕	正	ⅡA	9C前	なし	なし	1			
280	〃 6号墓	同上	土師甕	土皿2	?	ⅡA	9C前	なし	なし	1			
281	〃 7号墓	同上	土師甕の底部	−	?	ⅡA	9C前	なし	なし	1			
282	〃 8号墓	同上	木櫃	−	−	ⅡA	9C前	なし	なし	1			○
283	福ヶ谷火葬墓	同上	小石室	−	−	Ⅰ	9C後	なし	墓道	1			
284	杣之内火葬墓	天理市杣之内町	木櫃	−	−	Ⅰ	8C	木槨	封土	1'			
285	呉鷹古墓	天理市竹之内町	土把手壺	有蓋	?	Ⅰ	8C前	?	石組	1			
286	クレタカ山古墓	天理市竹之内町	?	?	?	Ⅰ	8C?	?	?	?			
287	美努岡万墓	生駒市萩原町	?（木櫃か）	?	?	Ⅰ	8C前	なし	封土	1			○
288	僧行基墓	生駒市有里	銀製水瓶	−	正	Ⅰ	8C中	銅筒	八角石筒	1			
289	久安寺モッテンSX01	生駒郡平群町久安寺	木櫃	−	−	ⅡB	9C後	なし	なし	1			○
290	〃 12	同上	須恵鉢	土師甕	正	ⅡB	8C末	なし	なし	1			
291	〃 104	同上	土師甕	土師椀	逆	ⅡB	9C中	なし	なし	1			○
292	高安山墳墓群1号墓	生駒郡三郷町南畑	土師壺	?	?	Ⅲc		?	配石	?			○
293	〃 2号墓	同上	土師壺	土師皿	?	Ⅲc		?	配石	?			○
294	〃 3号墓	同上	土師壺	?	?	Ⅲc		?	配石	?			○
295	〃 4号墓	同上	須恵壺	土師皿	?	Ⅲc		?	配石	?			○
296	〃 5号墓	同上	須恵横瓶	土師皿	?	Ⅲc		?	配石	?			○
297	〃 6号墓	同上	須恵壺	土師皿	?	Ⅲc		?	配石	?			○
298	〃 7号墓	同上	須恵壺	?	?	Ⅲc	8C後〜10C	?	なし	?			○
299	〃 8号墓	同上	土師壺	土師皿	?	Ⅲc		?	なし	?			○
300	〃 9号墓	同上	土師壺	土師皿	?	Ⅲc		?	配石	?			○
301	〃 10号墓	同上	灰釉陶器	緑釉皿	?	Ⅲc		?	配石	2			○
302	〃 11号墓	同上	土師壺	?	?	Ⅲc		?	なし	?			○
303	〃 12号墓	同上	灰釉陶器	緑釉皿	?	Ⅲc		?	配石	?			○
304	〃 14号墓	同上	土師壺	土師皿	?	Ⅲc		?	配石	?			○
305	〃 15号墓	同上	土師壺	土師器	?	Ⅲc		?	配石	?			○

付表2 畿内とその周辺地域の8・9世紀の火葬墓一覧

須恵器	土師器	銅製品	石帯	武器	鏡・玉類	鉄釘	墓誌	古銭	その他	備考	文献	
											288	253
											288	254
											181	255
					水晶丸玉1	54			銀溶解物4	幼児用か	181	256
杯蓋1	皿7					○					248	257
					真珠4			青銅1	漆喰		281	258
				鹿角製刀装具							236	259
											3	260
											3	261
											3	262
											3	263
	○								二彩	3箇所の尾根に分布。38基は集中。	34・35	264
								銀製1			132・277	265
											282	266
											191	267
						1					191	268
											191	269
										同一土壙内に2基隣接。	191	270
						1				「火葬灰埋納土壙」の可能性。	191	271
										周辺に火化地？	191	272
											134	273
											134	274
								富2他4			302	275
											302	276
											302	277
											302	278
											302	279
											302	280
											302	281
						○					302	282
	皿1					○			鉄斧？1		302	283
杯1	甕1 薬壺1				海獣葡萄鏡1	○			瓦2 鉄滓1 釵子1 鳩目形金具1		75	284
杯蓋他6											224	285
					海獣葡萄鏡1						28	286
								銅製1			210・280	287
								銅筒1			296	288
杯1 甕	椀1		10			4			鉄滓1		151	289
											151	290
						○					151	291
											91	292
											91	293
											91	294
											91	295
											91	296
											91	297
											91	298
											91	299
											91	300
										土葬墓と重複	91	301
							延				91	302
											91	303
											91	304
											91	305

	古墓名	所在地	主体部 本体	主体部 蓋	状態	類型	時期	外容器	外部施設	種類	敷石	炭敷	木炭
306	高安山墳墓群16号墓	生駒郡三郷町南畑	土師壺	土師皿	?	Ⅲc	8C後～10C	?	なし	?			
307	〃 17号墓	同上	灰釉陶器	施釉皿	?	Ⅲc		?	配石	?			○
308	〃 18号墓	同上	土師壺	土師皿	?	Ⅲc		?	配石	?			
309	〃 20号墓	同上	土師壺	土師皿	?	Ⅲc		?	なし	?			
310	〃 21号墓	同上	須恵壺	施釉皿	?	Ⅲc		?	なし	?			
311	〃 22号墓	同上	土師壺	土師皿	?	Ⅲc		?	配石	?			
312	〃 24号墓	同上	灰釉壺	土師皿	?	Ⅲc		?	配石	?			
313	〃 25号墓	同上	土師壺	土師皿	?	Ⅲc		?	なし	?			
314	〃 31号墓	同上	灰釉陶器	緑釉皿	?	Ⅲc		?	なし	?			
315	〃 32号墓	同上	土師壺	土師皿	?	Ⅲc		?	なし	?			
316	〃 33号墓	同上	土師壺	土師皿	?	Ⅲc		?	なし	?			
317	〃 34号墓	同上	灰釉陶器	土師皿	?	Ⅲc		?	配石	?			
318	〃 35号墓	同上	土師器壺	?	?	Ⅲc		?	なし	?			
319	〃 36号墓	同上	須恵壺	黄釉皿	?	Ⅲc		?	なし	?			
320	〃 37号墓	同上	木製容器	?	?	Ⅲc		?	配石	?			
321	小治田安萬侶墓	山辺郡都祁村甲岡	木櫃	－	－	Ⅰ	8C前	木櫃	封土	2	○	○	○
322	蘭生古墓	山辺郡都祁村蘭生	?	?	?	Ⅰ	8C後	?	?	?			○
323	小夫古墓	桜井市小夫	?	?	?	Ⅲ	8C	?	?	?			
324	横枕古墓群	桜井市笠	須恵壺 土師壺 石櫃 木櫃 等	?	正逆等	Ⅲ	8C中～9C前	?	石組マウンド	1?	○	○	
325	能登古墓	桜井市桜井能登	須恵薬壺	有蓋	?	Ⅰ	8C中	?	石組	1			○
326	鳥ヵ谷古墓	桜井市粟原鳥ヵ谷	須把手壺	有蓋	?	Ⅰ	8C前	なし	なし	1			
327	忍坂古墓	桜井市忍坂	金銅壺?	有蓋	正	Ⅰ	8C初	石櫃	石室?	1			
328	桜井公園内火葬墓	桜井市谷	緑釉把手付瓶?	?	?	Ⅰ	9C前	なし	なし	1			
329	中山1号墳土器棺墓	桜井市阿部	土把手甕	土師皿	正	Ⅲ	8C初	なし	なし	1			
330	文祢麻呂墓	宇陀郡榛原町八滝	ガラス製小壺	有蓋	?	Ⅰ	8C前	金銅容器	なし	1			○
331	萩原古墓	宇陀郡榛原町萩原	須恵薬壺	須恵杯	?	Ⅰ	9C前	なし	?	1			○
332	神木坂 SK12	同上	土師皿	土師皿	正	Ⅱb	8C中	なし	なし	1			
333	下井足 A2号墳西古墓	宇陀郡榛原町下井足	土把手甕	須杯蓋	?	ⅡA	8C中	なし	なし	1			
334	拾生古墓	宇陀郡大宇陀町拾生	金銅製壺	有蓋	正	Ⅰ	8C前	石櫃	?	1			
335	五津・西久保山火葬墓	宇陀郡大宇陀町五津	須恵壺	土師皿	正	Ⅰ	9C初	なし	なし	1'			○
336	緑川古墓	宇陀郡室生村大野	壺	?	?	Ⅰ	8後?	なし	板石組	1			
337	無山古墓	宇陀郡室生村無山	石製容器	?	?	Ⅰ	8C?	?	?	1			
338	ドノツジ古墓	高市郡明日香村奥山	須恵薬壺	有蓋	?	Ⅰ	8C中	なし	なし	1			
339	古宮古墓	〃 豊浦	金銅四環壺	なし	?	Ⅰ	8C前	なし	?	?			
340	甘樫丘古墓	同上	須恵薬壺	有蓋	正	Ⅰ	8C中	瓦槨	?	1			○
341	上の井出古墓	高市郡明日香村奥山	土師把手付壺	?	?	Ⅰ	8C後	なし	なし	1			
342	藤谷古墓	高市郡高取町田井ノ庄	石櫃	?	?	Ⅰ	8C後	なし	なし	1			
343	壺坂寺裏山火葬墓	高市郡高取町壺坂	須恵平瓶	なし	?	Ⅰ	8C末	なし	なし	1			
344	坂ノ山火葬墓	高市郡高取町観覚寺	須恵深鉢	なし	?	Ⅰ	8C	なし	なし	1			
345	東中谷1号墓	高市郡高取町薩摩	木櫃	なし	?	Ⅱc	?	なし	なし	1			
346	興善寺遺跡火葬墓群	橿原市戒外町	土師甕	?	逆	Ⅲ	8C後	なし	なし	1			
347	〃	同上	須恵短壺	須杯蓋	正	Ⅲ	8C後	なし	なし	1			
348	〃	同上	土師皿蓋	?	?	Ⅲ	8C後	なし	なし	1			
349	〃	同上	土師鍋	?	?	Ⅲ	8C後	なし	なし	1			
350	久米ジカミ子火葬墓 A	橿原市久米町	レンズ状凹み	－	－	ⅡC	7C後	なし	なし	1	○		
351	〃 B	同上	〃	－	－	ⅡC	7C後	なし	なし	1			
352	〃 C	同上	〃	－	－	ⅡC	7C後	なし	なし	1			
353	〃 D	同上	〃	－	－	ⅡC	7C後	なし	なし	1		○	
354	〃 E	同上	土壙	－	－	ⅡC	7C後	なし	なし	1			
355	〃 F	同上	〃	－	－	ⅡC	7C後	なし	なし	1			○

付表2　畿内とその周辺地域の8・9世紀の火葬墓一覧

須恵器	土師器	銅製品	石帯	武器	鏡・玉類	鉄釘	墓誌	古銭	その他	備考	文献	№
											91	306
											91	307
											91	308
											91	309
											91	310
											91	311
											91	312
											91	313
											91	314
											91	315
											91	316
											91	317
											91	318
											91	319
											91	320
平瓶1		銅製3					和銀10		三彩壷1玉石、鉄製品		217	321
							万、神		三彩		23	322
							銅銭			祭祀遺跡？	23	323
○	○		○			○	鉄板1	和、神		3〜4段、1段ごとに5〜7基の火葬墓	133 163 175	324
				刀1			鉄板2				313	325
											130	326
											279	327
				鉄刀1						周辺から他にも遺物出土	131	328
				石鏃1							166	329
			銅箱(墓誌入)1組				銅製1				312	330
							鉄板2				313	331
											286	332
										周辺に土壙群	33	333
											33	334
			1								26	335
											11	336
											24	337
											21	338
											221	339
								和1			10	340
								和30			237	341
											140	342
											297	343
											61	344
											115	345
											202	346
											202	347
											202	348
											202	349
											268	350
											268	351
										他に火葬墓の可能性のあるもの8基あり	268	352
杯蓋2											268	353
											268	354
杯蓋1杯身1平瓶1											268	355

	古墓名	所在地	主体部 本体	主体部 蓋	状態	類型	時期	外容器	外部施設	種類	敷石	炭敷	木炭
356	久米ジカミ子火葬墓G	橿原市久米町	〃	−	−	ⅡC	7C末	なし	なし	1			
357	伴堂古墓	磯城郡三宅町伴堂	須恵薬壺	有蓋	?	Ⅰ	8C中	?	?	1			
358	西安寺古墓	北葛城郡王寺町舟戸	須恵薬壺	?	?	Ⅰ	8C中	?	?	1			
359	佐味田古墓	北葛城郡河合町佐味田	須恵器	?	?	Ⅰ	平安	?	?	?			
360	上池西方遺跡SX07	同上	−	−	−	Ⅰ	8C前	−	−	3			
361	穴闇古墓	北葛城郡河合町穴闇	須恵薬壺	?	?	Ⅰ	8C後	?	?	1			
362	加守古墓	北葛城郡当麻町加守	金銅薬壺	有蓋	?	Ⅰ	8C中	なし	なし	1			
363	当麻古墓	北葛城郡当麻町当麻	石製容器	−	?	Ⅰ	8C?	なし	なし	1			
364	三ツ塚火葬墓1	北葛城郡当麻町竹内	黒色短頸壺	有蓋	正	Ⅲc	9C中〜後	なし	なし	1			
365	〃 3	同上	須恵壺	?	?	Ⅲc	9C中	なし	なし	1			
366	〃 4	同上	曲げ物	−	?	Ⅲc	9C前	なし	なし	1			
367	〃 10	同上	土師甕	なし	正	Ⅲc	9C後	なし	なし	1			
368	〃 11	同上	須短頸壺	?	正	Ⅲc	9C中	なし	なし	1			○
369	〃 13A	同上	土師甕	?	?	Ⅲc	8C中	なし	石組	1			○
370	〃 13B	同上	土師甕	土師皿	正	Ⅲc	8C中	なし	なし	1			○
371	〃 15A	同上	土師甕	土師皿?	?	Ⅲc	8C中	なし	なし	1			○
372	〃 16	同上	土師甕	土師皿?	正	Ⅲc	8C中	なし	なし	1			○
373	〃 19	同上	曲げ物	土師杯	正	Ⅲc	9C後	なし	なし	1			
374	〃 20	同上	土師甕	?	正	Ⅲc	8C中	なし	石組	1			
375	〃 22	同上	土師甕	?	?	Ⅲc	8C中	なし	石組	1			
376	〃 32	同上	有機質	土師甕	?	Ⅲc	9C中	なし	なし	1			○
377	〃 33	同上	曲げ物	土師皿	?	Ⅲc	9C中〜後	なし	石組	1			
378	〃 34	同上	土把甕	土把甕高坏	?	Ⅲc	8C前	なし	なし	1			
379	〃 35	同上	土釜	?	正	Ⅲc	9C後	なし	なし	1	○		
380	〃 47	同上	土師甕	土師椀	正	Ⅲc	9C中	なし	配石	1			○
381	島ノ山火葬墓	北葛城郡新庄町山田	土師甕	土把盤	逆	Ⅰ	8C前	なし	なし	1		○	
382	尼寺古墓	香芝市尼寺	凝灰石櫃	−	?	Ⅰ	8C	?	?	1			
383	今泉古墓	香芝市今泉	須短頸壺	?	?	Ⅰ	8C中	?	?	1		○	
384	穴虫古墓	香芝市穴虫	家形石櫃	−	−	Ⅰ	8C後	なし	なし	1			○
385	威奈大村墓	同上	漆器	−	正	Ⅰ	8C前	金銅容器・須甕		1			
386	高山火葬墓(2〜3体合葬墓)	同上	木櫃内 須恵壺 土師壺	− 有蓋 有蓋	− 正 正	Ⅰ	8C中	木櫃	なし	1		○	
387	東寺田古墓	御所市東寺田	細頸壺	?	?	?	9C後	?	?	?			
388	櫛羅古墓	御所市櫛羅	須恵四壺	有蓋	?	Ⅰ	8C前	なし	なし	1			
389	石光山4号地点	御所市元町	黒色椀	土師皿	正	Ⅰ	9C後	なし	なし	1?			
390	本馬丘火葬墓	御所市本馬丘	須長頸壺	?	?	Ⅰ	9C中	なし	なし	1			
391	巨勢山古墓群10号墓	御所市朝町	?	?	?	Ⅲ	8C末	なし	なし	1?			
392	〃 13号墓	同上	須恵横瓶	黒色土器	正	Ⅲ	8C末	なし	なし	1?			
393	〃 14号墓	同上	土師器甕	土師盤	正	Ⅲ	8C末	なし	なし	1?			
394	山代真作墓	五條市東阿田	?	−	?	Ⅰ	8C前	?	?	?			
395	呉谷古墓	五條市西釜	灰釉薬壺	有蓋	?	Ⅰ	10C前	石組	なし	1			○
396	阿弥ノ墓	五條市南阿太	?	?	?	Ⅰ	8C中?	?	?	?			
397	後阿弥墓	五條市小島	?	?	?	Ⅰ	8C中?	?	?	?			
398	楊貴氏墓誌	五條市大沢町	壺	?	?	Ⅰ	8C中	磚槨	なし	1			
399	出屋敷1号火葬墓	五條市近内町	須恵薬壺	有蓋	斜	ⅡA	8C前〜中	須甕・鉢	排水溝	1		○	○
400	〃 2号火葬墓	同上	木製容器	有蓋	正	ⅡA	8C前〜中	木櫃	墳丘	1			○
401	久留野火葬墓	五條市西久留野	?	?	?	Ⅰ	8C	?	?	?			

付表2 畿内とその周辺地域の8・9世紀の火葬墓一覧

須恵器	土師器	銅製品	石帯	武器	鏡・玉類	鉄釘	墓誌	古銭	その他	備考	文献	
瓶子	○										268	356
								和3			221	357
											221	358
					八稜鏡?						5	359
杯身1杯蓋1											165	360
											235	361
											160	362
											272	363
小片	小片								馬形埴輪の足		303	364
											303	365
瓶子	甕1椀6皿2										303	366
	杯3										303	367
小片	小片										303	368
											303	369
											303	370
											303	371
	皿										303	372
											303	373
											303	374
杯、蓋、甕	皿、蓋										303	375
	杯				八花鏡						303	376
											303	377
											303	378
	杯2								鉄製鑷子		303	379
	皿				水晶玉						303	380
											332	381
											77	382
											77	383
	壺4~5										8	384
									銅容器1		295	385
	蓋、壺 皿1 鍋2	巡方1 丸鞆1				鉄片5	和31		木片1		168	386
									饒1		124	387
											7	388
	皿1										93	389
					鏡1				饒1		9	390
											77	391
						1			鉄滓1		77	392
	皿1		4								77	393
									銅製1	夫婦合葬	135	394
								寛7~8			85	395
											234	396
											234	397
									瓦甎	現存せず(偽作説あり)	63	398
									鉄板1		137	399
	小片		○						鉄板1	蓋上に黄色土	137	400
					海獣葡萄鏡1						44	401

付表3　畿内とその周辺地域の8・9世紀の木棺墓一覧

	古墓名	所在地	主体部 規模	主体部 墓壙規模	主体部 出土状態	主体部 埋葬頭位	類型	時期	文献
	京都府・山城								
1	安祥寺下寺跡木炭木槨墓	京都市山科区安朱中小路町	0.5×2.0	2.0×3.4	木槨・木炭で覆う	N 85°W	I	9C後	127
2	西野山古墓	京都市山科区川田梅ヶ谷町	1.35×2.7	2.2×3.5	木炭で覆う	N 18°W	I	9C前	55
3	沓掛古墓(伊勢講山古墓)	京都市西京区大枝	0.55×1.85	1.2×2.5	木炭で覆う	N 23°E	I	8C後	60
4	長岡京右京二条四坊木棺墓1	京都市西京区大原野石見町	0.3×1.4	0.7×2.0	木棺直葬	N 4°W	I	8C末	86
5	平安京右京三条三坊SX46	京都市中京区西ノ京徳大寺町	0.4×1.65	0.6×1.8	木棺直葬	N 4°W	I	10C前	265
6	上ノ段町木棺墓54	京都市右京区嵯峨野開町	0.5×1.9	1.6×3.0	木炭上に置く	N 38°E	I	10C初	215
7	長岡京小型木棺墓SX275	京都市伏見区淀水垂町	0.4×1.6a	0.7×1.7a	木棺直葬	N 18°E	II	8C末	117
8	〃 276	同上	0.3×1.0a	0.5×1.2a	木棺直葬	N 23°W	II	8C末	117
9	〃 277	同上	0.35×1.0a	0.45×1.1	木棺直葬	N 30°W	II	8C末	117
10	〃 278	同上	0.3×1.0a	0.55×1.2	木棺直葬	N 35°W	II	8C末	117
11	〃 280	同上	0.7×0.9	1.2×1.5	木棺直葬	N 20°W	II	8C末	117
12	〃 281	同上	0.4×1.3a	?	木棺直葬	南北	II	8C末	117
13	長岡京左京SX24501	長岡京市神足木寺町	0.38×1.2	0.7×1.4a	2次墓壙内	N 11°E	I	8C末	229
14	長野古墓	向日市物集女町	0.91×1.8	1×2	木炭で覆う	N 2°E	I	9C前	57
15	宮ノ平古墓SX02	城陽市寺田	0.5?×1.6	0.75×2.1	木棺直葬	N 8°W	I	9C末	146
16	西山古墓	木津川市市坂	0.5×1.85	2.3×3.7	木槨墓	N 6°W	I	8後〜9前	16
17	鹿背山SX18	木津川市鹿背山須原	0.5×1.9	1.4×3.0	木炭上に置く	N 14°E	I	9末10初	157
18	向井古墓	綴喜郡宇治田原町郷ノ口	?	?	木槨墓	?	I	8C後	195・219
	京都府・丹後								
19	鳥取古墓	京丹後市弥栄町鳥取	?	3m	木炭上に置く	?	I	9C前	58
	大阪府・摂津								
20	岡本山木棺墓1	高槻市岡本町	0.45×2.0	0.9×2.4	切り炭	東西	III	9C	190
21	〃 2	同上	?	径1.7	木槨墓	?	III	9C	308
22	紅茸山木棺墓	高槻市紅茸町	0.4×1.9	?	?	?	I	9C前	189
23	大坂城古墓1	大阪市中央区大手前	0.75×1.55	1.0×2.5	?	N 3°E	I	9C前	173
24	〃 墓3	同上	0.45×1.55	0.65×1.7	?	北	II	9C後	173
	大阪府・河内								
25	墓尾古墳群隣接地木棺墓	東大阪市上石切町	幅0.7	1×1.5	木棺直葬	N 10°E	II	8C?	50
26	本堂古墓	柏原市本堂	?	?	?	?	I	9C	142
27	立部古墳群跡木棺墓	松原市立部	0.4×1.6	0.6×1.7		N 15°E	II	10C初	158
28	土師の里墓1	藤井寺市道明寺	0.5×1.8	1.2×2.95	木炭上に置く	N 4°W	III	9C前?	292
29	〃 墓9	同上	0.4×0.7	0.6×1.3	木炭上に置く	N 8°E	III	8C後	292
30	伽山古墓	南河内郡太子町太子	幅0.6	2×3	切石石槨	N 95°W	I	8C後	327
31	馬谷古墓	南河内郡河南町馬谷	?	?	石組内に埋納	?	I	9C初	142
32	寛弘寺木棺7001	南河内郡河南町寛弘寺	0.6×1.9	0.8×2.45	木棺直葬	N 24°E	I	9C前	102
33	〃 7002	同上	0.7×1.7	0.95×2.1	配石	N 60°E	I	9C前	102
	兵庫県・摂津								
34	鹿の子木棺墓	神戸市北区長尾町	1.0×3.2	1.8×5?	木棺直葬	N 59°W	I	9C末	291
	奈良県・大和								
35	平城京SX6428	奈良市八条	0.56×1.75	0.65×2.02	木棺直葬	N 0.3°W	I	9C前	141
36	飛火野木棺墓	奈良市春日野町	?	2.2×3		?	II	9C前	288
37	一ノ谷木棺墓	奈良市七条西町	?	0.8×2.0	木棺直葬?	N 18°E	II	8C	294
38	西山木棺墓1	天理市岩屋町	0.45×1.8	0.5×1.95	木棺直葬	N 31°E	II	9C後	321・322
39	〃 2	同上	0.42×1.9	0.5×1.96		N 41°E	II	9C後	
40	コロコロ山古墳木棺墓2	桜井市阿部	0.6×2.0	?	木棺直葬	N 40°E	III	7末〜8初	166
41	中山2号墳木棺墓9	同上	長1.3	0.8×1.9	木棺直葬	N 19°E	III	7末〜8初	166
42	神木坂SK03	宇陀市榛原区萩原	?	0.7×1.15	炭	N 59°W	I	10C前	286
43	平吉古墓	高市郡明日香村豊浦	0.4×1.86	1.4×2.7	木枠組内(木槨)	S 45°W	I	9C前	238
44	イノヲク木棺墓	高市郡高取町藤井	0.38×1.75	1.1×2.2	木棺直葬	N 20°W	II	9C後	287
45	東中谷2号墓	高市郡高取町薩摩	0.4×1.8	1.2×2.5	木炭と土を交互に敷き詰める	N 56°E	II	9C初	115
46	〃 4号墓	同上	?	?	?	N 3°E	II	?	115
47	〃 5号墓	同上	?	?	?	N 25°E	II	9末10初	115
48	上山古墓	生駒郡平群町下垣内	?	?	墓壙を焼いた後、埋納	?	I	9C	275

付表3　畿内とその周辺地域の8・9世紀の木棺墓一覧　263

遺物出土状況	土器				その他	備考
	須恵器	土師器	黒色	その他		
京都府・山城						
木槨内、棺外に納める		杯2皿2椀5			蟠龍文鏡片、富寿神宝2、乾漆製品	1
棺外、墓壙内に納める			平瓶1		石帯、金装大刀、刀子、鉄鏃、鉄板、漆箱、硯、鏡	2
頭部周辺？					銅瓶、銅椀、水晶玉3、木製丸玉2、漆箱	3
埋土から出土		小片				4
棺蓋上に土皿、他は棺内	瓶子2	皿2	椀1	合子1	鑷子、銀製空玉1、銅製空玉1、銅鏡 漆器皿、笄、墨、漆皮折敷	5
棺内から出土、刀子は北東隅	瓶子1	皿2		緑釉皿1椀1	刀子(漆塗膜)	6
						7
－						8
－						9
－						10
－						11
－						12
棺内に納める					神功開宝1・万年通宝1、檜扇	13
土器は棺外、その他棺内中央	瓶子2				水晶丸玉2、六花双鳳文鏡、笄様品	14
？		皿4			漆皮膜	15
棺内両端、鉄板は埋納土壙					漆塗り冠、鉄板	16
棺内頭部、腰、足下から土器		甕1皿1		灰釉陶器瓶1・把手付瓶1		17
？	杯3壺2高杯1					18
京都府・丹後						
棺内か？	甕1				槍、刀剣、八稜鏡、茄子形垂飾	19
大阪府・摂津						
棺内に納める	瓶子1	皿1			石帯、銅製鉸具、刀子	20
？		皿1				21
棺内両端に納める	平瓶1	杯1				22
木製容器内とその周辺					水晶数珠玉1、蔓草鳳麟鏡、隆平永宝など29、鉄材、砂	23
掘り方の北西隅		皿1				24
大阪府・河内						
－						25
？					花枝蝶鳥文鏡	26
棺内頭部付近	壺1	杯3皿1				27
棺内に納める	○	○			石帯、漆	28
棺外	長頸壺1壺1	杯2				29
着装品					刀子、銀鍔帯	30
石組み内側		○			多鳳文八稜鏡	31
棺内に納める	長頸壺1				刀子	32
－						33
兵庫県・摂津						
？	瓶子1椀2					34
奈良県・大和						
棺上と棺内	平瓶1	杯1・皿1	甕1		ガラス玉1、漆器、承和昌宝2	35
？	瓶子2					36
墓壙埋土内	○					37
木棺上、南端に置く	瓶子1	皿8	鉢2	灰釉瓶1	漆箱	38
木棺上、両端に置く		皿5	椀2	灰釉瓶2		39
－						40
－						41
墓壙両端から出土				灰釉壺1	八稜鏡	42
土師は木槨上、その他は木棺上	瓶子1	杯6	鉢1		石帯、漆箱、冠、砥石	43
木棺上に置く		杯1	椀1		棒状鉄製品	44
棺内北端、鉄滓は盛土内		壺1			銅鏡片、鉄滓	低墳丘 45
？						46
？		椀1				47
？	壺1				銅椀	48

	古 墓 名	所 在 地	規 模	主 体 部			類型	時 期	文献
				墓壙規模	出土状態	埋葬頭位			
49	三ツ塚木棺墓 1	葛城市竹内	?	1.4×2.3	西側に石積	N 47° W	Ⅲ	9 C 中	303
50	〃 2	同上	?	0.6 a×2.15	木棺直葬	N 50° W	Ⅲ	9 C 中	303
51	〃 5	同上	?	1×2.5	木棺直葬	N 17° E	Ⅲ	9 C 中	303
52	〃 6	同上	?	1.1×2.2	木棺直葬、集石	N 60° W	Ⅲ	9 C 中	303
53	〃 7	同上	?	0.65×2.65	木棺直葬	ほぼ西	Ⅲ	9 C 中	303
54	〃 10	同上	?	0.8×2.25	木棺直葬	N 62° E	Ⅲ	9 C 中	303
55	〃 11	同上	?	a×2.6	配石	N 72° E	Ⅲ	9 C 中	303
56	〃 12	同上	?	0.85×1.8	木棺直葬	N 70° W	Ⅲ	9 C 中	303
57	〃 16	同上	?	1×1.8	木棺直葬	東西	Ⅲ	9 C 中	303
58	池上木棺墓	北葛城郡広陵町大野	0.45×1.75	1.7×3	木棺直葬	N 12° E	Ⅰ	9 C 前	42
59	石光山 11 号地点	御所市元町	幅 0.7	?	木棺直葬	南北	Ⅱ	9 C 中～後	93
60	〃 12 号地点	同上	0.4×1.15	1.25×2.05	木棺直葬	N 55° W	Ⅱ	9 C 中～後	93
61	〃 14 号地点	同上	?	1.0×1.5	?	N 51° W	Ⅰ	9 C 中～後	93
62	巨勢山 472 号地点木棺墓	同上	0.6×2.5	1.5×3.4	石組み区画	?	Ⅰ	8 C	138
63	巨勢山室古墓	同上	0.6×2.0	1.5×3.4	木炭木槨墓	N 44° E	Ⅰ	9 C 初	138

付表3　畿内とその周辺地域の8・9世紀の木棺墓一覧

遺物出土状況	土器				その他	備考	
	須恵器	土師器	黒色	その他			
着装品、土器、鉄鏃は棺外頭位	壺1	椀1			石帯、刀子、鎌、鉄鏃		49
－							50
棺内南端	瓶子1	杯1					51
棺内南小口から銭、土器は棺外	瓶子1	杯1・椀4			富寿神宝2・隆平永宝3		52
棺内					水晶片、富寿神宝1		53
－							54
棺内両端から土器	瓶子1	椀3	皿1				55
棺内西小口から土器		皿2					56
棺内両端から土器？		皿2杯1甕2	皿2、椀1				57
棺埋置前に土器置く。鏡は棺側		皿7、椀3			伯牙弾琴鏡		58
棺内南小口に並べる		杯4	杯1、椀1				59
棺内に納める	長頸壺1	皿2、椀1	椀1				60
棺内	長頸壺1	杯1					61
棺上で破砕	横瓶1						62
棺内、石帯と碁石は棺上、土器は墓壙木炭内	瓶子1	杯1			石帯、碁石、金銅装短刀、刀子、水晶丸玉1	一辺5mの隅丸方形	63

付表4　畿内とその周辺地域の8・9世紀の古墓一覧（土壙墓・土器棺墓ほか）

	古墓名	所在地	主体部の種類	主体部規模	種類	時期	遺物出土状況
1	松尾古墓	京都市右京区山田	土壙墓か？	?	I	8C?	
2	右京七条四坊甕棺墓	〃 西京極豆田町	合口甕棺2	-	I	9C中	
3	夷山古墓	京都市西京区大枝	?	?	I	8後?	
4	京大構内BD33区	京都市左京区北白川追分	土師甕	-	I	8C前	
5	鳥羽離宮土壙墓	京都市伏見区竹田	隅丸方形土壙	?	I	8C	墓壙外南側から土器出土
6	長岡京土器棺墓	〃 淀水垂町	土師甕3	-	IIa	8C末	
7	大極殿合せ口甕棺墓	向日市鶏冠井町	合口甕棺3	-	I	9C初	甕棺内から出土
8	芝ヶ原9号墳土器棺墓	城陽市久世芝ヶ原	土師甕・短頸壺	-	I	8C	
9	宮ノ平土壙墓SX01	城陽市寺田	長方形土壙	1.0×2.4	I	8C末	埋土上部で刀子、下部から須恵器出土
10	古曽部土壙墓K1	高槻市古曽部町	楕円土壙	1.3×0.8	I	8C前	北東隅の底部からやや浮いて出土
11	宮田遺跡群集土壙墓	高槻市宮田町	隅丸長方形中心	0.3～2.5	IV	9C前	※土器副葬は10基ほど
12	梶原南土壙墓	高槻市五領町	長方形土壙	0.5×0.7	I	8C中	底面に5cm程度の小石敷き、その上面から出土
13	蛍池遺跡土壙墓群	豊中市蛍池中町	不整円形	径1～2	IV	6～8C	
14	長尾東正俊寺山土器棺墓	枚方市正俊寺山	土師合口甕棺3	-	I	8C	
15	小倉東土器棺墓	枚方市小倉東町	土師合口甕棺2	-	I	8C後	
16	讃良郡条里土壙2	寝屋川市出雲町	楕円土壙	0.98×0.7	III	9～10	中央部からまとまって出土
17	〃　　　　3	同上	隅丸台形土壙	1.64×1.1	III	不明	
18	〃　　　　7	同上	楕円土壙	0.8×0.52	III	9～10	埋土から出土
19	〃　　　　9	同上	楕円土壙	0.9×0.63	III	9～10	埋土から須蓋、両側隅に土杯うつぶせ
20	〃　　　 11	同上	楕円土壙	0.8×0.48	III	不明	
21	〃　　　 12	寝屋川市出雲町	長方形土壙	1.8×1	III	不明	
22	〃　　　 17	同上	不整形土壙	1.5×0.96	III	9～10	埋土内から土杯出土
23	〃　　　 19	同上	長方形土壙	1.9×1	III	不明	
24	橋波口遺跡墓1	門真市本町	須恵器甕棺	-	I	8C	棺の回りに散乱、埋土から胡桃・瓢箪・桃の核出土
25	墓尾古墳隣接地甕棺墓	東大阪市上石切町	合口甕棺3	-	IIc	8C初	
26	〃　土壙墓1	同上	円形土壙	直径0.8	IIc	9C初	
27	〃　土壙墓2	同上	長方形土壙	1.1×1.3	IIc	9C初	
28	大県遺跡土器棺墓	柏原市平野	土羽釜・土師甕	-	I	8C前	
29	玉手山遺跡土器棺1	柏原市片山町	土羽釜	-	IIA	8C	
30	〃　　　　　　2	同上	土把鉢・須恵杯	-	IIA	8C中	
31	〃　土壙墓12	同上	隅丸長方形土壙	1.9×1.6	III	9C後	
32	原山古墓群1号古墓	堺市庭代台	敷石墓（土壙2基）	?	IIc	8C前	石敷内から出土
33	立部古墳群土壙墓2	松原市立部	隅丸長方形土壙	1.1×2.4	IIb	9C中	坑底から須恵壺、頭部と足元から土師杯4点出土
34	土師の里土壙墓3	藤井寺市道明寺	長方形墓？	0.7×2.2a	III	9C後	墓坑東側中央底部より、上向きに置く
35	〃　　墓7	同上	合口羽釜棺3	-	III	8C後	墓坑隅から土壺、棺内から土壺・杯
36	〃　　墓14	同上	土羽釜・土高杯	-	III	8C中後	
37	〃　　墓20	同上	合口羽釜棺2	-	III	8C後	
38	〃　　墓25	同上	土羽釜・土甕	-	III	8C中後	
39	〃　密集土壙（300基）	同上	不定形など	-	IV	7～9C	
40	土師の里　墓1	同上	土釜把手付甕	-	III	8C前	
41	〃　　墓2	同上	土釜土甕	-	III	8C中	
42	土師の里IV区土器棺墓	同上	土師羽釜	-	I	9後10初	棺身中央より出土
43	土師の里SK-1	同上	集石土壙	-	III	8C	
44	〃　　　2	同上	集石土壙	-	III	8C	
45	〃　　　3	同上	集石土壙	-	III	8C	
46	中野北土坑3	富田林市中野町	楕円形土壙	0.9×1.3	IIa	8C	埋土から須恵器、底部から土師器出土
47	中野北合わせ口甕棺	同上	土長胴甕・鍔釜	-	IIa	8C	
48	東山遺跡土壙墓15	南河内郡河南町東山	長方形土壙	0.45×2.2	IIa	8C	北に土杯・壺、中央西側に鉄鏃
49	〃　　　　　18	同上	長方形土壙	0.6×2.6	IIa	8C	
50	〃　甕棺墓17	同上	土器棺墓	-	IIa	8C	
51	〃　 86土坑2	同上	隅丸長方形土壙	1.7×0.6	IIa	8C	南よりの土壙底から出土
52	〃　 94土器棺墓1	同上	土師羽釜2	-	IIa	8C	
53	寛弘寺土器棺墓2001	南河内郡河南町寛弘寺	合口甕棺	-	I	8C末	
54	〃　土器棺墓2002	同上	合口甕棺	-	IIB	8C前	
55	〃　土器棺墓2003	同上	須恵横瓶（打欠き）	-	IIB	7C後	
56	〃　土壙墓3001	同上	長方形土壙	1.7×3.5	IIB	8C末	
57	真福寺I-29土壙墓	南河内郡美原町真福寺	隅丸長方形土壙	1.8×0.3	III	8C末	西端から出土

付表4　畿内とその周辺地域の8・9世紀の古墓一覧

須恵器	土師器	石帯	武器	鏡・玉類	釘	墓誌	古銭	その他	備　考	文献	
				方形狻猊鏡					小児用	236	1
			鉄剣							15	2
							和万神	鉄青鉢		193·197	3
										232	4
								土器		182	5
									河川内から出土	117	6
								凝灰岩片		196	7
										325	8
杯身1杯蓋1			刀子							146	9
杯身1杯蓋1	杯皿椀甕									300	10
○	杯								154基の密集土壙	309	11
	杯									299	12
杯	杯								79基の密集土壙	128	13
										110	14
										52	15
	破片							製塩土器	小児用	240	16
									16～23は土壙群(22基)	240	17
									小児用、土壙群(22基)	240	18
									小児用、土壙群(22基)	240	19
									小児用、土壙群(22基)	240	20
									木棺か？	240	21
	○									240	22
									木棺か？	240	23
杯鉢甕各1	杯、高杯、壺							胡桃瓢筆桃核	小児用、多数の足跡	54	24
										50	25
		4							木炭、火葬墓？	50	26
	○								木炭、火葬墓？	50	27
										20	28
										199	29
										199	30
杯蓋1	皿							鉄製品		199	31
壺1										301	32
	杯4								壺打欠、杯穿孔	158	33
	皿1									292	34
	杯1小壺3壺1								壺穿孔	292	35
										292	36
										292	37
										292	38
○	○							弥生土器埴輪		292	39
										292	40
										292	41
瓶子1										292	42
○	○									6	43
○	○							埴輪、瓦片	骨蔵器片？	6	44
○	○									6	45
杯	高杯									242	46
										242	47
	杯1壺1		鉄鏃1							179	48
										179	49
									小児用	179	50
			刀子							1	51
										1	52
										101	53
										100	54
									火葬墓？	100	55
四耳壺									火葬墓？45と隣接	100	56
瓶子1杯蓋、杯身									周辺に36基以上土壙墓群	310	57

	古墓名	所在地	主体部の種類	主体部規模	種類	時期	遺物出土状況
58	四ツ塚古墓	芦屋市翠ヶ丘町	?	?	I?	9前?	親王塚傍の四つの塚の一つから出土
59	立石103号地点墓	豊岡市立石	隅丸長方形土壙	0.6×1.5	I	9C初	墓壙中央やや西より古銭出土、南より須恵器出土
60	飛火野土壙墓2	奈良市春日野町	方形土壙	一辺0.6	Ⅱb	8～9C	
61	一ノ谷甕棺墓	奈良市七条西町	合口甕棺	－	Ⅱa	8C	南甕内1、北甕内2、土砂上面から出土
62	高安山土葬墓1	生駒郡三郷町南畑	磚榔墓	?	Ⅲc	8C?	
63	〃 2	同上	炭(木櫃?)	1.5×3	Ⅲc	8C末	埋土から古銭、土壙中央木炭層から鉄板が水平に出土
64	杣之内土壙墓	天理市杣之内町	隅丸長方形土壙	0.45×1.8	I	8C	掘り方両端にそれぞれ口縁部がお互いに向かい合うように横位に据える
65	コロコロ山古墳土壙墓1	桜井市阿部	長方形土壙	0.5×3.0	Ⅲ	7末8初	
66	〃 3	同上	隅丸長方形土壙	0.7×1.8	Ⅲ	7末8初	
67	〃 4	同上	長方形土壙	0.5×1.8	Ⅲ	7末8初	
68	〃 5	同上	隅丸長方形土壙	0.9×2.1	Ⅲ	7末8初	西肩部より刀子出土
69	〃 6	同上	隅丸長方形土壙	0.4×1.5	Ⅲ	7末8初	西南端から50cm西側で鉾状製品出土
70	〃 7	同上	二重墓壙	0.5×2.5	Ⅲ	7末8初	北西端に土師杯1個を置く
71	〃 8	同上	隅丸長方形土壙	0.65×2.0	Ⅲ	7末8初	
72	中山1号墳土壙墓1	同上	長方形土壙	0.8×2.6	Ⅲ	7末8前	頭部とみられる北側に土器を置く
73	〃 2	同上	隅丸長方形土壙	0.3×1.1	Ⅲ	7末8前	
74	〃 3	同上	隅丸長方形土壙	0.5×1.3	Ⅲ	7末8前	
75	〃 4	同上	隅丸長方形土壙	0.8×2.5	Ⅲ	7末8前	
76	〃 5	同上	長方形土壙	0.4×1.25	Ⅲ	7末8前	
77	〃 6	同上	長方形土壙	0.6×1.8	Ⅲ	7末8前	土壙内北東側に枕として2個の土師椀
78	〃 7	同上	長方形土壙	0.5×1.7	Ⅲ	7末8前	
79	〃 8	同上	長方形土壙	0.6×2.0	Ⅲ	7末8前	
80	〃 9	同上	長方形土壙	0.8×2.3	Ⅲ	7末8前	
81	〃 10	同上	長方形土壙	0.6×2.1	Ⅲ	7末8前	
82	中山2号墳土壙墓1	同上	不定整形	0.8×1.9	Ⅲ	7末8前	西側に須恵器大甕の破片が集中
83	〃 2	同上	隅丸長方形土壙	0.8×2.4	Ⅲ	7末8前	土壙墓3との間に大甕破片敷き詰める
84	〃 3	同上	隅丸長方形土壙	0.7×2.0	Ⅲ	7末8前	
85	〃 4	同上	不定整形	0.6×1.4	Ⅲ	7末8前	
86	〃 5	同上	隅丸長方形土壙	0.8×1.7	Ⅲ	7C後	北西隅に土師甕を置く
87	〃 6	同上	隅丸長方形土壙	0.9×0.9	Ⅲ	7末8前	
88	〃 8	同上	隅丸長方形土壙	0.4×1.6	Ⅲ	7末8前	
89	〃 10	同上	隅丸長方形土壙	0.4×1.7	Ⅲ	7末8前	
90	中山2号墳土器棺墓7	同上	須恵器甕・蓋	－	Ⅲ	7末8前	
91	神木坂土器棺SK02	宇陀郡榛原町萩原	土師甕・土師杯	－	Ⅱb	8C前	
92	〃 SK10	同上	土師甕	－	Ⅱb	8C前	
93	下井足1号土器棺	宇陀郡榛原町下井足	須恵器甕	－	Ⅲ	8C	
94	〃 2号土器棺	同上	土把薬壷・須蓋	－	Ⅲ	8C前	長方形の掘方北端にセットで埋置
95	丹切38号墳土壙墓	同上	?	長さ?1.6	I	9C後～末	土壙の東端部に2枚ずつ重ねて南北に並べる
96	野山支群1号土壙墓	宇陀郡榛原町沢	長方形土壙	0.73×1.8	I	10C前	土壙中央東より重ねた状態で出土
97	見田大沢古墳群土壙2	宇陀郡菟田野町見田・大沢	正方形土壙	1.1の方形	I	9C中	並んで出土するが、土壙上の遺物の混入と見られる
98	興善寺土壙墓群	橿原市戒外町	?	?	Ⅲ	8C後	
99	石光山18号地点	御所市元町	隅丸長方形土壙	0.7×1.55	ⅢA	8C?	土壙のすぐ横から出土
100	〃 19号地点	同上	隅丸長方形土壙	0.37×0.8	ⅢA	8C?	
101	〃 20号地点	同上	隅丸長方形土壙	0.32×0.6	ⅢA	8C?	
102	〃 21号地点	同上	隅丸長方形土壙	0.3×0.65	Ⅱ?	7C後	埋土内から出土
103	巨勢山古墓群墓1	御所市朝町	土壙墓	?	Ⅲ	8C中	
104	〃 墓3	同上	土壙墓	?	Ⅲ	平安	
105	〃 墓4	同上	土壙墓	?	Ⅲ	8C後	
106	〃 墓7	同上	土壙墓	?	Ⅲ	平安	
107	〃 墓11	同上	土壙墓	?	Ⅲ	平安	
108	〃 墓12	同上	土壙墓	?	Ⅲ	平安	

須恵器	土師器	石帯	武器	鏡・玉類	釘	墓誌	古銭	その他	備　考	文献	
		5								304	58
										187	59
					9				木炭	288	60
	小壺3									294	61
										91	62
					○	鉄板1	和万神		木炭、列石方形区画	91	63
	甕2									264	64
										166	65
									大石（標石？）	166	66
										166	67
			刀子1							166	68
			鉾1							166	69
	杯1									166	70
										166	71
杯高杯平瓶各1										166	72
										166	73
										166	74
										166	75
										166	76
	椀2（枕）									166	77
										166	78
										166	79
										166	80
大甕片										166	81
大甕片										166	82
破片										166	83
									火化地？	166	84
										166	85
	1									166	86
										166	87
										166	88
										166	89
									2号墳の埋葬施設？	166	90
										286	91
										286	92
										33	93
長壺1									木炭、胞衣壺？	33	94
	皿4									180	95
	皿4							黒色椀2		38	96
								黒色椀7		90	97
									地表に石敷集石遺構、17基	202	98
	○								32号墳の墳丘中	93	99
									32号墳の墳丘中	93	100
									32号墳の墳丘中	93	101
杯	細片								32号墳の墳丘中	93	102
	甕盤皿各1									138	103
										138	104
平瓶										138	105
	皿				○					138	106
	皿									138	107
	皿、ミニ壺									138	108

付表5　畿内とその周辺地域の8・9世紀における墳墓としての古墳再利用一覧

	古墳名	所在地	墳形と規模（東西×南北）	石室型式・規模（石室長×幅）	築造時期	追葬	再利用時期	類型	骨蔵器	文献
	京都府・丹後									
1	千原古墳	与謝郡与謝野町岩滝	方墳18※	無袖？残6.2×2.1	7C中	×	8C※	B1b	土薬壺	70
2	後野円山2号墳（2基）	与謝郡与謝野町後野	方墳17	竪穴式石室	5C後	×	8C	B1a	須薬壺	152
3	滝岡田古墳	与謝郡与謝野町滝	円墳20	右片残9.8×2.3	7C初	不明	9C前※	B2	－	153
	京都府・丹波									
4	下山96号墳	福知山市和久寺	円墳12	無袖6.0×1.0	7C中	不明	8C後	B1a?	須薬壺	149
5	小金岐76号墳	亀岡市千代川町小林	不明※	両袖　9×2	7C前	～7C中	9C初※	B2	－	14
	京都府・山城									
6	御堂ケ池1号墳	京都市右京区梅ヶ畑	円墳30	両袖残8.3×2.9※	7C中	～7C中	9C※	B2?	－	105
7	〃 13号墳	同上	円墳12×14※	両袖6.7×1.6	不明	不明	9C初	B2	－	247
8	音戸山3号墳	京都市鳴滝音戸山	方墳13	無袖6.1×1.3	7C初	×	9C前※	B2	－	106
9	〃 5号墳	同上	方墳15	無袖5.6×1.4※	7C前	不明	9C前	B2	－	107
10	大覚寺1号墳	京都市右京区嵯峨大覚寺門前登り町	円墳50	両袖14.7×3.2	7C前～中	○	9C初※	B2	－	13
11	〃 2号墳	同上	方墳30×25	両袖11.9×2.5※	6C後	～7C初	9C前※	B1c	?	13
12	〃 3号墳	同上	方墳17	両袖残8.1×2.3※	不詳	不明	9C末※	B1c	?	13
13	広沢古墳	京都市右京区嵯峨野西裏町	円墳30	右片12×2.4※	7C中	○	9C前※	B1b	木櫃？	256
14	福西古墳	京都市西京区大枝東尾町	円墳？	竪穴小石室3.2※	7C中	不明	9C初	B2	－	274
15	福西4号墳	同上	円墳23	両袖10.2×2.1	6C後	～7C初	8C※	B1c	?	243
	大阪府・河内									
16	心合寺山古墳	八尾市大竹	前方後円140	長持形石棺	5C前	－	8C	B1a	須薬壺	252
17	愛宕塚古墳	八尾市神立	帆立貝22.5	両袖15.7×3.1	6C後	～7C初	8C末 / 9C※	B3 / B3	? / ?	315
18	太平寺3号墳	柏原市安堂町	円墳12	両袖8.5×2.9	7C初	～7C中	9C初※	B1b	?	258
19	天冠山東1号墳	柏原市大字安堂	不明	無袖残7×2.6	6C後?	～7C前	8C中	B3	?	201
20	高井田E号墳	柏原市高井田	横穴	－	6C末	7C？	8C中※ / 9C後※	B3 / B1c	? / ?	317
21	田辺3号墳	柏原市田辺	円墳8.5	無袖4.2×0.9	7C中	×	9末10初※	B2	－	250
22	〃 4号墳	同上	円墳7～7.5	無袖2.9×0.7	7C中	×	9C末	B1a	土師甕	250
23	〃 7号墳	同上	方墳8.5	無袖4.35×0.9	7C後	×	9C末	B3	?	250
24	玉手山東B-4号墳	柏原市旭ヶ丘	横穴	－	7C初	○	9C中	B2?	－	273
25	平1号墳	富田林市喜志	前方後円50	木棺直葬	6C後	－	8C中	B1a	須薬壺	109
26	平2号墳	同上	円墳20	木棺直葬	6C後	－	9C前	B1a	須恵甕	109
27	板持3号墳	富田林市佐備	前方後円40	土壙墓	5C前?	×	8C	B1a	須甕杯	225
28	寛弘寺2号墳	南河内郡河南町寛弘寺	円墳12	無袖4.4×1.0	7C中～後	×	9C前	B3	－	101
29	〃 32号墳	同上	方墳14	無袖？2.2×0.5	7C初	不明	7C後	B1a	須甕盤	100
30	三日市10号墳	河内長野市三日市町	円墳20	両袖7.2×1.9	6C後	～7C中	8C中	B1b	須薬杯土杯	78
	大阪府・和泉									
31	三田古墳	岸和田市三田町	円墳18	両袖と木直	6C中	○	9C前	B1b	須壺打欠	145
	大阪府・摂津									
32	円山6号墳	豊能郡能勢町上田尻	円墳9	無袖残3×1.1	7C中	×	8C後 / 9末10初	B1b? / B1c	? / ?	192
33	野間中A-1号墳	豊能郡能勢町野間中	方墳9	両袖残4.6×2.0	6C後	～7C中	9C前	B2?	－	73
34	古曽部古墳（2基）	高槻市古曽部町	不明	無袖3.5×1.2	7C前～中	×	8C前	B1b	須・土薬壺	300
35	桑原西A8号墳	茨木市桑原	円墳10	無袖5.1×1.1	7C前	7C中	8C中※ / 9C前※	B3 / B3	? / ?	32
36	桑原西C1号墳	同上	方墳8	無袖4.3×1.0	7C前	○	9C後	B2?	?	32
	兵庫県・摂津									
37	求メ塚古墳	三田市末野	円墳9	無袖2.85×0.95	7C中	×	8C中	B1b	?	263
38	高川2号墳	三田市藍本	円墳9×10	右片？5.7×1.6	6C後	不明	8C後※	B1b	須長壺	69
	兵庫県・播磨									
39	金谷1号墳	宍粟市金谷	円墳7～8	無袖4×1.0	7C後	×	8C後	B1c	?	83
40	印南野15号墳	加古川市天ヶ原	円墳35	両袖14.6×2.3	6C後	～7C中	9C前	B1c	須薬壺	161

付表5　畿内とその周辺地域の8・9世紀における墳墓としての古墳再利用一覧

須恵器						土師器					その他土器	古銭	その他	
杯	蓋	セ	瓶子	壺	その他	杯	皿	椀	壺	その他				
京都府・丹後														
		2								[1](把手付)				1
②	1		[2]		皿1椀1									2
		1								甕1				3
京都府・丹波														
	1		[1]											4
		1								黒色土器3				5
京都府・山城														
										土師器	黒色土器	○	不詳	6
	1												鉄釘	7
	1									高杯1	緑釉鉢灰釉椀			8
	1									灰釉薬壺		○		9
	3													10
										台付鉢		富4		11
												貞3		12
	3	1				3			1	釜2		隆1富1	鉄釘	13
	1			皿1										14
												和1		15
大阪府・河内														
			[1](薬壺有蓋)											16
			①											17
		1												
②		2				1						神4隆13富1	瓦片	18
												神1		19
							1							20
						6	5			甕6				21
						3					黒色土器椀2			
						○		[甕1]					刀子	22
						1								23
							1	1			黒色土器椀2同耳皿1	承1		24
			[1](薬壺有蓋)											25
				[甕]								隆1		26
				[甕](蓋付)										27
						1		①	1					28
				[甕・高台付盤]										29
[1]			[1](薬壺)				[1]							30
大阪府・和泉														
			[1]			3①	1							31
大阪府・摂津														
	1	1				1				高杯1甕1				32
				皿1		1								
						1(墨書)						承3		33
		2	[1](薬壺有蓋)			1	蓋2(墨1)鉢1甕2[有蓋薬壺]1						※継続使用の可能性有	34
	1													35
1						1								
						1	1			黒色土器椀1				36
兵庫県・摂津														
		1												37
			[①]四耳壺1											38
兵庫県・播磨														
													鏡1	39
		1	[1](薬壺)											40

	古墳名	所在地	墳形と規模 (東西×南北)	石室型式・規模 (石室長×幅)	築造時期	追葬	再利用時期	類型	骨蔵器	文献
	兵庫県・但馬									
41	楯縫古墳	豊岡市鶴岡	円墳29×27	両袖13×2.6	6C後	～7C初	9C後?	B3	?	261
	奈良県・大和									
42	小泉狐塚古墳	大和郡山市小泉町	円墳21×23	両袖9.2×2.2	6C後	～7C初	9C前	B1c?	?	206
43	石上北A5号墳	天理市櫟本町	円墳10※	両袖6.0×1.6	7C初	～7C中	9C後	B3	?	29
44	忍坂1号墳	桜井市慈恩寺	円墳6×7	右片残4.5×1.75	7C初	～7C中	9末10初※	B2	－	279
45	フジヤマ1号墳	桜井市高田	円墳17×15	右片7.5×1.85	7C初	○	9C前	B1b	黒色椀	27
46	丹切43号墳	宇陀市下井足	不明	片袖?残3×2.1	7C中	～7C中	9C後 9C後	B2 B2	－	180
47	能峠1号墳	宇陀市上井足	円墳13×14	右片7.1×2.2※	7C初	～7C中	9末10初※	B2	－	122
48	〃 3号墳	同上	円墳12	右片5.7×2	7C初	～7C中	9C後	B2	－	122
49	室の谷1号墳	宇陀市上井足	円墳15	左片残8.3	6C末	6C末	9末10初※	B2	－	123
50	〃 2号墳	同上	方墳12	右片5.6×1.4※	7C初	×	9末10初※	B2	－	123
51	島ノ山1号墳	葛城市山田	方墳12×16※	両袖8.3×2.3※	6C後	～7C初	9C※	B3	?	332
52	三ツ塚7号墳	葛城市山田	方墳5.4×6.4※	左片4.64×1.15※	7C後	×	9C中※	B3	?	303
53	三ツ塚8号墳	葛城市竹内	方墳11×13.5※	両袖残8×1.5※	7C前	7C中	8C中※	B3	?	303
54	三ツ塚11号墳	同上	円墳14※	両袖10.16×2.08※	6C末	～7C中	9C中	B3	?	303
55	三ツ塚12号墳	同上	不明※	左片5.8×1.3※	7C中	×	9C中	B3	?	303
56	石光山19号墳	御所市元町	楕円13×8	左片残5.4×1.7※	7C初	×	9C中※	B3	?	167
57	〃 31号墳	同上	円墳16×17	両袖9.5×2.0※	6C後	～7C中	9C※	B1c	?	167
58	ハカナベ古墳	御所市南郷	方墳19※	両袖残10×1.8※	7C初	不明	9C※	B2	－	254
59	大岩4号墳	吉野郡大淀町大岩	円墳21×28	右片10.7×1.95	6C後	不明	8C中※	B1c	?	212
60	岡峯古墳	吉野郡下市町阿知賀	円墳15	両袖6.1※	7C初	×	9C中	B1c	?	136

付表5　畿内とその周辺地域の8・9世紀における墳墓としての古墳再利用一覧

須恵器						土師器					その他土器	古銭	その他	
杯	蓋	セ	瓶子	壺	その他	杯	皿	椀	壺	その他				
兵庫県・但馬														
①					椀1									41
奈良県・大和														
											富6			42
							1	1			黒色土器椀1			43
							5							44
			2			2					[黒色土器椀1]			45
			1				6				黒色土器椀1		釘、刀子、棺金具	46
			1		手付瓶子1								釘、鉄製紡錘車1	
							3			鉢1	黒色土器椀8、緑釉椀1		釘16、刀子1、複数箇所	47
			1		平瓶1		3				黒色土器椀5		釘75、刀子1、水晶玉1、ガラス玉1　複数箇所	48
											黒色土器杯1、同椀1			49
							6				黒色土器椀4、同皿3		複数箇所で出土	50
											不詳		石帯1	51
①														52
①	②					1							銅製銙具6	53
						1								54
						3				甕1				55
											黒色土器杯1	長2	短刀1	56
										13(墨書1)	黒色土器椀2	富1		57
		○												58
							2							59
						1				高杯1		長4		60

付表　引用文献

1. 赤井毅彦　1998『大阪芸術大学グラウンド等造成に伴う東山遺跡発掘調査報告書』河南町文化財調査報告2　河南町教育委員会
2. 秋山浩三ほか　1988『物集女車塚』向日市埋蔵文化財調査報告書23　向日市教育委員会
3. 浅川滋男編　1995『平城宮跡発掘調査部発掘調査概報1994年度』奈良国立文化財研究所
4. 浅田芳朗　1931「仏心寺境内の火葬墳墓」『考古学』第2巻5・6合併号
5. 浅田芳朗　1935『日本歴史時代初期墳墓研究提要』海島書房
6. 阿部幸一編　1983『土師の里遺跡発掘調査概要・V』大阪府教育委員会
7. 網干善教　1958「御所市櫛羅　大正池南第1号墳、第2号墳及び火葬墓」『奈良県文化財調査報告書』2　奈良県教育委員会
8. 網干善教　1959「北葛城郡香芝町穴虫　火葬墓」『奈良県史跡名勝天然記念物調査抄報』12　奈良県教育委員会
9. 網干善教　1965「考古学的遺跡」『御所市史』御所市役所
10. 網干善教　1966「奈良朝火葬墓の一考察」『日本歴史考古学論叢』日本歴史考古学会
11. 網干善教・小泉俊夫　1966「先史文化」『室生村史』室生村役場
12. 荒川　史　1987「隼上り古墳群」『京都府遺跡調査報告書第7冊　京滋バイパス関係遺跡』(財)京都府埋蔵文化財調査研究センター
13. 安藤信策　1976「大覚寺古墳群発掘調査概要」『埋蔵文化財発掘調査概報(1976)』京都府教育委員会
14. 安藤信策　1977「昭和51年度国道9号バイパス関係遺跡発掘調査概要」『埋蔵文化財発掘調査概報(1977)』京都府教育委員会
15. 家崎孝治・伊藤潔・吉村正親　1984「平安京右京七条四坊」『京都市内遺跡試掘立会調査概報　昭和58年度』京都市文化観光局・(財)京都市埋蔵文化財研究所
16. 伊賀高弘　1992「西山塚古墳とその周辺遺跡」『京都府遺跡調査概報』51　(財)京都府埋蔵文化財調査研究センター
17. 池田貴則　1995『平成七年度企画展　二上山麓の古代寺院』太子町立竹内街道歴史資料館
18. 石井清司・伊賀高広ほか　1991『京都府遺跡調査報告書第15冊　上人ヶ平遺跡』(財)京都府埋蔵文化財調査研究センター
19. 石崎善久ほか　2008『京都府遺跡調査報告集(2008)』129　(財)京都府埋蔵文化財調査研究センター
20. 石田成年　1987「大県遺跡」『柏原市遺跡群発掘調査概報―芝山古墳群・大県遺跡―1986年度』柏原市文化財概報1986-V　柏原市古文化研究会
21. 石田茂作　1936「奥山久米寺」『飛鳥時代寺院址の研究』第一書房
22. 石野博信　1970「長尾山古墳群」『宝塚の埋蔵文化財』宝塚市文化財調査報告1　宝塚市教育委員会
23. 石野博信編　1984『奈良県遺跡地図』第2分冊改訂　奈良県教育委員会
24. 石野博信編　1984『奈良県遺跡地図』第4分冊改訂　奈良県教育委員会
25. 石村喜英　1957「徳蔵寺所蔵の獣脚付骨蔵器について」『考古学雑誌』43-1　日本考古学会
26. 泉武編　1979「大和高原南部地区パイロット事業地内の遺跡調査概要―昭和53年度―」『奈良県遺跡調査概報1978年度』奈良県立橿原考古学研究所
27. 泉森皎　1976「フジヤマ古墳群」『奈良県文化財調査報告書第28集―奈良県古墳発掘調査集報I―』奈良県立橿原考古学研究所

28　泉森　皎　1997「クレタカ山火葬墓」『発掘大和の遺宝』奈良県立橿原考古学研究所附属博物館特別展図録48　奈良県立橿原考古学研究所附属博物館
29　泉森皎・河上邦彦編1976『石上・豊田古墳群Ⅱ』奈良県文化財調査報告書23　奈良県立橿原考古学研究所
30　泉森皎編1986『首子遺跡群発掘調査報告』当麻町埋蔵文化財調査報告2　当麻町教育委員会・奈良県立橿原考古学研究所
31　市島町民俗資料館編　1994『特別展　いちじまの文化財』市島町公民館
32　一瀬和夫・小川裕見子編　2008『桑原遺跡』大阪府埋蔵文化財調査報告2007-4　大阪府教育委員会
33　伊藤雅文編　1987『下井足遺跡群』奈良県史跡名勝天然記念物調査報告52　奈良県立橿原考古学研究所
34　伊藤勇輔　1984「佐保山遺跡群」『大和を掘る　1983年度発掘調査速報展』奈良県立橿原考古学研究所附属博物館
35　伊藤勇輔　1984「佐保山遺跡群」『奈良県観光』330　奈良県観光新聞社
36　乾　哲也　1992「下代古墳群の調査」『和泉丘陵の古墳』和泉丘陵内遺跡発掘調査報告書Ⅲ　和泉丘陵内遺跡調査会
37　亥野彊・橋本正幸・岡崎茂和・山本恵・細川佳子・荻野典子　1984『上津島南遺跡発掘調査概報』府営上津島住宅遺跡調査団
38　井上義光・仲富美子編　1988『野山遺跡群Ⅰ』奈良県史跡名勝天然記念物調査報告56　奈良県立橿原考古学研究所
39　今尾文昭　1992「和爾小倉古墳群第2次発掘調査報告書」『奈良県遺跡調査概報（第一分冊）1991年度』奈良県立橿原考古学研究所
40　今村道雄　1978「奈良時代、平安時代、鎌倉時代の遺構（一）古墓」『長原　近畿自動車道天理～吹田線建設に伴なう埋蔵文化財発掘調査概要報告書』大阪文化財センター
41　今村道雄　1982『一般国道309号建設に伴う甲田南遺跡発掘調査概要報告書』大阪府教育委員会
42　入倉徳裕　1991「池上古墳周辺発掘調査概報」『奈良県遺跡調査概報（第二分冊）1990年度』奈良県立橿原古学研究所
43　岩崎二郎・一瀬和夫・上林史郎・三輪夫抄子　1993『一須賀古墳群Ⅰ支群発掘調査概要』大阪府教育委員会
44　上田三平　1926「大和にて発見せる海獣葡萄鏡」『考古学雑誌』16-6
45　上田三平　1927「行基墓」『奈良県に於ける指定史蹟』1　史蹟調査報告3　刀江書院
46　上田哲也　1969『印南野―その考古学的研究2―（加古川工業用水ダム古墳群発掘調査報告）』加古川市文化財調査報告4　加古川市教育委員会
47　上田哲也ほか　1982『長尾・タイ山古墳群』龍野市文化財調査報告書3　龍野市教育委員会
48　上田　睦　1983「P3号墳の調査」『一須賀古墳群P支群発掘調査報告書』河南町文化財調査報告1　河南町教育委員会
49　上野勝己　1984『王陵の谷・磯長谷古墳群―太子町の古墳墓―』太子町教育委員会
50　上野利明　1979「宅地造成工事に伴う墓尾古墳群隣接地の試掘調査」『調査会ニュース』11・12　東大阪市遺跡保護調査会
51　上野利明　1980「東大阪市域における火葬墓について」『東大阪市遺跡保護調査会年報1979年度』東大阪市遺跡保護調査会
52　宇治田和生　1980「小倉東遺跡」『枚方市文化財年報Ⅰ 1980』（財）枚方市文化財研究調査会
53　宇治田和生　1981「藤阪宮山火葬墓」『枚方市文化財年報Ⅱ 1981』（財）枚方市文化財研究調査会
54　宇治原靖泰　1982『門真市橋波口遺跡発掘調査概要』門真市教育委員会
55　梅原末治　1920「山科村西野山ノ墳墓ト其ノ発見ノ遺物」『京都府史蹟勝地調査会報告』2　京都府
56　梅原末治　1920「石川年足の墳墓」『考古学雑誌』10-12　日本考古学会

57	梅原末治	1923	「向日町長野ノ墳墓」『京都府史蹟勝地調査会報告』4　京都府
58	梅原末治	1927	「鳥取村の平安初期の墳墓」『京都府史蹟勝地調査会報告』8　京都府
59	梅原末治	1940	『日本考古学論攷』弘文堂書房
60	梅原末治	1971	「山城大枝の奈良時代の一古墓」『史迹と美術』41-8（第418号）史迹美術同攷会
61	卜部行弘編	1987	『坂ノ山古墳群』高取町文化財調査報告6　高取町教育委員会・奈良県立橿原考古学研究所
62	江浦　洋	1999	「火葬墓」『田須谷古墳群』（財）大阪府文化財調査研究センター調査報告書43（財）大阪府文化財調査研究センター
63	近江昌司	1965	「楊貴氏墓誌の研究」『日本歴史』211　日本歴史学会
64	近江昌司	1984	「釆女氏塋域碑について」『日本歴史』431　日本歴史学会
65	太田陸郎・浅田芳郎	1931	「但馬出石神社近傍発見蔵骨器」『考古学』2-3　東京考古学会
66	大平　茂	1983	「5号土器棺」『北摂ニュータウン内遺跡調査報告書Ⅱ』兵庫県文化財調査報告書16　兵庫県教育委員会
67	大船孝弘	1982	「塚脇D-1号墳の調査」『嶋上郡衙跡他関連遺跡発掘調査概要・6』高槻市文化財調査概要6　高槻市教育委員会
68	岡崎研一ほか	2009	『京都府遺跡調査報告集（2009）』134（財）京都府埋蔵文化財調査研究センター
69	岡崎正雄編	1991	『高川古墳群』兵庫県文化財調査報告書97　兵庫県教育委員会
70	岡田晃治ほか	1984	『京都府岩滝町文化財調査報告6　千原古墳・弓木城跡』岩滝町教育委員会
71	岡本武司・中辻亘	1955	『嶽山山頂遺跡発掘調査報告書』富田林市埋蔵文化財調査報告11　富田林市教育委員会
72	岡本稔・浜岡きみ子	1971	『兵庫県埋蔵文化財遺跡分布地図及び地名表』7　兵庫県教育委員会
73	岡本敏行	1992	『野間中古墳群発掘調査概要』大阪府教育委員会
74	小川敏夫	1961	「京都市深草の骨蔵器」『古代学研究』27　古代学研究会
75	置田雅昭編	1983	『奈良県天理市杣之内火葬墓』考古学調査研究中間報告7　埋蔵文化財天理教調査団
76	奥　和之	1998	『みかん山古墳群』大阪府埋蔵文化財調査報告　1997-2　大阪府教育委員会
77	奥田　昇	1998	『第14回特別展　二上山・他界との接点―奈良時代・貴人の葬地―』香芝市二上山博物館
78	尾谷雅彦	1994	「火葬墓」『三日市遺跡発掘調査報告書Ⅲ』河内長野市遺跡調査会
79	尾谷雅彦	1994	「火葬墓・蔵骨器出土の遺跡」『河内長野市史』第一巻（上）本文編考古　河内長野市役所
80	尾上　実	1981	『甲田南遺跡発掘調査概要・Ⅰ』大阪府教育委員会
81	海邉博史氏のご教示による		
82	海邉博史	1999	「畿内における古代墳墓の諸相」掲載の地名表『古代文化』51-11（財）古代学協会
83	片山昭悟	1994	「比治里の山部と安師里の山部」『塩野六角古墳』安富町文化財調査報告2　安富町教育委員会
84	堅田　直	1976	「玉手山丘陵南端部の調査―所謂郡田遺跡について―」『古代を考える7　玉手山遺跡の検討―推定河内国安宿戸郡郡衙遺跡―』古代を考える会
85	金谷克巳	1959	「大和呉谷発見の蔵骨器」『古代』33　早稲田大学考古学会
86	加納敬二・尾藤徳行	2003	『長岡京右京二条四坊一・八・九町跡，上里遺跡』（財）京都市埋蔵文化財研究所発掘調査概報2003-3（財）京都市埋蔵文化財研究所
87	鎌木義昌	1992	「谷川生田坪遺跡」『兵庫県史』考古資料編　兵庫県
88	鎌谷木三次	1942	『播磨上代寺院址の研究』成武堂
89	亀田　博	1982	「西乗鞍古墳南遺跡発掘調査報告」『奈良県遺跡調査概報（第一分冊）1981年度』奈良県立橿原考古学研究所

90　亀田博編　1982『見田・大沢古墳群』奈良県史跡名勝天然記念物調査報告 44　奈良県立橿原考古学研究所
91　河上邦彦　1983「高安城跡調査概報 2 —1982 年度—」『奈良県遺跡調査概報（第二分冊）1982 年度』奈良県立橿原考古学研究所
92　河上邦彦　1994「奈良市歌姫町出土の蔵骨器」『青陵』86　奈良県立橿原考古学研究所
93　河上邦彦・関川尚功　1976「古墳以外の遺構」『葛城・石光山古墳群』奈良県史跡名勝天然記念物調査報告 31　奈良県立橿原考古学研究所
94　河上邦彦　1976「石光山 31 号墳」同上
95　河上邦彦編　1977『斑鳩・仏塚古墳発掘調査報告』斑鳩町教育委員会
96　河上邦彦・松本百合子　1993『龍王山古墳群』奈良県史跡名勝天然記念物調査報告 68　奈良県立橿原考古学研究所
97　河上邦彦編　1984『市尾墓山古墳』高取町文化財調査報告 5　高取町教育委員会
98　川端博明　1998『梶原古墳群発掘調査報告書』名神高速道路内遺跡調査会調査報告書 4　名神高速道路内遺跡調査会
99　上林史郎編　1986『寛弘寺遺跡発掘調査概要・Ⅳ』大阪府教育委員会
100　上林史郎　1987『寛弘寺遺跡発掘調査概要・Ⅴ』大阪府教育委員会
101　上林史郎　1987『寛弘寺遺跡発掘調査概要・Ⅵ』大阪府教育委員会
102　上林史郎編　1989『寛弘寺遺跡発掘調査概要・Ⅶ』大阪府教育委員会
103　上林史郎・池田貴則編　1996『太子カントリー倶楽部建設に伴う植田遺跡ほか発掘調査報告書』一須賀古墳群発掘調査委員会
104　北田栄造　1986『御堂ヶ池古墳群・音戸山古墳群発掘調査概報　昭和 60 年度』京都市文化観光局・（財）京都市埋蔵文化財研究所
105　北田栄造・丸川義広　1983『御堂ヶ池 1 号墳発掘調査概報』京都市文化観光局・（財）京都市埋蔵文化財研究所
106　北田栄造・丸川義広　1984「音戸山 3 号墳」『音戸山古墳群発掘調査概報』京都市文化観光局・京都市埋蔵文化財研究所
107　北田栄造・丸川義広　1984「音戸山 5 号墳」同上
108　北田栄造・丸川義広　1984「資料紹介」同上
109　北野耕平　1985「平第 1 号墳出土の蔵骨器」『富田林市史』1　富田林市役所
110　北野耕平　1967「古墳時代の枚方」『枚方市史第一巻』枚方市役所
111　北野耕平　1994「西浦古墓群」『羽曳野市史』3　史料編 1　羽曳野市
112　北野耕平・井上薫編　1985「歴史考古学からみた富田林」『富田林市史』1　富田林市役所
113　北野　重　1990「玉手山遺跡 89—1 次調査」『柏原市埋蔵文化財発掘調査概報 1989 年度』柏原市文化財概報 1989-Ⅰ　柏原市教育委員会
114　北原治ほか　1993『塚穴古墳群』高槻市文化財調査報告書 16　高槻市教育委員会
115　北山峰生　2013『東中谷遺跡・松山城跡』奈良県文化財調査報告書 158　奈良県立橿原考古学研究所
116　木下保明　1981『旭山古墳群発掘調査報告』京都市埋蔵文化財研究所調査報告 5　（財）京都市埋蔵文化財研究所
117　木下保明編　1998『水垂遺跡　長岡京左京六・七条三坊』京都市埋蔵文化財研究所調査報告 17　（財）京都市埋蔵文化財研究所
118　木村泰彦　1988「右京第 237 次（7ANJNN 地区）調査略報」『長岡京市埋蔵文化財センター年報　昭和 61 年度』（財）長岡京市埋蔵文化財センター
119　京都府教育庁指導部文化財保護課　1985『京都府遺跡地図第 5 分冊［第 2 版］』京都府教育委員会
120　京都府教育庁指導部文化財保護課　1987『京都府遺跡地図第 2 分冊［第 2 版］』京都府教育委員会

121	京都府教育庁指導部文化財保護課　1989『京都府遺跡地図第4分冊［第2版］』京都府教育委員会	
122	楠元哲夫　1986「平安時代前期の埋葬」『能峠遺跡群Ⅰ（南山編）』奈良県史跡名勝天然記念物調査報告48　奈良県立橿原考古学研究所	
123	楠元哲夫編　1991『高田垣内古墳群』奈良県史跡名勝天然記念物調査報告63　奈良県立橿原考古学研究所	
124	黒崎　直　1980「近畿における8・9世紀の墳墓」(『研究論集Ⅵ』奈良国立文化財研究所学報38　奈良国立文化財研究所）所収の「近畿地方における8・9世紀の墳墓地名表」より	
125	桑野一幸　1987『玉手山遺跡　1983,1984年度』柏原市文化財概報1986-Ⅸ　柏原市教育委員会	
126	桑野一幸・田中久雄・安村俊史　1989『平尾山古墳群―雁多尾畑49支群発掘調査概要報告書―』柏原市文化財概報1988-Ⅶ　柏原市教育委員会	
127	高正龍・平方幸雄　1996「安祥寺下寺跡1」『平成5年度京都市埋蔵文化財調査概要』（財）京都市埋蔵文化財研究所	
128	合田幸美　1994「蛍池遺跡（1・2）」『宮の前遺跡・蛍池東遺跡・蛍池遺跡・蛍池西遺跡　1992・1993年度発掘調査報告書―大阪モノレール蛍池東線・西線建設に伴う発掘調査―』（財）大阪文化財センター	
129	小島俊次　1956「大和出土の二例の骨壺」『古代学研究』15・16合併号　（財）古代学研究会	
130	小島俊次　1957「桜井市粟原　鳥ガ谷古墓」『奈良県文化財調査報告』1　奈良県教育委員会	
131	小島俊次　1959「桜井市児童公園の古墳」『奈良県史跡名勝天然記念物調査抄報』11　奈良県教育委員会	
132	小島俊次　1960「天理市岩屋領西山　銀製墓誌」『奈良県史跡名勝天然記念物調査抄報』13　奈良県教育委員会	
133	小島俊次　1962「桜井市大字笠字横枕出土骨壺」『奈良県文化財調査報告書』（埋蔵文化財編）5　奈良県教育委員会	
134	小島俊次　1964「天理市福住町鈴原出土骨壺」『奈良県文化財調査報告』7　奈良県教育委員会	
135	小島俊次・岸俊男　1954『山代忌寸真作』奈良県教育委員会	
136	小島俊次・河上邦彦　1977「岡峯古墳」『平群・三里古墳　付岡峯古墳・槇ヶ峯古墳』奈良県史跡名勝天然記念物調査報告33　奈良県立橿原考古学研究所	
137	五條市教育委員会　1996「出屋敷遺跡の調査」『平成7年度奈良県内市町村埋蔵文化財発掘調査報告会資料』奈良県内市町村埋蔵文化財技術担当者連絡協議会	
138	御所市教育委員会　2002『巨勢山古墳群　確認調査―現地説明会資料―』	
139	古代学協会　1964「古代史ニュース」『古代文化』12-5（財）古代学協会	
140	後藤守一・森貞成　1971「奈良時代の墳墓」『仏教考古学講座』1　墳墓・経塚編　雄山閣	
141	小林謙一編　1997『平城京左京七条一坊十五・十六坪発掘調査報告』奈良国立文化財研究所学報56　奈良国立文化財研究所	
142	小林義孝　1990「〈資料調査より〉馬谷古墓と出土鏡」『泉北考古資料館だより42　活動の記録'88・'89』大阪府立泉北考古資料館	
143	小林義孝　1993「大阪府下出土の「備蓄銭」」『摂河泉文化資料』42・43　摂河泉文庫	
144	小林義孝　1994「甲田南古墓の性格」『甲田南遺跡発掘調査概要』大阪府教育委員会	
145	駒井正明　1993『上フジ遺跡Ⅲ・三田古墳』（財）大阪府埋蔵文化財協会調査報告書第80輯　（財）大阪府埋蔵文化財協会	
146	近藤義行・長谷川達・鷹野一太郎　1981「宮ノ平遺跡発掘調査概報」『城陽市埋蔵文化財調査報告書』10　城陽市教育委員会	
147	（財）京都府埋蔵文化財調査研究センター・京都府立山城郷土資料館編　1998「山崎城跡」『企画展　発掘成果速報～平成9年度の調査から～』京都府立山城郷土資料館	
148	崎山正人　1993『下山古墳群Ⅱ』福知山市文化財調査報告書22　福知山市教育委員会	

149　崎山正人　1994『下山古墳群Ⅲ』福知山市文化財調査報告書25　福知山市教育委員会
150　桜井敬夫・西尾宏氏　1971「私市月の輪遺跡」『交野町史　改訂増補』2　交野市
151　佐々木好直　1995『久安寺モッテン墓地跡』奈良県文化財調査報告書70　奈良県立橿原考古学研究所
152　佐藤晃一編　1981『後野円山古墳群発掘調査報告書』加悦町文化財調査報告4　加悦町教育委員会
153　佐藤晃一・下等晴彦編　1995『滝岡田古墳』加悦町文化財調査報告22　加悦町教育委員会
154　佐藤興治　1977「奈良山出土の蔵骨器と墨」『奈良国立文化財研究所年報　1977』奈良国立文化財研究所
155　佐藤虎雄　1929「沓掛出土の土器及硝子器」『京都府史蹟名勝天然記念物調査報告』10　京都府
156　三宮元勝・長谷川弥栄　1974『大阪府史蹟名勝天然記念物』1　大阪府学務部（再版）
157　柴　暁彦　2009「鹿背山瓦窯跡第2次調査」『京都府遺跡調査報告集』131（財）京都府埋蔵文化財調査研究センター
158　芝田和也　1990『立部3丁目所在遺跡発掘調査現地説明会資料』松原市教育委員会
159　柴田　実　1931「乙訓村出土骨壺」『京都府史蹟名勝天然記念物調査報告』12　京都府
160　嶋田　暁　1956「北葛城郡当麻村大字加守　金銅骨壷出土地」『奈良県史跡名勝天然記念物調査抄報』9　奈良県教育委員会
161　島田清・上田哲也ほか　1965『印南野―その考古学的研究―（加古川工業用水ダム古墳群発掘調査報告）』加古川市文化財調査報告3　加古川市教育委員会
162　嶋村友子編　1986『八尾市内遺跡昭和60年度発掘調査報告書』八尾市文化財調査報告12　昭和60年度国庫補助事業　八尾市教育委員会
163　島本　一　1936「火葬墳墓に於ける一二の共伴遺物」『考古学』7-5　東京考古学会
164　島本町史編さん委員会　1975『島本町史本文編』島本町役場　図版解説
165　清水昭博　1995「馬見古墳群・上池西方遺跡第1次発掘調査概報」『奈良県遺跡調査概報（第二分冊）1994年度』奈良県立橿原考古学研究所
166　清水真一　1989『阿部丘陵遺跡群』桜井市教育委員会
167　清水真一・白石太一郎　1976「石光山19号墳」『葛城・石光山古墳群』（前掲93書）
168　下大迫幹洋　1994『高山火葬墓・高山石切場遺跡発掘調査報告書』香芝市文化財調査報告書1　香芝市二上山博物館
169　白井忠雄　1974「茨木市宿久庄出土の蔵骨容器」『古代研究』3　元興寺仏教民俗資料研究所考古学研究室
170　白石耕治・乾哲也編　1992『和泉丘陵の古墳』和泉丘陵内遺跡発掘調査報告書Ⅲ　和泉丘陵内遺跡調査会
171　白石太一郎　1968「宇治市木幡出土の蔵骨器」『古代文化』20-12　（財）古代学協会
172　白石太一郎・河上邦彦・亀田博・千賀久・関川尚功ほか　1976『葛城・石光山古墳群』（前掲93書）
173　新海正博編　1996『大坂城跡の発掘調査6』大坂城跡発掘調査概要11（財）大阪府文化財調査研究センター
174　末永雅雄　1949「宇和奈辺古墳群二円墳の調査」『奈良県史跡名勝天然記念物調査抄報』4　奈良県
175　末永雅雄　1955「磯城郡上之郷村大字笠字横枕　火葬墳墓」『奈良県史跡名勝天然記念物調査抄報』5　奈良県教育委員会
176　末永雅雄　1966「宝塚市北米谷出土の火葬骨蔵器」『日本歴史考古学論叢』日本歴史考古学会
177　末永雅雄　1967「古墳と火葬墓」『狭山町史』1　狭山町役場
178　末永雅雄・尾崎彦仁男　1949「春日山古墓の調査」『奈良県史跡名勝天然記念物調査抄報』3　奈良県
179　菅原正明　1980「東山遺跡の古墳時代、奈良時代の遺構」『東山遺跡』大阪府教育委員会
180　菅谷文則編　1975『宇陀・丹切古墳群』奈良県史跡名勝天然記念物調査報告30　奈良県立橿原考古学研究所
181　杉山洋編　1984『平城京右京一条北辺四坊六坪発掘調査報告』奈良国立文化財研究所

182　鈴木久男・吉崎伸　1987「鳥羽離宮跡第102次調査」『昭和59年度京都市埋蔵文化財調査概要』（財）京都市埋蔵文化財研究所
183　瀬川芳則　1990「石の宝殿古墳雑考」『石宝殿古墳』寝屋川市文化財資料14　寝屋川市教育委員会
184　瀬川芳則・塩山則之　1998「飛鳥～奈良時代」『寝屋川市史』1　寝屋川市
185　瀬戸哲也　2000「古代墓」『栗栖山南墳墓群』（財）大阪府文化財調査研究センター調査報告書57（財）大阪府文化財調査研究センター
186　瀬戸谷晧・潮崎誠　1993「歴史時代の遺跡と遺物」『豊岡市史』史料編下巻　豊岡市
187　瀬戸谷晧編　1987『北浦古墳群・立石墳墓群（第1分冊）』豊岡市教育委員会
188　高瀬一嘉編　1995『西脇古墳群―山陽自動車道建設に伴う埋蔵文化財発掘調査報告書ⅩⅤ―』兵庫県文化財調査報告141　兵庫県教育委員会
189　高槻市史編纂委員会　1973『高槻市史』6 考古編　高槻市
190　高槻市教育委員会　1982『岡本山古墓群発掘調査概要（現地説明会資料）』
191　高野政昭　1997「古代火葬墓の一形態について―天理市西山火葬墓群を中心として―」『宗教と考古学』勉誠社
192　高橋克壽　1991『円山古墳群発掘調査概要』大阪府教育委員会
193　高橋健自・森本六爾　1929『墳墓』考古学講座21　雄山閣
194　高橋美久二　1969「尼塚古墳群発掘調査概要」『埋蔵文化財発掘調査概報（1969）』京都府教育委員会
195　高橋美久二　1971「相楽・綴喜両郡内第2次遺跡分布調査概要」『埋蔵文化財発掘調査概報（1971）』京都府教育委員会
196　高橋美久二　1978「長岡京跡昭和52年度発掘調査概要」『埋蔵文化財発掘調査概報（1978）』京都府教育委員会
197　高橋美久二　1983「長岡京から平安京へ」『向日市史』上巻　京都府向日市
198　高橋美久二編　1980「長岡京跡右京第26次発掘調査概要」『埋蔵文化財発掘調査概報（1980）』第2分冊　京都府教育委員会
199　竹下賢編　1983「玉手山遺跡」『柏原市埋蔵文化財発掘調査概報1982年度』柏原市文化財報告1982-Ⅱ　柏原市教育委員会
200　竹下賢・安村俊史　1983『平尾山古墳群』柏原市文化財報告1982-Ⅵ　柏原市教育委員会
201　竹下賢編　1984「太平寺古墳群」『柏原市埋蔵文化財発掘調査概報1983年度』柏原市文化財概報1983-Ⅱ　柏原市教育委員会
202　竹田正則編　1995「興善寺遺跡」『図録　橿原市の文化財』橿原市教育委員会
203　竹原伸次　1997『大阪府文化財地名表』大阪府教育委員会
204　田代弘　1985「小金岐古墳群」『京都府遺跡調査報』17（財）京都府埋蔵文化財調査研究センター
205　立花聡　1985『ヤクチ古墳群』加西市埋蔵文化財報告2　加西市教育委員会
206　伊達宗泰　1966「小泉狐塚・大塚古墳」『奈良県史跡名勝天然記念物調査報告第23冊』奈良県教育委員会
207　伊達宗泰・小島俊次　1956『大和国磯城郡大三輪町穴師　珠城山古墳』奈良県教育委員会
208　伊達宗泰編　1981『新沢千塚古墳群』奈良県史跡名勝天然記念物調査報告39　奈良県立橿原考古学研究所
209　谷本進ほか　1987『箕谷古墳群』兵庫県八鹿町文化財調査報告書6　八鹿町教育委員会
210　田村吉永・森本六爾　1925「美努連岡萬の墳墓」『考古学雑誌』15-10　考古学会
211　丹治康明　1983「北別府遺跡」『昭和56年度神戸市埋蔵文化財年報』神戸市教育委員会
212　千賀久編　1987『大岩古墳群』奈良県文化財調査報告書57　奈良県立橿原考古学研究所
213　筒井崇史　1994「左坂横穴群（B支群）」『京都府遺跡調査概報』60（財）京都府埋蔵文化財調査研究センター

214 筒井崇史　1995「裾谷横穴・遺跡」『京都府遺跡調査概報』65　(財) 京都府埋蔵文化財調査研究センター
215 津々池惣一・太田吉実編　2003『上ノ段町遺跡』(財) 京都市埋蔵文化財研究所発掘調査概報 2003-2　(財) 京都市埋蔵文化財研究所
216 角田文衞　1960「京都府長岡町出土の骨壺」『古代文化』5-5　(財) 古代学協会
217 角田文衞　1979「小治田朝臣安萬侶の墓」『古代文化』31-7　(財) 古代学協会
218 寺沢　薫　1985「梨本東遺跡発掘調査報告書」『奈良県遺跡調査概報（第一分冊）1984 年度』奈良県立橿原考古学研究所
219 寺島孝一　1980「考古学的知見」『宇治田原町史』1　宇治田原町
220 寺前直人・高橋照彦編　2005『井ノ内稲荷塚古墳の研究』大阪大学文学研究科考古学研究報告 3　大阪大学稲荷塚古墳発掘調査団
221 東京帝室博物館　1937『天平地宝』
222 時野谷勝　1938「乙訓村出土の古銭」『京都府史蹟名勝天然記念物調査報告』18　京都府
223 時野谷勝　1938「加茂町出土の和同開珎」同上
224 戸田秀典　2001「天理市竹之内町呉鷹出土蔵骨器　調査概要」『星陵』107　奈良県立橿原考古学研究所
225 富田林市教育委員会　1975「富田林市板持古墳群調査概報 1967」『大阪府文化財調査概報 1965・66 年度』大阪文化財センター
226 直木孝次郎　1974「商業の発達」『兵庫県史』1　兵庫県
227 直宮憲一・古川久雄　1985『中山荘園古墳発掘調査報告書』宝塚市文化財調査報告 19　宝塚市教育委員会
228 中井貞夫　1974「玉手山遺跡」『日本考古学年報 25（1972 年版）』日本考古学協会
229 中島皆夫　1992「左京第 245 次（7ANMKC-3 地区）調査概略」『長岡京市埋蔵文化財センター年報　平成 2 年度』(財) 長岡京市埋蔵文化財センター
230 中谷雅治　1976「恭仁京跡昭和 50 年度発掘調査概要」『埋蔵文化財発掘調査概報（1976）』京都府教育委員会
231 中辻亘ほか　1985『中野遺跡・宮林古墳発掘調査概要』富田林市埋蔵文化財調査報告 13　富田林市教育委員会
232 中村徹也　1973『京都大学農学部総合館周辺埋蔵文化財発掘調査の概要』京都大学
233 中村　浩　1970「大阪府富田林市竜泉出土の蔵骨器について」『考古学雑誌』55-3　日本考古学会
234 奈良県宇智郡役所編　1924「陵墓古墳」『宇智郡誌』宇智郡役所
235 奈良県立考古博物館　1975『大和考古資料目録』3
236 奈良国立博物館　1961『天平の地宝』
237 奈良国立文化財研究所編　1973「飛鳥資料館建設地の調査」『飛鳥・藤原宮発掘調査概報 3』
238 奈良国立文化財研究所　1978「平吉遺跡の調査」『飛鳥・藤原宮発掘調査概報 8』
239 西口圭介　1995「その他の遺構」『西脇古墳群』(前掲 188 書)
240 西口陽一　1991『讃良郡条里遺跡発掘調査概要・Ⅱ』大阪府教育委員会
241 西口陽一　1994『野々井西遺跡・ON213 号窯跡　近畿自動車道松原すさみ線建設工事に伴う発掘調査報告書』(財) 大阪府埋蔵文化財協会調査報告書 86　大阪府教育委員会・(財) 大阪府埋蔵文化財協会
242 西口陽一　2005『中野北遺跡』大阪府埋蔵文化財調査報告 2004-6　大阪府教育委員会
243 西田彦一・青木伸好　1970『洛西ニュータウン地域の歴史地理学的調査—福西古墳群の発掘調査報告—』京都市都市開発局洛西開発室
244 西谷　正　1965『塚脇古墳群』高槻市文化財調査報告書 1　高槻市教育委員会
245 野上丈助　1977『大阪府文化財地名表』大阪府教育委員会
246 橋本高明　1993『石曳遺跡発掘調査概要・Ⅱ』大阪府教育委員会

247　橋本　久　1965「御堂ヶ池群集墳発掘調査概要」『埋蔵文化財発掘調査概報（1965）』京都府教育委員会
248　橋本裕行　1995「奈良市五条山火葬墓」『青陵』第88号　奈良県立橿原考古学研究所
249　服部伊久男　1983「大宇陀町野依地区遺跡発掘調査概報（団体営農道整備事業に伴う事前調査Ⅰ・昭和57年度）」『奈良県遺跡調査概報（第一分冊）1982年度』奈良県立橿原考古学研究所
250　花田勝広　1987「田辺古墳群・墳墓群発掘調査概要」柏原市文化財概報1986-Ⅳ　柏原市古文化研究会
251　林紀昭・西弘海・和田萃ほか　1971『嵯峨野の古墳時代　御堂ヶ池群集墳発掘調査報告』京都大学考古学研究会
252　原田　修　1976「心合寺山古墳出土の蔵骨器」『大阪文化誌』2-2　大阪文化財センター
253　坂靖編　1994『平林古墳』当麻町埋蔵文化財調査報告3　当麻町教育委員会・奈良県立橿原考古学研究所
254　坂靖編　1996『南郷遺跡群Ⅰ』奈良県史跡名勝天然記念物調査報告69　奈良県立橿原考古学研究所
255　樋口隆康　1961「網野岡の三古墳」『京都府文化財調査報告』22　京都府教育委員会
256　樋口隆康　1961「京都嵯峨野広沢古墳」同上
257　肥後弘幸・細川康明　1995「裾谷横穴」『埋蔵文化財発掘調査概報（1995）』京都府教育委員会
258　久貝健・吉岡哲編　1979『河内太平寺古墳群』河内考古刊行会
259　菱田哲郎ほか　1999『東山古墳群Ⅰ』中町文化財報告20　中町教育委員会・京都府立大学考古学研究室
260　櫃本誠一編　1975『二見谷古墳群』城崎町教育委員会
261　櫃本誠一・寺口恵子・大上義恵編　1976『楯縫古墳・岩倉古墳群調査報告書』武庫川女子大学考古学研究会
262　櫃本誠一・高島知恵子　1987「落合古墳」『青野ダム建設に伴う発掘調査報告書1』兵庫県文化財調査報告書50　兵庫県文化協会
263　櫃本誠一・高島知恵子　1987「求メ塚古墳」同上
264　日野　宏　1991「杣之内（北池）地区の発掘調査」『発掘調査20年』埋蔵文化財天理教調査団
265　平尾政幸編　1990『平安京右京三条三坊』京都市埋蔵文化財研究所調査報告10　（財）京都市埋蔵文化財研究所
266　枚岡市史編纂委員会　1966『枚岡市史　第三巻　史料編一』枚岡市役所
267　福永信雄　1979「善根寺町発見の古代火葬墓」『調査会ニュース』14　東大阪市遺跡保護調査会
268　藤井利章　1982「久米ジガミ子遺跡発掘調査概報」『奈良県遺跡調査概報（第二分冊）1980年度』奈良県立橿原考古学研究所
269　藤井直正・都出比呂志ほか　1967『原始・古代の枚岡　第2部総説』東大阪考古学研究会
270　藤井保雄・田畑基　1993『和田山町の古墳』和田山町文化財調査報告書6・但馬の古墳6　和田山町教育委員会・武庫川女子大学考古学研究会
271　藤沢一夫　1955「野中寺境内出土の奈良時代骨甼」『古代学研究』11　古代学研究会
272　藤沢一夫　1956「墳墓と墓誌」『日本考古学講座』6　歴史時代（古代）河出書房
273　藤沢一夫・田代克巳　堀江門也　1969「柏原市王手山東横穴群発掘調査概報」『大阪府文化財調査概報1968』大阪府教育委員会
274　藤沢長治　1961「京都大枝福西古墳」『京都府文化財調査報告』22（前掲255書）
275　平群町教育委員会　1990『へぐり古墳案内』
276　堀田啓一　1987「男里出土の壷形土器」『泉南市史』通史編　泉南市
277　堀池春峰　1961「佐井寺僧道薬墓誌に就いて」『日本歴史』153　日本歴史学会
278　堀内明博　1981「平安京跡発掘調査」『平安京跡発掘調査報告　昭和55年度』（財）京都市埋蔵文化財調査センター・（財）京都市埋蔵文化財研究所
279　前園実知雄編　1978『桜井市外鎌山北麓古墳群』奈良県史跡名勝天然記念物調査報告34　奈良県立橿原考古学研究所

280	前園実知雄	1984	「美努岡萬墓発掘調査概報」『奈良県遺跡調査概報（第一分冊）1983年度』奈良県立橿原考古学研究所
281	前園実知雄編	1981	『太安萬侶墓』奈良県史跡名勝天然記念物調査報告43　奈良県立橿原考古学研究所
282	前園実知雄・中井一夫	1995	「天理市岩屋出土の骨蔵器について」『青陵』88（前掲248書）
283	松井忠春	1973	「富田林市出土の蔵骨容器」『古代研究』1　（財）元興寺仏教民俗資料研究所
284	松岡秀夫	1981	「古墳時代の終焉」『赤穂市史』1　赤穂市
285	松岡秀夫	1984	「奈良・平安時代の遺跡と遺物」『赤穂市史』4　赤穂市
286	松田真一編	1986	『神木坂古墳群』榛原町文化財調査報告2　榛原町教育委員会・奈良県立橿原考古学研究所
287	松永博明	1989	『イノヲク古墳群発掘調査報告』高取町文化財調査報告8　高取町教育委員会・奈良県立橿原考古学研究所
288	松永博明	1990	「飛火野発掘調査報告書」『奈良県遺跡調査概報（第二分冊）1987年度』奈良県立橿原考古学研究所
289	松本正信・今里幾次	1978	「考古学からみた龍野」『龍野市史』1　龍野市役所
290	松本正信・加藤史郎	1978	『袋尻浅谷』揖保川町文化財報告書1　揖保川町教育委員会
291	丸山潔・西岡功次・森田稔	1985	「北神ニュータウン内遺跡」『昭和57年度神戸市埋蔵文化財年報』神戸市教育委員会
292	三木　弘	1999	『土師の里遺跡―土師氏の墓域と集落の調査―』大阪府埋蔵文化財調査報告1998-2　大阪府教育委員会
293	三木弘編	1994	『堂山古墳群』大阪府文化財調査報告書45　大阪府教育委員会
294	見須俊介	1996	『一ノ谷遺跡―奈良市七条西町所在の奈良時代祭祀遺跡―』奈良県文化財調査報告書74　奈良県立橿原考古学研究所
295	水木要太郎	1913	「威奈大村墓」『奈良県史蹟勝地調査会報告書』第一回　奈良県
296	水木要太郎	1914	「行基菩薩の墓」『奈良県史蹟勝地調査会報告書』第二回　奈良県
297	三宅敏之	1954	「陶製平瓶骨壺（原色版解説）」『ミュージアム』38　東京国立博物館
298	三宅正浩編	1990	『池尻城跡発掘調査概要・Ⅳ』大阪府教育委員会
299	宮崎康雄	1988	『梶原南遺跡発掘調査報告書』梶原遺跡調査会
300	宮崎康雄編	1996	『古曽部・芝谷遺跡』高槻市文化財調査報告書20　高槻市教育委員会
301	宮野淳一・山川登美子編	1990	『陶邑Ⅶ』大阪府文化財調査報告書37　大阪府教育委員会
302	宮原晋一編	1993	『福ヶ谷遺跡・白川火葬墓群発掘調査報告書』奈良県文化財調査報告書73　奈良県立橿原考古学研究所
303	宮原晋一編	2002	『三ツ塚古墳群』奈良県立橿原考古学研究所調査報告81　奈良県立橿原考古学研究所
304	武藤　誠	1971	『新修芦屋市史』本篇　芦屋市役所
305	森　正	1988	「高山古墳群・高山遺跡」『京都府遺跡調査概報』29（財）京都府埋蔵文化財調査研究センター
306	森岡秀人	2003	『摂津・藤ヶ谷古墓』芦屋市文化財調査報告48　芦屋市教育委員会
307	森田克行	1985	「岡本山古墓群」『昭和56・57・58年度　高槻市文化財年報』高槻市教育委員会
308	森田克行	1986	「大阪府・岡本山古墓群」『月刊　歴史手帖』14-11　名著出版
309	森田克行・橋本久和	1996	「宮田遺跡」『嶋上遺跡群20』高槻市教育委員会
310	森屋美佐子	1997	『真福寺遺跡』（財）大阪府文化財調査研究センター調査報告書19　大阪府教育委員会・（財）大阪府文化財調査研究センター
311	森本六爾	1924	「大和国生駒郡押熊出土の骨壺」『考古学雑誌』14-8　日本考古学会
312	森本六爾	1926	「文忌寸禰麻呂の墳墓（上）（下）」『中央史壇』12-4・5（『日本考古学選集23　森本六爾集』築地書館　1985　所収）

313 森本六爾　1930「我国に於ける鉄板出土遺跡」『考古学』1-2　東京考古学会
314 安井良三　1960「日本における古代火葬墓の分類―歴史考古学的研究序論―」『西田先生頌寿記念日本古代史論叢』（財）古代学協会（1987『日本考古学論集6　墳墓と経塚』吉川弘文館　所収）
315 安井良三編　1994『河内愛宕塚古墳の研究』八尾市立歴史民俗資料館
316 安村俊史　1984『太平寺・安堂遺跡　1983年度』柏原市文化財概報1983-Ⅵ　柏原市教育委員会
317 安村俊史　1987『高井田横穴群Ⅱ』柏原市文化財概報1986-Ⅶ　柏原市古文化研究会
318 安村俊史　1992『高井田横穴群Ⅳ』柏原市文化財概報1992-Ⅱ　柏原市教育委員会
319 安村俊史・石田成年　1986『高井田遺跡Ⅰ』柏原市文化財概報1985-Ⅶ　柏原市教育委員会
320 柳沢一宏　1988『神木坂古墳群Ⅱ』榛原町文化財調査報告3　榛原町教育委員会
321 山内紀嗣　1988「天理市岩屋谷の古墓をめぐって」『天理大学学報』157　天理大学学術研究会
322 山内紀嗣ほか　1992『岩屋町西山・ヲイハナ地区の調査　杣之内町元山口方地区の調査』考古学調査研究中間報告18　埋蔵文化財天理教調査団
323 山下潔己ほか　1973『綾部市文化財調査報告書1　高谷古墳群発掘調査概要』綾部市教育委員会
324 山田良三　1973「寺院の成立」『宇治市史』1　宇治市役所
325 山田良三　1980『芝ヶ原遺跡発掘調査報告書』芝ヶ原遺跡調査会
326 山本　昭　1969『柏原市史』第一巻・文化財編　柏原市役所
327 山本彰編　1982『伽山遺跡発掘調査概要・Ⅱ』大阪府教育委員会
328 山本輝雄　1996『走田古墳群　海印寺跡・長岡京跡』長岡京市文化財調査報告書35　長岡京市教育委員会
329 山本雅和・石島三和・中谷正　2000「城ヶ谷遺跡第3次調査」『平成9年度神戸市埋蔵文化財年報』神戸市教育委員会
330 山本祐作　1976「兵庫県加古川市上荘町小野出土の和同開珎」『調査会ニュース』3　東大阪市遺跡保護調査会
331 吉村幾温・千賀久編　1988『寺口忍海古墳群』新庄町文化財調査報告書1　新庄町教育委員会・奈良県立橿原考古学研究所
332 吉村幾温・清水昭博・小池香津江　1994『島ノ山・車ヶ谷古墳群発掘調査報告』新庄町教育委員会・奈良県立橿原考古学研究所
333 渡辺昇ほか　1984『龍子長山1号墳―山陽自動車道関係埋蔵文化財調査報告Ⅱ―』兵庫県文化財調査報告23　兵庫県文化協会
334 渡辺昇・高島知恵子　1987「双子塚2号墳」『青野ダム建設に伴う発掘調査報告書1』（前掲262書）
335 渡辺昇ほか　1987『中井古墳群・中井鴨池窯跡』兵庫県文化財調査報告38　兵庫県文化協会
336 渡辺昇・村上賢治ほか　1989『龍子向イ山』兵庫県文化財調査報告51　兵庫県文化協会

あとがき

　本書は 2016 年 3 月に関西大学に提出した学位請求論文「墓制から見た『律令国家』」を再構成し、結論部分を加筆したものである。過渡期に着目して、墓制から古代・中世の時代区分を論じ、9 世紀中葉以降、初期摂関政治の成立以降を中世とするという結論に至った。これは院政期以降を中世とする現行の時代区分論と大きく齟齬するが、高校で日本史の授業を担当している筆者の立場からすれば、高校の日本史教科書で近代の始まりを「明治維新」ではなく、ペリー来航前後の「開国」からとすることと同じ理解である。同じことを中世に当てはめると筆者の考えもあながち、荒唐無稽とは言えないと思うが、いかがであろう。
　初出は以下の通りである。
　序章、第 2 章第 2 節、第 5 章第 1 節、第 6 章、結語は新稿。
　第 1 章：「8・9 世紀の古墳祭祀（上）」『古代文化』第 51 巻第 11 号（古代学協会、1999 年）、「同（下）」『古代文化』第 51 巻第 12 号（古代学協会、1999 年）をもとに加筆・改稿した。
　第 2 章第 1 節：「天武・持統朝の墓制」『古代学研究』第 161 号（古代学研究会）をもとに大幅に加筆、改稿した。
　第 3 章第 1 節：「律令墓制における古墳の再利用―近畿地方の 8・9 世紀の墳墓の動向―」『考古学雑誌』第 85 巻第 4 号（日本考古学会、2000 年）と「畿内における 8・9 世紀の火葬墓の動態」『実証の地域史：村川行弘先生頌寿記念論集』（大阪経済法科大学出版部、2001 年）をもとに加筆・改稿した。
　第 2 節：「律令墓制における古墳の再利用」（前掲）と「畿内における律令墓制の展開と終焉過程―副葬品から見た 8・9 世紀の墳墓―」『日本考古学』第 17 号（日本考古学協会、2004 年）をもとに加筆・改稿した。
　第 3 節：「律令墓制における古墳の再利用」（前掲）を加筆・改稿した。
　第 4 章第 1 節：「古代の集団墓―畿内における 8・9 世紀の古墓群―」『考古学雑誌』第 91 巻第 4 号（日本考古学会、2007 年）をもとに大幅に加筆、改稿した。
　第 2 節：「律令墓制における土葬と火葬」『古代学研究』第 154 号（古代学研究会、2001 年）を改稿した。
　第 3 節：「畿内における律令墓制の展開と終焉過程」（前掲）を加筆、改稿した。
　第 5 章第 2 節：「『律令墓制』の変遷」『日本考古学』第 27 号（日本考古学協会、2009 年）を加筆、改稿した。

　筆者は小学生の時に父方の親戚宅の近所で、1931 年に直良信夫が「明石原人」を発掘した話を新聞の連載記事で知って以来、考古学に興味を持つようになった。将来は考古学の研究者になることを夢見ていたが、高校生の時に担任の勧めで高校教員の道を目ざすことになった。しかし、考古

学への興味は尽きることなく、大学時代は当時、芦屋市教育委員会に勤務されていた森岡秀人氏のもとで文字通り発掘作業に明け暮れ、現在も考古学研究の第一線で活躍されている多くの考古学徒と知り合う機会を得た。大学卒業後は高校教員として大阪市に奉職したが、その後も機会があるごとに遺跡や博物館を見学し、森岡さんのおられる芦屋市の発掘現場にも足を運んだものだ。

教員生活を送りながら、考古学は趣味として続けるつもりであったが、大学時代に所属していた考古学研究会で、先輩が1973年に調査された生駒古墳（神戸女子薬科大学構内古墳）の再調査を行ったことがきっかけで、大学卒業後にこの古墳の報告書を編集することになり、1992年、20年ぶりに報告書を刊行することができた。そして、この報告書の編集作業が刺激となり、改めて考古学の勉強に本格的に取り組むようになった。森岡さんから助言を賜りながら、独学に近い状態で研究生活に勤しんだが、ちょうどその頃、たまたま引っ越した先が学生時代に発掘現場を共にした藤田和尊氏（御所市教育委員会勤務）のご自宅の近所であったという偶然に巡り合うことになる。森岡さんの紹介で藤田さんがご自宅で主宰されている「ナベの会」に参加させていただくことになったが、この出会いが私の考古学人生の大きな転機となったことは言うまでもない。本書の内容の大部分が「ナベの会」で発表した成果に基づくものなのである。

さて、高校教員となった私は2008年に大阪市内初の公立中高一貫教育校として開設された咲くやこの花高校に赴任した。同校は関西大学と高大連携事業を進めることになっており、高校側の窓口を私が担当したことから関西大学文学部教授米田文孝先生と知り合うことになった。このご縁がもとになり、関西大学に学位請求論文を提出させていただくことになった次第である。

学位請求に関しては、審査にあたっていただいた主査米田先生をはじめ、副査の西本昌弘先生、二階堂善弘先生、専門審査委員秋山浩三先生には本当にお世話になり、この場を借りて厚くお礼申し上げたい。公聴会で先生方からいただいたご助言やご指摘に対して必ずしも満足のいく答えは出せていないと思うが、ここにこうして一書にまとめることができた。

もちろん、森岡氏との出会いがなければ私が考古学を続けられた自信はなく、学恩の大きさは計り知れない。また、私の拙い発表の数々に適切なご批判を賜り、支えてくださった藤田氏をはじめとするナベの会の会員諸氏にも衷心より感謝申し上げたい。古墓の研究では、黒崎直先生、小林義孝氏、仲山英樹氏、安村俊史氏、海邉博史氏には多くのご教示を賜った。その他にも芦屋市郷土資料室の皆さんをはじめ、本当に多くの方々からのご厚情に支えられながら何とかここまでやってこられたと思う。紙幅の関係からお世話になった方々の御芳名を挙げることはできないが、研究とは自分一人で行うものではなく、多くの方々のご厚情の賜物であることを痛感している。

また、今回の出版に際して、同成社の佐藤涼子社長、編集担当の三浦彩子氏にもお世話になった。出版に際してかなりわがままを言ったにもかかわらず、辛抱強く対応していただき、今回出版の運びとなったことは望外の喜びである。

最後に、自分のやりたいことを思う存分やらせてくれた今は亡き父と、自分のことはいつも後回しにして子供優先で支え続けてくれた母、休日になると家族のお出かけといえば博物館、旅行に行っても遺跡見学や博物館が観光のメインになるという私のわがままにいつも付き合ってくれ、私を支えてくれた妻の千絵と歩花・智大の2人の子どもたちにもお礼の言葉をかけたいと思う。

2018年1月

渡邊邦雄

墓制にみる古代社会の変容

■著者略歴■

渡邊邦雄（わたなべ　くにお）

1960年、兵庫県神戸市生まれ。
神戸大学教育学部中等教員養成課程社会科卒業。
博士（文学）関西大学文学部。
大阪市立咲くやこの花高等学校教諭等を経て、
現在、大阪市立南高等学校教諭、関西大学非常勤講師。

〔主要論著〕
・「畿内における終末期群集墳の外部構造」『古代文化』47-2、1995年
・「終末期古墳の外部構造」（上）（下）『古代学研究』147・148、1999年
・「8・9世紀の古墳祭祀」（上）（下）『古代文化』51-11・12、1999年
・「律令墓制における古墳の再利用」『考古学雑誌』85-4、2000年
・「畿内における律令墓制の展開と終焉過程」『日本考古学』17、2004年

2018年4月7日発行

著　者　渡邊邦雄
発行者　山脇由紀子
印　刷　亜細亜印刷㈱
製　本　協栄製本㈱

発行所　東京都千代田区飯田橋4-4-8　㈱同成社
　　　　（〒102-0072）東京中央ビル
　　　　TEL 03-3239-1467　振替 00140-0-20618

ⒸWatanabe Kunio 2018. Printed in Japan
ISBN978-4-88621-782-0 C3021